深圳律师实务丛书

刑法谦抑性的规范展开

赖佳文　陈国庆　张自柱　温久远　卢　方　李亚兵　著

NORMATIVE UNFOLDMENT OF THE MODESTY OF CRIMINAL LAW

法律出版社
LAW PRESS · CHINA
北京

图书在版编目(CIP)数据

刑法谦抑性的规范展开 / 赖佳文等著. -- 北京 : 法律出版社, 2024
(深圳律师实务丛书)
ISBN 978-7-5197-9195-7

Ⅰ. ①刑… Ⅱ. ①赖… Ⅲ. ①中华人民共和国刑法-研究 Ⅳ. ①D924.04

中国国家版本馆 CIP 数据核字(2024)第 105871 号

刑法谦抑性的规范展开
XINGFA QIANYIXING DE GUIFAN ZHANKAI

赖佳文 陈国庆
张自柱 温久远 著
卢 方 李亚兵

策划编辑 朱铁佳
责任编辑 朱铁佳
装帧设计 鲍龙卉

出版发行 法律出版社
编辑统筹 司法实务出版分社
责任校对 王 丰
责任印制 胡晓雅
经 销 新华书店

开本 710 毫米×1000 毫米 1/16
印张 27 **字数** 426 千
版本 2024 年 8 月第 1 版
印次 2024 年 8 月第 1 次印刷
印刷 三河市龙大印装有限公司

地址:北京市丰台区莲花池西里 7 号(100073)
网址:www.lawpress.com.cn
投稿邮箱:info@lawpress.com.cn
举报盗版邮箱:jbwq@lawpress.com.cn
销售电话:010-83938349
客服电话:010-83938350
咨询电话:010-63939796

书号:ISBN 978-7-5197-9195-7
定价:99.00 元
凡购买本社图书,如有印装错误,我社负责退换。电话:010-83938349

深圳律师实务丛书
编委会

回归专业　潜心钻研
促进高质量发展

斗转星移，继往开来。深圳市律师协会自 2012 年启动“深圳律师实务丛书”（以下简称丛书）出版工作以来，至今已出版实务专著 39 部，内容涵盖诸多专业领域，全面展现了深圳律师业务的研究成果和实务经验，已成为深圳市律师协会推进行业专业化建设的品牌项目。

鼓励和引导律师著书立说是深圳市律师协会推动律师专业化的一项长期性的重点工作。丛书旨在充分发挥深圳市律师协会的业务指导作用，通过鼓励深圳律师和深圳市律师协会各专业委员会撰写实务专著，可以有效提升律师业务水平，增强律师业务能力，保证律师服务质量，以专业引领和成果共享助推深圳律师行业高质量发展。

本套丛书凝集着深圳律师的心血与经验，展现了深圳律师的专业水平。本套丛书在律师业务的众多领域，汇集了深圳律师的业务成果，总结了深圳律师的执业经验，体现了深圳律师的专业能力，彰显了深圳律师的职业精神。这一本本专著必将成为深圳律师专业化发展史上一颗颗璀璨的明珠，永远镶嵌在深圳律师专业化发展的史册上。

2023 年是全面贯彻落实党的二十大精神的开局之年，深圳律师要深学细悟笃行党的二十大精神，让党的二十大精神在深圳律师行业落地生花，要以习近平法治思想为指引，大兴专业研究之风，切实回归专业，潜心研究，深挖专业和实务问题，以高品质的法律服务保障行业的高质量发展。开展业务和实务研究不能脱离实际，必须密切关注经济社会发展和法治建设，聚焦其中的热点、难点、堵点问题，深入开展有针对性的研究，进而提出应用对策与实践指引，也期待深圳律师能输出更多的法律实务研究成果，并能形成专著与同行共享，这本身也是律师业务领域的一种先行示范。

希望本套丛书成为广大实习人员、执业律师期待、必备的好工具，也希望未来能够出版更多、更好的供律师们学习提高、掌握律师实务知识与技能的好专著！

张　斌

深圳市律师协会会长

2023 年 1 月 9 日

本书序

真正的珠峰在生活日常

2023 年 5 月 18 日，我成功登顶海拔 8848.86 米的珠穆朗玛峰。至今，已经过去了一个多月，我也已从“世界之巅”回到了深圳，恢复自己的平凡生活：跑步、看书、办案、喝酒。因为我真切地知道，在漫长的人生旅途中，攀登珠峰只是我一生中一朵精彩的浪花，即便平淡的生活由此多了几许涟漪，乃至曾波澜壮阔，但终究已经成了过去。当然，这段经历让我多了一份从容、一份永恒的回忆。其实，人生是永不停歇的攀登过程，更需要我们持之以恒地坚持。

以前的我并不爱运动，出现转变是由于彼时身体处于亚健康状态，医生建议我多运动，于是我开始跑步。刚开始，我跑 300 米都会喘到上气不接下气，但是我每天都比前一天多跑 50 米。慢慢地，我就能跑 6 公里了。有一天，一个朋友问我要不要去跑马拉松。我表示自己跑 6 公里都难，跑 42 公里是不可能完成的。朋友却说：“你跑不完，放弃也没关系，可以去试试，就当去外地旅游。”结果，没想到我竟然跑完了 42 公里。这是我的第一个马拉松，是在 2015 年的海口。接下来的 5 年，我又连续跑了 27 个马拉松，直到 2020 年疫情才停下来。

毛姆曾言：“我总觉得大多数人这样度过一生好像欠缺点什么。我承认这种生活的社会价值，我也看到了它的井然有序的幸福，但是我的血液里却有一种强烈的愿望，渴望一种更狂放不羁的旅途。我的内心渴望一种更加惊险的生活。”这可用于阐释我攀登珠峰的原因。有人问我，你花这么多钱，还可能丢了命，你这么做到底是为了什么？这是一个很透彻的问题。我去攀登珠峰,或许,只是因为我自己不服输。有一次,我的一个师姐说:“国庆,你跑了那么多马拉松,为什么不去爬珠峰?”“爬珠峰会很难吗?”我反问。她说:“比马拉松难很多,你能跑马拉松,不一定能登上珠峰。”听到此话,我当即决定试一试。这是我最初决定攀登珠峰的起因。

现在回过头来看,很多表面上不太可能的事,经过真挚努力、反复试错,最后往往可成为现实。起初,于我而言,马拉松看似不可能,我跑完了;攀登珠峰看似更不可能,经过5年的精心准备,我也登顶了。每一次我都抱持要去试一试,不试试怎么知道做不到的心态。过程固然是艰辛、漫长的,但从结局来看,每次我都做到了。

不得不说,攀登珠峰是件极难的事。除了身体上的痛苦外,还要面临“死亡”带来的巨大心理压力。在我攀登珠峰的过程中,在海拔7500米处,一位攀登者倒在了路边。在海拔8800米左右的地方,又有两位攀登者倒下。即便如此,也没有人向他们伸出援手。当时,我叫我的夏尔巴人助手去救人,他却示意我继续向前。这些鲜活的生命倒下后,很快就会被大雪覆盖,从我们眼前消失,从世界上消失。而我每见到一位攀登者倒下,就想着自己会不会成为下一个倒下的人。事后我才知道,在海拔8000米以上救人异常艰难,弄不好就会搭上自己的性命。8000米以上无道德,故不能责备其他攀登者,更不能责备这位夏尔巴人助手。

我有时想,人类明知攀登珠峰可能会死,为什么还这样前赴后继?现在我才明白,原力是其中的核心原因,而原力也是人类能够绵延不绝、不断创新的原动力。

攀登珠峰这么难,我也从来没想过放弃。因为珠峰的山顶就在那里,一直在等着我,只要我不停下来,一直向前走,就一定能到达顶峰。因为我相信,再高的山也禁不起我用脚步去丈量。

马拉松全程42.195公里,能够完成全程的人,往往不是那些一开始就跑在前面的人。马拉松有个奇怪现象,发生猝死的人往往是跑半程马拉松的人,死亡的地点也都是在距离终点的百米以内。登山也一样,能成功登顶的,往往不是那些体能好、攀登快的人,永远留在山上的,很多都是有丰富经验的攀登者。这次攀登珠峰,整个过程中,无论是徒步还是拉练,其实我都是走在最后的那一个,以至于所有的队友都认为我是全队最不可能登顶的人。我想,按照自己的节奏和体能来,慢一点没关系,登顶才是我的目标。

目标一旦锁定了,我就按照既定的计划,不着急、不慌张,一步一个脚印,直到最后的成功时刻。另外,在攀登珠峰的过程中,映入我们眼帘的都是绝美风景,是绝大多数人一辈子都不可能看到的。风景很美,谁都想多看两眼,都想留下珍贵的照片。可是,多停留一分钟,就多一分危险,多拍一张照片,可能就会掉下深渊。

绝美的风景就像工作生活中的诱惑一样,你是接受诱惑还是抵御诱惑?就像律师是做刑事业务还是做民商事业务?是在大所还是在专业所?是到公司做法务还是到律所做律师助理?这都需要我们审慎地选择。我是一名刑事律师,只办刑事案件。执业过程中,客户有个民事案件坚持要我办,我说我不会办民事案件,我给你介绍其他律师吧,他说不用,我只相信你,律师费你说多少都可以!我还是委婉地拒绝了客户。现在中国有65万余名律师,有的什么案件都做,有的专做某一类案件。时间长了,有人成了老律师,有人成了大律师。而且,我们执业过程中注定会遇到各种各样的诱惑,这是每一个人都会面临和需要克服的困难。

有人抵挡住了诱惑,最终登顶了。然而,绝大部分的事故都发生在登顶珠峰之后的下撤过程中。这是为什么呢?我想,不外乎两个原因,一是未到顶峰,大家还有一股劲,不断地告诉自己,再坚持一下就到了,就凭这股劲,让自己坚持到了山顶。真到了山顶,就松懈了,这股劲就没有了。二是登顶已经把自己的所有体能消耗完了,下山没有了体能。从这个角度看,能登顶的人也没什么了不起的,能够平安下撤才是真正的成功。

我在执业过程中接触过各种各样的当事人,很多人事业、家庭都非常成功,可以说是登上了人生的巅峰,但最后却锒铛入狱,没有实现平安下撤,让人惋惜。我经常对年轻律师说,如果把通过法律职业资格考试比喻为成功登顶,那么你在律师执业过程中,不触碰法律法规的红线,让律师证跟自己一辈子,才是真正的成功。

1963年,埃德蒙·希拉里成为第一个登顶珠峰的人,距今已有70年。截至2023年6月,登顶珠峰的人数达到了7000。一个人能够登顶世界最高峰,显然是件了不起的事。对绝大多数人来说,是想都不敢想的事,但我做到了。从这个角度讲,登顶珠峰确实可以让我骄傲一辈子。

有人问我,你登顶珠峰回来后,心态上有什么变化吗?我觉得,登上了世界之巅，以后无论遇到什么困难，我相信自己都能克服。这是登顶珠峰带给我的最大影响。当然，我不能永远活在珠峰的山顶上，我终究是要下来的。不会因为登上了珠峰，我就不用吃饭睡觉，我依然平凡。从珠峰归来，我要过回我的小日子，跑我的步、看我的书、办我的案、爱我的家人。因为我相信，真正的最高峰均在生活的日常，在一顿饭、一次旅游、一次聊天，还有每一个案件中。

这是一本由“六辩士”共同撰写也是期待已久的书。当初发起“六辩士”，源于我们几个在一线办案的刑辩律师经常在一起讨论办案过程中的疑惑、感悟。后来彼此都觉得，与其无规律地发牢骚，不如形成常态，一月一次，把我们的这些有困惑、有价值的内容分享出来，这样更有意义。

为什么取名“六辩士”（六便士）？无疑要溯源至毛姆的著名小说《月亮和六便士》。“月亮”和“六便士”分别代表着理想和现实，无论在过去还是当下，应当说，要“月亮”还是要“六便士”，是每个人共同且长久面临的选择难题。我特别欣赏毛姆小说里的警语：“要记得在庸常的物质生活之上，还有更为迷人的精神世界，这个世界就像头顶上夜空中的月亮，它不耀眼，散发着宁静又平和的光芒。”像我们常年以刑辩为业的人，时常会遭遇困难、不顺乃至一败涂地。面对这种现实，假如我们自己妥协了、放弃了，可能真的就陷入永久的黯淡。“追逐梦想就是追逐自己的厄运，在满地都是六便士的街上，他抬起头看到了月光。”对于刑辩律师而言，又何尝不是遍地都是“六便士”？在此种理想和现实之间，难能可贵的或许是，眼中看到了“六便士”，心中却有洁白的月光。

如今，“六辩士”已经走过了四年。未来，我相信“六辩士”还会走得更高更远。从一开始对零散专业问题与执业困惑的聚焦，到如今通过出版专著来影响乃至推动行业的发展进步。可以说，“六辩士”已从稚嫩慢慢走向成熟。刑法具有应然层面的谦抑性，应该保持适度和克制，不应被过度使用或滥用。经久以来，刑法谦抑性的实现程度，在现实社会中呈现何种样态，可谓管窥刑事法治的极好视角。本书在阐释刑法谦抑性的基础理论外，选取了十一个刑事司法实践中最常见也是被诟病最多的“口袋罪名”或适用泛化的罪名，并以刑法谦抑性为中心展开规范诠释与理性检视。同时，本书所展开的论证和分析，也源于“六辩士”数年来的经历、观察，它或许还有诸多尚待完善之处，但确实是我们冷静、理性思考的沉淀物。

只是,限于本书有限的篇幅和仓促的时间,更囿于能力有限,书中论述难免有不周全乃至纰缪之处。对此,还请各位刑法理论界、刑法实务界人士以及读者朋友们海涵。

陈国庆

2023 年 7 月于深圳

目　录

第一章 理论基础：刑法谦抑性的司法坚守

刑法应具有谦抑性早已形成理论共识，而在罪刑法定时代，除了基础理念的强调与伸张，如何在刑事立法与刑事司法中落实谦抑性则属于更迫切的课题。因应风险社会理论而生的“风险刑法”已渐渐从理论化为现实，近年来的轻罪立法乃至“现象立法”，也体现了刑事立法进入活性化时期的趋势。刑法似乎已经被赋予了过多期待，原本被定位为消极、被动、内缩的后盾法，如今却扮演了社会治理的关键角色。无疑，这是宏观理念与微观实践的错位。这也说明，如何将刑法的谦抑性从理念具化为现实的司法实践，仍然任重道远。以最小的刑罚资源投入获取最大的法律规制效果，可谓刑法参与社会治理的最优状态。避免刑罚权的滥用、防止刑法调整的泛化，让刑法为社会提供恰如其分的规范供给，在此基础上，刑法在整体的行为规范、利益调整中既不退缩也不冒进，则无疑是理想格局。即使在风险社会中，允许刑法有一定的活性或者其社会管治角色一定程度上加强，也不意味着刑法谦抑性的落伍，反而需在崭新的社会场景中重申刑法谦抑性的可贵品质，避免社会管治渐渐染上“刑法依赖症”。就此而言，刑法谦抑性是一个历久弥新的理论问题，其涉及国家刑罚权在社会生活中的延伸长度，亟须从宏观与微观层面展开细致阐释。刑法只是调整行为、保护法益的一种手段，但绝非最有效的手段。在通过法律规制社会的规范体系中，刑法与非刑法属于接力关系而非竞争关系，在非刑法手段失效时，刑法则进行功能性填补。所以，意欲搭建妥当的法律规制体系，刑法只能是待调整领域的最后兜底，不应是最先的领航。只有这样，刑法介入社会生活才能在效率与公平之间达至平衡。

第一节　谦抑性的内涵框定

刑法谦抑性在现代刑法学中似乎是一个不言自明的问题。在整体式的刑法学叙事中,谦抑性作为彰显刑法应然品质的理念贯穿始终。一定程度上,谦抑性是作为刑法的价值属性而存在的,代表着刑法在现代社会治理体系中的消极、被动和良善。法律作为最重要的社会行为准则,固然需要民法、行政法等前置法的效力的有效发挥,也离不开作为后盾法的刑法的妥当角色扮演。刑法的制定、运行之价值初衷是满足社会的功能诉求,因而,刑法的关切是实质性、价值性与规范性的,形式化的考虑对于刑法而言无关紧要。刑法既不应叠床架屋重复前置法的规定,也不能越俎代庖侵入本属前置法规制的领域。而且,功能发挥受制于角色定位,经过启蒙运动以来几百年的法治思想洗礼,刑法在国家整体法律体系中的地位早已从前台退至后端,秉持的不再是大而全的理念,取而代之的是刑法的克制,即尽量依靠非刑法手段实现对社会关系的调整,刑法只在不得已时才启用。简言之,刑法属于非刑法手段规制明显不足或效力失灵的后补。基于这些共识性的核心内涵,刑法谦抑性可以这样界定:“立法者应当力求以最小的支出——少用甚至不用刑罚(而用其他刑罚替代措施),获取最大的社会效益——有效地预防和控制犯罪。”[1]

谦抑代表着缩减、压缩,刑法谦抑则要求刑法时刻恪守消极、保守姿态,积极、主动乃至扩张的立场是被拒绝的。刑法谦抑性通常可在三个层面使用:第一,作为现代刑法理念的谦抑性,所关注的是刑法在宏大的社会治理体系和国家法律体系中的基本态度、基本角色。第二,作为立法论视角的谦抑性,主要解决的是对行为的入罪和出罪两大方向的价值思考,当然也兼顾刑罚的废立与调整,即罪的谦抑与刑的谦抑同属于本视角的谦抑性范畴。第三,作为解释论视角的谦抑性,主要解决的是以自由保障机能为首要准则对现行刑法,尤其是在具体个罪中展开限缩解释的问题。在此维度,谦抑性通过具体的司法适用收紧刑法的实效,避免不必要的扩张。

---

〔1〕 陈兴良:《刑法的价值构造》(第2版),中国人民大学出版社2006年版,第292页。

向来刑法学的主要关注点是第一层面的谦抑性，对立法论和解释论视角的谦抑性着墨偏少，这着实有些遗憾。应当说，刑法应具有谦抑性已成为共识，现代刑法学已经跨越了谦抑性的理念倡导阶段。如何在现实法治实践中实现谦抑性，使其从抽象的理念化为具体的现实，无疑是当下更为紧迫的问题。谦抑性现实化的两个步骤，即立法与司法，也就应当被更细致地关注。对特定行为的入罪与出罪，就立法而言，既是一种政策选择也是一种价值判断。鉴于立法流程的复杂性，也基于立法不可能事无巨细——事实上，立法的文字表达都具有相当程度的抽象性、概括性，存在较大解释空间，因此，刑法谦抑性的实现，首先离不开良法，因为其是基础；其次高度依赖具体司法，这可以说是更为重要的谦抑性实现路径。刑事立法可以宣示某种道德、彰显某种行为规范，但却无法培育道德和激活行为规范，这都需要依赖公正适度的司法方可求得。

一、立法论视域的谦抑性

刑事立法对特定行为的入罪或者出罪遵循的是价值思考，这种价值思考也并非一成不变，会随着社会变化而调整。刑法谦抑性考虑的是是否值得对某行为动用刑罚权。这直接关乎罪刑法定原则的实质侧面。刑法理论通常把“法无明文规定不为罪、法无明文规定不处罚”的罪刑法定原则分为形式侧面与实质侧面。罪刑法定原则的形式侧面则包含法律主义（排除习惯法）、禁止类推解释、禁止事后法、禁止绝对不定期刑，实质侧面则包含明确性、适正性（禁止处罚不当罚的行为，禁止不均衡的、残虐的刑罚）。[1] 可见，谦抑性与罪刑法定原则实质侧面的适正性规则相通，两者具有共同的刑事法治精神内涵，都对刑法设定不当的犯罪圈和刑罚表达拒绝，因而对刑罚权的滥用可能都持警惕态度。其中，禁止处罚不当罚的行为针对的是罪的设定，禁止不均衡的、残虐的刑罚针对的是刑的设定。也可以把谦抑性视为罪刑法定适正性规则的另一种表达，最终所要伸张、强调的是对刑罚权的限缩。据此，从立法论视域思考刑法谦抑性，在根本上即为对罪刑法定的适正性规则的深度把握。

首先，虽然法律与道德无法泾渭分明地截然区分，但刑法不适宜扮演维

---

〔1〕 参见张明楷：《罪刑法定与刑法解释》，北京大学出版社 2009 年版，第 28 ~ 60 页。

护道德的角色,进而原则上不应设置旨在维护道德的犯罪,这应当成为基础共识。刑法具有行为规范与裁判规范的双重属性,司法者对刑法的适用可以强调、凸显行为规范的存在,行为规范的意蕴包含"不得为之"的禁止性规范与"必须为之"的命令性规范,这两种规范意在维护社会行动的基本准则,保障民众的行为预期且得以进行妥当的行动安排。但是,行为规范也只应维护民众的行为预期,而不应维护道德。单纯的道德违反并不是对法益的侵害,不值得动用刑罚权。道德层面的要求也只能放置于道德领域,不能依托立法进入刑法领域。因而,无被害人的吸毒、违反性道德的淫乱、违反家庭伦理的乱伦等行为,由于高度的道德契合度,很难为其寻找充分的入罪基础。实质上,纯粹道德领域的行为,也只有道德伦理规范才能为其提供真正有力的约束,越位规制的刑法只不过是另一种形式的道德宣示而已。

其次,宽广的犯罪圈并不能保障刑法的效力,刑法在社会治理中应当发挥的是兜底、补充作用,犯罪的设立需要整体考察民法、行政法等前置法与道德、伦理、习惯等非法律调整方式是否已效力用尽。在这些非刑事调控手段尚有调整能力的前提下将相关行为径直上升为犯罪的处置方式,意味着刑法已经僭越了固有的规制场域。从古代到现代的人类文明进程看,刑法在法律体系和社会治理体系中所占的比例处于持续紧缩状态,基本上刑法已从过去的无处不在演化至今日社会治理体系的边缘位置,原则上不主动介入社会生活。任何一种权力都有被滥用的风险,刑罚权也是如此,所以罪刑法定被界定为既约束司法权又约束立法权的基本原则。刑罚权的过度使用或者滥用不仅不利于保护法益,反而会损害国民行动自由,一个社会的活力源泉恰恰是充分的自由度。并且,对于绝大多数传统犯罪,刑法的事后惩罚其实无助于保护已受损的具体法益,所能发挥的不过是个别预防和一般预防作用。刑法在前置法调整尚不充分的情况下介入,既妨碍民众行动自由也无助于法益保护,还极大地浪费了司法资源,因而缺乏正义性。对于国家而言,以最小的投入获得最好的行为调整效果,才是最终极的公共管理诉求。一般而言,民法、行政法、道德等非刑法手段对于调整社会生活往往更有效,刑法只是其他手段失灵时的补救措施,这才是对刑法的精准定位。

再次,刑法立法应当具有明确性,杜绝完全开放式构成要件和不定期刑。把具有当罚性的行为规定为犯罪,根据时代变迁对失去了当罚性的行为出罪,属于刑法谦抑性的要求。设立犯罪的刑法规定,还需要具有明确性,关于犯罪与刑罚的文字表述不能含糊其词,完全开放式的构成要件应被绝对禁止。对刑罚权的限制是通过条文的规定实现的,规定完全开放式的构成要件无异于刑罚权的启动不受任何约束,将使刑罚权蜕变为脱缰野马,具有高度的权力滥用风险。诚然,达到绝对的刑法明确性不现实,相对的刑法明确性也早已成为了刑法共识。其中就有一个更为关键的度的把握问题。一方面,设置包括兜底条款在内的开放构成要件是刑法的不得已;另一方面,缓解开放构成要件可能带来的入罪泛化的可靠方法,是对个罪法益的精准把握、对个罪行为类型的准确提炼、对兜底条款展开解释时对明示列举的先例条款的同质性的严格遵守。因而,为了防范开放构成要件对刑法谦抑性带来的冲击,刑事立法时对兜底条款前的先例条款应尽可能多、尽可能明确地规定,避免不必要的歧义,从而为民众理解和司法适用提供可靠基准,这恐怕是无法完全排除开放构成要件前提下的较优做法。

最后,伴随风险社会的到来,〔1〕完全被动消极的刑法观似乎已不合时宜,适度的积极刑法观应被正视。〔2〕与以往农业社会和传统工业社会不同的是,当前已经进入信息网络时代,各种新生社会风险、新型危害行为频出,继续刻板地固守传统刑法理论将导致刑法在现代社会生活中的乏力。纵览几十年的刑事立法变迁可以得出初步结论,目前我国已渐渐进入法定犯时代,与之相伴的还有轻罪化趋势,这以危险驾驶罪、高空抛物罪等罪名的设立为典型。这些正在发生的变化,说明我国在传统的以自然犯为主轴的罪名体系外,逐渐形成了以法定犯、轻罪为核心的另一"轴"。在这种背景下,我国的犯罪圈实质上是越来越严密也是越来越大的。依据高度严格的谦抑性要求,如此大量的法定犯、轻罪立法恐怕值得商榷。但刑法理论不能理想化地固守教条,无视已经到来的现实。许多法定犯、轻罪的设置实质上是预备犯实行化、共犯正犯化、抽象危险犯实害犯化,这些立法现象的背后,是现代社会的结构特征、风险扩散模式、风险转移速度等迥然有别于传统社会的要素,若依然等到法益侵害的结果出现才启动刑法,对于保护法益而言要么为时已晚,要么难以达到理想效果。前置法手段是否奏效已经不是这些领

〔1〕 参见[德]尼克拉斯·卢曼:《风险社会学》,孙一洲译,广西人民出版社 2020 年版,第4~10页。

〔2〕 即使是积极刑法观的提倡者在主张刑法积极介入社会生活的同时仍主张适度犯罪化,而不主张在任何时候都把刑法挺在前面,拿着犯罪的标签四处乱贴,挥着刑罚的大棒到处乱打。参见付立庆:《积极主义刑法观及其展开》,中国人民大学出版社 2020 年版,第 23 页。

域所要优先考虑的问题,因为很多时候,对于要么未形成实际侵害,要么一旦出现实际侵害则结果不可控的情形,前置法手段的软性规制事实上已经失效,只能进行政策层面的根本性调整。所以,从结果本位到行为本位、从惩罚导向到预防导向、从后置角色定位到前置角色定位、从注重个体到同时兼顾个体和集体,成了现代社会有效保护法益的路径调整和路径依赖。这是不得不顺应的时代变迁,但在原则性顺应的同时,还应当注意法定犯、轻罪等立法面的铺开,需配之以轻刑化、刑罚种类优化、刑罚执行方式合理化等。鉴于前科所造成的长远、深刻、消极影响,前科消灭制度在我国的逐渐落地也是不容回避的议题。

或许是为了有效回应风险时代的广泛诉求,我国过去几十年来陆续颁布的十二个《刑法修正案》均体现了安全刑法走向。诚如刘艳红教授所言:"前十部刑法修正案的内容体现了安全刑法的逐渐形成,《刑法修正案(十一)》的颁行则意味着我国安全刑法的正式形成。当安全作为刑法保护的首要价值时,引发了法益论的全面崩溃。安全刑法在形式上仍使用法益概念,但却通过安全与秩序悄然替换了权利与自由,从而掏空了法益的精神内核,使法益论在实质上全面崩溃。面对安全刑法的冲击和挑战,未来中国刑法的走向必须进行理性定位。"[1]毫无疑问,自由刑法才是我国应当长期坚持的方向,因为只有自由刑法才能维护法益论实质内涵及刑法行为主义,才能维护现代刑法体系。而且,也只有自由刑法而非安全刑法才能与刑法谦抑性契合。选择耗费社会资源最小、对民众权益影响也最小的方式回应规制诉求,慎重设定犯罪圈和刑罚,是立法论视域对刑法谦抑性的本质要求。刑罚是一把"双刃剑",用之不当则两受其害。同时,刑法谦抑性的立法论视角考量也需一定程度上回应已然变化的社会,不能完全以传统的眼光审视当下。风险社会需要有一定的风险眼光和风险意识,刑法关于犯罪圈的设定也需要适应时代背景调整,法定犯的大量规定、轻罪的广泛设置是对现代社会新型结构和风险特征的刑法回应,具有具体的时代合理性。由此,对于刑法谦抑性的立法论思考,也需要秉持动态眼光,适时调整其内涵与外延。

---

〔1〕 刘艳红:《中国刑法的发展方向:安全刑法抑或自由刑法》,载《政法论坛》2023 年第 2 期。

二、解释论视域的谦抑性

正义从来都不是抽象的,司法正义更是体现在每一个具体个案中。从纸面的立法条文到现实的案件办理,恰恰是司法正义从抽象逐步转为具象的过程。刑法条文设定的犯罪圈已把明显不符合条文表述的行为剔除,换言之,正式的刑事立法属于立法者对犯罪圈选择的结果。只是,囿于语言文字的多义性、概念的抽象性、不同语境对语义的影响等因素,立法者的价值偏向能否得到忠实贯彻,仍然有赖于司法适用。司法适用的过程除了程序运用之外,核心便是刑法解释。而且,这已是在假定立法高明无误之基础上的善意推断。事实上,立法者也可能存在误判,对一些行为不当犯罪化,或者未把一些危害行为入罪。并且,即便立法者作出的政策决断无误,也可能由于采用的语句表达引发歧义,不当扩大或缩小了打击面。再者,在立法者的决断与条文规定均无纰漏的情况下,仍然需要高明的司法者的合理刑法解释,否则,刑法的具体犯罪圈就仍存在不当扩大或缩小的可能。就此而言,谦抑性的基础在于刑事立法,而谦抑性的核心则在于刑法解释,也即探讨刑法谦抑性,解释论视角处在更为关键的位置。

首先,从解释论视角恪守谦抑性,应旗帜鲜明地反对类推解释。类推解释可谓对刑法原意的彻底反叛,它在先入为主认为特定行为具有可罚性的基础上,选取一个相似的条文,进而对拟适用的行为和相似条文寻找出一个共同的上位概念,这种上位概念具有足够的宽泛性,它确实具有两者的公约数的侧面,但这种共同之处仅停留于表象,却并非本质性的。接着,在上位概念的统摄、置换下完成了两者的等置化论证,从而最终适用相似条文。类推解释并不是从大前提到小前提再得出结论的过程,而实为根据小前提不当粉饰、改造大前提,没有忠实于构成要件的类型,也背离了行为的事物本质。类推解释会放大刑法的规制范围,把本来处于犯罪圈之外的行为框入,这种解释方法违背了立法原意,也违背了罪刑法定对司法权的限制,类推解释一旦技巧式地适用将具有较大隐蔽性,也会逐渐蚕食刑法的明确性,使刑法的行为圈处于晦暗不明伸缩不定的状态。反之,扩张(大)解释被刑法所接受,皆因其未脱离刑法条文的原意。通常认为,扩张解释指的是当刑法条文的语义较之真实含义窄,对之进行语义扩张以符合原意的解释方法。这被认为是符合罪刑法定的解释方法。由于扩张解释与类推解释之间很难划定绝对清晰的界限,现实中类推解释常常打着扩张解释之名大行其道,这在一定程度上导致了扩张解释的正当性遭到削弱。除非是有利于被告人的类推解释,否则类推解释者不会承认自身正在进行“类推”。这种情况下,对于扩张解释就不得不多一份警醒,应对其所得出的入罪结论与构成要件的语义边界展开细致比对分析,从民众的一般预测可能性、是否会产生明显的突兀感等方面展开检验。通过刑法解释扩大犯罪圈的做法常常不起眼,但具有十足的规则破坏力,诚如学者所提醒的:“罪刑法定原则并不禁止扩大解释,但这不意味着扩大解释的结论都符合罪刑法定原则。”[1]因而,对所有背离了常规语义的刑法扩张适用都需要警惕。

其次,要警惕社会危害性概念的泛滥化和以入罪为方向的实质解释论。根据《刑法》第13条的规定,犯罪具有社会危害性、刑事违法性、应受刑罚处罚性三个特征。这三个特征用于一般性诠释犯罪是可以的,但却不能直接用于司法适用,原因是,特定行为是否符合特定的犯罪构成,仍需从特定犯罪的各个构成要件审查判断。犯罪的三个特征是刑法总则对犯罪通常特征的表达,它只是对所有刑法具体犯罪的最大公约数的提取,是高度抽象化的内涵提炼。就像抽象的正义不能直接导出具体个案的是非曲直一样,抽象的犯罪三特征也不具有直接评判个案行为入罪与否的功能。所以,对社会危害性的过度聚焦与泛化使用,并没有推动刑法适用的精致化,反而使得具体个罪犯罪构成的判断在充斥着价值否定色彩的感觉中完成,但刑法适用最需要的恰恰是联结具体个罪构成要件的精确解释。正因如此,传统刑法理论一度被界定为危害性刑法。在把犯罪概念界定为犯罪构成的基础、犯罪构成又被界定为犯罪概念的具体化的背景下,危害性刑法的称谓不仅是恰如其分的,还直接导致采用行为犯、抽象危险犯罪状表述的个罪彻底沦为形式化罪名,刑法明文规定以外的超法规违法阻却事由、实质的阻却罪责事由也难有容身空间。实际上,社会危害性充其量只能作为犯罪的立法概念的核心要素,而在犯罪的司法概念视域,刑事违法性才是根本,应受刑罚处罚性也是判断刑事违法性的素材。刑事违法性是由具体的犯罪构成要件说明的,不只是一种同义反复式的语感强调;刑事违法性还是一种实质违法性,不仅是形式违法性。由此,对于行为犯、抽象危险犯等罪状,就不能简单

---

〔1〕 张明楷:《刑法分则的解释原理》(第2版),中国人民大学出版社2011年版,第95页。

地将实施了特定行为等同于犯罪,这两者还是存在差别的。从形式上的轮廓到实质上值得动用刑罚,蕴含的则是对刑法谦抑性的实质考量。倘若一个形式上只符合《治安管理处罚法》的行为也被评价为刑事犯罪,行政前置法就会被虚置,刑法也就未能恪守后盾法的体系角色。实质违法性、实质的构成要件论都服务于限制犯罪圈的使命,这是谦抑性导引下的基本刑法适用方向。由此,无论是形式解释论还是实质解释论,其内在的解释理念、解释方法固然重要,但更重要的还是解释方向、解释立场、解释结论。实质解释论能够充分挖掘刑法条文的含义,有助于刑法在纷繁的社会生活中扮演能动角色。只是,实质解释论常常是以社会危害性为引领的入罪思考,在一定程度上有脱离条文通常含义之嫌,据此得出的入罪解释结论,其妥当性、可接受性就不能草率接纳,还需要经过较之形式解释论更深入的斟酌。

最后,对于存在罪与非罪争议的案件应善用阶层犯罪论体系进行检验。作为传统刑法理论通说的平面、耦合式四要件犯罪构成理论与源自德国的三阶层犯罪论体系虽说具体要件基本相同,对于绝大部分案件的分析结论都没有差别,但由于二者的理念差异,在一些疑难复杂的争议案件中,四要件犯罪构成理论的分析由于过于简单化,缺乏从客观到主观、从违法到有责、从事实到价值的位阶思考,以至于失去了反面检验的空间,进而更容易推导出有罪结论。虽说犯罪构成理论是精细还是粗糙恐怕并非核心,因其与特定民族的思维习惯息息相关,但是,当四要件犯罪构成理论的分析进路过于扁平化导致对重要素材、重要侧面的忽视,进而导致被告人失去了应有的出罪空间时,就值得正面检讨。疑难复杂的争议案件是检验犯罪构成理论优劣的试金石,意欲通过刑法解释论保障谦抑性的实现,也始终绕不开此类案件。当然,也不是说对所有的争议案件一律出罪就正当,这仍需结合具体的社会背景、政策环境、案件性质等因素整体考量。原则上,当一个争议案件触及了法益保护与自由保障两项刑法机能的抉择时,通常来说,刑法的天平偏向自由保障一边,这是对刑法谦抑性的一种维护。所以,面对疑难复杂争议案件,需要审慎适用刑法。尤其是在运用四要件犯罪构成理论得出了有罪结论时,就需要额外运用阶层犯罪构成理论展开进一步检验。只有阶层犯罪构成理论也依然推导出有罪结论并且无明显弊病时,才适宜最终做出有罪的分析选择,这对于防止刑法不当侵入原本可由非刑法手段调整的领域十分重要。

第二节　谦抑性的立场展开

从基础理论层面承认刑法应有谦抑性可谓已是理论共识，这不是空洞无物的宣示性口号，而是贯穿于从刑法理念、犯罪论体系、刑罚制度设置到个罪解释与司法判断的各个环节，且在全流程发挥着具体指导作用。如果仅将谦抑性作为抽象宣示，对于具体司法适用没有裨益。在进入细微的司法适用层面之前，还应当从中观层面对谦抑性立场予以强调。关于谦抑性立场，主要牵涉刑法作用问题和刑法机能考量。作为一种基调，刑法万能论应予破除，自由保障机能应当得到重视。

一、刑法功能有限性的原则性承认

刑罚权需要节制，国家的司法资源应尽可能节省，力求以最小的司法资源投入获取最佳的调整效果，这确实是思考刑法谦抑性不可或缺的视角。除此之外，还有一个同样重要的角度，即刑法功能的有限性，社会的利益关系错综复杂、社会生活变幻多元，不同的社会领域遵循不同的运行逻辑，也具有各自吻合的有效规则。应予承认的是，法律只是众多社会规范中具有国家公权力色彩的一种，它是现代社会所必需的规范，但并不是对每一个社会领域都行之有效的规范。当前通行的法律是以工业化城市、陌生人社会为目标场景逐渐建构起来的，它与以宗族乡里、熟人社会为核心纽带的乡土农村不一定完全具有相容性，对依靠习惯、道德规范约束的领域也缺乏实效。整体意义的法律在现代社会治理中也只扮演了部分规制者的角色，而刑法只是法律体系中的后盾法、补充法，更难对社会生活提供全面、有效的调整。法律的规范功能是有限的，刑法的规范效用则更为有限。基于此种有限性，关于刑法万能论的主张首先应予破除。由于我国古代法刑民合一、诸法合体的缘故，对刑法功能向来有不当放大的倾向，对于危害性大的行为、引发民愤的行为、当前规制略显不力的行为等，可能不是先行反思当前规制手段的不足，而是直接转向刑法层面，这也是有学者批评我国刑法存在

“现象立法”[1]化的原因。的确,在其他手段尚有效甚至更有效的情况下,仅因为特定的情势需要即通过刑事立法扩大犯罪圈,恐怕不仅会导致其他手段的调控功能未能充分释放,还会伴随刑法规制手段的负面效应或长尾效应。更为甚者,论证不够充分的现象式、回应式刑事立法可能根本产生不了预期的调整效果。面对纷纷扰扰的社会生活,刑法应当充分认识自身调整手段的特征以及不足,对具有危害性的行为或新型行为保持充分宽容,刑法对社会行为的规制、调节贵在适度,只有适度才可能获取最佳社会效果。

二、刑法机能的方向性倾斜

法益保护与自由保障是刑法的两大机能,也有观点认为行为规制也属于刑法的机能之一。刑法通过规范民众的行为获得调整社会关系的效果,就此而言,行为规制是其任何时候都无法否认的机能。只是,论述刑法具有行为规制机能,不过是对刑法功能最浅显的阐述,因为任何一种法律都毫无疑问具有行为规范机能。探寻现代刑法的机能恐怕还不能如此简单地停留于法律的共性,而应具体结合刑法的特征进行挖掘。对于掌握公权力的国家而言,惩治侵害法益的犯罪固然是其任务之一,但如果只是为了惩罚具有危害性的“犯罪”,制定刑法其实并不是前置条件,甚至可以说,以实质的社会危害性概念为统领所展开的打击可能更有效。

其实,国家制定刑法并且以罪刑法定为基本原则,除了为司法机关惩治犯罪提供法律依据以外,预防刑罚权滥用、避免对不值得动用刑罚的行为进行入罪评价,从而最大限度地保障民众自由,是制定刑法更为重视的价值考量。通过刑法明文表述的构成要件圈定值得作为犯罪处罚的行为,为国家刑罚权的适用划定了范围、厘定了边界,民众通过明文的罪状表述,可以清楚知晓何种行为被允许、何种行为被禁止,进而可建立稳定的行动预期。由此,国家制定刑法的目标是惩治侵害或威胁法益的犯罪行为,更根本的价值诉求是通过明晰的犯罪圈划定维护民众的行动自由。刑法的适用本身即是对犯罪人的惩罚和对法益的保护,这是直观层面的刑法机能观察,也是仅置于犯罪行为人和被害人的分析框架获得的结论。刑法的自由保障机能则是对更为宏大的整体国家与个体民众之范畴的透视。刑法的历史嬗变所呈现

[1] 参见陈金林:《现象立法的理论应对》,载《中外法学》2020 年第 2 期。

的是由国权刑法到民权刑法的演变，伴随的是从压制型刑法到回应型刑法的内涵变迁。这实质上也是刑法机能逐渐由单纯法益保护到兼顾法益保护与自由保障甚至对自由保障有所侧重的过程。在此历程中，使用刑罚权的负面效应、刑法保护法益的有限性等被渐渐正视，民众的个体自由慢慢被国家权力承认、尊重、包容。现代法治理念发展至今，公权力从绝对的强势切换为缓和、平视，民众自由的适度提升，已经成为普遍的价值共识。

因而，刑法作为法益保护法之传统论断当然不会错，但不能仅把眼光聚焦于法益保护。刑法制定和刑法适用的最终目的，既有直接的法益保护，也有间接的自由保障，并且还不能说"间接的"就不那么重要。法益保护与自由保障两项机能都不容否定，但在规范多元、公权力强大、技术发展使得国家具备了更强治理能力的当下，侧重和强调刑法的自由保障机能、伸张刑法的罪刑法定要义，无疑具有更深远的意义。也只有这样，无论是刑法立法还是刑事司法都能够时刻保持对刑罚权滥用的警觉，能够清醒意识到刑法规训公民行为的效能缺陷、刑法适用很难完美平衡法益保护和自由保障机能而很多时候只能选择性倾斜，这才有可能从基础层面避免刑罚权的不当使用，最大限度地保障刑法谦抑性在具体司法实践中实现。

第三节　谦抑性的实现路径

把谦抑性从宏观理念、中观立场进阶落实为微观的司法现实，是刑法教义学的永恒使命。在法律适用方面，刑法适用的规范要求较之其他法律更高，形式上受制于罪刑法定原则的存在，实质上则由于刑法是在刑罚权与公民自由之间划定界限的法则，因而需要更为精微地掂量与琢磨。谦抑性的实现过程是刑法解释、刑法适用与刑法论证的过程，其关涉刑法机能的偏向、犯罪论体系的运用、法益侵害或规范违反的本质、行为无价值或结果无价值的立场选择、个罪具体法益的提炼等，需要兼顾的方面、要素都不是单一的。所以，刑法谦抑性的实现路径包含诸多具体侧面，它在各个具体细分领域都可着力，相应实现谦抑性的路径也应在各个细分领域中拓展。显然，毫无遗漏地对各个细分领域的实现路径进行研析属于巨大工程，因而更为重要的是秉持善意解释刑法的基本观念，同时重点关注对刑法适用产生整体影响的重要问题,这显得尤为关键。观察刑法适用和刑事司法实践的通常脉络,意欲较为稳妥地实现刑法谦抑性,有四个突出的问题特别值得重视,分别是刑法解释方法的运用、具体罪名的法益理解、行为无价值或结果无价值的选择、刑民交叉案件的处理理念。下文将着眼于这四大问题分别阐述。值得说明的是,谦抑性的实现路径绝非只有这四个方面,在此只是对最为重要的侧面进行特别强调。

一、解释方法的合理运用

刑法的解释方法众多,方法服务于目标,为获取适当的刑法解释结果,可以使用一种或多种解释方法。刑法解释结果的适当性,并不是在得出解释结论后再予评判,而是在展开刑法解释前,即对案件事实与可能适用的犯罪构成要件进行对碰,大致就案件事实形成其是否具有危害性、可罚性的法感觉。值得说明的是,刑法解释不是纯粹的从大前提到小前提再到结论的单向过程,实际上,在三段论推演之前,解释者已经事先形成了行为是否可罚的感性判断,也恰恰是这种类似于直觉的判断引领着对相近构成要件的选择、进一步比对。所以说,刑法解释是跟着法感觉走的。为了达到法感觉所预设的适用目标,解释者的目光会在案件事实和刑法规范之间来回往返,不断地拉近两者。将两者不断拉近的过程,实质也就是刑法解释方法的运用过程。诚然,法感觉有时会出现偏差,法感觉引领下运用刑法解释方法的解释结论也可能偏离正义轨道。有时候,法感觉并没有错,特定行为也确实具有可罚性,但由于条文语义的范围限制,将特定行为解释为符合构成要件突破了条文语义的边界。这种情况下,问题的根源就不是解释方法问题,无论运用何种解释方法都无法符合罪刑法定原则的要求。但完全不需要解释和显而易见地可得出突破语义结论的情况都不多见,大多数情形反而是介于两者之间,即刑法规定具有抽象性、概括性,条文真实含义需要通过解释获得。实际上,刑法解释方法的运用在刑法条文具有相当抽象性、伸缩性、模糊性时显得特别有价值,如果刑法条文采用了封闭式规定,核心范畴和外延边界都十分清晰,规制范围就非常明确,没有多少刑法解释方法发挥的空间。刑法条文具有共识性的核心范畴,但外延并不是绝对清晰的,具有扩展空间,可以应社会变迁、时代发展填充不同的内涵,甚至外延也会伴随社会发展而变化。这是绝大多数刑法规定所处的真实状态,也是需要解释的原因。那么,在众多刑法解释方法中合理选择、适用就显得十分关键。

刑法解释方法(技巧)包括平义解释、宣言解释、扩大解释、缩小解释、当然解释、反对解释、类推解释、比附及补正解释。按照张明楷教授的观点,文理解释、体系解释、历史解释、比较解释、目的解释等解释方法可界定为解释理由,因为“对一个刑法条文的解释,只能采用一种解释技巧,但采用哪一种解释技巧,取决于解释理由,而解释理由是可以多种多样的”[1]。不过,笔者认为,把解释方法区分为解释技巧和解释理由的意义并不是那么大,这些本质上都是解释方法,都服务于刑法解释结论的得出,价值层面都需要经受正当性检验。而且,除了扩大解释、缩小解释这种明显方向不同的解释方法不可同时运用外,其余的解释方法都可以在对同一个条文的解释过程中同时适用。人为划分解释技巧、解释理由进而附加使用限制的方式并不妥当,一项具有适当性的解释结论的获得,很多时候依靠的是多种解释方法的并用。但要注意的是,除非是有利于被告人,否则类推解释原则上被禁止。明显不利于被告人的扩大解释,如果在当下社会认知情境下存在较大争议,除非存在强有力的支撑理由,否则应当谨慎使用。在社会背景已明显发生变迁的情况下,不能完全唯历史解释马首是瞻,不能陷入唯目的论的泥潭,应当在主观解释论与客观解释论之间以妥当性为平衡支点。由于具有抽象性、模糊性的条文具有多种解释可能,不同解释方法的运用,表面上都能合理地推导出解释结论,这就需要警惕不同解释方法对不同个案的消极影响。故在选择解释方法前,应综合个案的具体情况、社会宏观背景、社会处罚诉求等因素重塑、调整法感觉。通过这些细致化的要素考察,也就使得完全感性的法感觉转向理性,解释方法的选择也进而相应调整,解释结论的得出也就总体上处于可控范围。

二、个罪法益的精准把握

犯罪的本质有法益侵害说和规范违反说经过了多年的对峙与论争,[2]法益侵害说已经获得了支配地位,对此也已形成了基本理论共识。犯罪具

---

〔1〕 张明楷:《刑法分则的解释原理》(第2版),中国人民大学出版社2011年版,第43页。

〔2〕 相关的文献非常多,代表性的文献包括周光权:《论刑法学中的规范违反说》,载《环球法律评论》2005年第2期;刘孝敏:《论法益侵害说与规范违反说之争》,载《法学论坛》2006年第1期;欧阳本祺:《规范违反说之批判——与周光权教授商榷》,载《法学评论》2009年第6期;等等。

有规范违反的一面，某些具体个罪的规范违反性、义务违反性特征还较明显，规范违反可以作为深化认识、整体分析犯罪的一种维度，这些是承认规范违反性的价值。即便如此，对犯罪的本质的认识依然不能让位于规范违反说，因为以限制公权力、保障自由为核心价值诉求的现代刑法更需要明确性、稳定性，在法益与规范之间，无疑法益更加具体，也更契合普通民众的日常生活和切身利益。如果刑法使用普通大众难以理解的概念表达刑法目的，无异于在法律与民众生活中不当地筑起一道墙，这无疑会影响民众对刑法的理解与对日常生活行动的安排。因此，以法益侵害说理解犯罪本质更具合理性。法益与道德、伦理具有天然的阻隔，对法益泛化的观点难以获得普遍认同。所以，不能以理论上存在法益泛化或抽象化的观点来否定法益论的价值。法益是刑法学分析的逻辑起点，分析犯罪行为的可罚性或不可罚性，法益侵害性是根本。精准把握个罪的法益是个罪刑法学分析的原点，从这个原点出发才能逐渐延伸至构成要件解释，实质违法性、非难可能性的判断。一旦对个罪法益的认知出现偏差，将直接导致个罪的范围不当伸缩，影响特定行为领域的自由界限。

例如，《刑法》第295条规定了传授犯罪方法罪，采用的是简单罪状“传授犯罪方法的，处……”，这是一种典型的行为犯规定，由于刑法没有规定情节要件，这就必然产生如何理解适用的问题，而这在根本上与具体法益理解息息相关。刑法理论上对该罪法益的理解有公共安全说、社会管理秩序说、社会公共秩序说、社会秩序和道德风尚说、无统一法益说、复杂法益说、社会治安秩序说等多种观点。由于公共安全、社会管理秩序、社会公共秩序等都是较为抽象的表达，反映的不过是《刑法》分则第三章的大类法益或同类法益。将大类法益或同类法益直接解读为具体个罪的法益，既存在逻辑上的重复，也无助于解释传授犯罪方法罪的构成要件，还必然会导致构成要件的无限泛化。正是传授犯罪方法罪采用了行为犯、简单罪状之表达，故更需要准确理解其法益，通过准确的法益把握来引导、限制对构成要件的解释。社会治安秩序说是一种具体的法益表达，不是对社会管理秩序或公共秩序的同义重复。传授犯罪方法行为的可罚性是：传授犯罪方法行为会制造犯罪行为，直接影响社会治安状况，还可能会间接地侵害具体的人身权利、财产权利。犯罪方法的传授会增强被传授者的犯罪技能，也会同时激起或者强化被传授者的犯罪意思，一旦其客观上掌握了犯罪方法、主观上形成了犯罪意图，具体的犯罪行为就有可能发生。治安行政违法与犯罪发生率直接关联社会的治安形势,传授犯罪方法的行为极有可能孵化犯罪,具有对社会治安秩序的侵害或者威胁的可能性。社会治安秩序是一种社会法益,不是个人法益。由此,就不能形式化地把传授犯罪方法罪理解为行为犯,并不是实施了任何一种传授犯罪方法的行为都可入罪,而需要求该传授行为确实对社会治安秩序产生了实质威胁,即所传授的犯罪方法具有危险性,不是生活化或者中立的行为。此外,还需要被传授者利用了所传授的方法实施了犯罪,对社会治安秩序产生了值得作为犯罪处罚的侵害。如果被传授者的行为只是治安行政违法行为,则达不到构罪标准。这种情况下,就不适宜认为传授犯罪方法者的传授行为造成了值得刑事处罚的法益侵害。而且,在实行行为者都不构成犯罪的前提下,将本质为共犯的传授者评价为犯罪,也背离了因果共犯论的基本架构,造成了不当的"没有正犯的共犯",不足为取。因而,只有采取社会治安秩序法益观,才能避免传授犯罪方法罪的司法适用扩张。[1]

又如,《刑法》第225条规定了非法经营罪,该罪明示列举了三项实行行为,同时设置了"其他严重扰乱市场秩序的非法经营行为"之兜底条款。至今,非法经营罪通过兜底条款不断扩张适用,导致非法经营罪的行为类型已经远超三项明示列举的情形,并且兜底条款仍然处于扩张适用的状态。兜底条款在刑法理论中又称为堵截条款,具有补漏作用,可使罪名在稳定性与灵活性之间达至平衡。长期以来,非法经营罪显得灵活性过大,以至于有脱离罪刑法定约束之嫌,学界对此也进行了诸多严肃反思,甚至学界还普遍认为非法经营罪是继投机倒把罪之后的又一个"口袋罪"。非法经营罪"口袋化"是通过不当解释兜底条款实现的,而司法实践之所以能够较为顺畅地扩张兜底条款以实现非法经营罪构成要件的异化,缺乏对非法经营罪法益的妥当理解属于绕不开的原因。一直以来,市场经济秩序或市场秩序被先验地认定为非法经营罪的法益,理由是非法经营罪的罪状表述就明确出现了"扰乱市场秩序",而《刑法》分则第三章的名称是"破坏社会主义市场经济秩序罪",非法经营罪所在的《刑法》分则第三章第八节的名称是"扰乱市场秩序罪",这可合乎逻辑地得出市场秩序是非法经营罪的法益。如此形式化地

---

〔1〕 参见赖佳文:《传授犯罪方法罪的功能检视、法益辨正与规则建构》,载《时代法学》2023年第5期。

界定非法经营罪的法益，无异于把非法经营罪归入整个《刑法》分则第三章的兜底罪名范畴，非法经营罪兜底条款则变成了兜底中的兜底。径直把大类法益界定为个罪法益，加上双重兜底的加持，非法经营罪的司法适用不断伴随社会处罚需求扩张就完全在预料之中。此种法益界定可以满足处罚需求，却损害了罪刑法定原则和民众的行动预期。而且，市场秩序法益的界定也很难与非法经营罪明示列举的前三项实行行为类型所展现的行为属性相吻合，因为该三项明显存在国家特许经营、对特定领域实行市场准入而非一般式市场管理的意涵，抽象的市场秩序法益无法准确描述这些意涵。由此，非法经营罪的法益界定需要从抽象走向具体，摆脱抽象的、正确的但无助于解释兜底条款的市场秩序说，转而把市场准入或市场准入秩序作为法益，如此方能呼应明示列举的前三项，同时也才能最大限度地避免兜底条款的无规则异化，非法经营罪"口袋化"才有可能停止。

个罪的具体法益是解释构成要件的基础，在刑事立法已相对固定的情况下，罪状表述的缺陷便是解释者必须接受的现实。为避免这些个罪司法适用的不当扩张，就应特别重视对个罪具体法益的清晰厘定，充分发挥法益的构成要件解释功能，防止构成要件尤其是开放式构成要件在纷繁复杂的司法实践中衍化为脱缰野马。

三、结果无价值论的坚持

在阶层犯罪论体系的违法性阶层存在形式违法性与实质违法性、主观违法性与客观违法性、行为无价值与结果无价值三对范畴的对立，也正是这种观点对立和持续较量，把刑法理论研究推向深入。至今，形式违法性与实质违法性的对立已经过去，行为构成犯罪要有实质违法性，需经过法益衡量原理或利益阙如原理的检验，进而得出具有值得处罚之法益侵害性的肯定式结论。主观违法性与客观违法性的对立也已经过去，以往"违法是客观的，责任是主观的"的公式已经不再适用，如今取而代之的是"违法是连带的，责任是个别的"。对违法性产生影响的一般是客观要素，但主观要素也会例外地产生影响，其中典型的是主观违法要素。影响非难可能性的要素同样既有主观的也有客观的，如期待可能性就是客观的责任要素。

当前，仍然存在对峙并且深化此种对峙具有规范刑法学意义的是行为无价值与结果无价值这对范畴。最早将行为无价值与结果无价值作为对立概念提出来的是汉斯·韦尔策尔。同时,韦尔策尔也是行为无价值的提倡者,他认为判断不法不能完全依靠法益侵害,还必须兼及造成法益侵害的行为本身。在展开行为无价值之人的不法论的理论叙事中,韦尔策尔在违法性的本质领域创立了社会相当性理论。[1] 行为无价值,是指行为者的行为本身不法。这里的行为,包括与之相连的目的性、故意、意图、行为样态等。行为无价值论,又称人的不法论或人的违法论,其特征在于认为行为人的目的、故意、义务违反等应与法益侵害一起成为违法判断的对象。行为无价值论又可进一步分为一元的行为无价值论、二元的行为无价值论,前者认为不法完全取决于行为无价值,结果无价值只不过是客观处罚条件而已,后者在判断不法时则同时兼顾行为无价值和结果无价值。结果无价值论是从客观上理解违法,认为违法判断的对象应尽可能地限于客观因素,主张故意、过失属于责任要素,认为不法的内容意味着客观的法益侵害或威胁。而且,结果无价值论主张严格区分违法与违反道德,认为应从刑法的判断中排除伦理的考虑。[2]

近代刑法史上有旧派与新派之争,与之对应的是客观主义与主观主义。虽然正统的主观主义刑法已进入历史的"博物馆",但主观主义刑法的痕迹仍然存在,至今仍有市场的行为无价值论便带有一定程度的主观主义色彩。或者说,行为无价值论与主观主义刑法具有亲和性,其在判断违法性时对目的、意图乃至伦理悖反的关注,逻辑上与犯罪征表说一致。诚然,如今已没有人主张一元的行为无价值论,所存在的均是二元的行为无价值论与结果无价值论的对立。这两者固然都以法益侵害是犯罪本质作为前提,对于法律关系相对简单的案件常常能够得出相同结论,但会在一些特定问题上出现方向分歧和不同分析结论。通常来说,较之二元的行为无价值论,结果无价值论的分析结论更契合法益侵害说的本质和自由保障的刑法机能。换言之,结果无价值得出的入罪结论更少、出罪结论更多。这是由于结果无价值考量违法性时把目的、意图等主观要素剔除,不会出现客观违法量不足主观要素补的做法。相反,即便主张同时考量行为无价值与结果无价值判断违法性的二元论,往往因无法精确做到同等地考虑两类要素,更不会自觉地把

---

〔1〕 参见陈璇:《刑法中社会相当性理论研究》,法律出版社2010年版,第7~10页。
〔2〕 参见陈家林:《外国刑法通论》,中国人民公安大学出版社2009年版,第267~273页。

目的、意图等主观要素用于出罪。这也说明所谓同时考量两类要素有利于限制入罪和有利于出罪只是逻辑上的假设,常常出现的情况可能是,在入罪考量时,目的、意图等主观要素的存在成了违法性加码的原因,客观的法益侵害在牵涉道德伦理或具有激愤情绪的个案时,根本无法成为主要的评价对象,连百分之五十的评价比例都无法保持,甚至会出现法益侵害逐渐退却至仅具有抽象危险乃至形式化行为即可的局面。面对出罪的考量时,反而要求两类要素均不具备。

由此可见,二元论属于不利于出罪的观点建构。要发挥刑法的自由保障机能和实现刑法谦抑性,结果无价值论必须作为判断违法性的基本立场。在衡量行为是否具有实质违法性时,目的、意图、行为样态、伦理违反等要素不能放在违法性阶层判断,而应作为犯罪故意、犯罪过失和整体层面非难可能性的判断要素。尤其在我国社会危害性概念仍然强势的司法语境之下,若坚持二元论,社会危害性概念与附随的分析理路将极有可能借道二元论发生实际影响,这种崭新话语范式的外衣无疑更具隐蔽性,并在新的范式中重现社会危害性概念的诸种弊端,这应当时刻警惕。

选择结果无价值论对于仍处刑事法治初创阶段的我国刑事司法具有突出意义,具体表现在以下几个方面:

其一,刑事违法性历来是公认的犯罪特征之一,并且该特征是直接从刑法条文中提取的,不是单纯的刑法理念的产物。这是一个具有全局效力的特征,所有的犯罪分析都无法脱离。相对而言,违法性在德日等大陆法系国家主要是通过阶层犯罪论体系归纳的要件,具有浓厚的理论色彩。因而,妥当阐释刑事违法性对于我国刑法更迫切。当社会危害性扮演统帅概念时,刑事违法性和应受刑罚处罚性实际上不过是犯罪特征的点缀,难以成为言之有物的特征。甚至可以说,在四要件犯罪构成理论中,刑事违法性只具有象征意义。其实,刑法学对犯罪的判断属于规范判断,并非感性的善恶判断,刑事违法性也应当注入实质内容,使之真正起到犯罪分析的作用。不能以形式违法性来理解刑事违法性,只能以实质违法性作为其内涵。再进一步深入的话,就会面临以行为无价值还是结果无价值判断刑事违法性的问题。无疑,应选择结果无价值作为刑事违法性的内核。经此调适,我国刑法中的刑事违法性也就获得了现代刑法学偏向自由保障的价值内容,对于犯罪构成理论的总体建构和个罪分析都能以客观法益侵害作为判断基础,进而有效避免刑法判断滑向主观主义。

其二,我国刑法中存在一定数量的行为犯、抽象危险犯,坚守结果无价值能有效防止不当司法适用。《刑法》第 141 条的生产、销售、提供假药罪,《刑法》第 245 条的非法侵入住宅罪,《刑法》第 280 条的伪造国家机关印章罪等,属于典型的行为犯,其共同特点是罪状描述中只有行为要件,没有结果要件也没有情节要件,这类行为犯在《刑法》中占据了一定比例。若仅对这些犯罪展开字面含义解释,一实施行为即可入罪,将导致行刑交错,同样的行为既符合《刑法》的规定,也完全可适用《治安管理处罚法》等行政前置法的规定,根本无法从两种性质的法律中解读出界限,无论法律适用者还是普通民众都会因此陷入理解混乱从而损害法的明确性和可预测性。行为无价值论难以对这些行为犯提供妥当的司法适用思路,在行为无价值论的视域中,规范违反、伦理违反也是违法性的判断素材。其认为,刑法制定个罪的同时就设置了特定的行为规范,公民不得实施构成要件描述的实行行为,一旦实施了这类行为,可认为其已经通过外化的行为表明了对行为规范的蔑视,反映了不遵守规范的心理态度。既然刑法将入罪标准明确规定为实施行为,无须附加结果、情节,那么一旦实施行为即构成犯罪便成为合乎逻辑的解释结论。可是,行为无价值的这种阐释会导致行为犯的刑法适用绝对泛滥化。刑法规定行为犯只是为了强调某一领域的行为规范,不是为了无限降低入罪门槛,创设大量行为犯并不是刑法初衷。因此,应当首先将行为犯统统解读为抽象危险犯,把单纯实施行为、不可能造成法益损害的情形排除出去。同时,还应当结合我国犯罪定性又定量的基本结构,合理适用《刑法》第 13 条但书条款,把情节显著轻微的情形排除。此外,应当通过司法解释对行为犯的立案追诉标准予以明确,使刑法与行政前置法的行为规制形成轻重衔接,还可通过指导性案例推广实质判断、实质审查行为犯的可资参考的做法。此种整体式的司法适用方案,通过多种方式化解行为犯司法适用的弊端,限缩犯罪成立的过度化,都只能在突出强调法益侵害、祛除道德伦理违反之评价作用的结果无价值论中寻得。

其三,无被害人犯罪、具有道德伦理色彩的犯罪之认定也需依靠结果无价值展开反思。只有贯彻结果无价值,才会鲜明地剔除伦理道德在犯罪认定中的作用。刑法不是维护道德的适当手段,只有对关系社会存在根基的道德准则,才可在极其例外的情况下启用刑法手段保护,这种例外情况受到严苛的必要性限制和比例原则限制。在行为无价值语境中，刑法不仅保护法益，还负有维护道德伦理的责任，这会导致公序良俗、良风美俗等道德伦理异化为法益，进而造成法益的精神化、抽象化。结果无价值论的叙事框架不会容纳法益精神化倾向，它所界定的法益是能够最终被追溯、解构为个体的利益，即哪怕是国家法益、社会法益等公法益，也只有在以具体的个体法益为底层支撑时才具有正当性，那些极度抽象化、道德化的"法益"，基础着眼点不是作为社会原子的个体，不是为了保障个体在社会中的生存发展，而是为了倡导、培育良善的美德。可是，提升道德水平不是刑法的任务也不是刑法所能实现的功能，社会赋予刑法的使命是提供基本的安全保障。换言之，刑法应考虑安全，不应关注安全基本线之上的真善美。这应当作为现代刑法权力内缩的基本准则。基于此，由于历史惯性原因设置于我国刑法中的侵害社会良风美俗的犯罪如聚众淫乱罪、无被害人犯罪如赌博罪等，在结果无价值论的规则透视下，其危害性无法最终还原为对具体公民个体的权利侵害。而且，被害人承诺、被害人自我答责的法理也进一步说明这类行为的法益侵害性阙如，根本没有必要对欠缺实质法益侵害的行为启用最严厉的刑罚权，这必然会导致权力使用的过剩，进而引发诸多不良负面效果。结果无价值论为这类犯罪的司法适用提供了检讨的可能，笔者认为，在立法废除这类罪名之前，以客观法益侵害作为基准，把单纯违反良风美俗的成年人之间密闭的、自愿的淫乱行为出罪，对单纯作为一种生活方式的赌博行为出罪并且改变当前的唯数额论罪的惯性，可谓较为稳妥的方式。总而言之，刑法的根本使命是惩恶，并不是扬善，奠定了此种基调，刑法才能在调整社会生活时保持先验的克制。

其四，由于我国刑法原则性处罚未遂犯，只有贯彻结果无价值论才能实现事实上的未遂犯处罚合理化。《刑法》第 23 条规定："已经着手实行犯罪，由于犯罪分子意志以外的原因而未得逞的，是犯罪未遂。对于未遂犯，可以比照既遂犯从轻或者减轻处罚。"由此总则规定可知，我国刑法采取了普遍处罚未遂犯的模式，这与大陆法系国家刑法原则上不处罚未遂犯，只例外处罚重罪的未遂犯的普遍做法不同。当前我国刑法对未遂犯的罚则是"可以"从轻或者减轻处罚，不是"应当"从轻或者减轻处罚，也没有像犯罪预备的罚则那样包含了"免除处罚"，这说明立法原意对犯罪未遂的苛责程度相对于犯罪预备更高。在犯罪未遂充其量只能减轻处罚的罚则下，除非犯罪未遂的情节显著轻微,否则都会被纳入刑法的打击范围。如果严格遵循刑法条文的字面语义,恐怕绝大部分的未遂犯会进入刑事追诉程序,这显然会导致刑法适用的泛滥化,因为其对犯罪行为所指向的法益而言,并没有造成法益侵害,只是形成了对法益的威胁。但是,对法益的威胁终归只是威胁,例如,行为人试图开枪射杀 A,子弹从距离 A 的头部 2 厘米的空间飞过,没有打中 A,A 的生命法益、身体健康法益都没有遭受侵害,在物理上不过是一颗子弹从距离 A 身体不远的地方飞过、引起了空气震荡而已。要认定此种情形下 A 的生命法益遭受了危险,很难说是一种客观事实,而是必然融入了价值考察的评价结论。这个例子固然是极端的,但举此例是试图说明对法益造成的威胁或侵害可能性,从终局的结果来看,就是指法益没有受侵害。那么,即便刑法理论通常把未遂犯的处罚根据界定为威胁法益,也并不能完全说明实质的可罚性根据。在可罚性根据略显不足的情况下,就可能会转向从行为人的主观意图、犯意、动机等方面寻求支撑。可是,这属于犯意征表说和主观主义刑法学的逻辑,完全不可取。完全形式化地贯彻原则上处罚未遂犯的规定是不现实的,而且我国刑事司法实践也没有这么做,所以,对未遂犯的处罚予以限缩,是我国刑法语境中的刑法适用目标。为实现这种解释性限缩的目标,需从两方面建构路径:

一方面,对客观方面造成的法益威胁作进一步限定。具体而言,需对法益形成具体威胁,而非抽象威胁。在对法益实行攻击式侵害的场合,即使没有对目标法益造成实际侵害,也需要造成了对与目标法益同类的法益的侵害,例如,故意杀人行为虽然没有造成他人死亡的结果,但对他人身体健康造成了伤害,这才可评价为造成了生命威胁。反之,若攻击行为根本连他人的身体都未触及,根本没有造成起码的身体伤害,就说明攻击行动彻底失败,无法界定为造成生命威胁的故意杀人未遂。

另一方面,理解未遂犯时践行彻底的结果无价值论。这涉及未遂犯与不能犯的区分问题,如前所述,就法益侵害结果没有发生这一点而言,未遂犯与不能犯相同。刑法理论上区分不能犯与未遂犯的观点主要分为主观说与客观说两大阵营,由于纯粹主观说、主观危险说都是从犯意寻求论说的根据,不合理性十分明显。[1] 客观说阵营中有具体危险说、客观危险说、定型说之分,都是以客观的外在的法益侵害作为判断依据,具有合理性。由于对犯罪行为的判断应是结合全部素材的基础上进行的事后判断、科学判断,因而客观危险说属于最为合理的界分观点。客观危险说是完全从客观上是否造成了法益威胁作出评析的,不会从民众的一般感觉出发,可以避免民众朴素判断的感性影响。据此,对于实行行为和着手的理解都只能紧扣客观上的法益侵害和法益威胁,这样就能够摆脱行为人犯意、主观恶性、犯罪计划等主观要素的影响,尤其在行为犯、抽象危险犯方面不会陷入一实施就是着手进而是未遂的逻辑迷宫。

四、刑民交叉的善意推导

刑民交叉问题是谦抑性议题绕不开的内容,无论从何种视角研究谦抑性,刑民交叉问题都是试金石。意欲说明维护谦抑性之方法有效,都要经过刑民交叉问题的考验。刑民交叉指的是由于行为的特殊性,表面上处在刑法和民法的交叉领域,从而造成界定为刑事犯罪还是民事违约的困难。刑民交叉问题具有迷惑性,其具有刑事犯罪的表象,又同时具有民事违约的轮廓,令人难以捉摸,也常常导致刑事司法实践的定性之争。当然,刑民交叉只是形象的说法,实质上一个行为不可能既是民事违约又是刑事犯罪,一个行为能够评价为民事违约,即说明民事法律关系的成立。而构成了刑事犯罪的行为,即使具有民事行为的外表,也不过是以合法形式掩盖非法目的的犯罪,完全缺乏适用民事法律的资格。所以,面对介于刑事犯罪和民事违约之间的行为,解释者只能正面做出选择。鉴于刑法评价和民事处理的天壤之别,对于并非典型且争议大的情形,定性选择成了对解释者的最大挑战,这关涉刑法和民法调整范围的界限,也不得不兼顾纯粹法律专业判断与民众通常法感觉的贴合度,因为明显违背民众通常认知的法律评价结论缺乏应有的说服力和公信力。真正存在刑民交叉的情况是侵犯公民人身权利的犯罪,如故意伤害、故意杀人等,这些犯罪行为既是刑法层面的犯罪,也是民法层面的侵权,可以同时符合刑法和民法的成立要件,不会因为犯罪的成立

---

〔1〕 参见赖佳文:《未遂教唆不可罚说之提倡》,载陈兴良主编:《刑事法评论》第31卷,北京大学出版社2012年版。

而否定民事侵权,两者可以同时成立,这也是刑事附带民事诉讼制度的设立缘由。也由于两者没有互斥关系,进而也不会产生适用疑难。但是,当一个行为处在刑事犯罪和民事违约的边缘,是作出犯罪认定还是民事处理,其中的界限并非泾渭分明,需要进行细致的法律要件分析,也受制于价值选择。此种价值选择的结局,便是刑法恪守了谦抑性还是进行了扩张。可以说,存在互斥关系的刑民交叉问题的处理是分水岭,因而需要精细的法律适用和法律论证。这无疑是一个庞大的工程,在此,特别选择刑民交叉领域的三个内容展开论述。这三个内容,可以说是妥当解决刑民交叉问题的主体部分。

首先,对刑民交叉案件的合理处理需遵循违法相对性。不能因为存在形式上的民事合同,就统统把造成了法益侵害的行为界定为民事违约。需要对形式上客观存在的民事合同进行进一步穿透式认定,否则会导致民事合同的形式成为犯罪的挡箭牌。民事违约、民事侵权具备民事违法性,刑事犯罪对应的是刑事违法性。刑法、民法、行政法等众多法律共同建构了一个国家的法律体系和法秩序,不同部门法有不同的立法任务、目的指向,违法的性质和标准也不相同。正由于一个国家的部门法多元,也就相应存在不同部门法的违法行为。换言之,在整体的法秩序中,违法行为也是多样的,此部门法视域中的违法行为与彼部门法视域中的违法行为并不在同一个层面,它们只在特定情形下才会相通。因此,在国家法秩序中,违法性不可能是一元的,即违法一元论不可取。同时,违法多元论也不合理,虽然部门法均有各自的价值诉求,进而衍生出不同的违法行为判别标准,但一个国家的法秩序中毕竟事实上存在贯穿全局的核心价值,不允许出现违法标准相互矛盾的状态,否则会导致民众无法判断行为性质,造成行动安排的紊乱无序。为保障国家法秩序的核心价值,违法一元论、违法多元论都应予以摒弃,法秩序统一性之下的违法相对性才是妥当的判别规则。需注意的是,“法秩序的统一不是违法概念的形式统一,而是各法域目的的统一”[1]。关于违法相对性,已有学者做了精准论述:“应在法秩序统一性视野下,以违法统一性为基础进行违法的相对性判断:民法或行政法允许的行为,必然不具有刑事违法性;而民法或行政法禁止的行为,则未必具有刑事违法性;对民

---

〔1〕 简爱:《从“分野”到“融合”——刑事违法判断的相对独立性》,载《中外法学》2019年第2期。

法或行政法认为并无保护之必要的利益,不能认定侵害行为具有刑事违法性。"[1]法秩序内部的整体协调统一是支柱与核心价值,同时也要调和不同部门法引发的违法判断泛化,避免一律把部门法上的违法行为等同于刑事违法行为,因为作为国家法律体系后盾法的刑法不应唯部门法马首是瞻,而应在参照部门法违法判断的基础上做进一步过滤、收缩,刑法的违法性判断圈应当小于其他部门法的违法性判断圈,只有如此才能实现刑法的谦抑性。那么,就需对民事违约行为的前因后果、来龙去脉进行解构,不以结果为唯一的判断基准,要深入分析造成违约的原因,只有经审查后确属违约,也即行为具有民事行为的实质而非为实施犯罪的形式的情况下,民事违约行为才缺乏进入刑事违法判断的理由。能够肯定刑事违法性并作为刑事犯罪处理的,只能是徒具民事合同形式、实质欠缺民事法律行为要件的行为,这种情形下的"民事违约"只是表象,其只具有形式上的民事违法性,属于典型的刑事违法,这是刑民交叉聚焦解决的情形。经过这样的违法相对性之筛选过滤,刑民交叉情形的入罪才不至于失当。

其次,入罪选择时需整体判断其他调整手段是否已经穷尽。根据侵害法益的门类,可将犯罪划分为侵害个人法益的犯罪、侵害社会法益的犯罪、侵害国家法益的犯罪。刑民交叉案件均与侵害个人法益的犯罪相关,且造成司法适用疑难的又是侵害个人财产权的案件。财产权是经济活动、市场经济秩序的重要内容,故刑民交叉案件直接关涉以何种深度、何种方式为财产权提供保护,同时也间接反映了经济秩序调节机制的成熟度。经济活动有其固有运行规律,原则上应依靠市场规律调节,法律只应在遵循、顺应市场规律的方向上提供补充调节。在此种补充调节的方式中,民事法律应置于主要角色,刑法手段应被界定为补充调节中的补充、法律介入方式的例外。在市场规律调节已然失灵,充分挖掘民法的救济路径仍然被证明无效的情况下,才可把刑法手段纳入考量范畴。损害补偿是民法救济的基调,一般而言,如果启用民事救济途径完全可以恢复法益,当前民事实体法和民事诉讼法可提供充分有效的救济空间,那么原则上不启用刑法。此外,也需注意损害补偿不是唯一的判断基准,即使通过民事救济途径无法实现损害补偿,也还要进一步审查无法补偿的原因。被刑法关注的不是客观层面的结

---

[1] 王昭武:《法秩序统一性视野下违法判断的相对性》,载《中外法学》2015年第1期。

果,而是造成法益侵害结果的行为及其过程。如果属于行为人意志以外的客观原因造成,还是应当原则上适用民事救济;如果完全属于行为人的恶意,体现的是对他人财产权的极度漠视,背离了商业互惠的经济活动本质,才应考虑启用刑法。民法调节的是民事主体之间的常规商业行为,民事主体之间处于平等状态。但刑法所惩罚的犯罪行为架构中,犯罪人与被害人属于攻击者与被攻击者的关系,将之视为平等关系予以调节根本不可行,只能对缺乏正当性的攻击者施加刑罚的苛责才能恢复被犯罪伤害的财产秩序。因此,把刑民交叉案件界定为刑事犯罪要严格遵循补充性、最后性的基本立场。

最后,刑民交叉案件要特别关注合同诈骗和合同纠纷的界分。根据《刑法》第 224 条的规定,合同诈骗罪是指以非法占有为目的,在签订、履行合同过程中,虚构事实、隐瞒真相,骗取对方当事人财物的行为。合同诈骗罪与诈骗罪是特殊罪名与普通罪名的关系,本质均是实施诈骗行为使对方陷入认识错误、处分财产进而从中获利。从合同诈骗罪的罪状表述观之,虚构、伪造、变造等能导致对方误认的"作假"行为是关键的客观构成要件要素。可由于民法上也存在有关欺诈、隐瞒真相等的规定,如《民法典》第 146 条规定:"行为人与相对人以虚假的意思表示实施的民事法律行为无效。以虚假的意思表示隐藏的民事法律行为的效力,依照有关法律规定处理。"《民法典》第 148 条规定:"一方以欺诈手段,使对方在违背真实意思的情况下实施的民事法律行为,受欺诈方有权请求人民法院或者仲裁机构予以撤销。"可见,在客观行为层面,民法规定的合同欺诈与刑法规定的合同诈骗在形式上没有差别,"作假"是它们的共性。而且,也无法从客观上造成的结果区分二者,民法上的欺诈同样可以造成严重的财产损害后果。这就需要从更深层面探寻二者的本质差别,实际上,刑法的规定本身也不是以"作假"来支撑诈骗成立的。《刑法》第 175 条之一的骗取贷款罪,实行行为是"以欺骗手段取得银行或者其他金融机构贷款"。这与《刑法》第 193 条贷款诈骗罪的实行行为"编造引进资金、项目等虚假理由""使用虚假的证明文件"实质上相同。但是,同样的客观行为,一个构成诈骗,另一个只是骗取贷款。这说明,支撑行为成立诈骗类犯罪的是主观要素"非法占有目的"。据此,在分析特定的因合同引发的经济纠纷时,就绝对不能仅以客观上存在材料造假为由径直得出刑事诈骗的结论。

对此,著名的张文中等诈骗、单位行贿、挪用资金案[1]的再审改判理由值得重视,该案的诈骗罪部分涉及的事实是:"2002 年初,原审被告人张文中获悉国债贴息政策及原国家经贸委正在组织申报国债技术改造项目后,即与原审被告人张伟春等人商议决定物美集团进行申报,并委派张伟春具体负责。张伟春到原国家经贸委等部门进行了咨询。为方便快捷,张文中与张伟春商量后决定以诚通公司下属企业的名义申报,并征得时任诚通公司董事长田某 1 同意。物美集团遂以诚通公司下属企业的名义,向原国家经贸委上报了第三方物流改造和信息现代化建设两个国债技改项目(以下分别简称物流项目、信息化项目),并编制报送了项目《可行性研究报告》等申报材料,其中物流项目《可行性研究报告》所附的土地规划意见书及附图不规范且不具有法定效力。上述两个项目经原国家经贸委等部门审批同意后,物美集团与和康友联公司签订虚假设备采购合同,开具虚假发票,获得信息化项目贷款 1.3 亿元,后用于公司经营。物流项目因客观原因未能在原计划地点实施,也未申请到贷款。2003 年 11 月,物美集团通过诚通公司取得物流项目和信息化项目的国债技改贴息资金共计 3190 万元,后用于归还公司其他贷款。"

原生效判决认定张文中构成诈骗罪,材料造假可谓核心理由。而如果把客观上的欺诈行为视为诈骗犯罪的核心要素,在确有证据证明存在材料造假的前提下,已经没有了出罪的可能。但是,最高人民法院在认定的案件事实并无二致的情况下,依然对该案再审改判无罪,显得尤为难能可贵。最高人民法院对诈骗罪改判无罪的核心理由是:"物美集团报送的物流项目《可行性研究报告》虽有不实之处,但不足以否定该项目的可行性和真实性。……物美集团虽然采用签订虚假合同等手段申请信息化项目贷款,但并不能据此认定信息化项目是虚假的。国家发放国债技改贴息的目的在于支持企业的技术改造项目,而物美集团申报的项目经相关部门审核属于政策支持范围。根据申报流程,物美集团申请银行贷款时,其国债技改贴息项目的申报已经获得审批通过。物美集团在此后采用签订虚假合同等手段申请信息化项目贷款,虽然违规,但并非是为骗取贴息资金而实施的诈骗行为,也不能据此得出信息化项目是虚构的结论。……物美集团在获得 3190

---

[1] 参见最高人民法院刑事判决书,(2018)最高法刑再 3 号。

万元国债技改贴息资金后，将该款用于偿还公司其他贷款，但在财务账目上一直将其列为‘应付人民政府款项’，并未采用欺骗手段予以隐瞒、侵吞，且物美集团具有随时归还该笔资金的能力。因此，物美集团的行为虽然违反了《国家重点技术改造项目国债专项资金管理办法》中关于国债专项资金应专款专用的规定，属于违规行为，但不应认定为非法占有贴息资金的诈骗行为。”

客观上的材料造假充其量只是判断诈骗成立的要素之一，但无法单独从材料造假中证立刑事诈骗。从合同诈骗罪的罪状规定、骗取贷款罪和贷款诈骗罪的主观要素规定可以看出，作假只是支撑一项行为成立诈骗犯罪的第一要件，非法占有目的是第二要件，只有同时具备这两个要件，才能评价为诈骗犯罪。非法占有目的属于主观内心要素，证明其存在需要同时适用直接证明和刑事推定两种方法。但是，客观上的材料作假并不能作为推定非法占有目的的适当素材，否则会陷入循环论证，致使非法占有目的这一主观要素被架空。判断非法占有目的需要结合事前、事中、事后的情状整体分析，应当紧扣“还款能力”和“还款意愿”两个方面对行为人进行穿透式审查。只有在经过此种全方位分析后确证行为人既缺乏还款能力也缺乏还款意愿的，才说明失去了运用民事手段救济的最后空间，将具备合同形式的行为认定为合同诈骗罪才契合谦抑性的基本要求。

第二章 “口袋”限缩：非法经营罪的解释性检讨

研习刑法谦抑性，非法经营罪是难以绕开的罪名。无论是把刑法谦抑性界定为理念还是原则，脱胎于投机倒把罪的非法经营罪自设立起展现的持续适用扩张，既是一个检视谦抑性实现状况的窗口，更如一根“卡在喉咙的刺”，对罪刑法定原则形成了相当程度的削弱与破坏。非法经营罪作为“口袋罪”已是共识，提供这种“口袋化”基础的则是非法经营罪的兜底条款，正是罪状的独特设置与持续颁布的配套司法解释形成的合力，共同促成了非法经营罪的“口袋化”。结合当前司法解释管窥非法经营罪规制的行为类型，将会发现非法经营罪已经不是单纯的一个罪名，实质上已异化为罪名群。限缩适用俨然已是非法经营罪解释论的努力方向，而具体如何构建限缩路径、采用何种解释方法满足限缩的价值期许，则是具体司法场景中时刻面临的严峻挑战。非法经营罪并不是对实行行为预设兜底条款的唯一罪名，却是兜底条款适用最广泛甚至也是适用最过度的罪名。形式上，这与非法经营罪的项前规定“扰乱市场秩序，情节严重的”的宽泛性相关；实质上，这根源于对非法经营罪法益的错误认知，由于不当地把同类法益“市场秩序”界定为非法经营罪的法益，非法经营罪由此承载了过于厚重的规制使命，兜底条款的异变才得以畅通无阻。因此，要真正收缩非法经营罪的“口袋”，就必须重新检视非法经营罪的法益，再经由法益延伸至各项构成要件要素，同时为兜底条款之解释确定行之有效的解释规则。只有经过此种整体性的理论努力，非法经营罪的异化、扩张才有可能停止。

第一节 非法经营罪概述

研究刑法谦抑性在刑事司法中的真实情况，非法经营罪可以说是绕不开的罪名，这主要源于刑法理论界也已形成非法经营罪属于“口袋罪”的认知共识。对于非法经营罪的“口袋化”，刑法理论界长期以来展开了反思性研究，所做的诸多理论努力，无论是立法论层面的还是教义学层面的，均是围绕如何化解“口袋化”趋势展开。鉴于非法经营罪在刑事司法实践中的高频适用，以至于绕开非法经营罪研究刑法谦抑性就显得十分苍白。罪与罚的抉择、国家权力触角对经济生活的延伸，均可在非法经营罪的范围嬗变中得到体现。刑法谦抑性要求刑法具有一种内缩的品质，要求刑法在社会生活中无须扮演能动角色，以这种应然品质作为参照比对非法经营罪的立法表达与司法实况，便可发现非法经营罪不仅表现得过度能动，在某些时刻甚至存在僭越。非法经营罪对于刑法谦抑性的整体感观与落实可谓举足轻重，故而，非法经营罪理应作为首要的罪名置入刑法谦抑性的探讨中。

一、前世今生：从投机倒把到非法经营

非法经营罪是1997年《刑法》所设定的，1979年《刑法》中没有非法经营罪的规定。通常认为，非法经营罪是废除1979年《刑法》的投机倒把罪后新设的罪名。也即从历史脉络看，非法经营罪与投机倒把罪存在一定程度的延续与承继关系。只不过，投机倒把罪是计划经济年代的产物，罪名设置的目的也是保护计划经济条件下的经济秩序。而众所周知，伴随着我国改革开放拉开序幕，尤其是1992年后改革开放的深化，计划经济逐渐从纵深层面退出历史舞台，呈现从计划经济到市场经济、从微观计划到宏观调控的深度转变。应这种经济政策的转向，投机倒把罪所赖以存在的社会土壤已不复存在。实际上，自1992年后，投机倒把罪虽然未在法律层面废除，但是已经进入了事实上的消亡状态。

即便如此，在此还是回顾一下1979年《刑法》关于投机倒把罪的三个分则条文。1979年《刑法》第117条规定：“违反金融、外汇、金银、工商管理法规，投机倒把，情节严重的，处三年以下有期徒刑或者拘役，可以并处、单处

罚金或者没收财产。”该法第 118 条规定:“以走私、投机倒把为常业的,走私、投机倒把数额巨大的或者走私、投机倒把集团的首要分子,处三年以上十年以下有期徒刑,可以并处没收财产。”该法第 119 条规定:“国家工作人员利用职务上的便利,犯走私、投机倒把罪的,从重处罚。”这三个条文规定在 1979 年《刑法》分则第三章“破坏社会主义经济秩序罪”中,所属的同类法益是社会主义经济秩序,结合 1979 年立法的社会背景,此处的经济秩序显然指的是计划经济秩序。在刚刚改革开放并处于短缺经济条件下的计划经济年代,投机倒把会扰乱、破坏建立在计划基础上的经济格局,在特定社会条件下具有危害性,将之列为犯罪可以说具有一定的历史合理性。此外,在投机倒把罪废除前的 20 世纪八九十年代,刑事司法实践实际上也呼应改革开放政策的逐渐铺开、计划经济色彩的趋淡而相应减少投机倒把罪的适用,这也是客观事实。至于投机倒把罪的“口袋化”,在商品经济渐趋发展的背景下,这个在 1979 年设立的罪名日渐表现出与时代的脱节,进而凸显出将投机倒把行为入罪的强烈不合理,这固然是事实,却也不能完全归咎于当时的司法。确切地说,当时的刑事立法才是根源,其中又与投机倒把的概念规范性不足与刑事立法未能适时修改两大原因息息相关。

尤其是自 1992 年后,投机倒把罪与已然发生巨大变化的经济形势、经济政策的脱节有目共睹,所以,1997 年修订《刑法》时废除投机倒把罪,并同时新增非法经营罪,可谓顺理成章。非法经营罪同样规定在《刑法》分则第三章,只不过同类法益从原来的“社会主义经济秩序”调整为“社会主义市场经济秩序”。“市场”二字的增加,不仅是话语表达的转换,更根本的是从计划经济到市场经济的轨道调整,这同时意味着国家直接管理的离场、市场这只“看不见的手”的角色摆正。市场要素的流动、资源的配置依靠的是供需规律,而不是国家的经济管理权。在这种市场经济背景下,市场经营行为是被原则性授权的,只有特殊领域才存在限制或禁止,这跟计划经济年代的政策方向恰好相反。所谓的特殊领域只占据很小的比例,这些便是非法经营罪所规制的领域。经此一番梳理后可发现,虽然非法经营罪与投机倒把罪具有形式上的承继关系,但二者内在的精神特质、规制思路却并不相同,投机倒把罪宣示的是对经营行为的原则性禁止,非法经营罪彰显的却是例外性禁止。澄清了此基础机理,有利于精准把握非法经营罪在刑法体系中扮演的角色与肩负的社会使命。

现行《刑法》第225条规定：“违反国家规定，有下列非法经营行为之一，扰乱市场秩序，情节严重的，处五年以下有期徒刑或者拘役，并处或者单处违法所得一倍以上五倍以下罚金；情节特别严重的，处五年以上有期徒刑，并处违法所得一倍以上五倍以下罚金或者没收财产：（一）未经许可经营法律、行政法规规定的专营、专卖物品或者其他限制买卖的物品的；（二）买卖进出口许可证、进出口原产地证明以及其他法律、行政法规规定的经营许可证或者批准文件的；（三）未经国家有关主管部门批准非法经营证券、期货、保险业务的，或者非法从事资金支付结算业务的；（四）其他严重扰乱市场秩序的非法经营行为。”

另外，单行刑法对非法经营罪的实行行为进行了增设。1998年全国人大常委会《关于惩治骗购外汇、逃汇和非法买卖外汇犯罪的决定》第4条规定：“在国家规定的交易场所以外非法买卖外汇，扰乱市场秩序，情节严重的，依照刑法第二百二十五条的规定定罪处罚。单位犯前款罪的，依照刑法第二百三十一条的规定处罚。”

比较投机倒把罪与非法经营罪的罪状表述，可以看出我国刑事立法的进步，也可从中解读出向罪刑法定尤其是向明确性规则的靠拢。诚如学者所言：“从投机倒把罪向非法经营罪的修改，以及非法经营罪自身修正的整个立法过程，折射的是计划经济消退与市场经济建立的变化过程。”〔1〕即言之，在立法层面，虽然非法经营罪确实还存在纰缪之处，但相较于投机倒把罪的完全开放式规定已有天壤之别，体现了刑罚权的内缩。基于此，如果说投机倒把罪注定有“口袋化”缺陷的话，非法经营罪的“口袋化”就不是必然的、绝对的。

二、功能设定：对非完全竞争性领域的适度干预

非法经营罪的立法目的与功能应当放在整体的宏观经济政策背景中考察，笔者赞同这样的观点：“在计划经济体制下，任何违背经济计划指令的行为都被视为对经济秩序的破坏，因此才有投机倒把罪的存在，而在彻底的市场经济体制下，自由市场恰恰是符合经济秩序的，自由、无管制的商品买卖是市场经济的主要特征，在自由市场经济下，投机倒把罪、非法经营罪都无

〔1〕　陈兴良主编：《刑法各论精释》，人民法院出版社2015年版，第843页。

存在的必要。"[1]以此观点作为观照,可以分析出在中国的市场经济条件下设置非法经营罪的原因有两个:其一,市场规律这只"看不见的手"不是万灵药,完全把市场经济的发展交由市场规律自动调节,可能会出现失序与资源浪费,故在特定条件下仍然存在国家干预的必要。当然,即便如此,市场规律仍然承担主要角色。其二,我国的市场经济是从计划经济过渡而来的,加之我国的社会主义国家性质,呈现的是国有经济与民营经济并驾齐驱的态势,那么经济领域就无法全部实行零门槛的开放,必然留存一些重要领域作为特许经营领域,这部分特许领域大多数与国有经济是重合的。总体而言,在完全竞争性领域,国有企业与民营企业均可参与,而对于能源、通信、重工业等基础领域,则以国有企业经营为主,民营企业意欲涉足这些基础领域,需要获得特别许可。对市场经济进行适当干预,对国民经济基础产业领域给予特别待遇,以防止市场陷入无序,避免市场资源的浪费,从而保障经济的平稳健康发展,可谓刑法设置非法经营罪的规范目的。虽然《刑法》分则第三章已经规定了相当数量的具体罪名以维护市场经济秩序,但为避免挂一漏万,设置一个堵截式罪名确有必要。因为完全竞争性领域与需要特许的领域也并非固化,而是伴随形势变化而不断调整的,事实上刑法也不可能恒定地把触犯这些特许领域的行为都规定为具体的个罪,非法经营罪这样一个普通罪名恰恰可以满足法律稳定性与规制实效的双重需求。

基于此种刑事政策层面的功能诉求,也就决定了非法经营罪是扰乱市场秩序犯罪的普通罪名和兜底罪名,那么《刑法》规定第225条第4项的兜底条款也就不足为奇。如果没有兜底条款,非法经营罪将无法发挥其在扰乱市场秩序犯罪体系中的堵漏作用。所以,问题的关键不是立法设立兜底条款是否合理,应是也只能是司法适用中是否异化了兜底条款,一直以来的兜底条款扩张适用是否符合立法原意和规范保护目的,是否在源头上契合国家对市场规律的补充干预、对非完全竞争性领域的政策倾斜保护。非法经营罪的司法适用应当以此为价值依归。如果非法经营罪的司法适用扩张到了完全竞争性领域,使得刑罚权成了一只不当的、过长的"国家的手",那么很遗憾地说,这已与非法经营罪的立法功能设定南辕北辙。

笔者原则性赞同刑法设置非法经营罪,也不认为本罪设置了兜底条款

---

[1] 冯军、梁根林、黎宏主编:《中国刑法评注》,北京大学出版社2023年版,第1922页。

属于致命缺陷,在自由经济主义已然成为遥远历史、必须对市场经济进行适度国家干预的当下,对特殊的经济领域实行原则性管制具有价值合理性,非法经营罪无非是国家对市场适度干预的一种刑法手段。关键不是有无,而是“适度”,一旦干预演变成过度乃至无度,消极效果即会无情毕现。这种“适度”体现在刑事司法中,便是非法经营罪的构成要件符合性、违法性、有责性的解释与抉择整体体现出善意,或者说,体现出刑法的谦抑品质。完美的刑法适用固然是既不失之过严也不失之过宽,在无法求得如此精准的结果时,适当的宽才契合刑法的宽容,才符合罪刑法定原则的实质侧面,毕竟刑罚是一把“双刃剑”。不批判立法,而是努力寻求教义学方法化解非法经营罪的“口袋化”,应作为思考非法经营罪的基调。接下来的叙述也将紧紧围绕该基调展开,期盼在宏大的国家经济政策背景下,配之以严谨的教义学方法运用,推动非法经营罪角色功能的妥当发挥。

第二节 非法经营罪的法益框定

刑法的目的是保护法益,法益是分析刑法问题的原点。对于个罪而言,不同的法益界定将直接影响构成要件的解释,构成要件的限缩抑或扩张,均系于对法益的认知与提炼。长期以来,非法经营罪之所以在司法适用中被不当扩张,很重要的原因是未能准确厘定非法经营罪的法益。以下对既存的有关非法经营罪法益的观点作一一列示和评述,并在此基础上选择最有利于限缩本罪司法适用也最契合谦抑性立场的观点。

一、市场秩序说

该说主张非法经营罪的法益是市场秩序,[1]理由有两个:第一,非法经营罪属于《刑法》分则第三章第八节的罪名,第八节的节名为“扰乱市场秩序罪”;第二,《刑法》第225条有“扰乱市场秩序,情节严重的”的罪状表述。由于均同样规定的是扰乱市场秩序,所以非法经营罪的个罪法益与同类法益相同,均为市场秩序。可以说,这是对刑法条文十分忠实的解读,形式上自

---

〔1〕 参见张天虹:《罪刑法定原则视野下的非法经营罪》,载《政法论坛》2004年第3期。

洽圆满。只是如此界定非法经营罪的法益,似乎无助于解释非法经营罪的构成要件。因为市场秩序属于抽象概念,市场经济的整体抑或局部、宏观抑或微观都可以归入市场秩序范畴中,这种边界感很弱的概念,放置于市场经济中进行描述、表达都不会错,作为抽象标准固然可以,甚至作为《刑法》分则的大类法益、同类法益也完全没问题,但却不适宜作为具体个罪的法益。如果将市场秩序作为非法经营罪的法益,就与将人身权利界定为故意杀人罪的法益,甚至将公民权利界定为盗窃罪的法益等一样,均为抽象的正确,却没有任何解释学的助益。这实质上犯了逻辑错误,市场秩序属于同类法益,是由第八节"扰乱市场秩序罪"下的 13 个罪名的具体法益共同构筑的。换言之,市场秩序这个同类法益有多个侧面,每个侧面的具体法益对应一个具体罪名,如合同诈骗罪、强迫交易罪等,非法经营罪的法益只能从属于市场秩序这个同类法益,表现为更为具体更为细致的法益形态。如果把非法经营罪的个罪法益确定为同类法益"市场秩序",事实上也将导致合同诈骗罪、强迫交易罪变成多余罪名。

因而,单纯以非法经营罪的罪状同样出现了扰乱市场秩序的表述为由,进而把同类法益解读为个罪法益,是典型的形式化误读。这种形式化解读将结出恶果,即在抽象地界定市场秩序法益的同时形式化地适用第 4 项的兜底条款,将直接使得非法经营罪沦为无边无际的"口袋罪名",一切不合市场秩序的经营行为,都可能被套上非法经营之名。而市场秩序的广阔外延与丰富内涵,也必然在兜底条款的助力下,损害刑法最起码的明确性。因此,仅以刑法条文为据,把非法经营罪的法益解读为市场秩序,是必须予以拒绝的。可以说,非法经营罪在司法实践中的异化,跟这种十分泛化的法益理解存在高度紧密的联系。

二、市场交易秩序说

市场交易秩序说主张非法经营罪侵犯的法益是市场交易秩序,[1] 也是一种较具代表性的观点。较之市场秩序说的抽象空洞、与同类法益的同义反复,市场交易秩序说属于具体的法益把握。市场秩序是抽象的统称,内含诸多子项目,如正常的市场竞争秩序、市场交易秩序、票证秩序、土地买卖市

---

〔1〕 参见周光权:《刑法各论》(第 3 版),中国人民大学出版社 2016 年版,第 325 页。

场秩序、公平透明的中介服务市场秩序等。可以说，《刑法》分则第三章第八节下的 13 个罪名都具有对应的具体市场秩序之侧面。那么，每一个罪名的法益，就只能根据各自的罪状进行确定，不能泛泛而论。非法经营罪所处罚的是违反国家规定擅自经营专营专卖物品、买卖进出口许可证、经营证券期货等业务的行为，这些业务与领域在当下的法律法规背景下仍然实行的是特许经营，是具有门槛的，并非每一个市场主体均可经营。确切地说，用“非法特许经营罪”作为《刑法》第 225 条的罪名较“非法经营罪”更为妥当。而且，此种罪名表达在突出特许经营的同时，可以有效防止第 4 项兜底条款的无限扩张。显然，“特许”是非法经营罪无法绕开的核心要素，非法经营罪所要保护的其实也正是国家实行特许经营的领域及相应形成的市场秩序。

至此，可以说市场交易秩序说并没有反映非法经营罪的法益本质。虽然特许经营领域的市场秩序也包括了相应的交易秩序，但它只是表层的要素，并非根本要素，特许经营本身以及由特许经营形成的市场秩序才是基础与关键。因而，认为非法经营罪的法益为市场交易秩序的观点并不准确，无法与非法经营罪的罪状对应，也无助于解释非法经营罪的构成要件，尤其是对兜底条款的目的性限缩或目的性扩张提供不了建设性的解决方案，故没有可采性。值得注意的是，《刑法》第 226 条的强迫交易罪所规制的是强买强卖商品、强迫他人提供或者接受服务等违背他人意志从事交易的行为，其实这种行为才是对公平公正的市场交易秩序的破坏。相应地，把市场交易秩序界定为强迫交易罪的法益十分准确。对于一个没有准入门槛的市场领域而言，市场交易秩序才会成为首要的问题。但是，如果一个市场领域原本就不一般性、原则性地开放，而是实行管制性的特许经营，那么市场主体是否获得了合法的市场进入资格便成了前置性问题。故把市场交易秩序置入非法经营罪的法益范畴，显得别扭与文不对题。可见，市场交易秩序说只是意识到了不能重复地把市场秩序界定为非法经营罪的法益，但并没有有的放矢地把握《刑法》第 225 条规定的实行行为的精髓。

三、市场交易管理秩序说

我国传统刑法理论通说认为，非法经营罪的客体是国家的市场交易管理秩序。[1] 虽然客体与法益是分属两种犯罪构成理论体系的话语，但在进行个罪分析时，客体与法益并没有本质区别。通说把非法经营罪的法益界定为市场交易管理秩序，这可谓影响深远且对司法实践产生实实在在影响的观点。不可否认，较之市场秩序说，通说的观点不是空洞的；较之市场交易秩序说，通说显然注意到了强迫交易罪与非法经营罪的差别，非法经营行为无法损害市场交易秩序。通说也关注到了非法经营罪的罪状，顾及了对专营专卖物品的许可经营。可以说，国家对市场的交易管理秩序，主要表现在国家所建立的一系列专管专营专卖制度，非法经营罪的危害之处，便在于对此种专管专营专卖制度的破坏。就此而言，似乎通说的法益观没有纰漏。可是细致揣摩后可以发现，该说仍然存在问题：

其一，只关注到了问题的表面。由于国家对特定领域实行特许，相应地，国家对这部分领域的交易进行管理，无疑也要维持平稳的交易秩序。只是，对特许经营领域的交易的管理，既可以针对合法获得特许的经营者（因为不能排除不当经营的可能，事实上这些特许经营者往往容易滥用市场优势地位），也可以针对未获特许的擅自经营者。市场交易管理秩序所侧重的无疑是前者，而非后者，但非法经营罪所意欲规制的并不是前者，恰恰是后者。对于获得特许的合法经营者，市场交易才是合法的，也才有市场交易的管理可言。对于根本未获得特许的擅自经营者，其完全缺乏市场交易的资格，整个市场交易都是需要否定、抽离掉的，又何来市场交易的管理以及附随的管理秩序可言？所以，通说对非法经营罪法益的观点，其实并没有触及非法经营罪法益的核心范畴。

其二，通说的法益界定会导致非法经营罪兜底条款的“口袋化”。非法经营罪的“口袋化”主要是通过第 4 项兜底条款的适用异化实现的，因而，对非法经营罪法益的圈定是否具有合理性，不能仅结合前三项的明示列举行为考察，更主要的是放进兜底条款中检验。只有所提炼的非法经营罪法益有利于合理限缩兜底条款的解释时，才能说是相对妥当的法益界定。以此为标准检验，可以发现，如果把非法经营罪的法益界定为“市场交易的管理秩序”，将势必把现有市场上的一切市场经营行为都纳入规制范畴。经济、

---

〔1〕 参见高铭暄、马克昌主编：《刑法学》（第 10 版），北京大学出版社、高等教育出版社 2022 年版，第 453 页。

市场的本质是交易,无论是一般领域的市场交易,还是特许领域的交易,都涵盖其中。并且,我国历来实行适度的市场管理、市场干预,即使对一般经济领域也是如此,从《反不正当竞争法》等经济法规以及市场监督管理局等政府职能部门的设置便可窥见一二。所以,在存在市场监管的背景下,如果不对“市场”进行限定,只是一般化地把“市场交易的管理秩序”界定为非法经营罪的法益,毫无疑问会导致兜底条款“其他严重扰乱市场秩序的非法经营行为”规制大量的一般经济领域的不当经营行为,侵入原本处于完全竞争性领域不设准入门槛的行业,进而背离非法经营罪对特许经营领域进行规制的初衷。

因此,特许经营领域始终是非法经营罪的核心范畴。非法经营罪所保护的不是一般意义上的市场,而是实行专管专营专卖的细化领域,而且刑法也不是泛泛意义上的经济管理法规的保障法,并不维护整体意义上的经济秩序与市场交易管理秩序。由此,通说主张的市场交易管理秩序说并非对非法经营罪法益的精准表达,其还存在泛化兜底条款进而使非法经营罪沦为“口袋罪名”的潜在功能,故应在刑法明确性的基础立场上展开反思与舍弃。

四、市场交易正常秩序说

还有一种影响颇大的观点认为,非法经营罪侵犯的客体是市场交易的正常秩序,[1]可谓市场交易正常秩序说。相较于市场交易管理秩序说,字眼从“管理”到“正常”,差别不可谓不大。突出市场交易的管理秩序,实质上体现了法律家父思想,先天地带有干预管制的冲动。而且,对市场秩序的管理一定程度上又是整体的社会管理的一环,与《刑法》分则第六章“妨害社会管理秩序罪”存在暗合。经过对社会管理与市场秩序的嫁接,非法经营罪便可对广泛的市场经营行为实行规制。市场交易的正常秩序凸显的是“正常”,从表面看,其侧重的是市场秩序的客观状态,不触及国家对市场的行政管理权,这似乎契合了市场经济的自由特征。但这只是表面的假象,把非法经营罪的法益界定为市场交易的正常秩序,实际上存在难以克服的缺陷。

其一,泛泛地把一般化的市场交易纳入进来,不区分特许经营市场领域

---

〔1〕 参见王作富主编:《刑法分则实务研究》(第4版),中国方正出版社2010年版,第775页。

与完全竞争性的市场领域，将致使非法经营罪涉及经济活动的所有面向，这与非法经营罪的立法初衷相背离。就此而言，市场交易正常秩序说与市场交易管理秩序说存在同样的弊病。

其二，“正常”不是法律规范用语，属于大众化用语，缺乏稳定且精准的内涵。何种市场秩序可视为正常、何种市场秩序可视为不正常，从根本上缺乏对照物，也难以对“正常”共识性地求取最大公约数。无论如何努力解释与限定，“正常”始终处于游移不定、晦暗不明的状态，但法律研究、法律适用需要的是明确性而不是竞猜式的感悟。而“市场秩序正常状态”根本无法提供评价标准，要么使得非法经营罪的法益沦为与市场秩序说一样的同义反复，要么导致非法经营罪始终处于阴晴不定的模糊状态。正常抑或不正常，完全取决于不同的时期、不同的执法人员、不同的利益诉求乃至不同的道德好恶，这蕴含了极大的权力滥用风险。

其三，秩序正常与否，有时并非法律判断，而是情感判断，高度受制于个体。或许会出现这样的局面：面对同样的违反国家规定的非法经营行为，从国家角度出发视为不正常，但从行为人角度审视却毫无疑问地视为正常，反之亦然。这会导致犯罪故意的证成面临困难，也会导致违法性认识、期待可能性两项罪责要素的判断产生疑难。即言之，市场交易正常秩序说不利于非法经营罪的认定。

其四，一旦把市场交易正常秩序列作非法经营罪的法益，它对第 4 项兜底条款的异化将较之市场交易管理秩序说更严重。在市场交易管理秩序说的视域中，仍然有专营专管专卖领域的存在，在解释兜底条款时，至少专营专管专卖的痕迹可能伴随“管理”概念，间接影响对兜底条款的解释。但一旦把法益界定为市场交易的正常秩序，可以合乎逻辑地预测，秩序正常与否的判断权全然掌握在权力行使者手中，缺乏客观有效的要素制约，将直接导致兜底条款司法适用的无度泛化。这会直接影响个案的罪与非罪，如场外买卖外汇情形下的顾客一方、未获得普通营业许可开店经营的商家、在网上受托进行有偿删帖的人等，这些人的行为都可以说偏离了市场交易的正常秩序，毫无疑问地会滑入犯罪行列，但却缺乏妥当性。

据此，以市场交易的正常秩序框定非法经营罪的法益，由于“正常”的非规范性，并不能准确对应非法经营罪的罪状，对于限制非法经营罪构成要件的异化也无裨益，依然不值得提倡。

五、市场准入说

经过对前述法益观点的剖析,可发现衡量非法经营罪之法益界定适当与否的唯一标准是能否有效化解非法经营罪的口袋化。围绕空泛的市场秩序展开的法益观点,显然无法满足这种功能要求。为克服这些观点的不足,刑法学界经过长期研究,逐渐形成了市场准入说或称市场准入秩序说。关于该说,不妨参考已有学者的论述:“作为非法经营罪法益的市场准入秩序,是指为限制市场主体进入某些特殊市场,由全国人大及其常委会以及国务院就进入该特殊市场的资格条件制定专门的法律、行政法规,市场主体只有经过依法审批后才能获得营业许可,据此而形成的取得市场营业许可的秩序。”[1]值得注意的是,不同学者对此说的具体表述略有不同,有的表述为国家通过特定许可管理形成的市场经营秩序,[2]有的表述为市场准入制度,还有的表述为市场准入秩序、经营许可制度。[3] 但不同表述的本质是相同的。

笔者主张,关于非法经营罪法益的界定,既要紧扣现行《刑法》的条文,也要结合1997年《刑法》增设非法经营罪的社会背景与历史脉络。

其一,非法经营罪的罪状表述有三项明示列举的行为,分别是未经许可经营专营专卖物品、买卖进出口许可证等、未经批准经营证券期货业务等。根据我国的法律法规,经营专营专卖物品、证券期货等特殊物品与特殊服务都需要经过特许,一般的经营主体不可擅自进入,而进出口许可证、原产地证明等批文本来就属于国家对进出口商品的管理方式,是为了直接管理商品进出口的行政文件,与商品进出口息息相关。一来,此类进出口许可证等批文原本就不是买卖的标的物;二来,买卖此类批文必然会扰乱商品进出口秩序,导致国家对商品进出口有效调控的失灵。基于对这三项行为之共性的提炼,可以很清晰地挖掘出非法经营罪惩罚的是侵害国家对特许商品、服务的管理的行为,这种管理直接体现为此类特许商品、服务未经特别许可“不得进入”。因而,市场准入或市场准入秩序是非法经营罪的法益。至于第4项兜底条款,基于兜底条款须与明示列举条款保持同质性,能被解释为

[1] 钱峻:《非法经营罪法益研究》,苏州大学2006年硕士学位论文,第32页。

[2] 参见刘树德:《“口袋罪”的司法命运——非法经营的罪与罚》,北京大学出版社2011年版,第12页。

[3] 参见韩晓燕:《非法经营罪兜底条款的问题与完善》,载《中国检察官》2011年第4期。

非法经营兜底条款的行为也只能是侵犯了市场准入秩序的行为。因而,对《刑法》第225条展开条文解读,可以无障碍地提炼出市场准入说。

其二,1997年《刑法》是在废除投机倒把罪的背景下增设的非法经营罪。投机倒把罪是计划经济时代的必然产物,因为在计划经济体制下,一切违背了计划经济指令的行为都是对计划经济的破坏,都可归属为投机倒把。实际上,投机倒把也是短缺经济时代的产物,之所以实行计划经济,客观层面的原因仍然是生产力不高、物资不足。彼时经过将近二十年的改革开放,生产力得到了巨大提升,逐渐摆脱了短缺经济的窘境。与此同时,从计划经济到市场经济的转轨,使得投机倒把罪已无存在的必要。但囿于我国并未实行彻底自由的市场经济,仍然对重点领域实行专营专管专卖,并且这些重点领域常常关系国计民生,因而也就有必要设置非法经营罪,对这些并未完全市场化的特许领域实行刑法保护。"抓小放大"可谓是我国市场机制转型的特点,所谓的"小"指的便是实行特别许可方能进入的领域。所以,特定市场领域的准入制度作为非法经营罪的法益,是对这场经济体制历史变迁的准确反映。

市场准入秩序毫无争议地属于"市场秩序"项下的子秩序,不存在同义反复问题。而且,在《刑法》分则第三章第八节的具体罪名中,只有非法经营罪的法益能够界定为市场准入,与强迫交易罪的市场交易秩序等不存在交叉或混同。可以说,把市场准入秩序作为非法经营罪的法益是精准的。在此种法益界定的基础上,即便《刑法》第225条的罪名仍为非法经营罪,也能对之形成先天的约束,即该罪惩治的不是一般意义上的非法经营,而是特许经营意义上的非法经营。非法特许经营的实质内涵便可逐渐地融入该罪名中,逐渐影响该罪构成要件的解释,并对兜底条款的异化形成前置性约束。

把市场准入或市场准入秩序作为非法经营罪的法益,可直接把实行一般许可的经营领域排除在外。例如,未获得营业执照的一般商品经营行为,就仅属于行政违法行为,由于并未涉及特许领域,即便经营金额再大也绝无可能评价为非法经营罪。又如,有偿删帖,由于国家根本未对此实行特许经营,缺乏相关的制度设置,理所当然也无非法经营之说。再如,对于本就属违法的经营行为,国家对其明令禁止,根本不存在对应的合法经营领域,更无特许经营一说,这种情况下也无非法经营罪的适用空间。此外,一部分严重违反市场准入秩序的行为已经被《刑法》单独规定为特定罪名,不再属于非法经营罪的范畴，典型的如非法吸收公众存款罪。[1] 此外，对于在疫情期间捏造、散布涨价信息，恶意囤积，哄抬价格的行为，不可否认这类行为具有社会危害性，但是无论从哪个角度，都很难精确恰当地说囤积居奇等行为违反了或者侵犯了哪一种市场准入秩序。所以，对这类行为适用非法经营罪予以刑事追责，存在难以逾越的法益阙如障碍。[2]

由此可见，在准确厘定了非法经营罪的法益之后，原本混沌不清、拿捏不定的行为便变得一目了然。市场准入说或市场准入秩序说完整揭示了非法经营罪的法益，使得非法经营罪恰如其分地在当下的社会主义市场经济背景下发挥适度的国家干预作用，进而弥补完全市场调节机制的不足，应当对此予以正本清源，作为后续分析非法经营罪构成要件的逻辑起点。

第三节 非法经营罪的双重违法性

意大利犯罪学家巴伦·拉斐尔·加罗法洛最早提出了自然犯与法定犯的概念，自此，作为一对对应范畴，自然犯与法定犯被刑法学界持续深入研究，并从中获得了源源不断的知识供养。一般而言，自然犯，又称刑事犯，指的是侵害或者威胁了法益且违反了人类社会道德、伦理的犯罪，如杀人、强奸、盗窃等，被古往今来的人类社会所禁止，不会因社会变迁、时局易变而变化。法定犯，又称行政犯，指的是违反了行政取缔、行政禁止的规定而被作为犯罪处理的行为，不具有伦理道德色彩或者伦理道德色彩不明显，其变动性、地域性相对较强，与特定社会的发展状况息息相关，非法经营罪可谓我国行政犯的典型。

当然，对于一个国家而言，不仅行政犯处于变动状态，实质上自然犯与

---

〔1〕 参见陈超然：《论非法经营罪的法益》，载《江南大学学报（人文社会科学版）》2013 年第 1 期。

〔2〕 最早作出这种规定的是 2003 年 5 月 14 日发布的最高人民法院、最高人民检察院《关于办理妨害预防、控制突发传染病疫情等灾害的刑事案件具体应用法律若干问题的解释》第 6 条。2020 年 2 月 6 日发布的《关于依法惩治妨害新型冠状病毒感染肺炎疫情防控违法犯罪的意见》也把违反国家有关市场经营、价格管理等规定，囤积居奇、哄抬物价的行为，以非法经营罪定罪处罚。但细致分析可发现，国家有关市场经营、价格管理的规定，与特许经营、市场准入完全不相关。

行政犯也处于此消彼长的变化中。这是因为,伴随社会的发展,社会的道德状况也在逐渐变化,原本只是单纯的行政犯,却可能由于法规范的持续实施,民众对特定行政犯所内含的行为规范进行了内化、吸收,进而演变成了道德的内容。比较突出的例子是醉驾型危险驾驶罪,醉驾起初只是单纯的行政违法行为,之后《刑法修正案(八)》将其提升为危险驾驶罪,这属于典型的行政犯。随着以“喝酒不开车、开车不喝酒”为代表的不得酒后开车的规范意识逐渐被培育,民众的公众道德中已经包含了这部分内容,对于酒后开车者,公众道德会不自觉地给予谴责。这说明,由于与公共安全紧密相关,不得酒后驾驶被民众一致接受,在当下与其说醉驾型危险驾驶罪是行政犯,不如说其已经进阶为自然犯。可见,“伦理道德规范的内容具有变易性,即由于各种原因,原先的道德规范渐渐被人们否定或者遗忘,新的道德规范慢慢被人们提倡或者形成。因此,自然犯与法定犯的区分也是相对的,以往的法定犯后来可能演变为自然犯,以往的自然犯后来也可能转变为法定犯”〔1〕。

即便自然犯与法定犯之间呈现变化状态,也不会消释这对理论范畴的刑法价值。就形式上的刑事立法而言,我国刑法属于“定性+定量”模式,构成犯罪的须是质与量的统一,这与英、美、德、日等国犯罪的“定性不定量”模式存在差别。〔2〕 而且,我国是“行政处罚—刑罚”二级制裁体系,这与国外普遍设置的重罪、轻罪、违警罪的大刑法体系不同。由于这些差别,使得我国的法定犯具有更浓烈、更鲜明的行政犯色彩:我国的法定犯不仅是违反了行政前置法等国家规定的行为,而且是满足了刑事可罚性的量的行为,简言之,我国的法定犯既有行政前置法的违反性,也有刑法的违反性,即“双重违法性”。这个特征在国外的法定犯(尤其是违警罪)中并不明显,甚至在犯罪“定性不定量”的模式下,其行政违法性本身已是刑事违法性,很难区分出双重违法性特征。双重违法性是认知、研究以非法经营罪为代表的法定犯罪

〔1〕 张明楷:《法益初论》,中国政法大学出版社2000年版,第354页。

〔2〕 也切不能以为在定性不定量的模式下会出现犯罪数量的爆炸。实质上,德、日等代表性国家均通过刑事实体法的实质违法性、可罚的违法性、非难可能性等理论工具把情节显著轻微的行为出罪。并且,刑事程序法中成熟的辩诉交易,也对大部分案件作了不起诉处理,所以真正进入刑事审判程序的案件比例不高。而且,刑法“定性不定量”的模式对于培育民众的法规范意识具有积极作用。

名的重要理论框架，使我们能够深入认识其性质，也能够通过双重违法性预设两道入罪门槛，从而多预留一条出罪通道。接下来，将紧扣法定犯的双重违法性，对非法经营罪的构成要件予以展开。

一、定性：行政前置法提供基础限定

非法经营罪的双重违法性具有评价上的先后次序，先是对行政前置法的违反，后是对刑法的违反。[1] 这恰好匹配我国犯罪定性又定量的模式，对行政前置法的违反所界定的是行为的“质”，对刑法的违反所解决的是刑事可罚性的“量”，只有质与量得到了双重符合，非法经营罪的定罪才完成。定性实质上是行为是否符合非法经营实行行为的构成要件的判断问题，由于非法经营罪属于法定犯，实行行为无法通过感性的道德伦理判断确定，因为其原本关切的是行政管理层面的利益取舍，无法在民众中达成共识。根据《刑法》第 225 条的规定，行为构成非法经营罪，前提是“违反国家规定”，这即是违反行政前置法的罪状表达。对此展开形式解读，倘若行为虽有危害性但并未违反国家规定，则不能评价为非法经营罪；倘若行为违反的并非国家规定，只是某个省甚至市县的地方性法规或者地方性政府规范性文件，也不能评价为非法经营罪。深入到构成要件判断的实质层面，判断“违反国家规定”还需要特别注意以下几个问题。

（一）“国家规定”的范围需严格遵循《刑法》第 96 条的规定

在刑法中，“国家规定”并非泛泛而论的规范性文件，而有着特定内涵与外延。《刑法》第 96 条规定：“本法所称违反国家规定，是指违反全国人民代表大会及其常务委员会制定的法律和决定，国务院制定的行政法规、规定的行政措施、发布的决定和命令。”根据该条，全国人大及其常委会制定的法律和决定是清晰的，国务院制定的行政法规也是清晰的，且它们均由《立法法》作出了相应界定。容易产生疑惑的是国务院规定的行政措施、发布的决定和命令，《立法法》并未规定该三者，且也不能将其归入部门规章中，但现实中其又确实具有与行政法规一样的实际约束力，姑且可以将其称为“类行政

---

〔1〕 参见田宏杰：《知识转型与教义坚守：行政刑法几个基本问题研究》，载《政法论坛》2018 年第 6 期。

法规”。为准确把握“违反国家规定”，最高人民法院专门出台了司法解释，即2011年4月8日发布的最高人民法院《关于准确理解和适用刑法中“国家规定”的有关问题的通知》。该司法解释也专门针对国务院规定的行政措施、发布的决定和命令进行了含义明确。该司法解释第1条规定，“‘国务院规定的行政措施’应当由国务院决定，通常以行政法规或者国务院制发文件的形式加以规定”。由此，国务院规定的行政措施就需具备规范化形式，且必须由国务院决定，而不能由国务院的内设部门作出。关于国务院发布的决定和命令，在现实中主要涉及的问题是由国务院办公厅发布的相关文件能否归入“国家规定”的范畴。对此，该司法解释第1条规定：“以国务院办公厅名义制发的文件，符合以下条件的，亦应视为刑法中的‘国家规定’：(1)有明确的法律依据或者同相关行政法规不相抵触；(2)经国务院常务会议讨论通过或者经国务院批准；(3)在国务院公报上公开发布。”可见，只有形式与内容均符合时，国务院发布的决定与命令才能被视为“国家规定”，进而说明，仅是国务院办公厅单独决定并发布的文件，无法获得类行政法规的一般效力。

包括法律、行政法规、类行政法规在内的行政前置法在我国可谓卷帙浩繁，加之因应社会发展必然伴随的立、改、废活动，以非法经营罪为典型的法定犯的前置条件“违反国家规定”事实上变得十分宏大也不易把握，这已经造成了法律适用上的疑难。司法解释显然注意到了这个问题，上述司法解释第2条规定：“各级人民法院在刑事审判工作中，对有关案件所涉及的‘违反国家规定’的认定，要依照相关法律、行政法规及司法解释的规定准确把握。对于规定不明确的，要按照本通知的要求审慎认定。对于违反地方性法规、部门规章的行为，不得认定为‘违反国家规定’。对被告人的行为是否‘违反国家规定’存在争议的，应当作为法律适用问题，逐级向最高人民法院请示。”没有绝对明确的法律，几乎所有的法律适用都离不开解释，而法律解释又必然受制于主体的前见、价值偏向、知识背景等因素。当关于“国家规定”的理解无法达成共识时，为最大限度保障司法适用标准的统一，逐级向最高人民法院请示并由其统一厘定，可谓保证法律适用质量的最稳妥方法。这显然是针对全部法定犯而言的，对于司法实践中适用广泛且有“口袋罪”之名的非法经营罪，由于兜底条款的存在，其关于“违反国家规定”的司法适用理应更加审慎。

“违反国家规定”位于《刑法》第225条的项前,由此其约束的是从第1项到第4项兜底条款的全部非法经营行为。第1项的规定是未经许可经营专营专卖物品或限制买卖物品,“未经许可”的实质就是违反了国家规定;第3项的规定是未经国家有关主管部门批准非法经营证券、期货、保险业务或资金支付结算业务,“未经国家有关主管部门批准”的实质也是违反了国家规定。从表面来看,在项前已规定了“违反国家规定”的前提下,项中无须再规定“未经许可”或“未经批准”,即无须同义反复,但立法者如此规定是为了强调对行政前置法的违反,也有一定的语感意义。[1] 进行如此强调的意义或许主要是限制解释第4项兜底条款,意在说明能够纳入兜底条款入罪的行为必须违反了国家规定,也必须未经许可、未经批准,这两者的功能式结合便是对特许经营领域之法律法规的违反,它彰显的是对兜底条款的原则性限缩姿态。该司法解释第3条对此也规定:“各级人民法院审理非法经营犯罪案件,要依法严格把握刑法第二百二十五条第(四)的适用范围。对被告人的行为是否属于刑法第二百二十五条第(四)规定的‘其它严重扰乱市场秩序的非法经营行为’,有关司法解释未作明确规定的,应当作为法律适用问题,逐级向最高人民法院请示。”

此外,还有两个问题需要关注:

其一,“违反国家规定”与“违反国家有关规定”存在差别。《刑法》第253条之一侵犯公民个人信息罪违反行政前置法的规定是“违反国家有关规定”,并不是《刑法》通常表述的“违反国家规定”。这是出于对公民个人信息的特别保护而设置的特别规定,具有强烈的刑事政策意味。2017年5月8日发布的最高人民法院、最高人民检察院《关于办理侵犯公民个人信息刑事案件适用法律若干问题的解释》第2条对此作了专门解释:“违反法律、行政法规、部门规章有关公民个人信息保护的规定的,应当认定为刑法第二百五十三条之一规定的‘违反国家有关规定’。”可见,其把前置法的范围扩张至部门规章,这显然与《刑法》第96条的规定不符。在此不对该立法的合理性展开评价。只是,在刑法业已存在此种参照的情况下,非法经营罪的“违反国家规定”就更应限定在《刑法》第96条的范围内,没有扩张至地方性法规或部门规章的空间。据此,对于司法实践中时常存在的以行为违反了国务

〔1〕 参见张明楷:《刑法分则的解释原理》(第2版),中国人民大学出版社2011年版,第541页。

院部门规章为由进行非法经营入罪之做法，应当旗帜鲜明地予以拒绝。

其二，对于获取特许时存在欺骗、行贿等非法手段的特许经营行为，应该肯定其合法性，不能界定为非法经营。从形式观之，不管经营许可之获得基于何种手段，都不能否定经营许可是政府主管部门所颁发的事实，不能否认经营许可的真实性。至于取得经营许可的手段之不当乃至违法，并不是非法经营罪构成要件的评价范畴。诚如学者所言："对于控制性许可而言，从事刑事审判的法官只需要进行形式的判断，不应当进行实质的审查。换言之，行为是否采取欺骗等不正当手段，不影响行为人取得行政许可的判断结论。"[1]对以欺骗等不正当手段获得的经营许可，固然可以依据行政前置法予以终止或吊销，也可以对其手段行为进行否定性评价，但不应当把已具备真实合法经营许可的行为界定为非法经营。一旦如此，非法经营之判断将陷入混乱，并且，法的公信力、稳定性也会遭受削弱，更主要的是，这还会损害市场经济对形式法治的基本要求。因而，对未经许可、未经批准等要素的判断，应予坚持的是形式审查，只要具备形式上的经营许可，就可以阻却非法经营罪的违法性。

（二）司法解释虽是有权解释，但并不属于"国家规定"之列

当只有司法解释却缺乏行政前置法时，不能以司法解释替代属于必备要件的"国家规定"实现入罪。在我国的法律体系中，司法解释扮演着十分重要且独特的角色。

一方面，司法解释并不能归入法律法规体系中，因为《立法法》规定我国法律体系是由法律、行政法规、地方性法规、自治条例、单行条例、规章组成的，没有司法解释的位置。另外，《立法法》只是在"附则"规定了司法解释，即《立法法》第119条第1款规定："最高人民法院、最高人民检察院作出的属于审判、检察工作中具体应用法律的解释，应当主要针对具体的法律条文，并符合立法的目的、原则和原意。遇有本法第四十八条第二款规定情况的，应当向全国人民代表大会常务委员会提出法律解释的要求或者提出制定、修改有关法律的议案。"可见，司法解释仅是对具体应用法律的解释，绝非造法。

---

〔1〕 张明楷：《刑法分则的解释原理》（第2版），中国人民大学出版社2011年版，第556页。

另一方面,现实中数量庞大的司法解释群,使得司法解释俨然已事实上获得了“准法律”的角色,对社会生活与司法活动均产生了深刻影响。甚至可以说,若抽离了司法解释,在现实中无疑会对我国的法律适用造成不便乃至障碍。据此,司法解释在我国的事实地位与《立法法》对其的角色定位存在脱节。在刑事司法领域,刑事司法解释既履行解释职责,也或明或暗地“司法造法”。设置了兜底条款与“违反国家规定”之违反前置法要求的非法经营罪可谓司法解释涉足最多的个罪,迄今为止,通过司法解释实现了非法经营罪构成要件的广泛扩张,使得非法经营罪已从个罪演变成涵盖大量具体行为类型的“罪名群”。

值得注意的是,这种围绕兜底条款展开的司法解释须是对非法经营的项前规定与兜底条款的整体解释,而不能是单独对兜底条款的解释。由于兜底条款“其他严重扰乱市场秩序的非法经营行为”并未言及“违反国家规定”,因而单独对其解释将脱离“违反国家规定”这一违背行政前置法的基础条件,使得兜底条款的解释完全以司法解释为基准。但事实上,不能排除所制定的司法解释缺乏对应的“国家规定”之情况,即最高人民法院、最高人民检察院制定司法解释主要是从行为的危害性、可罚性考虑,对是否具有行政前置法规定可能未予充分考虑。非法经营罪属于法定犯,首先需存在行政前置法,刑法属于二次法,刑事司法解释则属于刑法的有机组成部分,只能是在已有的行政前置法基础上,针对特定的违反了行政前置法的非法经营行为予以入罪式解释。只有这种情况下将之归入非法经营罪的兜底条款才有合理性。

换言之,“违法性”是司法解释扩张兜底条款的首要考虑因素,而不应是危害性、可罚性。“违反国家规定”指的是违反了《刑法》以外的法律、行政法规与类行政法规。在缺乏行政前置法的情况下,根本上就缺乏对应的特许经营领域,即缺乏对应的合法经营行为。这是无法通过司法解释创设的。只有法律才能创设犯罪与刑罚,如果径直通过司法解释针对兜底条款创设非法经营行为类型,无异于以司法解释创设特许经营领域与创设犯罪,这是违反了法律保留原则也是突破了司法解释本身角色定位的。由此,“司法解释的制定应当参照既有的国家规定,而不能先于国家规定出台”[1]。在此试

---

〔1〕 陈兴良主编:《刑法各论精释》,人民法院出版社 2015 年版,第 891 页。

举一例,2000 年 5 月 12 日发布的最高人民法院《关于审理扰乱电信市场管理秩序案件具体应用法律若干问题的解释》第 1 条规定:“违反国家规定,采取租用国际专线、私设转接设备或者其他方法,擅自经营国际电信业务或者涉港澳台电信业务进行营利活动,扰乱电信市场管理秩序,情节严重的,依照刑法第二百二十五条第(四)项的规定,以非法经营罪定罪处罚。”然而,颁布该司法解释时,我国根本没有相应的“国家规定”,直到2000 年9 月25 日,《中华人民共和国电信条例》第 59 条才将上述行为规定为禁止性行为,且也只是将上述行为规定为可以追究刑事责任的行为。那么,在这种情况下,司法解释缺乏可参照的“国家规定”,合法性与合理性均是欠缺的。

因而,非法经营罪所违反的行政前置法,指的是刑法以及司法解释以外的行政法律法规,以司法解释直接创设规范性的禁令之做法,混淆了司法解释与行政前置法的角色,这在司法解释对非法经营罪的规定大行其道乃至有泛滥之势的背景下,值得警惕。

(三)违反的行政前置法须是行为时法

非法经营罪采用的是引证罪状,构成本罪的前提是违反了“国家规定”。而国家对市场经济的管理调控并非一成不变,特许经营领域也处于或收缩或放大的变化中,不同的具体市场经济发展阶段、国家关于市场经济的微观政策都会对此产生影响。随着完全竞争性领域与特许经营领域的此消彼长,可以说,除非我国彻底步入完全自由的市场经济体制,否则发轫于管制市场特殊领域的非法经营罪就将始终存在且其规制范围会处于变动中。相关的法律、行政法规相应地也处于变动中,尤其是国务院制定的行政法规与类行政法规,长时间的立、改、废使其成了庞大的法规群,关于非法经营的相关国家规定更可谓门类繁多且复杂,不仅一般的市场主体、普通民众对于掌握非法经营相关的行政前置法颇感困难,就连专司法律研究者,也常常为市场规制法律法规的变动不居而困惑,仅凭记忆与通常的理解难以将其完全掌握,要相对全面而准确地了解非法经营罪的行政前置法状况,唯一有效的方法似乎只能是与持续变动的行政前置法亦步亦趋。非法经营罪的行政前置法同时具有繁杂性与变动性两个特点,所造成的最大障碍还不是针对法律研究者的,而是一般的民众,这种无法从字面获得含义解读也难以通过一般的资料搜索便可了解的罪名,恍若一个法律黑洞,可能让人望而生畏、裹足不前。含义不明的“违反国家规定”与兜底条款的双重夹击，可谓把非法经营罪的形式合理性推到了悬崖边缘。

那么，在判断特定的行为是否违反了国家规定时，就不能大而化之，需要具体入微地审查行为实施时是否存在正在施行的行政前置法，只有客观上存在，才有“不得为之”的法规范可言，才有可能将该行为作为违反国家规定的行为进行苛责。如果在行为实施时，根本不存在正在施行的有效行政前置法，客观上就并不存在值得保护的秩序法益。即使在行为实施完毕后新增了行政前置法，由于不能苛求行为人遵守行为时并不存在的法律，因而不能将其作为入罪的前置法根据。这是一个并不复杂的法理，关键在于有效的执行。由于非法经营罪存在庞大且多变的行政前置法集群，具体把握行政前置法的颁布、生效时间存在一定难度，加之上位法与下位法、新法与旧法的交错，还有法律不可避免需要解释的特性，以及另外一个同样无法避免的问题——案件事实的认知、归纳、提炼本身也会出现“仁者见仁，智者见智”的差异，这些因素综合起来，将必然导致判断行为实施时是否存在前置法、是否违反了前置法的困难。即便如此，关于犯罪成立与否的判断，始终应秉持善意。一言蔽之，违反的行政前置法须是行为时法，不包括已经废除的法律法规，也不包括行为时不存在行为实施完成后才颁布的事后法，事后法不能作为非法经营行为定性的规范依据。

（四）“违反国家规定”是刑事证明的对象

对于非法经营罪等法定犯而言，“违反国家规定”不是可有可无的语感修饰，而是不可缺少的客观构成要件要素，它与犯罪情节、犯罪金额等要素一样，在刑事司法中是需要运用刑事证据及刑事证据规则证明的对象。这在以往的刑法学理中并未得到足够的重视。在非法经营罪的司法适用异化历程中，尤其是兜底条款的无度扩张中，“违反国家规定”要么成了可有可无的点缀，要么为了确保叙述的形式合法性而勉为其难地套用，但具体违反了何种国家规定、是否符合《刑法》第 96 条的基础要求，以及相关国家规定是否属于国家经济管理中的特许领域，多数时候语焉不详、莫衷一是。倘若不在刑事司法程序中把“违反国家规定”作为证明对象对待，实质上相当于已从诉讼法角度消解了违反行政前置法这一构成要件要素，难言妥当。意欲有效缓解司法实践中非法经营罪的“口袋化”，不仅需要从实体法层面展开理论探究,还不能忽视了诉讼法层面的衔接。当违反国家规定作为一项必须证明的事项时,控方为了支撑指控,就不得不具体入微地找出行为人实施特定经营行为时所存在的行政前置法,说明行为人违反了特别许可抑或控制性许可。如此一来,那种仅把“违反国家规定”作为混沌的修饰语的做法便可破除。而且,辩方也就可针对控方的举证有的放矢地对背景式行政前置法是否为行为时法、前置法规范保护目的为何、相关领域是否属于经济管理特许领域、行为人是否有违法性认识可能性等展开论辩。审判者在控辩双方举证、质证与辩论的基础上,即可深入有效地理解“违反国家规定”的实体法意义与在个案中的适用空间,进而保障了作出公允裁判的基础。

确定此种考察方法后,可以有效质疑在缺乏前置法情况下径直通过司法解释对非法经营罪兜底条款进行扩张的做法。例如,2009 年 12 月 3 日发布的最高人民法院、最高人民检察院《关于办理妨害信用卡管理刑事案件具体应用法律若干问题的解释》第 7 条第 1 款规定:“违反国家规定,使用销售点终端机具(POS 机)等方法,以虚构交易、虚开价格、现金退货等方式向信用卡持卡人直接支付现金,情节严重的,应当依据刑法第二百二十五条的规定,以非法经营罪定罪处罚。”该司法解释将特定行为规定为非法经营罪的原因是“违反国家规定”。那么,在刑事诉讼程序中,“国家规定”是绕不开的证明事项。事实上,虽然中国人民银行、原中国银监会发布的相关文件明确规定利用 POS 机进行信用卡套现的行为是应受打击的信用卡欺诈行为,但是,在当时全国人大及其常委会制定的法律和决定,及国务院制定的行政法规、规定的行政措施、发布的决定和命令中,并没有与信用卡套现相关的规定。因而,该司法解释所言的“国家规定”并不存在,控方根本不可能完成举证。即便《刑法修正案(七)》已把“非法从事资金支付结算业务”规定为非法经营行为的类型之一,这类行为也必须具备“违反国家规定”的要件,如果行政前置法仍旧空缺,利用 POS 机套现的行为不得不说依然存在明显的入罪障碍。

总而言之,对于作为典型法定犯的非法经营罪,违反行政前置法是入罪的第一要件,且行政前置法应是客观存在的、适格的,不能以司法解释代替之。只有客观存在且适格的行政前置法才能为非法经营行为之定性判断提供前设性基准,该罪的准入门槛并不是由刑法决定,而是由众多的相关行政法执掌,这生动地说明了非法经营罪的法定犯、行政犯特质。

二、定量:司法解释设置犯罪门槛

我国的犯罪认定实行“立法定性 + 司法定量”模式,《刑法》第 13 条规定的犯罪概念也是质与量的统一,即犯罪具有刑事违法性、社会危害性与应受刑法处罚性。《刑法》第 13 条但书条款把情节显著轻微危害不大的行为剔除犯罪圈,可谓通过刑法总则为轻微行为出罪提供了路径。非法经营罪同样受制于这种定性加定量的犯罪认定框架,对非法经营行为定性依靠的是违反国家规定与对明示列举的条款的整体把握。根据《刑法》第 225 条的项前规定,非法经营罪的入罪条件是“扰乱市场秩序,情节严重”,法定刑升格条件是“情节特别严重”。但情节严重或情节特别严重只是一种情节要件的抽象表达,无法为司法提供具体适用基准。此种价值判断色彩明显的情节严重概念意欲成为真实有效的犯罪评判条件,必须进行具体化。

应当说,《刑法》第 225 条使用情节严重的抽象表达,而不是如《刑法》第 140 条生产、销售伪劣产品罪那样明确规定具体的入罪金额与法定刑升格金额,具有两方面的优势:一方面,可申明非法经营罪不处罚情节一般的行为之规范态度;另一方面,可避免规定的明确情节要件与社会发展真实状况脱节或导致立法规定的情节要件频频修改,刑法稳定性遭到削弱。关于情节严重标准的把握,理论上应交给司法权完成,行使司法权具体又有两种方式:(1)由办理具体非法经营案件的司法机关个案式把握;(2)由最高人民法院、最高人民检察院以司法解释的方式对情节严重与情节特别严重进行类型化规定。很显然,我国基本上以第二种方式为原则。也可以说,在非法经营罪中,立法机关与司法机关共同分享了定罪权,前者进行定性的前置性抉择,后者则在立法机关划定的行为圈内,进行“量”的进一步把关,从而实现犯罪圈的审慎划定,缩小刑法打击面的功能诉求由此获得制度上的配合。

由于当前非法经营罪构成要件不断扩充,非法经营行为类型非常广泛,故也是司法解释对之配置“情节要件”标准最庞杂的罪名。一直以来,随着非法经营罪的类型扩张,关于非法经营罪入罪标准的司法解释处于分散、零碎的状态,不同行为类型的入罪标准散居各处,这也实际上造成了非法经营罪入罪标准的纷繁复杂,给司法适用造成了极大的困惑。有鉴于此,2022 年修订的最高人民检察院、公安部《关于公安机关管辖的刑事案件立案追诉标准的规定(二)》(以下简称《立案追诉标准(二)》)首次对非法经营罪的立案追诉标准进行了体系性整理,可谓意义深远。

《立案追诉标准(二)》第 71 条对非法经营典型行为的入罪条件即立案追诉标准做了 12 大类的列举性规定。在此择其要点予以列示:(1)非法经营烟草专卖品,经营数额在 5 万元以上,或者违法所得数额在 2 万元以上的。(2)非法经营证券、期货、保险业务,数额在 100 万元以上,或者违法所得数额在 10 万元以上的;非法从事资金支付结算业务,数额在 500 万元以上,或者违法所得数额在 10 万元以上的。(3)非法买卖外汇,经营数额在 500 万元以上,或者违法所得数额在 10 万元以上的;单位骗购外汇,数额在 500 万美元以上或者违法所得数额在 50 万元以上的;居间介绍骗购外汇,数额在 100 万美元以上或者违法所得数额在 10 万元以上的。(4)出版、印刷、复制、发行严重危害社会秩序和扰乱市场秩序的非法出版物,个人经营数额在 5 万元以上的,单位经营数额在 15 万元以上的。(5)非法从事出版物的出版、印刷、复制、发行业务,个人非法经营数额在 15 万元以上的,单位非法经营数额在 50 万元以上的。(6)擅自经营国际电信业务,经营去话业务数额在 100 万元以上的。(7)有偿提供删除信息服务,或者明知是虚假信息,通过信息网络有偿提供发布信息等服务,个人非法经营数额在 5 万元以上,单位非法经营数额在 15 万元以上的。(8)非法生产、销售"黑广播""伪基站"、无线电干扰器等无线电设备,非法经营数额在 5 万元以上的,或非法生产、销售无线电设备 3 套以上的。(9)以提供给他人开设赌场为目的,违反国家规定,非法生产、销售具有退币、退分、退钢珠等赌博功能的电子游戏设施设备或者其专用软件,个人非法经营数额在 5 万元以上的,单位非法经营数额在 50 万元以上的。(10)生产、销售国家禁止用于食品生产、销售的非食品原料,私设生猪屠宰厂(场)从事生猪屠宰、销售等危害食品安全行为,非法经营数额在 10 万元以上,或者违法所得数额在 5 万元以上的。(11)未经监管部门批准,或者超越经营范围,以营利为目的,以超过 36% 的实际年利率经常性地向社会不特定对象发放贷款,个人非法放贷数额累计在 200 万元以上的,单位非法放贷数额累计在 1000 万元以上的。(12)从事其他非法经营活动,个人非法经营数额在 5 万元以上,或者违法所得数额在 1 万元以上的;单位非法经营数额在 50 万元以上,或者违法所得数额在 10 万元以上的。此外,《立案追诉标准(二)》第 71 条还规定:"法律、司法解释对非法经营罪的立案追诉标准另有规定的,依照其规定。"

可见，《立案追诉标准（二）》对多年来陆续颁布的现行有效的与非法经营罪相关的司法解释进行了整合，具有科学性与合理性。可以预见，如果依循这种模式持续发展，昔日令人望而生畏、复杂无比的非法经营罪立案追诉标准不明的问题将会得到根本性改善。从中可见，由于非法经营罪的行为类型过多，虽然都冠以“非法经营”之名，但行为之间的结构特征、危害量存在差别，故情节严重的入罪标准也存在较大差别，以自然人犯非法经营罪而论，最低的入罪金额是非法营业数额5万元或者违法所得数额1万元，最高的入罪金额是500万元。这也再次印证了非法经营罪如今已实际蜕变为行为多样、体系庞大的罪名群的论断。

无论如何，以司法解释明确非法经营罪的情节严重之标准，相应明确情节特别严重之标准的惯常方式，属于我国司法权限缩非法经营罪犯罪圈所能够做的理性努力。可防止由实际办理案件的基层司法机关擅自把握入罪标准造成的巨大差异乃至混乱，从而最大限度地保障刑事司法的形式公平与公信力，或许这还不是最理想的方式，但也绝不是最坏的方式。值得注意的是，由最高人民检察院与公安部联合颁布的立案追诉标准的性质为何、对法院有无约束力的问题。[1] 诚然，公安部并非司法机关，没有司法解释制定权，这种情况下，最高人民检察院与没有司法解释制定权的公安部联合制定的立案追诉标准是否属于司法解释？如果执行最严格的标准，似乎难以将之称为纯正的司法解释。但不可否认的是，由最高人民法院、最高人民检察院与公安部、司法部等国务院部门联合制定颁布司法性质文件，已成了惯例，其具有事实上的效力。因而，立案追诉标准这类文件无疑义地属于有效力的司法文件，或者可称为“类司法解释”。最高人民法院显然也注意到了这个问题，其在2010年6月21日发布的《关于在经济犯罪审判中参照适用〈最高人民检察院、公安部关于公安机关管辖的刑事案件立案追诉标准的规定（二）〉的通知》（以下简称《参照适用〈立案追诉标准（二）〉的通知》）中对此进行了专门规定：

“一、最高人民法院对相关经济犯罪的定罪量刑标准没有规定的，人民

---

〔1〕 最高人民法院《关于司法解释工作的规定》第6条第1款规定：“司法解释的形式分为‘解释’、‘规定’、‘规则’、‘批复’和‘决定’五种。”最高人民检察院《司法解释工作规定》第6条第1款规定：“司法解释采用‘解释’‘规则’‘规定’‘批复’‘决定’等形式，统一编排最高人民检察院司法解释文号。”

法院在审理经济犯罪案件时,可以参照适用《标准二》的规定。”

“二、各级人民法院在参照适用《标准二》的过程中,如认为《标准二》的有关规定不能适应案件审理需要的,要结合案件具体情况和本地实际,依法审慎稳妥处理好案件的法律适用和政策把握,争取更好的社会效果。”

“三、最高人民法院将在进一步总结审判经验的基础上,对审判实践中亟需的相关经济犯罪定罪量刑标准作出具体规定。在此之前,拟通过有关工作会议、司法文件、公布典型案例等方式,对人民法院经济犯罪案件审判工作加强指导,以不断提高经济犯罪案件审判水平,更好地服务经济社会发展和依法惩处经济犯罪工作的需要。”

可见,最高人民法院对《立案追诉标准(二)》这类司法文件秉持了原则性适用、特殊情况求诸具体司法裁量的态度。这种原则性与灵活性相结合的方法,可保障公检法司法适用标准的统一,也为特殊案件预留了个案裁量的通道,避免司法适用陷入机械式法条适用的泥淖,防止由于缺乏实质价值思考而出现合法不合理的突兀情形,不啻为较优的处置方法。总而言之,以司法解释划定非法经营罪情节严重、情节特别严重标准的现行做法具有合理性,未来的优化方向则是:将非法经营罪的入罪标准与法定刑升格标准根据具体的非法经营行为与社会变迁状况相应展开精细化调整,防止现行标准落后于急剧变化的社会状况,避免出现司法标准与社会发展的不当落差。

三、限缩:并非一般性的行政违反

需要特别强调的是,非法经营罪双重违法性中的行政违法性,即对行政前置法的违反,并不是指对市场秩序、市场管理相关的一般行政法律法规的违反,而是特指对特许市场领域、特别许可行政法律法规的违反。若行为违反的只是市场管理的一般许可性规定,如未取得市场监管部门登记、营业执照情况下的市场经营行为,未涉及国家专营专卖物品、服务等特许领域的,此等无证经营、超范围经营、证照无效经营等充其量只是单纯的行政违法行为,不触及非法经营罪规范保护领域。相应的,当某些商品、服务原本属于特许经营领域,但法律法规已将之从特许经营领域中剥离、转为一般经营领域时,也理应将之从非法经营罪的规制范围中移除。

对此,比较典型的例子是国家对成品油许可管理思路的转变。2019 年 8 月发布的国务院办公厅《关于加快发展流通促进商业消费的意见》(国办发

〔2019〕42 号)第 17 条规定,“扩大成品油市场准入。取消石油成品油批发仓储经营资格审批,将成品油零售经营资格审批下放至地市级人民政府”。为落实国务院“放管服”改革工作的要求,商务部印发了《关于做好石油成品油流通管理“放管服”改革工作的通知》,明确地市级人民政府负责本地区成品油零售经营资格审批,并于 2020 年 7 月废止了《成品油市场管理办法》。可见,国务院已将经营成品油的市场准入制度废止,如今经营成品油仅是地市级人民政府审批的普通许可事项,并非基于国家规定实施的特别许可。这种情况下,未获得相应许可的成品油经营行为,也只能从实施市场准入时的构成非法经营罪切换为出罪化思路。〔1〕

我国对于金银经营管理思路的改变对非法经营金银行为的影响也值得关注。我国于 1983 年 6 月 15 日颁布了《金银管理条例》,金银经营被纳入特许经营范围。2003 年 2 月 27 日国务院以〔2003〕5 号文件发布了《关于取消第二批行政审批项目和改变一批行政审批项目管理方式的决定》,决定停止执行中国人民银行关于黄金管理的黄金收购许可、黄金制品生产加工批发业务审批、黄金供应审批、黄金制品零售业务核准四项制度。国务院发布的该项决定,直接导致《金银管理条例》相关许可性、禁止性规定失效。相应地,在该决定实施后进行的“非法”黄金经营行为,或者仍在审理的此前的“非法”黄金经营行为,由于非法经营黄金业务的行政前置法的根本性改变,特别许可已经取消,故同样应当宣告无罪。〔2〕 对此,2005 年 5 月 19 日发布的最高人民法院研究室《关于非法经营黄金案件移送起诉期间国务院出台〈国务院关于取消第二批行政审批项目和改变一批行政审批项目管理方式的决定〉如何适用法律问题的答复》也进行了明确:“国务院〔2003〕5 号文件发布后,个人收购、销售黄金的行为,不构成非法经营罪。对于该文件发布前个人收购、销售黄金的行为,应按照《中华人民共和国刑法》第十二条的规

---

〔1〕 擅自经营成品油的入罪路径还有两种,一是通过危险化学品许可的思路认定构成非法经营罪,但这与国务院已明确取消了成品油市场准入的基本政策相左,故仅是一种理论上的入罪设想;二是根据运输、仓储成品油是否危及公共安全、是否具有现实危险等分别适用危险驾驶罪和危险作业罪,在行为情节达到入罪基准时,这确实属于一种较为合理的入罪理论通道。参见马春晓:《轻罪立法时代无证经营成品油行为的刑法定性——基于建构性刑法解释的展开》,载《法学》2022 年第 3 期。

〔2〕 关于非法经营黄金案,著名的案例是“于某龙非法经营案”,参见陈兴良主编:《刑法各论精释》,人民法院出版社 2015 年版,第 892 ~ 893 页。

定处理。”

此外,还值得反思的是,在生产、销售的饲料中添加盐酸克仑特罗等禁止在饲料和动物饮用水中使用的药品,或者销售明知是添加有该类药品的饲料的行为。以 2002 年 8 月 16 日发布的最高人民法院、最高人民检察院《关于办理非法生产、销售、使用禁止在饲料和动物饮用水中使用的药品等刑事案件具体应用法律若干问题的解释》为代表的司法解释将之界定为非法经营罪。虽然司法解释为此类行为的入罪提供了依据,但是不可否认,很难说这类行为违反了何种特许规定或市场准入制度。事实上,我国不存在关于此类行为的特许规定,也就根本没有对应的合法经营行为,故逻辑上无非法经营之说。对于此种行为,较为妥当的司法适用方案是适用生产、销售伪劣产品罪或者其他的食品安全类犯罪。

非法经营罪所违反的不是一般性的行政许可,而是特殊领域的特别许可,这是尤其需要时刻谨记的。一般许可与特别许可,一般市场管理、经济管理制度与特许领域的市场准入制度,分别属于单纯的行政管理和情节严重的可由刑法规制两种路径,前者关注的是一般意义的市场秩序,后者则由于特定领域的重要性衍生出值得刑法保护的法益。整体而言,后者占据的比例较小,且随着市场经济的愈加开放自由,政府对市场的干预日趋减少、市场的完全竞争性领域不断增加,可以预期非法经营罪所违反的特别许可最终只会在最为重要的基础经济领域有所保留。

第四节　非法经营罪的罪量要件展开

非法经营罪的入罪条件是“扰乱市场秩序,情节严重”,法定刑升格条件是“情节特别严重”。从字面解读,两者均属内涵丰富、整体评价式的罪量要件,与“数额较大”“数额巨大”“数额特别巨大”仅考虑单一金额不同,与“造成严重后果”“造成特别严重后果”要求行为的后果、结果与犯罪行为具有直接因果关系也不同。相对而言,情节严重、情节恶劣等更为抽象的词语所框定的具体罪量情形更多,可以包含数额、后果,甚至还可以涵盖社会影响,其中包括对社会公众心理、社会公共秩序、社会公共道德观的影响等虚的层次。从一般认知逻辑出发,非法经营罪属于经济犯罪,实行行为的核心是经营，衡量此种经营犯的基本要素乃至全部要素都可以是经营的金额，具体包括经营金额和违法所得金额，其可最直观地反映非法经营行为的情节。而当前《刑法》条文使用的是“情节”而非单纯的“金额”，也说明立法者对非法经营罪罪量要件的考虑包括但不限于金额，而是一种综合考虑。这既有利于拓宽非法经营罪的入罪渠道，也可能为司法解释设置脱离非法经营罪本体法益侵害、过多聚焦于行为人人身危险性的入罪条件和法定刑升格条件等难言妥当的做法埋下了伏笔。意欲有效化解非法经营罪的“口袋化”，从教义学层面严格解释“情节严重”，进行正面的价值判断，对现行的情节严重标准进行可能的反诘，对司法解释未设定标准的个案情形回归市场准入说之法益本质展开合目的性考察，进行尽可能的反思，是一条重要的司法限缩路径。

一、实质违法性的坚持

保护法益是刑法的使命，但是，刑法却不是保护法益的唯一路径。在整个法律体系中，民法、行政法等属于保护法益的基本法与第一次法，只有在民法、行政法保护法益力度略显不足时，刑法才有入场的必要。刑法是保护法益的后盾法、二次法，它对法益的保护是力度最强的，但不能说是最周延、最完整的。刑法保护法益的方式是进行入罪评价与动用刑罚权，这对国家而言是巨大的司法资源的动用，对入刑的个体而言则是面临牢狱之灾。刑罚权是一把“双刃剑”，用之不当则国家与公民两受其害，故只能挑选最重要的法益、依靠其他法律保护已然不奏效的法益，将之纳入刑法的保护范围。

在此种不得已不动用刑罚权的现代刑法理念下，有我国刑法的定性与定量之犯罪设定模式的对应，也有《刑法》第 13 条但书条款对轻微行为的原则性出罪规定。在刑法分则的个罪规定中，绝大部分犯罪是情节犯、数额犯，即便形式上有少量的行为犯，司法解释、刑法理论也进行了实质化解释，除去了纯粹只有行为却欠缺法益侵害性、可罚性的情形。此外，刑法理论通说的四要件犯罪构成理论也有形式犯罪构成与实质犯罪构成的论说。虽然通说的四要件理论确实存在逻辑弊病，但从中也可看出传统刑法理论对单纯行为犯、形式犯可能被不当入罪的警惕。以构成要件符合性、违法性、有责性为支柱构筑的阶层犯罪论体系，在构成要件符合性的阶层有形式构成要件与实质构成要件的界分，在构成要件违法性的阶层也有形式违法性与实质违法性的分野，在构成要件有责性的阶层还有非难可能性、期待可能性等刑法学分析工具。实际上，即便在立法层面只有定性而无定量的德、日等国的刑法，也并不会对盗窃一分钱等轻微行为入罪，依旧会通过实质违法性、可罚的违法性、社会相当性等理论工具将之排除在犯罪圈之外。因而，在宏观整体的刑法立法、刑法理论层面，贯彻的是实质评价、实质解释观，法益侵害性不足、不值得动用刑罚权的行为缺乏被评价为犯罪的资格。

法益保护与自由保障是刑法的两大机能，寻找这两种机能的平衡，可谓刑法评价的最根本目的。故刑法评价常常呈现为一种利益抉择过程，进而也必然属于有无实质违法性的判断过程。形式违法性与实质违法性在基础理论层面对应的是形式理性与实质理性。囿于罪刑法定原则的制约，形式面的考察固然是第一层次，如果不符合形式面，可径直终止犯罪认定，得出出罪结论。在符合形式面的基础上，仍然要进行实质面的整体考虑，重点从法益侵害、法益衡量、社会相当性、非难可能性等方面展开考量。确定相关行为满足了对非法经营行为的定性，只是犯罪认定的第一步，判断情节严重要件符合与否是第二步。应予强调的是，以实质违法性的视野判断非法经营行为是否属于情节严重，不能仅以司法解释规定的立案追诉标准为根据，也不能陷入唯数额论的窠臼，而应当结合具体个案情形进行法益侵害性、刑事可罚性的彻底考察。否则，仍然可能会落入机械司法的怪圈，得出形式合法却不合理的怪诞结论。

刑法适用不是简单的法条比对、公式套用，而应当是秉持善意目光乃至妥适的同情心展开的事实归纳与规范解释，生硬冰冷的刑法条文也应当注入人性的温度，把善良、正直的价值观融入刑法适用的论证过程，使得刑法评价结论更贴近人心进而更有接受性。但不得不说，这听起来很美做起来却很难，既要求刑法适用技巧的高超，更汲汲难求的是能够在浩瀚繁杂的琐细法律事务中保持心灵的柔软与温度。著名的王力军非法经营案（以下简称“玉米案”）[1]从有罪到再审改判无罪的跌宕便淋漓尽致地展现了实质违法性判断的重要与难能可贵。

“玉米案”的基本案情是：2014 年 11 月至 2015 年 1 月，被告人王力军未

---

〔1〕 参见王力军非法经营再审改判无罪案，最高人民法院指导案例 97 号(2018 年)。

办理粮食收购许可证,未经工商行政管理机关核准登记并颁发营业执照,擅自在临河区白脑包镇附近村组无证照违法收购玉米,将所收购的玉米卖给巴彦淖尔市粮油公司杭锦后旗蛮会分库,非法经营数额218,288.6元,非法获利6000元。案发后,被告人王力军主动退缴非法获利6000元。2015年3月27日,被告人王力军主动到巴彦淖尔市临河区公安局经侦大队投案自首。

内蒙古自治区巴彦淖尔市临河区人民法院(原审法院)认为,被告人王力军违反国家法律和行政法规规定,未经粮食主管部门许可及工商行政管理机关核准登记并颁发营业执照,非法收购玉米,非法经营数额218,288.6元,数额较大,其行为构成非法经营罪。鉴于被告人王力军案发后主动到公安机关投案自首,主动退缴全部违法所得,有悔罪表现,对其适用缓刑确实不致再危害社会,决定对被告人王力军依法从轻处罚并适用缓刑。

王力军对一审服判,没有上诉,公诉机关也没有抗诉,判决生效。非法经营数额超过21万元,这对于一般情形入罪经营金额为5万元的非法经营罪而言,似乎毫无疑问属于“情节严重”。而且,事发地属于欠发达地区,这个经营数额已算得上一个很大的数字。这种情况下,各个犯罪构成要件也可谓一一具足,原审法院作出有罪认定,形式上似乎没有问题,具有形式合法性。但很明显,这完全脱离了具体的社会情境也缺乏实质价值衡量,将这种刑法评价结论放置于普罗大众中检验,将难以被理解,也难以对此种有罪结论形成基本认同。根本原因是此有罪结论背离了民众的常识,把社会通常接受或容忍行为别扭地套上犯罪的“帽子”。幸运的是,这样一个不起眼且已经被当事人接受的案件受到了最高人民法院的关注,并最终由最高人民法院指令内蒙古自治区巴彦淖尔市中级人民法院对本案进行再审。再审的结果是改判原审被告人王力军无罪,改判的理由是:“原判决认定的原审被告人王力军于2014年11月至2015年1月期间,没有办理粮食收购许可证及工商营业执照买卖玉米的事实清楚,其行为违反了当时的国家粮食流通管理有关规定,但尚未达到严重扰乱市场秩序的危害程度,不具备与刑法第二百二十五条规定的非法经营罪相当的社会危害性、刑事违法性和刑事处罚必要性,不构成非法经营罪。”

从“玉米案”可提取两个裁判要点:(1)非法经营罪的兜底条款的适用,应当根据相关行为是否具有与前三项的行为相当的社会危害性、刑事违法性和刑事处罚必要性进行判断;(2)非法经营行为除了违反行政管理有关规定，还要考虑是否严重扰乱市场秩序，尚未严重扰乱市场秩序的，不应当认定为非法经营罪。

"玉米案"原审判决的有罪与再审判决的无罪之差，源于对"情节严重"的理解，或者说，相对于原审判决，再审判决进行了实质违法性思考，并没有以经营数额作为评价的基础要素，还对这种行为的有用性与有害性进行了法益衡量。在日新月异的市场经济环境下，不可避免会出现管理市场的法律法规与社会形势脱节的情况，期望立法者适时地对所有这类法律法规进行清理或纠偏并不现实，关键还是刑法适用者能够保持对社会形势的准确认识，并善于运用刑法教义学方法对个案的失衡予以缓解。刑法教义学本身就具有一定的反思功能，依靠对既有规范适用的严肃反思，通过个案推动修改不合理或已然不合时宜的行政前置法，也正是刑法教义学的价值体现。总之，从刑事违法性到实质违法性的评价视角之变迁、着眼于实质判断的刑法论证方法之转换，是化解非法经营罪异化的有效方法。

二、唯数额论的反思

可以说，当前非法经营罪入罪基准与法定刑升格基准总体上贯彻的是唯数额论，无论是司法解释的规定还是具体司法实践对个案的把握，非法经营的数额大小成了支配性评判标准。这固然存在合理性，也相当程度上匹配非法经营罪的经济犯罪性质。只是，《刑法》第225条规定的是情节严重与情节特别严重，这是无法否认的客观事实。在表层的语义层面与深层的内涵层面，情节与数额、后果、结果存在差别。因而，唯数额论的惯常做法会不当地缩小原本可更宽阔的情节要件，这无论从入罪角度还是出罪角度，都会由于未能充分考虑数额以外的要素而得出不当结论。

第一，非法经营罪的入罪标准"情节严重"与法定刑升格条件"情节特别严重"，都不能片面地仅以数额界定。行为的情节不是内容单一的概念，而是内容丰富的综合式概念。放在不同的语境中，情节也会有不同含义。在单纯将情节严重作为入罪标准时，情节的含义是广义的，包括犯罪行为的金额、犯罪动机、犯罪目的、犯罪时间、犯罪对象、犯罪结果（直接结果与间接结果）、犯罪次数、是否为再犯累犯、被害人是否有过错、所造成的社会影响等诸多可以说明犯罪的危害性与行为人主观恶性的要素。这种情况下，情节严重实质上就很难单一地以数额或者结果界定，而且一旦进行了这样的限缩,将会导致刑法评价素材的不当减损。情节与犯罪金额、犯罪结果等构成要件要素并列时,则指的仅是狭义的“情节”,只是对犯罪金额、犯罪结果等并列项以外的犯罪动机、犯罪目的、是否为累犯再犯等要素展开评价。从《刑法》第225条的罪状规定观之,没有规定金额、后果、违法所得等要素,仅以“扰乱市场秩序,情节严重”或“情节特别严重”统括。另外,以诈骗罪为代表的财产犯罪就采用了不一样的情节规定方式,可在两者对比中深化对于情节的认识。《刑法》第266条规定,诈骗罪的第二档法定刑对应的行为是诈骗“数额巨大或者有其他严重情节”,第三档法定刑对应的行为是诈骗“数额特别巨大或者有其他特别严重情节”。就此而言,基本可以明确诈骗罪的“情节”是在广义层面使用的,是一种综合性的覆盖内容宽泛的情节要件。依据此种体系解释,就可以看清非法经营罪情节要件的真实内涵,也可合乎逻辑地证明当前仅以经营数额注解非法经营行为的入罪标准和法定刑升格标准的欠妥当,把本为广义的“情节”不合理地压缩解释为数额,其中的逻辑基础替换欠缺正当性,也无助于准确认定非法经营罪,而这可以说是最为致命的缺陷。

第二,情节严重与情节特别严重所修饰的是“扰乱市场秩序”,对市场秩序的扰乱并不能单纯的从经营数额或违法所得数额中推导,也不能将数额大小等同于市场扰乱程度。常见的现象未必就是事物的本质,某一现象的多发、常见,可能仍然只是感性的经验层次。切莫将常见当作规律,经验现象充其量只折射了事物的常规面向,绝不等于事物的全貌。刑法是一门规范学科,经验主义的错误是要首先避免的。司法解释之所以运用数额论衡量非法经营的罪与非罪、罪重与罪轻,很大程度上是基于对常见的司法个案的归纳。并且,相对而言,数额是可计算可测量的要素,有助于促进司法处理的可预测性与可操作性。这固然是数额论的优点,数额对于本质为经济犯罪的非法经营罪也确实有阐释力。可是,唯数额论却并不可取。除了前述语义层面的原因,还有一个重要原因是,它脱离了“扰乱市场秩序”这个前置条件。作为非法经营罪入罪标准与法定刑升格标准的情节严重、情节特别严重,并不是直接修饰“非法经营行为”的,即言之,《刑法》第225条的罪状并不是“非法经营,情节严重的”,而是“有下列非法经营行为之一,扰乱市场秩序,情节严重的”。情节要件修饰的是“扰乱市场秩序”。那么,情节严重、情节特别严重也只能从扰乱市场秩序中说明。

不能排除这样的情形：(1)行为人非法经营的数额很大，但只是在熟人圈子内通过口口相传的方式形成交易，经营时间、交易人数、市场影响力等都十分有限，对市场秩序的扰乱十分微弱；(2)行为人非法经营的时间长、交易量大、涉及受众多、形成了巨大的市场影响力，但行为人的经营总额不大且获利金额也不多，这类行为对市场秩序的扰乱无法否认。从这两种情形可以看出，非法经营的数额大小与是否扰乱市场秩序没有直接因果关系，唯数额论的做法已经悄然消解了“扰乱市场秩序”这个构成要件要素的角色与作用，使其质变为一种单纯的摆设或仅具语感意义的词。长期以来，“扰乱市场秩序”也似乎没有被作为需要正面审查、举证证明的要素，在非法经营罪的认定中，它长期被有意无意地消解，几乎可以说已把非法经营数额大与扰乱市场秩序做了等置化处理，这不得不说是一种误读。是否扰乱了市场秩序、市场秩序被扰乱到何种程度，是需要结合特定的市场领域、社会区域、特定时期、市场供求关系、政府对特定领域的管制强度等因素因时因地进行整体判断的，单纯依靠经营数额或违法所得数额并不能完成这种判断。

经营数额、获利数额高度受制于不同行业，对于单价高、利润空间大的行业领域，单次经营就有可能满足当前司法解释设定的“情节特别严重”的标准，如经营证券、期货业务。反过来，经营数额小也不必然意味着危害性小。这进一步说明，以经营数额、违法所得数额作为非法经营罪的入罪标准和法定刑升格标准存在明显盲区、误差，不应坚持。因而，“扰乱市场秩序”这个构成要件要素的犯罪评价地位应得到正名，情节严重、情节特别严重所限定的实质也是对市场秩序的扰乱程度，并非客观意义上的非法经营行为。

第三，司法解释在设定非法经营罪的情节严重、情节特别严重标准时原则上唯数额论，犯了以偏概全的错误，会导致个案结论的不公平。《立案追诉标准(二)》第 71 条规定，非法经营烟草专卖品，非法经营数额在 5 万元以上或者违法所得数额在 2 万元以上的属于情节严重。可是，哪怕是中等价格的香烟，5 万元的经营数额也很容易达到，尤其是广泛存在的“炒烟”商，在整条批量囤货的经营中，对于 100 元一条(内有 10 包)的香烟，“炒货”500 条即构成犯罪，达到这样的经营数额可能只需几天时间。如果是价格近千元的高价香烟，“炒货”50 条即可构成犯罪，这恐怕不足一天就能达到。而必须正视的是，大量涉足非法经营香烟的人群，其实是散布在街头巷尾的家庭作坊式的小卖店、书报亭的经营者，他们在经营主业之余，未经许可炒卖或零售香烟，虽然短短数日即可满足 5 万元的金额门槛，但所获利润十分微薄。更为重要的是，这种小微商贩的微不足道的经营，即使经营数额超过了 5 万元，也很难说达到了严重扰乱市场秩序的程度。值得注意的是，最高人民法院对非法经营烟草专卖品行为的认定又似乎在刻意腾挪出罪空间。2011 年 5 月 6 日在《关于被告人李明华非法经营请示一案的批复》中，最高人民法院答复：“被告人李明华持有烟草专卖零售许可证，但多次实施批发业务，而且从非指定烟草专卖部门进货的行为，属于超范围和地域经营的情形，不宜按照非法经营罪处理，应由相关主管部门进行处理。”但实际上，零售许可证与批发许可证截然不同，仅获得零售许可证的人实施烟草批发业务，实质上也违反了相应的烟草批发特许经营有关规定，属于非法经营。而且，从事批发的经营数额通常远远高于零售。最高人民法院对“李明华案”的出罪，可以说是对非法经营烟草专卖品案件司法认定思路的个案式调整，试图通过对非法经营的限缩解释，避免在唯数额论情况下大概率造成的重刑。可以对此解读为，最高司法机关已经相当程度上意识到了唯数额论的非法经营罪入罪方法的不合理。虽然仍然应当正面承认经营数额在非法经营案中的认定价值，但将之绝对化为主要入罪条件，则必然附随诸多问题。也应认识到，无论如何科学地设定经营数额，都注定存在缺漏、偏颇、不足，加之非法经营行为类型众多、涉及业务广泛，入罪的数额与“扰乱市场秩序”之间实难以建立起有说服力的联系。尤其是对于证券、期货之类的经营，虽然《立案追诉标准（二）》把此类行为的入罪数额标准定在 100 万元以上，对于一般的经营领域而言不可谓不高，但在真实的证券、期货市场中，单笔买入或卖出即超过 100 万元根本不是什么新鲜事。那么依据 100 万元的经营数额标准，恐怕一次未经许可的交易，就足以被判处最高 5 年有期徒刑。可是，在只有一次交易的情况下，何来对证券、期货市场秩序的扰乱或严重扰乱？其他诸种类型的非法经营行为都存在这些问题，在此不再一一列举。这种唯数额论的入罪标准、法定刑升格标准会产生如此的突兀、不公，根本原因还是唯数额论脱离了非法经营罪的行为构造与市场准入秩序之法益本质。

第四，使用以行为的客观法益侵害为主，兼顾行为人的非难可能性的标准审查情节严重、情节特别严重，是较为妥当之策。唯数额论并没有精准抓住非法经营罪的核心要素“扰乱市场秩序”，其初衷虽是试图通过可计算、可验证的经营数额、获利数额为司法适用提供一套可视化方法，但由于其错误地把非法经营行为本身作为“情节严重”的修饰对象，故十分遗憾地未能搭建合适的评价标准。着眼点与出发点错了，再精细的数额论标准都难以为非法经营罪的合理司法适用保驾护航。司法解释尽管努力对非法经营的不同行为类型设定数额标准，但哪怕设定得再多都有一种触及不到根本的感觉，而且伴随经济发展、货币持续贬值，倘若不及时调整数额标准，还不可避免会面临与经济发展态势的脱节的情况。归根结底，非法经营罪的情节要件所修饰和说明的不是单纯的非法经营行为，而是非法经营行为对市场秩序的扰乱程度。非法经营罪保护的是市场秩序这一同类法益，保护的具体法益是市场准入秩序或市场准入制度。对秩序的侵害与否、侵害程度大小，要依靠诸多要素来说明，对市场准入秩序而言，是否属于情节严重的扰乱，对特许领域的管制程度、经营时间长短、交易次数、交易金额、社会受众、对合法的特许经营领域造成了多大程度的紊乱等，都需要细致考量，绝不是单纯的经营数额所能够说明的。因此，准确评估特定的非法经营行为是否为情节严重，首先，要正本清源地把视角转向“扰乱市场秩序”；其次，要适用综合评价方法判断市场秩序是否遭到了扰乱和是否属于情节严重的扰乱。对相关行为对于市场准入秩序的扰乱的判断，是对非法经营罪保护法益受侵害的评析。与此同时，还要兼顾行为人从事非法经营行为的动机、意图、目的等主观要素，进而将客观上的秩序法益受害与行为人的非难可能性两方面综合起来（“情节严重”这个要件在语义层面就可包含行为人状况），结合评价时的社会背景、经济政策状况等得出审时度势的评价结论。只有这样，才能最大程度保障非法经营罪司法适用的准确，才能为非法经营罪去“口袋化”提供应有的刑法理论预设和逻辑支撑。

三、经营性特征的基础影响

探讨非法经营罪的罪量要件，不能脱离其犯罪的性质。非法经营罪属于营业犯、集合犯，营利目的是其主观构成要件要素，客观上则应具有经营行为的外观。也就是说，能够界定为非法经营罪的行为，在社会通常标准看来属于商业经营行为，具有经营性特征，这是《刑法》第225条前三项与兜底条款的最大公约数。

一个行为若不具备经营性特征，那么无论涉及的交易金额多大，都不能将之评价为非法经营行为，只能通过其他罪名寻求归责空间。在经营性特征的制约下,能够评价为非法经营罪的行为至少应当具备以下共通要素:(1)在当前的社会经济生活背景下,行为人所从事的行为被一般化地认为是一种经营行为,属于商业行为,具有营利的可能,且营利是通过经营行为本身实现的,而不是通过经营行为以外的间接行为实现的。(2)行为人主观上具有通过相应行为营利的目的。(3)行为具有反复实施的可能性。强调经营性特征的原因是,只有市场经济环境中的经营行为,才属于市场秩序的组成部分,才有可能对市场秩序造成扰乱。对于作为非法经营罪入罪基准的“扰乱市场秩序,情节严重的”,解释“情节严重”也必须围绕经营行为展开,具体评析此种具有经营性特征的行为对特定地域、特定行业领域的市场准入秩序的扰乱情况。因而,经营性特征、经营行为、市场秩序、情节严重程度四者环环相扣,只有前者获得了肯定式评价,才能进入后者的评价范畴。绝大部分非法经营案,可以说毫无疑义都具有经营性特征,尤其是对于具体从事经营业务的实行犯、主犯而言,经营性特征也不难判断。

容易产生争议的是经营行为的交易对手(对合行为人)能否作为非法经营罪的共犯处理(教唆犯或帮助犯),如明知他人非法经营烟草专卖品而向其大量购买、明知他人未经许可非法经营买卖外汇业务而与其大量交易外汇等。这类本为顾客身份的交易对手,在司法实践中也有一些被作为非法经营罪犯罪嫌疑人立案追责。公允地讲,对本为顾客身份的交易对手进行追责不合适,主要原因是在这类情形中,顾客只是单纯的消费者,消费行为无法被评价为具有经营性特征。经营者与消费者是两种截然不同的角色,而且社会公众也根本不会把消费者当作经营者看待。对经营行为的交易对手的行为性质应如何认定的问题,一度在买卖外汇型非法经营案中引发分歧,如在著名的“黄光裕案”中,黄光裕通过地下钱庄兑换外汇的行为就被判决构成非法经营罪。但在同样著名的“刘汉案”中,对于性质完全相同的通过地下钱庄兑换外汇的行为,一审作出了构成非法经营罪的判决,但二审则以缺乏经营性特征进行了无罪宣告。

笔者认为,这类行为本身就不符合非法经营罪的构成要件,不应当启动刑事追诉程序,但形成这种认知分歧的主要原因是对非法买卖外汇的单行刑法规定产生了形式化误读。全国人大常委会《关于惩治骗购外汇、逃汇和非法买卖外汇犯罪的决定》第 4 条第 1 款规定:“在国家规定的交易场所以外非法买卖外汇,扰乱市场秩序,情节严重的,依照刑法第二百二十五条的规定定罪处罚。"误读的观点认为，因为法律并没有对经营者与消费者角色展开区分，故只要是在国家规定的交易场所以外非法买卖外汇的，不管是买者还是卖者，都可归入该条规定。但是，对该单行刑法准确理解，不能只看这前半句，还要结合《刑法》第225条的罪状进行体系解释。经营性是非法经营罪的基础特征，在地下外汇交易市场，只有专门从事地下钱庄生意者才具有经营性特征，与地下钱庄交易的买者或卖者，本质上都是消费者，其行为没有经营性、营业性特征，理所当然不能对其追究非法经营罪的刑事责任。鉴于经营性特征的缺乏，加之消费者并不属于经营者阵营，主观上缺乏共同经营特定业务的意思联络，所以也不能将其界定为经营者的共犯。

所以，经营性特征对非法经营行为的制约是根本性的，既制约实行行为者或主犯，也制约辅助行为者或共犯。坚守经营性特征，非法经营行为的犯罪圈就多了一道阀门，非法经营罪的泛化也就多了一道理论屏障。

第五节　非法经营罪的罪责探寻

犯罪认定需经过构成要件符合性、违法性、有责性的三阶层判断，前两个阶层的主要落脚点是法益侵害，是对行为的判断，有责性即罪责阶层关注的则是能否对行为人进行刑法谴责。一般而言，有责性阶层对责任能力、故意或过失、违法性认识、期待可能性四大要素展开考察。也可以说，有责性阶层所解决的是非难可能性问题。责任要素并非都是主观的，责任能力、期待可能性实为客观的责任要素。传统刑法理论通说的四要件犯罪构成理论对如何安放期待可能性、违法性认识这两项罪责要素并未获得共识，但是，无论持何种犯罪构成理论，期待可能性、违法性认识的问题都客观存在，不能对之回避，差别无非具体的叙事路径不同罢了。通过实质的犯罪构成、《刑法》第13条但书条款、对犯罪故意中的社会危害性认识规范解释为违法性认识等，都可达致相对合理的结论。

对于非法经营罪这一典型的法定犯而言，罪责判断属于较为棘手的问题。这是由于行政前置法"国家规定"体系庞杂且变动较大，加之兜底条款的存在，两者合力，造成了非法经营罪构成要件的明确性严重不足，兜底条款似乎成了可持续催生新的非法经营行为类型的母体。这在客观上造成了构成要件异化的问题,在罪责层面也产生了同样的认定困境,民众了解一般罪名不存在障碍,但了解非法经营罪却着实存在困难。应予坦率承认的是,这种开放式构成要件不利于民众培育规范意识。自然犯领域基本上不存在违法性认识错误问题,但非法经营罪无比庞大的行为类型群与“国家规定”却真切地在司法实践中造成了违法性认识困难。从这个角度审视,持续出台非法经营罪相关的司法解释,确实有利于缓解违法性认识的“危机”,但充其量也只能缓解,在非法经营罪当前罪刑规范模式不变的情况下,问题得不到根本解决。之所以现实中对非法经营罪的司法适用诟病颇多,刑事裁判所认定的被告人存在“犯罪故意”与事实上的“不知法”的落差,恐怕也是重要原因之一。那么,研析非法经营罪的司法限缩论题,就应当重视违法性认识在司法适用中的实然角色与应然角色,力求在当下法律语境下寻求稳妥的解决方法。

一、违法性认识在犯罪认定中的地位

由于刑法理论通说认为,“犯罪构成,就是依照我国刑法的规定,决定某一具体行为的社会危害性及其程度而为该行为构成犯罪所必需的一切客观和主观要件的有机统一”。[1] 值得说明的是,对于犯罪构成的形式化理解导致在违法性认识层面产生了一种误区,即认为违法性认识不是犯罪构成的内容。其理由是,在四要件犯罪构成理论中,只有犯罪客体、犯罪客观方面、犯罪主体、犯罪主观方面四个要件,并不要求具备违法性认识。而且,“不知法不免责”是古老的法则,若不知法也可以免责将人为造成犯罪认定的困难,不利于对犯罪人追责。笔者认为,这是一种误区。即使退而求其次,这种观点的合理性也只能限定在自然犯领域,“不知法不免责”也只是一句产生于古代且仅针对自然犯的法谚。诚然,在与道德伦理紧密相关的传统自然犯领域,违法性认识已经内化为民众的意识层,根本无须额外判断是否存在违法性认识。但放在法定犯时代,仍然固守“不知法不免责”并粗糙地认为违法性认识不是犯罪构成要件之一,已经明显与时代落伍,也会对众多的法定犯的认定造成事实上的“强人所难”。连刑法理论通说也不得不例外判

---

〔1〕 高铭暄、马克昌主编:《刑法学》(第 10 版),北京大学出版社、高等教育出版社 2022 年版,第 47 页。

断违法性认识，其指出："某种行为一向不为刑法所禁止，后来某个特殊时期或某种特定情况下为刑法所禁止，如果行为人确实不知法律已禁止而仍实施该行为的，就不能说他是故意违反刑法，而且此时他也往往同时缺乏对行为及其结果的社会危害性的认识，这种情况下难以认定行为人具有犯罪的故意。"[1]这种论述实质上已经在内容上承认了犯罪认定仍需判断违法性认识之有无，只不过为了维持四要件犯罪构成的体系框架，而不得已另辟蹊径。以非法经营罪为典型的法定犯的认定，如果完全脱离违法性认识要素，所得出的结论常常会背离行为人的主观认知，应然层面的主观责任也可能会质变为结果责任、客观责任，这是需要警惕的。

澄清误区还有另外的角度，即从《刑法》的规定本身获得理据支撑。《刑法》第 14 条第 1 款规定："明知自己的行为会发生危害社会的结果，并且希望或者放任这种结果发生，因而构成犯罪的，是故意犯罪。"这是《刑法》关于犯罪故意的规定，从该规定可看出，《刑法》规定犯罪故意的明知是对危害性的认识。危害性认识之表述既是形式上的立法语言，内容方面也可以多层次解读为包括危害性认识和违法性认识。如果将违法性进一步细分为形式违法性与实质违法性的话，危害性实际上就属于实质违法性。所以，危害性与违法性存在通约、置换的空间，不能咬文嚼字地以《刑法》规定的是危害性认识而不是违法性认识为由，径直得出我国的犯罪故意不需要违法性认识之结论，这不是刑法解释的应有姿态。另外还应注意的是，《刑法》规定的是"犯罪故意"概念，而不是单纯的"故意"概念。相应的，刑法理论通说的犯罪构成理论中使用的表述也是"犯罪的主观方面"而不是纯粹的"主观方面"。"故意""过失"是大陆法系刑法理论的犯罪论体系中的用词，在阶层犯罪论体系中，无论是构成要件符合性阶层的故意、过失，还是有责性阶层的故意、过失，都没有在故意、过失前加前缀。在有责性阶层，故意或过失是与责任能力、违法性认识、期待可能性并列的责任要素。可见，即使在有责性阶层，非难可能性的判断也是通过对这四大责任要素的整体考察得出的，并不是单独依据故意、过失得出的。

反观《刑法》的规定和四要件犯罪构成理论，"犯罪故意"和"犯罪过失"

---

[1] 高铭暄、马克昌主编：《刑法学》（第 10 版），北京大学出版社、高等教育出版社 2022 年版，第 47 页。

不仅承载着对事实的认识,而且还担负着违法性认识(危害性认识)的内容。换言之,我国刑法语境和刑法通说理论语境中的犯罪故意与犯罪过失是包含多种评价功能的概念,对应的是阶层犯罪论体系中的罪责阶层,初衷均是完成谴责可能性、非难可能性的判断。那么,以阶层犯罪论体系中的“故意”为模板对我国的“犯罪故意”予以对照性解读并不合适,两者虽只有两字之差,但各自的含义、承载功能存在较大差别。厘清了犯罪故意的概念内涵后,犯罪故意包含违法性认识的判断,违法性也是四要件犯罪构成理论不得不考察的要素,可谓已得到证立。在自然犯的犯罪认定中,违法性认识可从对事实的认识中直接得出,故无须特别考究。在法定犯的犯罪认定中,鉴于其与伦理道德缺乏关联性,本质上是一种行政违法行为,所以必须存在对行政前置法的认识(认识可能性),当行为人确实缺乏违法性认识时,就只能得出缺乏犯罪故意的评价结论。

二、司法解释频繁增修造成的冲击

通常《刑法》从颁布到实施会间隔相当长一段时间,在这段时间内,政府通过媒体的宣传,使民众知悉新法的内容。刑法设定犯罪与刑罚的根本目的是培育民众的规范意识,使其遵守“不得为之”或者“必须为之”的禁止性规范或命令性规范,进而形成积极的一般预防效果,法益保护之效果由此可以获得。刑法不是为了单纯的惩罚,且事后的处罚也无法修复已被侵害的法益,预防未然之罪从而保护未被侵害的法益才是刑法的根本诉求。刑法从颁布到实施的间隔期足以培养民众对大部分法定犯的法律认知。在资讯极其发达的现代,只要具有正常理智和文化水平者,都很难说其不知道一般犯罪行为的违法性。从另一个侧面来看,许多金融、计算机相关的“白领犯罪”,文化、能力低于一般人水平的人事实上也无法实施。所以,即便在法定犯领域,真正会在违法性认识层面产生认定困难的只剩下少数特殊案件。这种特殊性包括:(1)法定犯的罪状属于开放式构成要件;(2)法定犯的行政前置法繁多且处于持续变更状态;(3)法定犯的构成要件以规范的构成要件要素为主体。在众多法定犯中,非法经营罪无疑满足这些特殊性。

除此之外,非法经营罪的特殊之处还在于,1997 年《刑法》颁布以来,围绕第 225 条第 4 项兜底条款,颁布了大量入罪司法解释。最高人民检察院、最高人民法院会不定期对司法解释展开清理,也会对司法解释进行相应的立、改、废，这使得司法解释内部构筑出了复杂庞大的司法解释群。了解、掌握相关信息对于法律专业的人而言都颇费工夫，更何况是社会一般民众。自推行指导性案例制度以来，最高人民法院、最高人民检察院陆续颁行的指导性案例也具有事实上的约束力，指导性案例固然对刑法适用争议问题提供了解决方案，但也确实有对构成要件的扩张。对普罗大众来说，连了解司法解释都存在难度，更遑论了解指导性案例。司法解释与指导性案例归根结底是对刑法的解释，这类解释也可能与大众的通常认知、以往经验相左，这会进一步造成理解疑惑。

司法解释对非法经营罪兜底条款的行为类型扩张，名为解释实为解释性立法，在部分情况下缺乏与之对应的行政前置法，即“国家规定”。这也说明，司法解释为了回应打击犯罪的功能诉求，实质上并没有严格遵循非法经营罪双重违法性的基本要求，将某类行为解释为非法经营，主要是基于危害性考量与处罚需要，而不是优先考虑是否有对应的行政前置法，更没有考虑是否应当采用行政规制手段介入。这种司法解释直接创设非法经营行为类型的做法，跳脱了刑法谦抑性的框架要求，把刑法异化为规制不当市场经营行为与维护市场秩序的“灵丹妙药”。关于非法经营罪出台众多司法解释是出于满足处罚需要的考虑，并没有顾及与行政前置法的衔接、协调。司法解释与行政前置法并行存在，颇有杂乱无章之感，民众很难从中找到明确的行为规范指引。例如，对有偿删帖之类的行为，通过司法解释确定为非法经营，既无法找到这种行为与前三项明示列举的非法经营行为的同质性，现行的行政前置法体系中也没有这方面的市场准入规定乃至禁止性规定。那么，在认定犯罪时，要求这类行为人产生非法经营的违法性认识，似乎属于苛求。

非法经营罪的司法解释数量庞大与增修频繁的问题，在刑事司法解释时间效力不遵循从旧兼从轻原则的境况下，不合理性更加突出。2001 年 12 月 7 日发布的最高人民法院、最高人民检察院《关于适用刑事司法解释时间效力问题的规定》区分两种情形作了规定：(1)对于行为时有司法解释，行为后出现新的司法解释的情形，其规定：“对于新的司法解释实施前发生的行为，行为时已有相关司法解释，依照行为时的司法解释办理，但适用新的司法解释对犯罪嫌疑人、被告人有利的，适用新的司法解释。”(2)对于行为时无司法解释，行为后出现司法解释的情形，其规定：“对于司法解释实施前发生的行为,行为时没有相关司法解释,司法解释施行后尚未处理或者正在处理的案件,依照司法解释的规定办理。”

应当说,第一种情形的处理符合从旧兼从轻原则,但第二种情形的处理却有违反从旧兼从轻原则之嫌,刑法理论界对此也批评颇多。第二种情形的处理规则可能源于司法解释出台者理想化地认为司法解释能保持“解释”本色,不会溢出刑法条文的含义,充其量只是对刑法条文本身规则的明确,不是对规则的新设。但是,其一,这不符合我国司法解释的现实。其二,刑法条文规则本就不是明确的而是需要解释的,在作出清晰明确的解释之前,条文含义是什么仍是未知状态。其三,如果是依靠司法解释才使刑法规则变得明确,也就意味着司法解释出台之前,相应的刑法规定处于模糊不定、难以把握的状态,这对于通常的社会民众而言,无异于是处于“无法”状态。这对于传统的自然犯或许稍可缓解,但在法定犯领域矛盾却异常突出、无法回避。其中折射的主观归责难题,会在具体个案中带来实质的不公平,甚至会对事实上无犯意的人予以刑事归责,造成“没有责任仍有犯罪”。

2008 年 1 月 2 日发布的最高人民法院、最高人民检察院、公安部、中国证券监督管理委员会《关于整治非法证券活动有关问题的通知》(以下简称《整治证券通知》)规定,“任何单位和个人经营证券业务,必须经证监会批准。未经批准的,属于非法经营证券业务,应予以取缔……对于中介机构非法代理买卖非上市公司股票,涉嫌犯罪的,应当依照《刑法》第二百二十五条之规定,以非法经营罪追究刑事责任”。司法实践中,有司法机关对于《整治证券通知》出台前已经实施完毕的代理买卖股票行为,也同样认定为非法经营罪,依据的即是前述《关于适用刑事司法解释时间效力问题的规定》。这显然不合理,因为代理买卖股票本质上属于民事代理行为,具有民事法依据,在法无禁止即自由的民商事领域,民事主体受委托代理他人购买股票,具有合法性。尤其是在代理买卖股票数量较少的情况下,也根本谈不上对市场秩序的扰乱。其实,这种行为就算是《整治证券通知》颁布后才实施的,都难以界定为非法经营罪。上述司法机关对该案件的有罪处理,折射出其对司法文件机械适用的惯性,也反映出司法实践中对违法性认识的原则性不考虑。个别司法机关完全拒绝考虑违法性认识,可能也跟非法经营罪庞大且持续变动的司法解释群有关,因为这的确会给非法经营罪的认定带来麻烦——这也为反思当前非法经营罪司法解释泛滥提供了一个角度。如果说这是一种技术式的回避，那么也不是值得称道的司法姿态。对于非法经营罪而言，司法解释频繁增修带来的对违法性认识认定困难的问题如果被刻意淡化，将无法求得契合具体事实的公正评价结果。

无论司法解释多么庞杂、如何变化，非法经营罪的司法认定都不应缺失对违法性认识的判断。增加对违法性认识的判断无疑会增加司法适用的麻烦，但由于其能够保障被告人获得公正评价，两者之间，无疑应当选择后者。其实，违法性认识的认定本质上属于一个刑事证明问题，并不是实体法上的理论之争。只要严格遵循刑事证据规则就被告人是否存在违法性认识或认识可能性进行举证、质证、认证，实际上根本不会出现大量违法犯罪者利用“不知法免责”规避刑责的问题。

三、刑事司法对违法性认识的应然姿态

违法性认识是犯罪故意的认知内容，犯罪故意包含对事实部分的认识和对社会意义部分（是否被法律规范所反对）的认识，这也是对《刑法》第14条的准确解读。可以说，我国的犯罪故意是阶层犯罪论体系的构成要件的故意与有责性阶层的故意以及违法性认识的综合，属于总括型概念，承载着较单纯的构成要件故意或责任故意更多的内容。任何犯罪构成理论都服务于精准且合理认定犯罪的使命，只要能够实现此种价值目标，便可视为好的理论。理论的好坏不受制于思维差异，也不在于表达是否精美，对于不同的犯罪构成理论体系，在认定非法经营罪这种典型的法定犯时，无论使用怎样的叙事语言或者论证逻辑，行为人是否具有违法性认识都应当得到关注。在阶层犯罪论体系中，违法性认识被置于有责性阶层进行判断，实质则是将犯罪故意划分为事实故意与违法性认识，分别进行考察。在四要件犯罪构成理论中，违法性认识则被置于犯罪的主观方面进行判断，对事实具有认识且具有违法性认识的，方可肯定犯罪故意，反之，完全缺乏违法性认识的，犯罪故意不成立。明知故犯、不意误犯、违法认知错误等实质上也呈现了主观恶性的差别。据此，对违法性认识的考察对于判断人身危险性、再犯可能性、量刑均有价值。在具体评价非法经营罪的违法性认识存在与否时，还应当注意以下几点。

(一)遵守从旧兼从轻的刑法溯及力原则

这个问题需要从行政前置法和司法解释两个侧面展开分析。

首先,非法经营罪具有庞大的行政前置法体系,这些行政前置法变动性大,当行为实施前后出现了行政前置法的修改增删时,应比对新旧前置法,依据从旧兼从轻原则对行为人适用更有利的前置法。虽然《刑法》第12条规定的刑法溯及力原则明确规定其适用对象是刑法,但法定犯的构成要件是必须综合刑法与行政前置法才能确定的。而且,真正大量面临新旧法更替的恰恰是法定犯。如果只是机械适用《刑法》第12条,对法定犯的刑法明示条文部分适用,不对“违反国家规定”适用,将事实上造成法定犯被从旧兼从轻原则排斥。所以,只能体系性地理解法定犯的刑法规定,把发挥行为定性机能的行政前置法视为刑法的一部分,这种目的性扩张的解释符合罪刑法定原则。

其次,当前存在数量众多的非法经营罪司法解释,这些司法解释新旧交错,并且可预期的是,这类司法解释的颁布不会停止。对于曾经已对某一类非法经营行为制定过司法解释,又颁布新的司法解释之情形,适用从旧兼从轻原则,不存在问题。较为棘手的是司法解释对非法经营罪兜底条款创设新行为类型之情形,这类司法解释施行后,根据《关于适用刑事司法解释时间效力问题的规定》的规定,对于“尚未处理或者正在处理的案件,依照司法解释的规定办理”,即肯定新设司法解释具有溯及力。笔者认为,这种脱离具体个案的规定将对精准认定犯罪造成难以弥补的伤害,对非法经营罪兜底条款创设行为类型的司法解释实质上是新法,承认其溯及力很难达致论证逻辑的周延。根据《立法法》的规定,司法解释属于具体应用法律的解释,而且必须符合立法目的、立法原则、立法原意。既然刑事司法解释是对刑法的一种解释,则属于刑法的一部分,理应同样适用从旧兼从轻的原则。[1] 更何况,遵循服从刑法的溯及力原则实质上便是符合刑法的“立法原则”。

只有肯定了非法经营罪的行政前置法与刑事司法解释均受制于从旧兼从轻的溯及力原则,非法经营罪的司法适用才真正具有违法性认识要素的容身空间,所判定的非法经营犯罪故意才契合具体实际的个案情况,才能真正

---

〔1〕 参见赖佳文:《违法性认识在刑事归责的旁落与纠偏——以司法解释溯及力为视角》,载《湖北警官学院学报》2023年第4期。

让被告人接受判决和形成对刑法规范的尊重。

（二）适当区分违法性认识与违法性认识可能性

非法经营罪宏大的行政前置法、司法解释体系必然会使得个案中的行为人面临“不知法”的状况，对于法的知或者不知，只存在知道或者不知道两种，属于事实判断领域。在这个意义上，违法性认识只有存在或者不存在之分，存在违法性认识的，肯定犯罪故意的成立，不存在违法性认识的，则否定犯罪故意。刑法理论上还有违法性认识可能性的概念，也有完全使用违法性认识可能性取代违法性认识的主张。这容易令人疑惑。其实，这两个概念分别秉持不同的理论叙事立场，违法性认识指涉的是事实判断，完全从行为人视角出发，体现的是实然状态。而违法性认识可能性则代表了从国家角度出发的规范判断、价值判断，体现的是应然状态。作为大陆法系代表的德国刑法关于违法性认识的规定属于规范判断层面的违法性认识可能性。《德国刑法典》第 17 条规定：“行为人行为时没有认识其违法性，如该错误认识不可避免，则对其不负责任。如该错误可以避免，则依第 49 条第 1 款减轻处罚。”〔1〕违法性认识可能性服务于刑事归责，而违法性认识只是对事实状态的描述，对这种事实考察与价值评价的差别，是应当注意的。在评价视域中，主要是刑事政策判断，所关注的就不再是没有违法性认识之事实状态，而是没有产生违法性认识之法律错误究竟是可避免的还是不可避免的。简言之，是否具有违法性认识是行为人的主观认知状态，是否具有违法性认识可能性则是从国家视角提出的规范要求。

此外，对法律错误可避免或不可避免的泛泛讨论对于认定非法经营并无多少帮助，这主要是因为，其一，很难找到客观并已达成共识的标准判断可避免或不可避免，站在国家立场、行为人立场、通常一般人立场所得出的结论都会不同；其二，鉴于非法经营罪宏大的前置法、司法解释体系，根本无法一般性地评判可避免或不可避免，最终还是要回归具体个案，考察具体情境中的当事人，而一旦进行具体考察，在考察具体当事人是否存在违法性认识时，缺乏违法性认识，即产生违法性认识错误可以说百分之百不可避免，据此也基本上失去了归责的妥当性。实际上，可避免与不可避免的前提均

---

〔1〕《德国刑法典》，徐久生、庄敬华译，中国方正出版社 2004 年版，第 10 页。

是存在违法性认识错误,客观上都是没有认识到违法性。可避免情形实质上属于过失,并非故意。因此,对之以过失犯追责没有问题,但若以故意犯进行归责,由于缺乏作为故意基础的“明知”,恐怕缺乏关于违法性认识的事实基础。所以,在我国刑法语境中,违法性认识之有无才具有对故意犯罪的认定价值,违法性认识可能性充其量只能对过失犯的认定产生作用,因为对过失犯的归责本身就是法规范对行为个体的要求。

(三)关于非法经营的违法性认识需进行刑事证明

对《刑法》第 14 条的规范解读与对犯罪故意在犯罪构成理论之体系地位的澄清,都属于实体法层面的把握。实体法内容意欲落实为真实司法,离不开刑事诉讼程序的配套,具体是指通过刑事证据规则的运用把违法性认识这项要素化为现实。一项实体法要素需要在刑事诉讼程序中体现,需要真正进阶为刑事诉讼的证明对象,否则,就不过是可有可无的修饰词而已。对非法经营行为的刑事立案、审查起诉、刑事审判,控方都需要提供排除合理怀疑的证据证明被告人在行为实施时存在违法性认识,对这种法规范态度的明确证明,才能完整展现对被告人的谴责可能性。被告人行为实施时及行为实施前的成长经历、教育背景、工作经历等一般素材,还有行为人对法律法规咨询的获得能力,是否进行过与实施行为相关的资料搜索,实施行为后是否存在逃匿、隐匿罪证等异常情况等微观素材,都可以作为证明被告人是否具有违法性认识的重要材料。当然,通常情况下应当允许刑事推定,违法性认识属于主观要素,是通过客观的行为展现的,它有别于行为、结果等客观要素的可视化特征。所以,跟对故意的证明一样,也应当允许采用刑事推定论证违法性认识的存在。当然,对基础事实的证明,仍需遵循排除合理怀疑的证明标准,在基础事实未能获得证明的前提下,不能据此推导“推定事实”。刑事推定有可反驳的推定与不可反驳的推定之分,为防止刑事司法恣意和防止可能的出错,应当允许被告人反驳,当被告人提出有说服力的反证时,刑事推定即可被推翻。

刑法评价的公正源于行为评析的细致,依赖于对个案细节的精确把握。充分正视违法性认识在法定犯认定中的角色,通过刑事实体法与刑事诉讼法两个维度保障违法性认识对非法经营罪认定的功能,对缓冲持续变迁的行政前置法与司法解释带来的认定泛化危机大有裨益。

第六节 同类解释规则的贯彻

刑法适用不是简单地从条文到事实的套用,而是一个刑法解释过程,且这个过程是在案件事实与刑法规范之间穿梭往返、相互拉近的涵摄。把刑法适用理想化地想象为法律自动售货机并不切合真实情况,需要面对的是案件事实的复杂性与刑法规范的抽象性、模糊性。非法经营罪自设立以来逐渐异化,其中一个重要原因即是非法经营罪兜底条款之存在,这使得非法经营罪形成了开放式构成要件。面对社会中原本就繁多的不当经营行为,当行政管理不奏效或者社会管理政策趋严时,非法经营罪兜底条款不断解释性扩张,以至于演化为可持续生产非法经营行为类型的"母体"。可以说,非法经营罪的"口袋化"实质也是兜底条款的解释泛化,要有效遏阻,就需要寻找到解释兜底条款的妥当方法。无疑,同类解释规则是众多解释方法中契合度最高也是最有效的,在市场准入秩序之法益的统摄下,运用同类解释规则把握非法经营罪兜底条款,则可事半功倍。

一、明示列举与兜底条款

经营专营专卖物品型、买卖进出口许可证等批文型、经营证券期货等金融业务型,是非法经营罪前三项明示列举的三种行为类型,第 4 项"其他严重扰乱市场秩序的非法经营行为"属于兜底条款。采用明示列举、兜底条款组合的方式规定实行行为的罪名还有不少,如合同诈骗罪的前四项是明示列举的规定,第 5 项"以其他方法骗取对方当事人财物的"属于兜底条款;信用证诈骗罪的前三项是明示列举的规定,第 4 项"以其他方法进行信用证诈骗活动的"属于兜底条款;拒不履行信息网络安全管理义务罪的前三项同样是明示列举项,第 4 项"有其他严重情节的"则为兜底条款;破坏生产经营罪"毁坏机器设备、残害耕畜或者以其他方法破坏生产经营"的罪状表达同样属于明示列举加兜底条款;强奸罪的"以暴力、胁迫或者其他手段强奸妇女"也是明示列举加兜底条款;侮辱罪的"以暴力或者其他方法公然侮辱他人"无疑也属于明示列举加兜底条款的规定方式。这样的罪状规定在《刑法》中还有很多,不一而足。进行部分展示主要是为了说明立法具有一定局限性,不可能以明确且有限的语言覆盖所有值得规制的犯罪行为。世界处于持续的变化当中，无论是法定犯还是传统自然犯，随着社会发展，尤其是在当今的网络时代，都出现了样式复杂化乃至网络异化的情况。如果一律采取明示列举的规定，要么会不当地限制刑法的约束力，要么只能在危害性概念的掩护下对明示列举的规定进行类推解释，这都背离了刑法在社会当中的应然角色定位。

明示列举的规定采用的是封闭式的概念，核心范畴和外延都是明确的，侮辱罪的“暴力”，强奸罪的“暴力、胁迫”，破坏生产经营罪的“毁坏机器设备、残害耕畜”，非法经营罪的“经营证券、期货、保险业务”，其含义都可直观把握。含义明确的明示列举项，对兜底条款的理解适用是一种约束。假设没有明示列举项，侮辱罪将变成以其他方法公然侮辱他人，强奸罪将变成以其他手段强奸妇女，非法经营罪将变成其他严重扰乱市场秩序的非法经营行为，等等。一来，不符合通常的语句表达习惯，既然是“其他方法”，就说明还有“本来的方法”；二来，即便消除了语句层面的不通顺，侮辱罪、强奸罪等只要是方法、手段即可，非法经营罪则变成了“严重扰乱市场秩序的非法经营行为”，方法、手段可以无限多，严重扰乱市场秩序的行为也同样无穷无尽，如此宽泛无边的措辞，其实说了也等于没说；三来，在缺乏实质行为限定的情况下，认定侮辱罪等具体犯罪将不可能，罪刑法定原则的明确性也将消磨殆尽。由此，为了在刑法明确性与刑法的规制力之间求取均衡，采取明示列举加兜底条款的罪状规定方式较为稳妥，偏执于某一方面都将削减刑法有效调整社会生活的能力。先行规定的明示列举项可以较为完整地呈现特定犯罪的核心内涵，例如，通过暴力、胁迫的明示规定，可解读出强奸罪违背妇女意志强制性交的基本行为结构。又如，通过暴力的前置化限定，可以把单纯的文字侮辱、言词侮辱等缺乏身体强力的情形从侮辱罪中排除，文字侮辱等充其量只能考虑诽谤罪的适用。暴力指的是对他人身体实施的有形攻击，是一种物理层面的描述，文字暴力、网络暴力等概念，虽然同样使用了暴力一词，但内涵层面却有差别。即使侮辱罪的暴力不是程度较高的针对身体健康的伤害、杀害等行为，也应是程度较低、损害他人名誉的强暴方法。[1]就此而言，有观点在“对他人予以轻蔑的价值判断”的侮辱界定的基础上，把

〔1〕 参见周光权：《刑法各论》（第3版），中国人民大学出版社2016年版，第63页。

文字侮辱、言词侮辱等均解释为侮辱罪的情形，[1]恐怕难言妥当。非法经营罪的前三项所共同叙明的公约数是：非法经营行为破坏的是国家实行特许经营领域的市场准入制度（秩序）。相应地，非法经营罪兜底条款的具体化适用，也不能脱离这个公约数所划定的圈。

法定犯领域采用明示列举加兜底条款的规定方式虽不是最优，却也是在刑法有限性与社会生活无限性之间取得了较为适中的平衡。要提升这种罪状规定方式的科学性，主要是要对明示列举项进行细化，把典型的行为类型尽可能详尽列举，这样犯罪的核心范畴就会更清晰，实行行为核心圈也会变大，相应的兜底条款的外延会缩小，而且兜底条款可资参照的基础素材增加了，沦为“脱缰野马”的可能性就会变小。据此，只有一个明示列举项的罪名（如侮辱罪）的立法科学性就有待商榷，非法经营罪的明示列举项也有待进一步丰富与优化。

二、事物本质与同类解释

结合项前规定和已明示列举项对兜底条款进行同类解释，是化解非法经营罪“口袋化”的有效方法。兜底条款的设置是一个无法回避的立法现实，对之展开立法论批判无助于解决当下司法的具体问题，而且在可预期的时间内，刑事立法也不太可能废除非法经营罪兜底条款。在此情况下，妥当解释兜底条款，以符合罪刑法定原则的适当方式保护法益，避免兜底条款的泛化以及附随而来的非法经营罪构成要件的异化，不啻为刑事司法与刑法理论最为迫切的任务。

精准确定了非法经营行为的事物本质，才能为妥当解释兜底条款奠定基础。“未经许可”或“未经批准”仍然未能完整体现非法经营的含义，因为一般商业领域也可能依然实行经营许可制度，但一般性的经营许可触及的只是一般的市场行政管理，与特殊的带有垄断或半垄断性质的领域无关。一般商业领域的无证经营，从一般的语义推演，也是未经许可、未经批准，但这样的话，市场上数量众多的小商小贩都可能被纳入非法经营罪的规制视野，将导致刑法打击面过大。因而，如此广义理解未经许可或未经批准并没有触及非法经营的本质。应将未经许可或未经批准与专营专卖物品、证券

〔1〕 参见张明楷：《刑法学》（第6版），法律出版社2021年版，第1194页。

期货保险等需要特许才能进入的领域结合起来分析,才能得出刑法视域中非法经营的本质与非法经营罪的保护法益,即根据国家现行法律法规对特殊领域实行的特许制度,并由此形成的市场准入秩序。进而可以明确,《刑法》第225条前三项的明示列举和全国人大常委会《关于惩治骗购外汇、逃汇和非法买卖外汇犯罪的决定》规定的买卖外汇型非法经营,其核心关键词与最大公约数是侵犯了国家对某些领域的特许经营制度。“特许表现为一种权利或者资源的分配,具有一定的物权属性。许可只是赋予相对人从事某种经营活动的资格,只要具备法律规定条件,经过申请,都可以取得这种资格,并且没有数量上的限制。”[1]对于普通许可,如果应许可而未获许可,其行为一般构成违法,但对其违法行为有区分形式违法与实体违法的必要。根据《行政许可法》第12条的规定,我国在自然资源特许使用权、公共资源特许使用权、政府特许经营三大方面实行特许。对于“特许”的行为本质的探寻与锚定,既是非法经营罪法益的提炼过程,也是对兜底条款进行解释性推演、目的性解构的铺垫。

存在与当为是一种哲学分析范式,也是价值法学高度重视的分析工具。在非法经营罪的罪状规定中,明示列举项可谓之可视化的、可直观把握的“存在”,兜底条款的语义处于模糊状态,属于待解释、待明确的价值对象,相当于“当为”。存在不等于当为,亦即明示列举项不等于兜底条款,但由存在可以推导出当为,也就是说,从明示列举项所叙明的事物本质,可以推导出兜底条款的核心内涵和规制边界。据此,事物本质是存在与当为的桥梁。只是,从存在到当为的实现,仍需要仰赖合理的刑法解释方法和刑法论证。德国著名法学家亚图·考夫曼对于事物本质以及事物本质与法律适用的关系的论证值得我们重视:“事物本质是一种观点,在该观点中存在与当为相互遭遇,它是现实与价值相互联系的方法论上所在。因此,从事实推论至规范,或者从规范推论至事实,一直是一种有关事物本质的推论。事物本质是类推(类似推论)的关键点,它不仅是立法也是法律发现之类推过程的基础。因此,它是事物正义与规范正义之间的中间点,而且本身是在所有法律认识

〔1〕 陈兴良:《违反行政许可构成非法经营罪问题研究——以郭嵘分装农药案为例》,载《政治与法律》2018年第6期。

中均会关系到的、客观法律意义的固有负载者。”[1]亚图·考夫曼继续指出：“事实上，刑法的构成要件都是不法类型，即类型化之非价的生活事实。事物本质是指向类型的，从事物本质产生的思维是类型式思维。类型构成普遍与特殊之中点，它是一个比较上的具体者、一个特殊中的普遍者。”[2]

值得注意的是，亚图·考夫曼在论述事物本质是类推的关键点时，其所使用的类推概念与传统刑法语境中所讲的类推解释存在不同。类推解释与扩张解释、限制解释常常被放置于一起讨论，关注的均是解释结论是否超出了刑法条文的通常含义。类推解释由于超出了通常含义、突破了一般人的预测可能性，故不具有妥当性。类推解释在罪刑法定框架下是被禁止的（有利于被告人的类推解释属于例外）。但亚图·考夫曼所讲的类推并不是类推解释，而是一种法律解释、法律适用中的思维过程，是借助事物本质这个中介，形成核心为构成要件的“类型”，进而在类型的导引下，完成从法律条文到案件事实的适用。这种类型式思维在法律适用中被广泛运用，它完全符合法律条文的规定即事物本质，相比之下，类推解释则是突破了事物本质的。

以事物本质为基础的类型式法律适用思维，有助于对非法经营罪兜底条款的合理解释，它能确保兜底条款推演过程中符合由明示列举项和项前规定共同叙明的非法经营事物本质和构筑的通常意义上的非法经营类型。以此“类型”为原型、参照，对兜底条款进行有限度的解释，就可确保兜底条款的解释结论不脱逸“类型”的边界，防止兜底条款的外延过宽。当前，面对非法经营罪兜底条款的无度宽泛化，类型式思维的缺位与危害性思考的引领可谓导致非法经营罪沦为“口袋罪名”的重要原因。

三、类型扩展与刑法谦抑

《刑法》对非法经营罪设置兜底条款的目的是通过预留法解释空间适时回应社会的发展变化。在尚未实行完全自由市场经济体制的我国，一部分市场领域保留市场准入制度，以特许方式进行管理，短期内不会改变。当前

---

[1] [德]亚图·考夫曼：《类推与“事物本质”——兼论类型理论》，吴从周译，台北，学林文化事业有限公司1999年版，第103～105页。

[2] [德]亚图·考夫曼：《类推与“事物本质”——兼论类型理论》，吴从周译，台北，学林文化事业有限公司1999年版，第109～111页。

我国实施特许经营制度的领域远远不止《刑法》第 225 条明确列举的前三项,故即便以 1997 年为评价时间点,这种列举也是不完整的,这注定了非法经营罪兜底条款从颁布之日起就面临着解释性适用的现实需求。如果要保障适用的正当性,就只能确保对兜底条款的解释停留在“将未被明文规定的、隐含的非法经营特许业务的行为合目的地挖掘出来”的层面。在这个意义上,解释兜底条款就不是漫无目的乃至为了满足处罚冲动的过度适用甚至类推适用,只不过是把原本存在于我国法律体系中只是没有明文表达于刑法的非法经营行为类型从法律体系的地下腾挪至地表,是对被暗含、遮掩的事物本相的揭示,而并非对原本不存在的事物的创设。诚然,我国的市场经济仍处于发展变化中,特许经营领域与完全竞争性领域的界限并非恒定,不同的国际经济形势、不同的国内经济宏观环境、社会能源政策的变化等都会影响特许经营领域的伸缩。只不过,总体而言我国呈现完全竞争性领域越来越大、特许经营领域逐渐收缩的趋势。市场经济的健康发展固然不能完全交由市场规律调整、支配,市场机制也有失灵或调整滞后的弊端,一定限度的国家干预能够弥补单纯市场机制的不足,保留一定数量的特许经营领域可谓我国从国民经济宏观发展、产业安全等角度出发所作的政策性选择。

随着传统市场的日趋成熟、新兴市场的逐渐萌生,给一些特许领域松绑,又把一些重要新兴领域纳入特许管理范畴,也属于可接受的安排。例如,在网络经营刚刚起步时,根本没有关于网络经营服务的经营许可制度,随着网络逐渐普及和在市场中扮演越来越重要的角色,对网络经营服务进行许可管理就是情理之中的事。2000 年 9 月国务院颁布的《互联网信息服务管理办法》第 4 条规定,“国家对经营性互联网信息服务实行许可制度”。《互联网信息服务管理办法》对“经营性互联网信息服务”的内涵进行了规定,即指通过互联网,向上网用户有偿提供信息或者网页制作等服务活动。据此,其核心是以网站为载体向上网用户提供信息服务,如在自己申请的网页上发布广告。由此,未经许可擅自设立、运营经营性网站等提供信息网络服务的,可以认定为非法经营。2004 年 7 月 16 日发布的最高人民法院、最高人民检察院、公安部《关于依法开展打击淫秽色情网站专项行动有关工作的通知》也规定:“对于违反国家规定,擅自设立互联网上网服务营业场所,或者擅自从事互联网上网服务经营活动,情节严重,构成犯罪的,以非法经营罪追究刑事责任。”擅自设立上网服务场所,一般指的是开设“黑网吧”的情形;擅自从事上网服务经营,一般指的是经营营利性的黑网站。综合上述2000年的行政法规和2004年的司法解释,可见互联网类非法经营的关键词有两个:经营性和上网服务。网络经营类行为如果要适用非法经营罪的兜底条款,也需满足这两个特征。

以这两个特征为基准进行比对可发现,当前将“网络水军”行为界定为非法经营罪的解释有待商榷。2013年9月6日发布的最高人民法院、最高人民检察院《关于办理利用信息网络实施诽谤等刑事案件适用法律若干问题的解释》第7条把“违反国家规定,以营利为目的,通过信息网络有偿提供删除信息服务,或者明知是虚假信息,通过信息网络有偿提供发布信息等服务,扰乱市场秩序”的行为界定为非法经营。但是,这种“网络水军”行为即使具备经营性特征,提供的也不是上网服务,只是删帖或发布虚假信息的“水军”服务。而我国并没有将这种“水军”服务纳入经营性互联网服务许可的范围。换言之,“水军”服务并不是上网服务,对互联网服务经营许可制度没有侵害可言。此外,对“水军”服务入罪的规定也存在难以自圆其说之处,即“经营性的互联网信息服务实行许可制度是不区分‘服务信息’的违法与合法的,如果说有偿发布虚假信息构成非法经营,那么有偿发布真实信息也可构成非法经营,显然,司法解释仅将有偿发布虚假信息规定为以非法经营罪论处,本身存有自相矛盾之处”[1]。在行政前置法根本没有对“网络水军”的经营行为设置特许制度,“网络水军”行为与非法经营罪前三项的最大公约数明显缺乏同质性的前提下,将之规定为非法经营入罪处罚,存在难以逾越的解释论障碍。

“网络水军”行为具有一定社会危害性,侵害的也是网络空间的秩序(也可以说从属于更为宏大的社会秩序),若确实具有刑事可罚性,从妨害社会管理秩序罪中匹配适当的个罪进行追责才具有合理性。其实,网络经济、网络社会必然会呈现从混乱到有序的发展变化历程,新生事物的秩序建构需要一定的生长期、蜕变期,对此,国家权力、国家法律恐怕更需要的是宽容,而不是一味地介入。“网络水军”现象的存在其实还牵涉到自由边界、国家对网络管制的边际效应、公权力介入网络社会的有效性等问题,这些实质上都是十分底层的思考,需要结合社会的方方面面进行整体式思考与价值权

---

〔1〕 武良军:《非法经营罪堵截条款异化之研究》,载《环球法律评论》2014年第5期。

衡,不可一概而论。而且,如果行政管理、民事救济等对“网络水军”现象根本没有充分发挥作用,也没有考察这些前置法手段是否有效,旋即让刑法手段匆忙上马,似乎刑法也没有恪守应有的后盾法角色,对于社会热点现象,就难言刑法的反应不是过激。

对“网络水军”现象的非法经营式规制只是非法经营罪兜底条款不当扩张、异化的一个实例。通过泛化解释兜底条款实现非法经营罪扩张的,还有疫情期间囤积居奇、哄抬物价,生产销售伪基站,在生产销售的饲料中添加盐酸克仑特罗等禁止性药品,职业放贷等行为,司法实践中还有将分装农药、贩卖陈化粮等行为界定为非法经营的做法。对这些行为适用非法经营罪兜底条款,形式上确实满足了刑法规范供给的眼前需求,使得刑法具有灵活性和应激性,只是这些行为虽然整体上都可归入不当经营行为之列,但其是否侵犯了市场准入制度、是否存在合法的特许经营行为的对照,存在难以跨越的疑问。生产销售伪基站的行为实质上处于电信网络犯罪黑灰产业链的上游,整体上属于帮助者角色,对于这种违法犯罪产业,不可能存在特许准入制度,充其量只能将该行为界定为具体犯罪的共犯或者扰乱无线电通讯管理秩序罪。在生产销售的饲料中添加“瘦肉精”等禁止性药品这类非法行为同样不可能存在合法的特许,对之冠以“非法”经营之名,实在牵强。笔者认为,将本质上为违法犯罪、不存在法律特许的行为界定为非法经营,不过是出于对认定为其他犯罪可能较为烦琐的回避。而对囤积居奇、哄抬物价等市场不正当竞争行为,不存在对应的特许、合法行为可谓一目了然,相关行为在现行法律体系中充其量只能适用《反不正当竞争法》等市场管理法规予以处罚,将之提升为非法经营罪,是出于对疫情等特殊社会情势下民众的愤慨之情的及时回应,很难说具有实质正当性。而且,其无法妥当解释为何在正常社会场景下,对囤积居奇、哄抬物价行为进行非罪化处理。不同的社会场景影响的不过是特定行为的危害性的“量”,无法根本改变行为的“质”,此种差异化处理也无法通过平等适用刑法原则的检验。

据此,为确保非法经营罪兜底条款司法适用的正当性,恪守市场准入秩序之法益,配之以严格遵守非法经营罪明示列举项所展现的事物属性、行为类型基本结构,充分正视非法经营罪并非治理不当市场经营行为的灵丹妙药,承认刑法规制方法的有限性与负面性,方能妥当在遵循刑法谦抑性的前提下发挥非法经营罪在法律体系中的应然功能。

第三章 刑民界限：合同诈骗罪的可罚性探寻

合同作为市场化配置资源的主要方式，是市场经济背景下最为常见的法律行为类型之一。也正因为如此，合同纠纷是民商事纠纷的主要类型。随着经济社会的不断发展，刑民界限也从“泾渭分明”到“部分重合”，实践中，越来越多的合同纠纷不仅需要在民商事领域解决，同时在刑事领域也需要对合同纠纷可能引起的法益侵害进行纠正。基于刑法谦抑性的考量，如何在涉及合同纠纷时把握维护市场经济下鼓励交易、意思自治原则的贯彻与保证刑事打击效果的精准化、避免刑事手段滥用之间的平衡，就成为不得不深入思考的问题。特别是涉及“对赌协议”“托盘贸易融资”等新型市场行为时，对合同诈骗罪的适用更应当慎之又慎。为妥善解决合同诈骗罪领域涉及的民刑纠葛，需以刑法谦抑性原则为基点，就合同诈骗罪中涉及的民刑交叉问题进行阐述。

第一节　合同诈骗罪概述

一、合同诈骗罪的立法沿革

合同诈骗罪在1979年《刑法》中并无身影，系1997年《刑法》的新增罪名。鉴于1979年《刑法》施行时，我国尚处于高度集中的计划经济体制时期，以意思自治为原则的合同行为并不适应当时的经济背景，故在合同签订、履行的过程中出现刑事犯罪的现象几乎不可能，1979年《刑法》对此类行为并未以明确的“合同诈骗”犯罪加以规制。此后，随着市场经济时代的来临和进一步发展，以合同为载体实施诈骗行为非法占有他人财物的现象激增，国家不得不对此加以重视并出台相关文件进行规制。1985年最高人民法院、最高人民检察院在《关于当前办理经济犯罪案件中具体应用法律的若干问题的解答（试行）》（已失效）中指出，以签订经济合同的方法骗取财物的，应认定为诈骗罪。[1] 1996年最高人民法院发布的《关于审理诈骗案件具体应用法律的若干问题的解释》（已失效）确认了以签订经济合同的方法骗取财物的，应认定为诈骗罪，并对骗取的手段进行了较为详细的举例说明。[2] 虽然该解释并未直接将涉及合同诈骗的情形直接规定为合同诈骗罪，但其对行为类型的详尽归纳为后续设定合同诈骗罪奠定了重要基础。后1997年《刑法》在“破坏社会主义市场经济秩序罪”一章中设置独立的合同诈骗罪，将合同诈骗罪完整表述为：“有下列情形之一，以非法占有为目的，在签订、履行合同过程中，骗取对方当事人财物，数额较大的，处三年以下有期徒刑或者拘役，并处或者单处罚金；数额巨大或者有其他严重情节的，处三年以上十年以下有期徒刑，并处罚金；数额特别巨大或者有其他特

---

〔1〕 最高人民法院、最高人民检察院《关于当前办理经济犯罪案件中具体应用法律的若干问题的解答（试行）》（已失效）规定：“个人明知自己并无履行合同的实际能力或担保，以骗取财物为目的，采取欺诈手段与其他单位、经济组织或个人签订合同，骗取财物数额较大的，应以诈骗罪追究刑事责任。”

〔2〕 最高人民法院《关于审理诈骗案件具体应用法律的若干问题的解释》（已失效）第2条规定：“根据《刑法》第一百五十一条和第一百五十二条的规定，利用经济合同诈骗他人财物数额较大的，构成诈骗罪……”

别严重情节的，处十年以上有期徒刑或者无期徒刑，并处罚金或者没收财产：（一）以虚构的单位或者冒用他人名义签订合同的；（二）以伪造、变造、作废的票据或者其他虚假的产权证明作担保的；（三）没有实际履行能力，以先履行小额合同或者部分履行合同的方法，诱骗对方当事人继续签订和履行合同的；（四）收受对方当事人给付的货物、货款、预付款或者担保财产后逃匿的；（五）以其他方法骗取对方当事人财物的。”至此，合同诈骗罪基本定型。

二、合同诈骗罪的司法适用现状

笔者以“Alpha 案例库”为检索平台，以“刑事”“合同诈骗罪”“一审判决书”为关键词，检索到从 1997 年《刑法》开始设置合同诈骗罪至 2023 年 9 月的相关数据，以合同诈骗罪定罪的一审判决书共计 46，660 份（详见图 3－1）。其中，广东省以合同诈骗罪定罪的一审判决书共计 3286 份（详见图 3－2）。从两图显示的内容不难得知，自 1997 年至 2020 年，合同诈骗罪的犯罪势头呈总体上升趋势，直至 2021 年才有下降趋势。另外，在“合同诈骗罪”案由下，通过全文检索“合同欺诈”这一关键词，共有 101 份刑事裁判文书，其中经历二审程序的为 24 份，公开的 24 份裁判文书无一例外地维持了一审判决中的定罪内容，只有 6 份裁判文书撤销了一审的量刑部分内容。可见，以合同欺诈属于民事纠纷为由对本罪进行辩护效果甚微。

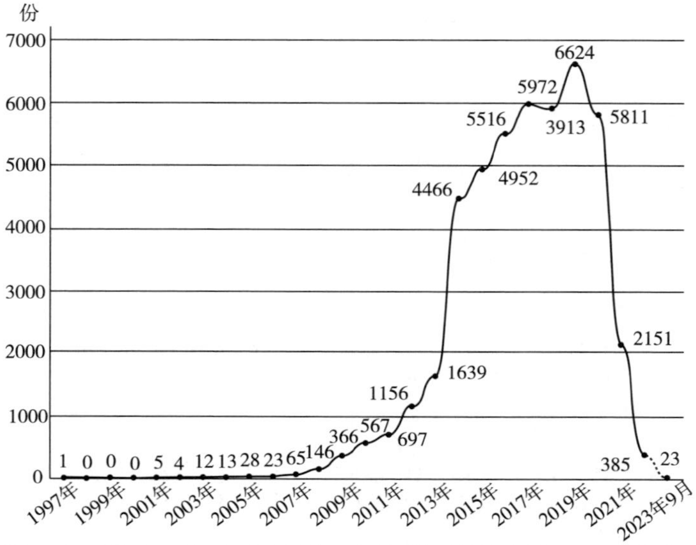

图 3－1 1997～2023 年 9 月全国以合同诈骗罪定罪的一审判决情况

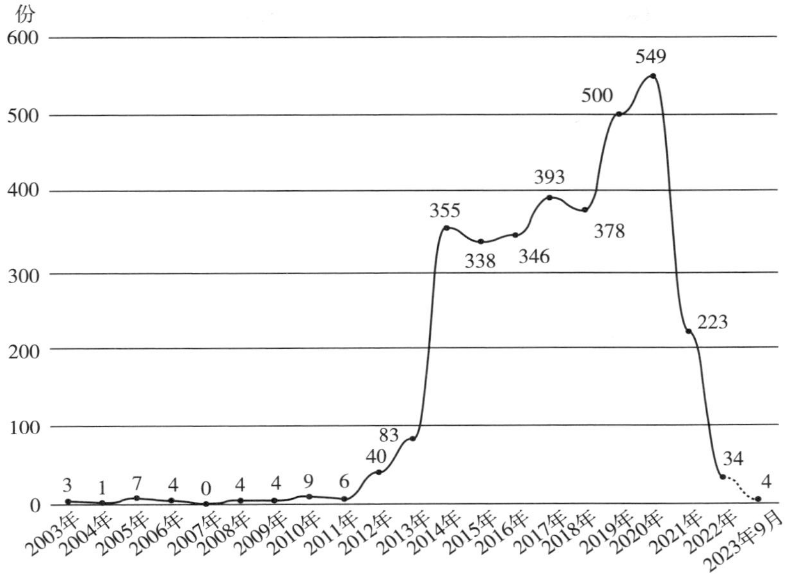

图 3－2　2003～2023 年 9 月广东省以合同诈骗罪定罪的一审判决情况

基于合同诈骗案件在实践中频繁发生,合同诈骗罪的底层理论问题也逐渐暴露出来。理论研究和实践指向均显露出急需对本罪的焦点问题进行解决,以更好地应用于实践。例如,如何准确理解和界定合同诈骗罪的构成要件?如何避免他人以合同诈骗罪为手段恶意报案,错误干预民事纠纷?如何就常见的市场经济行为,如签订"对赌协议"、进行"托盘贸易融资"等涉及的刑民界限问题进行准确认定?这些问题均需要对合同诈骗罪本身进行深入剖析,并在特定场合下对合同诈骗罪的适用予以说明。

第二节　合同诈骗罪认定的几个关键问题

一、合同欺诈与合同诈骗

在合同的签订、履行过程中出现的合同欺诈行为是否可以被评价为合同诈骗行为,继而进入刑事裁判视角,是本罪名的常见辩点之一。已有不少学者对民事欺诈与刑事诈骗的区分标准问题进行了详尽讨论。[1] 从理论研究的现状来看,大多数学者认为合同欺诈与合同诈骗存在明确的区分标准,只是在标准的划分上存在单一标准和多类标准的区别。由此可见,主流观点认为,欺诈与诈骗应当是互相排斥的关系。笔者认为,讨论欺诈与诈骗的关系乃至区分标准问题的关键在于,是否可以认为如果符合了民事欺诈的要件就一定无法构成刑法上的合同诈骗罪。换言之,欺诈与诈骗之间的区分,是合同纠纷与合同诈骗之间的"界碑"还是仅起到提示作用。为对合同诈骗进行精准认定,有必要就欺诈与诈骗的关系、诈骗的实质内容进行详细说明。

(一)合同欺诈与合同诈骗的关系

民事上的"欺诈"概念,是指以使他人陷入错误并因而为意思表示为目的,故意陈述虚伪事实或者隐瞒真实情况的行为。[2] 而刑事上的欺骗是指对方陷入处分财产的认识错误的行为欺骗行为的内容是,在具体状况下,使对方产生认识错误,并做出行为人所希望的财产处分。[3] 可见,仅从字面意义上看,两者之间并无区别,从自然意义的行为上对二者进行区分并不现实。但从规范意义上说,鉴于民法、刑法所打击、预防的对象的社会危险性不同,民法上的行为危害性仅为社会危险性,而刑法上的行为危害性已经超越社会危害性,上升到法益侵害性,[4]这就导致了某一罪名构成要件中的行为,在性质上必然包括了民法上的行为危险。因此,合同欺诈与合同诈骗不是互相排斥的关系,合同诈骗包含于合同欺诈的概念之中。有学者认为,合同诈骗罪只是情节严重的合同欺诈行为,合同诈骗罪和合同欺诈行为的区别仅在于民事行为能力和刑事责任能力构成条件上的不同,以及诈骗数额

---

〔1〕 理论界就欺诈与诈骗的界定标准问题进行了热烈讨论,不少学者对此进行了专题研究。可参见陈兴良:《民事欺诈和刑事欺诈的界分》,载《法治现代化研究》2019 年第 5 期。

〔2〕 参见韩世远:《合同法总论》(第 4 版),法律出版社 2018 年版,第 251 页。

〔3〕 参见张明楷:《刑法学》(第 6 版),法律出版社 2021 年版,第 1303 页。

〔4〕 这里需要说明的是,民法与刑法的关系不是 A 与非 A 的关系,而是 A 与 A + B 的关系,例如,一人伤害另一人身体的行为,不仅可以成立民法上的侵权行为,还有可能成立刑法上的故意伤害罪。

是否达到刑法规定的标准,两者的故意内容、行为手段没有质的区别。[1] 学者的这一观点实际上也表达了合同欺诈与合同诈骗并非表现手段的不同,所谓的"情节严重"正是刑法所特指的刑法禁止性。

既然合同欺诈与合同诈骗存在包容关系,那么是否意味着讨论二者的界限问题没有意义?要回答这个问题,就必须进一步理解合同欺诈与合同诈骗之间的实质界限。学界一直想探讨的是合同诈骗罪的罪与非罪问题,因此,在讨论合同欺诈与合同诈骗的界限问题时,其实讨论的不是欺诈与诈骗在形式上的界限,而是合同诈骗罪与不构成合同诈骗罪的民事欺诈的界限问题。[2] 换言之,要讨论的问题是以何种标准可以将民事欺诈中涉及合同诈骗犯罪的行为进行精准识别。故此,在涉及民事欺诈的场合,不能认为凡是符合民事欺诈条件的就不能以合同诈骗罪论处,应当认为,即便案件存在民事欺诈的情形,也应当进一步分析行为人的行为是否进一步构成合同诈骗罪,倘若符合合同诈骗罪的构成要件,就应当以合同诈骗罪定性。[3]

(二)谦抑性原则与诈骗的判断规则

正是由于刑法打击的是严重侵犯法益的行为,刑罚将会造成没收财产、限制人身自由甚至剥夺生命的严重后果,刑法的谦抑性原则要求刑法应当是穷尽一切救济手段的最后保障,应避免刑罚滥用和刑事手段的不当扩张。但需要注意的是,认为只要是可以认定为民事欺诈的,就不能认定为合同诈骗罪,实际上是对刑法谦抑性原则的误读。理由在于,刑法谦抑性原则是指可以将部分危害行为交由民法、行政法等其他部门法进行规制,并且起到了一般预防和特殊预防作用的,就无须动用刑事手段进行严厉打击,而不是指实施了违反民法、行政法等其他部门法的行为,就一定无法交由刑法进行规制。另外,刑法的罪刑法定原则也要求定罪量刑应当有法律的明确规定。这也就意味着,行为只要满足构成要件内容,在无阻却事由的前提下,就应当被定罪,与是否违反民法等其他部门法并无关联。

---

〔1〕 参见黄华平:《论合同诈骗罪的几个问题》,载杨敦先、苏惠渔、刘生荣、胡云腾主编《新刑法施行疑难问题研究与适用》,中国检察出版社 1999 版。

〔2〕 参见张明楷:《刑法学》(第 6 版),法律出版社 2021 年版,第 1088 页。

〔3〕 为保持概念使用上的一致,后续在讨论合同诈骗罪与不构成合同诈骗罪的民事欺诈的界限时仍使用"合同(民事)欺诈与合同诈骗的界限"的概念。

因此,在判断行为是否符合刑法上诈骗行为的构成要件时,应当关注行为本身是否满足刑法对诈骗行为的界定。

(三)判断构成诈骗的核心内容

目前关于合同欺诈与合同诈骗的界限问题,学界存在不同标准。有学者认为,区分二者的关键在于是否具备非法占有目的。在合同欺诈行为中,当事人采取欺骗的方法使对方当事人产生错误认识,做出有利于自己的法律行为然后通过此行为谋取非法利益,不存在非法占有目的。而在合同诈骗罪中,当事人的主观目的就是非法占有他人财物。[1] 也有学者认为对二者的区分应当从欺骗内容、欺骗程度和非法占有目的三个方面进行。[2] 另外还有学者认为区分二者需要进行综合考察,即二者在主观形态、主观目的的内容、客观表现方面均存在不同。[3]

笔者认为,在判断行为是否属于合同诈骗时应当注意以下几个方面:

第一,是否存在真实交易。最为典型的构成合同诈骗罪的场景是行为人根本不履行合同约定的义务,不存在真实的交易。但是,不能认为凡是存在履行部分合同义务的,就一定不构成合同诈骗罪。

第二,不能认为非法占有目的是区分合同欺诈和合同诈骗的关键。理由在于,虽然在合同诈骗行为中,可以更加强烈、直观地感受到非法占有目的所起的作用,但是合同欺诈行为并未将非法占有目的完全排除在外。在合同欺诈行为中,如在以次充好或者数量短缺的情况下,购买方以优质品或者真实数量的价格去支付,行为人隐瞒重要事实,使得购买者自愿交付财物,最终使得自己取得购买方财物、购买方遭受了财产损失。可见,民事欺诈中并未否定非法占有目的的概念。可以确定的是,在合同签订、履行的过程中,如果行为人实施了欺骗行为,并且具有非法占有目的,当然成立合同

〔1〕 参见舒洪水:《合同诈骗罪疑难问题研究》,载《政治与法律》2012 年第 1 期。

〔2〕 参见陈兴良:《民事欺诈和刑事欺诈的界分》,载《法治现代化研究》2019 年第 5 期。

〔3〕 参见广东省广州市越秀区人民检察院课题组、林欢平、文勇:《合同诈骗罪的司法实务研究》,载《法学杂志》2009 年第 10 期。该文指出,合同欺诈的主观形态可以表现为直接故意,也可以表现为间接故意,合同诈骗只能限于直接故意,且必须具有非法占有目的。合同诈骗的行为人以订立合同为名,以达到非法占有对方当事人财物的目的,合同欺诈的目的虽然也是谋取不当或者不法利益,但当事人意图通过履行合同来实现这种利益的取得。合同诈骗的行为人在客观上没有基本的履约行为。

诈骗罪。

第三，不能以存在财产损失的结果代替对非法占有目的的判断。这是典型的客观归罪情形。

第四，判断行为是否构成合同诈骗，应当是一个综合性判断的过程：其一，判断行为的实施是否发生在合同的签订、履行期间。如果不是，可能构成普通诈骗罪或者其他罪名。其二，判断行为人是否实施了构成本罪的五种欺骗行为。如果行为人实施了构成本罪的五种欺骗行为，除非有反证，原则上应当构成本罪。其三，综合判断行为人在合同签订时、履行期间的各种表现。例如，货款是否用于个人消费、是否用于其他违法犯罪活动、是否携款逃匿等；货物无法交付是否因为货物根本不存在、行为人是否根本不享有货物所有权等；是否无正当理由在收货之后拒绝支付全部货款或者仅先支付小金额定金，收货后拒不支付尾款；等等。

二、非法占有目的的规范梳理及评析

非法占有目的作为合同诈骗罪重要的主观违法要素之一，对罪与非罪的判断起到了至关重要的作用。鉴于主观要素的认定不得不依托于客观行为，在判断是否具备非法占有目的时，就不得不通过行为人的具体行为进行推定。为了进一步解决非法占有目的的判断难题，最高司法机关也颁布了相关司法文件对具有非法占有目的的典型行为进行列举式规定。然而，法律规定始终无法涵盖社会现实的纷繁复杂，只有对非法占有目的进行更深层次的理论分析，才能更好地明白相关法律规定为何如此设置，也才能更好地指导具体个案中对非法占有目的的判断。

根据《刑法》第 224 条的规定，合同诈骗罪是指以非法占有为目的，在签订、履行合同过程中，骗取对方当事人财物，数额较大的行为。《刑法》条文将非法占有目的明确规定在合同诈骗罪的构成要件之中。对于非法占有目的的判断，虽然目前无相关司法解释就合同诈骗罪进行专门说明，但基于诈骗罪与合同诈骗罪、金融诈骗罪等的特殊关系，现行有效的司法解释就他罪关于非法占有目的的规定，对于本罪非法占有目的的认定仍具有启发意义（见表 3－1）。

表 3-1　相关司法解释就他罪关于非法占有目的的规定

司法解释	具体规定
最高人民法院《全国法院审理金融犯罪案件工作座谈会纪要》(法〔2001〕8号)	在金融诈骗罪相关内容中指出,具有下列情形之一的,可以认定为具有非法占有的目的: (1)明知没有归还能力而大量骗取资金的; (2)非法获取资金后逃跑的; (3)肆意挥霍骗取资金的; (4)使用骗取的资金进行违法犯罪活动的; (5)抽逃、转移资金、隐匿财产,以逃避返还资金的; (6)隐匿、销毁账目,或者搞假破产、假倒闭,以逃避返还资金的; (7)其他非法占有资金、拒不返还的行为。但是,在处理具体案件的时候,对于有证据证明行为人不具有非法占有目的的,不能单纯以财产不能归还就按金融诈骗罪处罚。
最高人民法院《关于审理非法集资刑事案件具体应用法律若干问题的解释》(法释〔2022〕5号)	使用诈骗方法非法集资,具有下列情形之一的,可以认定为"以非法占有为目的": (1)集资后不用于生产经营活动或者用于生产经营活动与筹集资金规模明显不成比例,致使集资款不能返还的; (2)肆意挥霍集资款,致使集资款不能返还的; (3)携带集资款逃匿的; (4)将集资款用于违法犯罪活动的; (5)抽逃、转移资金、隐匿财产,逃避返还资金的; (6)隐匿、销毁账目,或者搞假破产、假倒闭,逃避返还资金的; (7)拒不交代资金去向,逃避返还资金的; (8)其他可以认定非法占有目的的情形。
最高人民法院、最高人民检察院《关于办理妨害信用卡管理刑事案件具体应用法律若干问题的解释》(法释〔2018〕19号)	具有以下情形之一的,应当认定为《刑法》第196条第2款规定的"以非法占有为目的",但有证据证明持卡人确实不具有非法占有目的的除外: (1)明知没有还款能力而大量透支,无法归还的; (2)使用虚假资信证明申领信用卡后透支,无法归还的; (3)透支后通过逃匿、改变联系方式等手段,逃避银行催收的; (4)抽逃、转移资金,隐匿财产,逃避还款的; (5)使用透支的资金进行犯罪活动的; (6)其他非法占有资金,拒不归还的情形。

续表

司法解释	具体规定
最高人民检察院《关于办理涉互联网金融犯罪案件有关问题座谈会纪要》(高检诉〔2017〕14号)	以非法占有为目的,使用诈骗方法非法集资,是集资诈骗罪的本质特征。是否具有非法占有目的,是区分非法吸收公众存款罪和集资诈骗罪的关键要件,对此要重点围绕融资项目真实性、资金去向、归还能力等事实进行综合判断。犯罪嫌疑人存在以下情形之一的,原则上可以认定具有非法占有目的: (1)大部分资金未用于生产经营活动,或名义上投入生产经营但又通过各种方式抽逃转移资金的; (2)资金使用成本过高,生产经营活动的盈利能力不具有支付全部本息的现实可能性的; (3)对资金使用的决策极度不负责任或肆意挥霍造成资金缺口较大的; (4)归还本息主要通过借新还旧来实现的; (5)其他依照有关司法解释可以认定为非法占有目的的情形。

通过对比相关司法解释对非法占有目的的规定,可以对非法占有目的的认定总结出以下共性:

第一,关注取得资金的手段是否足以达到使得被害人自愿交付财物的程度。例如,欺骗的事实是否属于订立、履行合同的关键事实,包括但不限于货物真实的权利状态、货物的手续资料、货物的特殊规格、货物的品质等。

第二,关注行为人的个人行为表现。例如,取得资金后是否失联、逃匿,行为人个人是否具有返还对价的能力、是否具有履约意愿和履约能力、是否拒不交代资金去向等。

第三,关注资金取得之后行为人在资金使用上的表现。如资金是否用于个人挥霍、是否用于违法犯罪活动、是否按照合同约定专款专用,行为人是否私自改变资金用途等。

第四,"可以认定为""原则上可以认定""有证据……除外"的表述体现了司法机关对非法占有目的的判断保持了谨慎、节制的态度。对非法占有目的基本上是以行为人积极的作为进行判断的,鲜有不作为的例子。另外,应当根据个案情况进行综合判断,并且允许反证。

第五,非法占有目的的实质内涵包括了排除意思和占有意思。

三、非法占有目的的判断规则在具体行为类型中的适用

《刑法》第224条规定了五种合同诈骗罪的行为类型,分别是:(1)以虚

构的单位或者冒用他人名义签订合同的;(2)以伪造、变造、作废的票据或者其他虚假的产权证明作担保的;(3)没有实际履行能力,以先履行小额合同或者部分履行合同的方法,诱骗对方当事人继续签订和履行合同的;(4)收受对方当事人给付的货物、货款、预付款或者担保财产后逃匿的;(5)以其他方法骗取对方当事人财物的。除了第五种行为方式用作兜底之外,其余方式明确了行为人实施的行为必须是针对合同整体性事实的。分别具体说明如下。

(1)以虚构的单位或者冒用他人名义签订合同的。

这种情况是指,倘若行为人冒用他人名义或者以虚构的单位订立合同,且没有实际履行合同,则行为人具备非法占有目的,构成合同诈骗罪。倘若行为人之后仍然履行了合同义务,则属于合同主体的欺诈,不构成本罪。

(2)以伪造、变造、作废的票据或者其他虚假的产权证明作担保的。

这里涉及的是虚构担保的情形。虚构担保但是不影响对合同主要义务的履行,且行为人也愿意履行合同主要义务的,不属于本罪的欺骗行为。在签订、履行合同的过程中,采用虚构、伪造文件,提供虚假担保的方式骗取对方信任,事实上不履行合同的,则属于本罪的欺骗行为。

(3)没有实际履行能力,以先履行小额合同或者部分履行合同的方法,诱骗对方当事人继续签订和履行合同的。

具体包括以下三种情况:第一种,行为人根本没有履行合同义务的能力,也知道自己不可能有履行合同义务的能力,隐瞒这一真相,使得对方继续签订和履行合同的,构成合同诈骗罪。第二种,行为人不具备履行合同义务的能力,也无法提供等价担保或者保证合同可以履行的担保,行为人诱骗对方继续签订和履行合同的,构成合同诈骗罪。第三种,行为人在合同签订时不具有履行合同的能力,但是坚信自己在合同约定的期限内将具有履行合同的能力且确实实现的,不构成合同诈骗罪。

(4)收受对方当事人给付的货物、货款、预付款或者担保财产后逃匿的。

这种行为实际上是推定的诈骗行为。合同诈骗罪是一种占有转移的财产犯罪,是在合同签订、履行的过程中即产生了非法占有目的的行为。倘若非法占有目的是在收受货物、货款、预付款或者担保财产之后才产生的,则行为的性质应当属于侵占。问题在于,非法占有目的产生于合同签订、履行过程中还是收到对应的财物之后,本来就难以判断,为何可以将取财后的逃匿行为认定为诈骗行为呢？实际上,这里针对的是隐瞒主观心理事实的诈骗。按照正常的思维逻辑,在取得合同的对价之后,应该按照合同约定给予对应的标的。恰恰相反的是,行为人不仅没有给予合同约定的标的,反而实施了逃匿行为,这是一种隐瞒了主观上没有履行合同意愿的行为。另外,倘若非法占有目的产生的时间恰好处于合同的签订、履行期间,则行为人满足了"欺骗行为(客观)+非法占有目的(主观)"的公式,构成合同诈骗罪。

(5)以其他方法骗取对方当事人财物的。

"其他方法"应当达到对合同整体性事实的欺骗的程度。倘若行为人只是对合同的某一要素,如数量、质量等进行了欺骗,后续行为人还是积极履行了合同的义务,则属于合同欺诈。相反,行为人仅将合同作为取财的手段,根本不具有履行合同的意愿和能力的,则属于合同诈骗。这里的其他方法包括将违法所得、犯罪所得财物作为担保物,虚构货源,签订空头合同等。[1]

四、合同诈骗罪的罪与非罪

前文总结了目前司法机关认定非法占有目的的共性思路,在涉及合同诈骗罪的场合,应当根据个案不同,判断不同情形下合同诈骗罪的罪与非罪。因此,下文将通过具体案例展开,在共性思维的指导下,对合同诈骗罪罪与非罪的判断方向进行归纳总结。

(一)是否属于合同诈骗罪中的"合同"

案例1 | 2010年3月的一天,被告人陈某雷找到被告人胡某根,问胡某根是否能买到享受政府补贴的久保田牌插秧机,其加价大量收购,并告知被告人胡某根如何规避检查等。被告人胡某根通过胡某生、李某等人签订补贴协议,以每台7000元的价格购买了4台久保田牌插秧机。之后,被告人胡某根以每台9000元的价格卖给了被告人陈某雷,陈某雷又以每台13,500元的价格倒卖至外地。陈某雷又通过彭某云以同样方式倒卖久保田牌插秧机。一审法院判决陈某雷、胡某根、彭某云犯合同诈骗罪,后二审法院改判

[1] 参见周光权:《刑法总论》(第4版),中国人民大学出版社2021年版,第365页。

三名被告人犯诈骗罪。[1]

上述案件中，二审法院将“合同”二字去掉，由合同诈骗罪改判为诈骗罪，表明合同诈骗罪的“合同”有其特有含义。结合该案，对合同诈骗罪中的“合同”应当把握以下几点：第一，签订主体是否属于政府单位等。与政府签订的行政合同、协议不属于本罪下的合同。第二，合同内容是否具有人身、赠与性质。由于合同诈骗罪所保护的客体之一是社会主义市场经济秩序，含有人身属性（如监护、抚养等）的合同、赠与合同等无偿性合同，无法体现一定的市场秩序，也不应当纳入本罪的评价范畴。第三，合同不应当仅限于书面合同。只要当事人对合同内容的关键要素，如价格、标的、数量等达成了合意，就不影响合同诈骗罪的成立。

（二）是否具备非法占有目的

1. 判断行为人是否具有非法占有目的，不能仅以事后出现了不能还款的财产损害结果径直认定，而是需要结合事前、事中与事后情况进行整体性衡量。具体而言，首先，若涉案资金只用于项目经营，并无个人挥霍的，应当认定不具有非法占有目的；其次，当只是由于意志以外的客观情况导致合同标的无法交付进而使对方产生损失的，也应当排除非法占有目的。

案例 2 | A 公司法定代表人何某、B 公司法定代表人刘某签订《协助采购合同》，约定 B 公司委托 A 公司采购 5000 支某品牌医用额温仪，总价 150 万元，2 月 26～29 日交货，交货延迟或存在质量问题可协商退款、退货。A 公司收到 B 公司 150 万元货款后，即向生产企业订货并预付货款 125.95 万元。后因疫情期间政府临时管控额温仪的主要配件温度传感器，生产企业无法按时完成订单。何某向刘某解释并承诺补偿 200 支额温仪。后何某交付给 B 公司额温仪约 2000 支。B 公司经抽样送计量测试机构检测，显示温度偏差较大。3 月中旬政府取消管控措施，何某于 3 月 16 日前向 B 公司发送了余下的 3000 多支额温仪，前后共计 5200 支。B 公司对后面交付的 3000 多支额温仪拒绝收货。何某提出重新检测，刘某提出额温仪有质量问题且交货延期，要求退款 150 万元并支付违约金。何某同意但表示资金已用于采购，短期内无法退款。后 B 公司再次电话联系，何某未接听。后 B 公司报

[1] 参见江西省新余市中级人民法院刑事判决书，（2013）余刑二终字第 16 号。

案。公安机关对该案立案侦查对何某未采取强制措施,并邀请检察机关同步介入,检察机关介入侦查后,对案件相关情况进行了全面查实,最终认为本案不属于刑事犯罪,公安机关据此撤销了案件。[1]

本案中,A公司未按照合同约定按时交付货物系疫情这一客观原因所致,在管控措施解除后A公司也如数交付了货物,资金亦用于采购,可见何某并无非法占有目的。至于货物质量瑕疵问题,完全可以依照合同约定通过民事途径进行解决。

2. 行为人虽然实施了虚构事实、隐瞒真相行为,但行为人具备履行能力也进行了部分履行,被害人也未因欺骗行为陷入认识错误交付财物,不构成本罪。

案例3 | 2011年8月初,龙泉钢厂将本公司地上附属设施、设备予以整体拍卖。同年8月6日,被告人靳某年以1140万元的价格中标。双方签订了《设备转让协议书》。2011年8月7日,被告人靳某年与山西中条山公司签订了《废钢购销协议》,中条山公司预付被告人货款120万元。2011年8月11日,靳某年、万某又签订了钢铁购销协议,此协议签订后万某分三笔支付被告人300万元。后被告人又陆续收取李某等七人预付款计580万元,交付龙泉钢厂。同年8月中旬万某拉货,李某等人也开始陆续拉货。2011年9月15日、24日被告人以未向龙泉钢厂付够货款为由,用购买龙泉钢厂废旧钢铁作为担保,向万某两次借款。2011年10月,被告人因病离开汾阳。其间,被告人共交付龙泉钢厂1140万元。2011年10月20日,靳某年的委托人靳某明与购铁人卞某刚、万某、程某签订了《关于龙泉钢厂废旧铁协商处理协议》,载明了几人购买钢铁的金额及剩余钢铁的分配事项,约定剩余废旧铁在卞某刚、万某、李某、程某四人及靳某明的监督下出卖,销售所得的60%归万某所有,40%由李某、卞某刚、程某三人协商分配。[2]

本案中,被告人靳某年存在将部分废钢、废铁"多重买卖"的行为,但从主观上看,第一,被告人靳某年与被害人万某签订协议时具有履行合同的能力,事实上也履行了交付部分废钢、废铁的义务;第二,被害人万某交付被告

---

〔1〕 参见《第二届民营经济法治建设峰会检察机关服务民营经济典型案例》,载中华人民共和国最高人民检察院网2020年10月30日,https://www.spp.gov.cn/spp/xwfbh/wsfbh/202010/t20201030_483425.shtml。

〔2〕 参见山西省吕梁市中级人民法院刑事裁定书,(2015)吕刑终字第239号。

人预付款和借款并非由于陷于认识错误；第三，被害人万某明知被告人将废钢、废铁出售给多人的事实，且造成损失后和卞某刚、程某、李某等人与被告人的委托人达成处理协议。因此，现有证据不足以证实被告人靳某年具有非法占有他人财物的目的。最终山西省吕梁市中级人民法院裁定维持原判，宣告靳某年无罪。

3. 行为人虽未履行合同，但愿意承担违约责任，未逃避，对涉案款项也未挥霍，同时积极创造履约条件，具有偿还能力，不具有非法占有目的。

4. 行为人虽实施了虚构事实或者隐瞒真相的行为，但对合同履行并不会产生实质性影响，行为人取得款项后并无挥霍行为，行为人不具有非法占有目的。

5. 签订合同时虽存在欺诈行为，但行为人主动在合同中设立真实有效的担保，在发生财务受损危险时，合同相对方可以获得相应救济，行为人不具有非法占有目的。

第三节　对赌协议下的合同诈骗罪认定

对赌协议主要应用在风险投资、公司并购重组等资本市场领域，是在投融资双方信息不对称情形下设计的保护投资者的一种交易模式。对赌协议的核心条款通常表现为，投资方与融资方约定目标公司需要在未来一定期间内实现一定的业绩或者达到一定的条件，一旦目标公司未达到上述约定业绩或者条件，投资方有权要求融资方支付一定的现金补偿或者以股权回购的方式进行补偿。在公司并购过程中对赌协议的设计初衷是实现并购双方双赢的结果，很多企业在并购交易中通过签订对赌协议获得了再造价值。也正是因为如此，被并购方为了获取收购对价或者达到承诺的业绩目标，可能会通过虚构合同、虚增业绩、虚增资产等方式进行财务造假，此时该行为属于民事上的合同欺诈还是刑事上的合同诈骗罪？这类问题不仅是对赌协议纠纷中的高发问题之一，也是刑民交叉领域的重难点问题之一。正确认识对赌协议下的涉刑问题，把握罪与非罪的界限，严守刑法谦抑性的底线，对本类型案件的理论研究及司法实践均具有重要意义。

一、对赌协议的概念及特征

2019 年 11 月 8 日,最高人民法院印发了《全国法院民商事审判工作会议纪要》(以下简称《九民纪要》),从司法层面为对赌协议下了定义。《九民纪要》明确指出,“实践中俗称的‘对赌协议’,又称估值调整协议,是指投资方与融资方在达成股权性融资协议时,为解决交易双方对目标公司未来发展的不确定性、信息不对称以及代理成本而设计的包含了股权回购、金钱补偿等对未来目标公司的估值进行调整的协议”。

对赌协议主要涉及两类约定,一类是现金补偿型对赌,即目标公司与投资方约定一定的业绩指标,当目标公司未达到相应的业绩指标时,由目标公司以现金方式补偿给投资方,反之则由投资方给予对方一定的金钱补偿。另一类是股权补偿型对赌,具体又包括四类:其一,股权回购型,即当对赌协议的对赌条款事项未成就时,如目标公司未在约定期限内完成上市,则目标公司应当以约定的价格回购投资方持有的股份。其二,股权补偿型,即当对赌协议的对赌条款事项未成就时,投资方可以以较低价格或者无偿从目标公司处受让目标公司的股权,增加投资方在目标公司的持股比例。其三,股权稀释型,即当对赌协议的对赌条款事项未成就时,目标公司应按照约定的价格(一般低于首次投资入股的价格)向投资方增发注册资本,增加投资方在目标公司的持股比例。其四,股权优先型,即当目标公司未能实现对赌协议约定的业绩目标时,投资方将获得特定的权利,如股权优先分配权、剩余财产优先分配权或者一定的表决权利。

通过上述对对赌协议的概念及类型的归纳不难看出,对赌协议具有以下特征:

第一,不确定性。对于投资方与融资方来说,从签订协议到履行协议的整个过程中,存在着多种不确定的因素。尤其是在对赌协议签订前后,投资方与融资方信息不对称的现象无法避免。因此,投资方对于所投项目可能带来的回报往往难以有一个全面而准确的判断。特别是对于创业型的高成长类公司而言,在注资时,投资者与融资者对于企业价值的评估难以达成一致,只能先设定一个业绩目标。投融资双方真正想要解决的问题是通过完成业绩目标最终判断或者结算目标公司的估值。

第二,补偿性。正是因为对赌协议存在较大的不确定性,导致投融资双方在估值问题上可能产生一定的分歧，对于投资方而言，其在交易过程中承担的最大风险就是在进行投资之后不能达到获得预期收益的目的，而对赌协议的补偿性就是为解决其不确定性而使用的应对措施。投融资双方通常会以融资方的经营业务目标增长或融资方在一定时间内顺利上市作为对赌标的，对赌协议中通常约定在对赌标的未达成的情形下，投资方可以享有一定的估值调整的权利，即融资方要对投资方进行股权回购、金钱补偿等形式的补偿。鉴于对赌收购的标的是目标公司的股权，由于公司股权价值难以像普通货物一样认定存在质量瑕疵、不合格，目标公司的财务造假是否直接影响了对公司整体资产的估值判断，继而影响了并购方对出资与否的判断，还难以直接下定论。

二、对赌协议的规范历程及与刑事犯罪的纠葛

（一）对赌协议的规范历程

《九民纪要》出台之前，对赌协议的概念、效力及履行等问题在法律上均处于空白状态，只能通过既往的司法案例探究法院对对赌协议的态度。司法实践关于对赌协议的效力问题，也经历了一个态度变化过程，从最初并不认可对赌协议的效力，到逐步认可投资方与目标公司或实际控制人的对赌协议之效力，最后全面认可投资方与目标公司、目标公司股东等多种形式对赌协议的效力。

就投资方与目标公司对赌的问题，最早可追溯至2012年的对赌协议第一案——苏州工业园区海富投资有限公司与甘肃世恒有色资源再利用有限公司、香港迪亚有限公司、陆波增资纠纷案。在甘肃省兰州市中级人民法院、甘肃省高级人民法院均对该案作出对赌协议约定无效的判决后，[1]最高人民法院裁判认为，“在《增资协议书》中，迪亚公司对于海富公司的补偿承诺并不损害公司及公司债权人的利益，不违反法律法规的禁止性规定，是当事人的真实意思表示，是有效的。迪亚公司对海富公司承诺了众星公司2008年的净利润目标并约定了补偿金额的计算方法。在众星公司2008年的利润未达到约定目标的情况下，迪亚公司应当依约应海富公司的请求对

---

〔1〕 分别参见甘肃省兰州市中级人民法院民事判决书，(2010)兰法民三初字第71号；甘肃省高级人民法院民事判决书，(2011)甘民二终字第96号。

其进行补偿”[1],实际上仅是部分认可了对赌协议的效力。最高人民法院对对赌协议约定的不同义务主体分别作出了效力认定,一方面,认可了机构投资方与目标公司股东签订的对赌协议的效力;另一方面,不认可投资方与目标公司本身签订的对赌协议的效力。此案之后,很多投资方在股权投资过程中坚持与目标公司的大股东对赌,而避免与被投资的目标公司对赌。

在2019年的江苏华工创业投资有限公司与扬州锻压机床股份有限公司、潘某虎等请求公司收购股份纠纷再审民事判决书中,江苏省高级人民法院进一步认可了融资方与投资方签署的回购对赌条款的效力。法院认为以目标公司为回购义务主体的回购约定没有违反法律、行政法规的效力性强制规定,签署对赌协议时,目标公司为有限责任公司,我国《公司法》不禁止有限责任公司回购本公司股份;有限责任公司履行法定程序回购本公司股份不损害资本维持原则和公司债权人利益。[2] 这种裁判思路一改此前机械否定投资方与目标公司对赌的做法,是对赌协议司法实践的重大转变。此后,对于投资方与目标公司股东或实际控制人之间的对赌,司法案例裁判观点较为一致,认为对赌协议有效。

《九民纪要》出台之后,对对赌协议的效力问题采取二分法分别予以确认。首先,就投资方与目标公司股东或者实际控制人之间的对赌,在坚持“既要坚持鼓励投资方对实体企业特别是科技创新企业投资原则,从而在一定程度上缓解企业融资难问题,又要贯彻资本维持原则和保护债权人合法权益原则,依法平衡投资方、公司债权人、公司之间的利益”的原则下,认为“对于投资方与目标公司的股东或者实际控制人订立的‘对赌协议’,如无其他无效事由,认定有效并支持实际履行”。其次,就投资方与目标公司之间的对赌,一方面,原则上“投资方与目标公司订立的‘对赌协议’在不存在法定无效事由的情况下,目标公司仅以存在股权回购或者金钱补偿约定为由,主张‘对赌协议’无效的,人民法院不予支持”。另一方面,《九民纪要》规定,投资方请求目标公司承担金钱补偿义务的,法院应当依据《公司法》关于股东不得抽逃出资和关于利润分配的强制性规定进行审查。经审查,目标公司没有利润或者虽有利润但不足以补偿投资方的,法院应当驳回或者部分

〔1〕 最高人民法院民事判决书,(2012)民提字第11号。

〔2〕 参见江苏省高级人民法院民事判决书,(2019)苏民再62号。

支持其诉讼请求。因此,这一规定所体现的变化为并非完全否定《公司法》等相关法律的强制性规定对于对赌协议的适用,而是分段适用——在判断对赌协议效力的阶段主要依据民事法律规定,在判断对赌协议是否可履行时,则主要依据《公司法》等。

(二)对赌协议的效力变化与刑事犯罪的纠葛

笔者以"聚法案例"为案例检索库,以"对赌协议""刑事"为关键词进行全文检索,发现自2014年到2023年共计有38篇公开的刑事裁判文书。主要案由中,涉及诈骗罪的有9篇、集资诈骗罪的有6篇、合同诈骗罪的有6篇、非法吸收公众存款罪的有3篇、票据诈骗罪的有2篇。观察审判时间可发现,2020年为案件审判最高峰,有14件。民事裁判中对对赌协议效力的态度转变,对于刑事犯罪认定的启示在于:

第一,对赌协议的特殊性决定了本类型纠纷下判断是否涉及犯罪更应当严守刑法谦抑性的要求。对赌协议作为一种估值调整协议,本身就是以未来业绩或某一事项作为触发条款,判断企业暂时无法确定的价值。这意味着,如果目标公司在一定时间内完成了对赌事项,则目标公司的价值从一开始就被低估,应由投资者对目标公司予以补偿。如果目标公司在一定时间内无法完成对赌事项,则目标公司的价值一开始就被高估,需由融资者补偿投资者。这意味着,在对赌期间,如果目标公司提供的资料真实,即便后续发生纠纷,也应当在民事领域进行解决。估值时,行为人未提供虚假文件或资料,即便事后有纠纷,其通常也无罪。因此,不能以对赌结果倒推融资方的主观恶性,对赌协议本身的不确定性就已经意味着对赌双方均需要承担失败风险。

第二,鉴于投融资双方信息的严重不对等,交易双方具有确保交易资料真实的义务,基于此种特定的对赌机制,在对赌失败的情况下,融资方就有可能涉嫌合同诈骗罪。这是因为,即便在对赌期间,投资方出资成为目标公司的股东,但是投资方的目标并不在于实际管理公司,而在于未来盈利。对赌条款不过是鞭策目标公司转变管理架构、经营理念等的一种方式。即便有第三方进驻目标公司进行尽调,其也无法如公司实控人一般深入了解公司具体的资产和负债情况,从公开途径查询的结果既有限也片面。这就要求目标公司一方在对赌期间遵守诚实守信义务,在对赌期间造假,如财务造假、虚增资产或者隐瞒债务的，可能涉嫌合同诈骗犯罪。

三、对赌协议中涉嫌合同诈骗罪案件的司法认定

案例 4 | 被告单位年富实业公司及被告人李某某等人在企业经营亏损，银行贷款高达 30 多亿元，资金链即将断裂的情况下，通过与关联公司签订虚假贸易合同、虚增应收款及虚增利润的方式，隐瞒公司巨额亏损，在目标公司年富供应链已经资不抵债的情况下，制造公司实力雄厚、具有强大营利能力的假象，并向宁波东力和尽调机构提供虚假的财务数据，找人冒充关联公司负责人欺骗尽调机构，使其作出错误的估值报告，诱骗被害单位宁波东力以 21.6 亿元的虚高估值与其签订收购协议。并购后，在不具备合同履行能力的情况下，被告人为避免向被害单位返还现金和股票，继续隐瞒实际经营情况，虚增更多利润，以公司经营需要和加快退税速度为由，骗取被害单位宁波东力增资 2 亿元。为避免资金链断裂需承担的担保责任，被告人李某某与杨某某、刘某等人合伙将 13.57 亿元的银行贷款担保转移至宁波东力名下，并不断要求宁波东力提供担保。在宁波东力进驻年富供应链对财务情况进行核查并报警后，相关被告人才供述了年富供应链实际亏损，在并购过程中虚增利润，并购后无能力完成《业绩补偿协议》中的利润目标的事实。李某某被判处无期徒刑，其他被告人也相应获刑。[1]

案例 5 | 天山生物公司与大象广告公司重大资产重组信息披露违法违规案件中，法院认定大象广告公司及公司董事长兼实控人、交易对方陈某某，公司董事会秘书王某某以非法占有为目的，在签署、履行合同过程中，通过虚增银行存款、虚减营业成本、虚构应收账款、隐瞒担保及负债等方式，骗取被害单位天山生物公司财物，其行为均已构成合同诈骗罪。据此判处大象广告公司罚金 1000 万元；判处大象广告公司董事长兼实控人、交易对方陈某某无期徒刑，剥夺政治权利终身，并处没收个人全部财产；判处公司董事会秘书王某某有期徒刑 15 年，剥夺政治权利 5 年，并处罚金 300 万元。此外，判决书还要求追缴 36 名原大象广告公司股东、交易对方所取得的天山生物公司股票，并返还天山生物公司。[2]

---

〔1〕 参见浙江省宁波市中级人民法院刑事判决书，(2019)浙 02 刑初 138 号。

〔2〕 参见新疆维吾尔自治区昌吉回族自治州中级人民法院刑事判决书，(2020)新 23 刑初 7 号。

案例6 | 富临运业使用自有资金5992.64万元收购兆益科技自然人股东所持的40%股权，并使用自有资金3438.4万元对兆益科技进行增资扩股，耗资合计9431.04万元。本次股权收购及增资完成后，兆益科技的注册资本将由1220万元增加至1500万元，上市公司富临运业将持有其51.20%的股权，兆益科技将成为富临运业控股子公司。之后，在对赌期间，兆益科技并未实现双方约定的净利润数额。富临运业在2018年3月24日的公告中认为，兆益科技的原股东韩某等5人在上述股权转让及增资过程中，虚构事实、隐瞒真相，欺骗富临运业与其签订《股权转让合同》及《增资扩股协议》。四川省绵阳市人民检察院认为，兆益科技在被富临运业收购过程中，韩某、李某荣虽有通过财务造假获得更多利益的故意，却没有非法占有富临运业股权转让款的主观目的，对该案作出不起诉的处理决定。[1]

案例4和案例5的共性在于，目标公司一方在对赌过程中使用财务造假手段继而陷入合同诈骗罪的泥潭之中。在财务造假方式上，或是通过虚增资产、虚增收入的方式，或是采取隐瞒债务、费用的方式。有的案件中，目标公司使用了不止一种财务造假手段，结果都是投资方遭受财物损失后案发。问题在于，在对赌的情况下，是否只要出现了虚构事实或者隐瞒真相的行为就一定会以合同诈骗犯罪进行刑事追究？换言之，对赌交易虽然存在造假行为，但是否存在不宜定罪的情形？

（一）对赌协议涉嫌合同诈骗犯罪入罪的共性逻辑

在案例4中，司法机关认定李某某等实施了虚构事实或者隐瞒真相的行为，体现在：第一，制造虚假的财务数据、虚增应收款、虚增经营规模和利润，使得资不抵债的年富供应链被包装成实力雄厚、具有强大盈利能力的企业；第二，当年富实业公司所有资金、人员下沉到年富供应链时，继续编造、提供虚假的财务数据给宁波东力及第三方中介机构；第三，通过找人冒充关联公司负责人、与客户串通等方式应对尽调的函询、面谈等；第四，继续隐瞒实际经营情况，以公司经营需要和加快退税为由，要求宁波东力增资及提供银行贷款担保。司法机关认定李某某等人具有非法占有目的体现在：第一，被告人李某某名下企业经营亏损，银行贷款达数十亿，资金链紧张甚至将要断

[1] 参见四川省绵阳市人民检察院不起诉决定书，绵检诉刑不诉〔2018〕2号。

裂，无履约的能力；第二，案发前后，被告单位及被告人未退还宁波东力任何财物。案例5中司法机关的定罪思路大致相同。

因此，不难发现，司法实践中对赌协议涉嫌合同诈骗罪的入罪共性逻辑在于：

第一，公司财务数据造假属于虚构事实或隐瞒真相的典型表现。财务造假的情形众多，包括但不限于走账冲抵应收账款、将没有实际履行的合同入账、隐瞒公司债务等。由于目标公司刻意隐瞒了公司的实际经营情况，使得目标公司的实际价值与收购价格严重不符，这影响了投资方或收购方的基本判断，进而导致投资方或收购方以现金、发行股份等形式支付收购款，这可以合乎逻辑地被认定为合同诈骗。

第二，被告人（单位）是否具备合同履行能力、对收购款的后续处理，会被作为非法占有目的的重要评价因素。例如，在公司不具备合同履行能力的情况下，继续采用编造虚假项目、虚开增值税专用发票等手段，虚增收入和利润、虚构完成承诺业绩的事实、骗取收购方收购款、将目标公司股东将分得的收购方股票违规质押套现等，是认定被告人具备非法占有目的的重要事实。

（二）入罪共性的具体展开

1. 签订对赌协议之前具有非法占有目的之情形

实践中财务造假常常表现为：企业为摆脱财务困境，在实际控制人或股东的主导下，有预谋、有计划、有组织地以签订虚假购销合同、虚增收入等方式财务造假，掩饰、隐瞒企业资不抵债、连年亏损的事实。通常，企业会通过财务造假的方式获得高估值的资产评估报告，据此签订并购协议获得并购款的。一旦查明在签订对赌协议前存在此种情况，则行为人会被推定具有非法占有目的。例如，案例4中，法院认定："本案被告单位及被告人在企业经营亏损，银行贷款高达30多亿元，资金链即将断裂的情况下，以非法占有为目的，通过与关联公司签订虚假贸易合同、虚增应收款、虚增利润的方式，隐瞒公司巨额亏损，在目标公司年富供应链已经资不抵债的情况下，制造公司实力雄厚、具有强大盈利能力的假象，并向宁波东力和尽调机构提供虚假的财务数据，找人冒充关联公司负责人欺骗尽调机构，使得尽调机构作出错误的估值报告，诱骗被害单位宁波东力以21.6亿元的虚高估值与其签订收购协议。”

2. 对赌期间具有非法占有目的的情形

对赌洽谈前期，目标公司或者其实控人并无非法占有目的。而在对赌协议履行期间，市场风险或者其他原因影响目标公司当年度经营状况并且可能出现亏损时，为逃避履行对赌协议约定的合同义务，进一步减小自己的经济损失，目标公司及其实控人可能会采取虚构交易合同、虚增收入、虚增利润等方式美化财务报表，使得财务报表的表面数字符合对赌协议约定的要求。即便在对赌过程中存在财务造假行为，司法机关也完全可以从非法占有目的的角度出发对案件进行出罪认定。正如前述的案例6中，李某荣虽有通过财务造假获得更多利益的故意，却没有非法占有富临运业股权转让款的主观目的，最终被四川省绵阳市人民检察院作出不予起诉的处理决定。因此，在具体案件中，应当注意区分行为人主观故意意欲指向的对象。

另外，对赌协议中往往会约定业绩补偿条件，即在完成并购后的若干年经营期限内如果目标企业的净利润仍然没有达到约定标准，则目标企业应当按照协议要求对投资方予以补偿。目标企业股东或管理层受对赌协议的牵制，继续管理公司，需要对未来若干年的业绩承担一定的担保责任，为掩盖实质上根本不能完成的业绩承诺，从形式上完成对赌协议要求的业绩标准，不至于支付补偿款，行为人继续财务造假，伪造业绩，美化财务报表，目的是逃避对赌协议要求支付的补偿款，因此可以推定为具有非法占有的目的。

3. 对投资款的使用可推定具有非法占有目的的情形

第一，倘若目标公司将所获得的现金对价用于非法活动或者个人消费等，则被推定具有非法占有目的。但在将现金对价用于正常的经营活动的过程中，因经营不善或者其他客观原因导致亏损，无法完成对赌条款约定的事项时，则不能一概判定具有非法占有目的。

第二，目标企业将尚在限售期内的股票通过质押等方式变相套现的，应当考虑目标企业套现的真实目的，不能仅因目标企业存在违规套现或转移资金的行为就认定其具有非法占有的目的。

第三，对赌后目标公司转让股权的，也应当根据个案情况判断是否具有非法占有目的。例如，原告特瑞森公司与被告爱视集团公司（管理方）和被告爱氏妇幼公司（被投资方）共同签订《股权投资协议书》，特瑞森公司出资300万元收购目标公司1%股权,后,特瑞森公司将涉案款项300万元转账给被告爱视集团公司。被告爱视集团公司将其持有的被告爱氏妇幼公司的100%股份转让给案外人深圳爱氏企业管理咨询有限公司。法院认为,涉案协议作为股权性融资协议,各方所设计的股权回购、金钱补偿等条款均围绕标的"股权"展开。无论自持还是代持,投资方只有实际持有目标公司股权,对赌协议约定的回购条款才具有履行可能。无论何种情形,一旦投资方丧失股权,投资方与目标公司之间关于股权回购的约定将无实现可能,投资方不再是目标公司股东,实际上已丧失对赌协议约定的收益权。此时,投资人可循两种途径解决,一是直接诉请代持人承担违约责任,二是有证据证明案外人与代持人恶意串通的,排除案外人适用"善意取得"。[1] 可见,在本案中,即使认为对赌后融资方转移股权,也不构成在合同履行过程中的诈骗犯罪。

四、对赌协议中认定合同诈骗罪的实质逻辑

需要明确的是,合同诈骗罪的认定仍然无法脱离对诈骗罪基本构成要件框架的判断。因此,在涉及对赌协议的场合,应当注意以下几个问题:第一,欺诈行为是不是影响投资方作出财物交付行为的关键事实?换言之,如果该事实并不对投资方交付财产具有关键性意义,即便虚假,也达不到诈骗罪所要求的虚构事实或隐瞒真相的程度。第二,欺诈事实与财物交付是否具有刑法意义上的因果关系?是否仅是条件关系?第三,财物损失的合理界限在何处?犯罪金额如何确定?围绕上述几个问题,下文针对在涉及对赌协议的情况下对是否构成合同诈骗罪进行实质判断提供建议。

(一)目标公司的欺诈行为应当属于对重要事项的造假,对合同的签订、履行起根本性作用

需要明确的是,并非所有在对赌过程中出现的欺诈行为均是刑法上的诈骗行为,否则所有出现欺诈纠纷的案件均会落入刑事领域进行评价,这显然不可能。特别是在对赌这种具有极大投资和投机风险的场合,投资人同样存在风险自担的问题。"判断股权价值,依赖于很多信息,而交易双方能

---

〔1〕 参见广东省深圳市罗湖区人民法院民事判决书,(2019)粤0303民初26334号。

否在价格上达成一致,又取决于很多因素,但其中较核心的一个因素是对公司未来收入或利益的判断,因为这是影响公司股权未来价值最重要的因素之一。"[1]因此,在涉及并购交易的场合下,应当结合造假的内容、规模、程度,投资方的自我认知等方面实质判断所谓的造假行为是否就是该案中对并购交易的启动及履行具有重要影响的事项,是否对投资方作出投资决定和支付对价起到决定性作用。只有对交易重要事项进行欺诈,才可能涉嫌合同诈骗犯罪。

1. 行为人仅就个别条款进行虚假表述,不影响投资者整体性实体权利的,不是诈骗行为

这是因为,个别条款的虚假并不会从根本上影响投资人作出投资决定或者支付对价。即便个别条款的虚假使得投资人存在投资风险或者最终出现了投资失败的结果,也不妨碍投资人从合同其他救济条款中获得补偿。例如,融资方在合同中将拥有对第三方公司的债权表述成拥有第三方公司股份,有证据证明投资者知晓融资方实际不是第三方公司股东,或者投资方的实体权利可以通过对赌条款进行保障,不会遭受财产损失,如在对赌期间内兑现利润和收益等,不能仅以融资方对合同个别条款的虚假表述就认定融资方实施了刑法上的诈骗行为。

2. 融资方虽然在财务数据中造假,但投资方不以财务数据为参考标准的,不是诈骗行为

对赌协议中涉及诈骗行为的主要是对财务数据的造假,这使得投资人错误地相信目标公司具有相应实力,继而支付对价,并最终遭受损失。但是,需要在个案中注意的是,并非所有投资方进行投资时均只看中目标公司的财务数据,不排除部分投资人看中的是目标公司的企业文化、行业排名、地位,或者出于其他目的进行对赌。这里可以参考的辩护思路如下:一是根据案情主张财务造假的金额较低或程度较轻,对于投资方签订对赌协议的意愿影响不大。二是主张财务数据不是并购方愿意出资的主要原因,如前述的并购方主要是看中了企业的知名度、企业所处的特殊行业等。

---

[1] 参见刘晓春主编,深圳国际仲裁院、中国国际仲裁研究院编著:《"对赌协议"典型仲裁案例与实务精要》,北京大学出版社2021年版,第80页。

3. 对约定业绩(利润)等的评估存在争议,且无其他证据证明行为人造假的情况下,不能轻易认定行为人实施了诈骗行为

这种情况是,双方对是否存在虚增净利润,以及虚增净利润的具体数额有分歧,双方均对相关数据进行审计,但鉴于审计人员对“当期收入确定标准”及“坏账计提的起始时间”的专业判断不同,不同的审计报告存在巨大的净利润差额,难以认定行为人伪造、篡改财务资料,难以认定其对虚增利润进行欺骗。[1]

(二)目标公司的欺诈行为应当与投资方的财产损失之间具有直接、决定性的因果关系

实践中,若双方对交易价格已经提前达成一致意见,属于“先定价后评估”类型,投资方没有对法益处分的目的产生错误认识,没有被骗,投资人最终财产损失的结果与目标公司的造假行为没有因果关系。这种情况下投资方经过反复考察之后是愿意投资并购的,并且双方已经就注入资金的具体数额达成了一致意见,并按照价格区间后续补充采取相关的评估措施。此时,可以认为并购方对目标公司的评估结果实际上是明知的主观心态,或者说并购方对评估报告是否虚假并不关心,并购方此时根本就没有是否受骗一说,也就无从谈及因错误认识交付财物的问题。例如,双方已经就并购价提前进行了商谈与确定,之后才依据商谈结果做了估值,这种情况下,应当说不存在对法益处分的认识错误。由此,将之界定为合同诈骗存在值得商榷的空间。

(三)投资方财产损失的确定

第一,投资方在对赌期间内为并购的目标企业增资或者担保的,不能评价为被害人损失。在投资方通过对赌协议已经取得目标企业的大部分股权或者实际控制目标企业的情况下,其为目标企业增资或者提供担保的行为实际是为实现自己利益所实施的市场行为,符合正常的商业逻辑。

第二,尚在对赌期间内的案件,应当从被告人虚增额中扣除限售股份的价格。在案例4中,案发时年富供应链公司和宁波东力仍处在股份封锁期

---

〔1〕 参见周光权:《对赌协议场景下合同诈骗罪的界限》,载《法学》2022年第10期。

内,当年富供应链公司等没有达到相应的业绩承诺时,宁波东力可以让其以该封锁期内的股权对价为限来承担补偿责任,并锁定股份让其不再享有股利分配权,进而予以回购、注销该股份。

第三,应当从被告人虚增额中扣除目标企业的可利用价值。这种可利用价值具体表现为:目标公司自身的真实价值,如目标公司的有一定价值的土地使用权等固定资产或者其他可以实现的债权等,对此可以考虑予以扣减。除此之外,还应当扣减投资方在对赌期间内获得的真实收益。

(四)非法占有目的的判断:是否具备履约意愿和履约能力

融资方虽然在评估报告中造假,但还是具备还款意愿和还款能力的。对赌并购中的交易对价,虽然部分参考目标企业以往的业绩数据,但主要还是取决于目标企业的业绩、利润实现情况。只要目标企业能够完成对赌承诺,给投资方带来符合预期的收益,即便在合同签订时目标企业的既往业绩存在一定的虚假,也不会根本性地影响投资方交易目的的实现。倘若有证据能够证明融资方具有还款意愿及还款能力,其不具备非法占有目的,就难言构罪。

鉴于履约意愿是行为人主观心态,难以仅依靠言词证据进行判断,必须结合客观证据进一步还原行为人的主观真实意思。履约行为,是指行为人的客观表现,即是否按照合同约定进行活动;履约能力,则是指行为人是否有能力履行合同的义务。履约能力、履约意愿和履约行为三者之间的关系是:(1)有履约能力不一定有真实的履约意愿及履约行为;(2)没有履约能力肯定不具有真实的履约行为;(3)没有真实的履约行为但是具有履约能力的,履约意愿也可能为虚假。因此,履约能力、履约行为的真实性需要依靠大量客观证据来判断。

第四节　托盘融资贸易中的合同诈骗罪认定

托盘融资贸易,是指托盘方与买卖双方签订采购合同、销售合同,托盘方利用时间差为买卖双方提供融资的一种贸易模式。具体操作中会涉及三方主体,即卖方(用资方)、托盘方(提供资金方)与买方。在正常交易中,由于卖方缺乏资金，会委托托盘方提供融资，托盘方代理由卖方实际控制的买方向自己购买指定产品之后，卖方按照托盘方的要求交付货物。但在实践中，有些企业之间并不存在真正的贸易行为，而是披着贸易的外衣进行"假贸易、真融资"，此时存在托盘方"一手托两家"和买卖双方（实际为一个主体）"一手托两家"的情况。实践中，大量托盘融资贸易案件的起因是托盘方因为资金无法及时回笼而向公安机关报案。公安机关大多以合同诈骗罪进行立案侦查。司法实践中，绝大多数案件最终都会以合同诈骗罪进行定罪量刑。在这种"假贸易、真融资"的情况下，托盘方在遭受财物损失之后，用资方是否一定就可以被认定为合同诈骗罪，值得深究。

一、托盘融资贸易的交易模式及实质

（一）托盘融资贸易的交易模式

典型的托盘融资贸易实际上是一种交易闭环。在最简单的三方交易下，采购合同中的供货方和采购方从形式上看，均符合关于合同成立、缔约的相关规定。供货方出售货物，采购方购买货物，然后再将货物出售给第三方赚取差价。但在事实上，中间的购买方实际上就是资金提供者，供货方就是资金的实际使用者，货物最终流向的第三方为供货方所控制。因此，大量案件中购买方（资金提供方）的收益较为固定，这是因为其赚取利润的方式就是通过提供资金获得一定的利息。在日照港集团有限公司煤炭运销部与山西焦煤集团国际发展股份有限公司借款合同纠纷案中，最高人民法院的裁判摘要指出，"在三方或三方以上的企业间进行的封闭式循环买卖中，一方在同一时期先卖后买同一标的物，低价卖出高价买入，明显违背营利法人的经营目的与商业常理，此种异常的买卖实为企业间以买卖形式掩盖的借贷法律关系。企业间为此而签订的买卖合同，属于当事人共同实施的虚伪意思表示，应认定为无效。在企业间实际的借贷法律关系中，作为中间方的托盘企业并非出于生产、经营需要而借款，而是为了转贷牟利，故借贷合同亦应认定为无效。借款合同无效后，借款人应向贷款人返还借款的本金和利息。因贷款人对合同的无效也存在过错，人民法院可以相应减轻借款人返还的利息金额。"[1]。

可见,实践中所谓的托盘融资贸易不可能是真正意义上的贸易关系,而是一种融资、借贷活动。

(二)托盘融资贸易的实质

在查某莉与天恒公司、豫玉都公司、科弘公司企业借贷纠纷案中,最高人民法院认定,在2008年8月7日一天之内,科弘公司既委托豫玉都公司为其购买钢卷,又向豫玉都公司出售相同规格和数量的钢卷(由天恒公司代理采购),买入单价8015元,卖出单价7800元,高买低卖,净亏965,350元,完全违背商业常理。本案证据共同印证了本案中所涉的钢卷买卖,是科弘公司、豫玉都公司、天恒公司以货物买卖形式掩盖的企业间的融资交易。天恒公司并不具有从事融资贷款业务的资质,其与豫玉都公司、科弘公司采用虚假贸易形式进行的借贷活动,违反了国家相关金融法规的禁止性规定,属于以合法形式掩盖非法目的的行为。相关合同均属无效。[2]

据此,不难发现,在形式上为贸易实质上为融资的托盘交易中,买卖双方及货物流转存在以下特征:

第一,实际上的买卖双方为同一主体所控制,只是在签订货物采购或者销售合同时加盖了不同公司的公章,以便于用资方在很短的时间内即能够使用该笔资金。

第二,合同约定的交易实际不存在或者交易双方对货物仓储的地点、货物所有权转移情况等重要事实并不关心。

第三,托盘方往往具有稳定的收益,违背了市场环境下风险自担的原则,如托盘方实际收取利差等。

二、托盘融资贸易中涉及合同诈骗罪的司法认定

案例7 | 被告人邱某某以白糖贸易为内容与重农国贸公司进行供应链融资(为韦某某融资)。重农国贸公司同意为中核新业公司向鼎华公司购置10,800吨共价值6577.2万元的白糖。其后,韦某某联系鼎华公司的工作人

---

[1] 《最高人民法院公报》2017年第6期。

[2] 参见最高人民法院民事判决书,(2010)民提字第110号。

员夏某某,由该公司出售白糖。在白糖交易过程中,邱某某、韦某某、姚某在双方之间居间完成。由于鼎华公司出售白糖要求先款后货,而重农国贸公司要求先货后款,邱某某遂将加盖了虚假的对方公司印章且按各自提供的合同版本草拟的合同分别交由对方审签。此后,重农国贸公司又与中核新业公司签订了出售该批白糖的合同。2018 年 4 月 3 日,被告人邱某某将虚假的以鼎华公司名义确认的《货物转移确认书》和《结算单》、以临港物流公司名义出具的《入库单》交给重农国贸公司,致使重农国贸公司误认为自己已取得货物所有权,遂在中核新业公司支付保证金后,向鼎华公司支付货款共计 6577.2 万元。同日,邱某某以中核新业公司的名义与临港物流公司签订白糖买卖合同,由临港物流公司以 6577.2 万元的价格购入中核新业公司 10,800 吨白糖,同时,临港物流公司又与邱某某控制的瓦莱罗公司、修盛贸易公司签订白糖买卖合同,回购全部白糖。此后,被告人邱某某让姚某携带两份货物所有权转移手续(重农国贸公司→中核新业公司→临港物流公司)前往鼎华公司办理相关手续,将该部分白糖的货物所有权转让给了临港物流公司,同年 4 月 4 日 ~9 日,临港物流公司向中核新业公司支付了货款 6577.2 万元。一审法院认定邱某某犯合同诈骗罪,二审法院予以维持。[1]

案例 8 | 2012 年 4 月,孙某涛以其实际控制的龙建公司,以及知安公司的名义,与国电公司签订三方《钢材购销协议》,约定由知安公司委托国电公司向龙建公司购买钢材,再由国电公司派人到龙建公司指定仓库对照货物仓单实地检查后贴上国电公司的标签,之后仓库给国电公司提供货物所有权凭证。3 个月后,知安公司支付钢材款给国电公司,拿回钢材所有权。协议还约定,国电公司获得出借资金 6‰的收益。后因孙某涛资金链断裂,无法归还国电公司资金高达 3.6 亿元。对于本案,北京市第一中级人民法院经审理认为,孙某涛等人以非法占有为目的,在签订履行合同过程中骗取他人财物,其行为已构成合同诈骗罪,判处孙某涛等 7 人无期徒刑,判处另一被告人有期徒刑 14 年。被告人上诉后,二审维持原判。[2]

案例 8 中,司法机关的定罪思路具体如下:首先,关于虚构事实或隐瞒真

---

〔1〕 参见重庆市渝北区人民法院刑事判决书,(2020)渝 0112 号刑初 202 号;重庆市第一中级人民法院刑事裁定书,(2021)渝 01 刑终 146 号。

〔2〕 参见北京市高级人民法院刑事判决书,(2015)高刑终字第 16 号。

相行为的认定，主要基于以下事实：第一，邱某某伪造鼎华公司、重农国贸公司公章，将两份虚假的《白砂糖购销合同》供鼎华公司、重农国贸公司审签，使得两公司均错误认为合同内容是按照自己的要求约定的；第二，邱某某将虚假的货物所有权转移手续提供给重农国贸公司，使得重农国贸公司错误认为自己享有白糖货权继而付款；第三，邱某某提供虚假的货物所有权转移手续给鼎华公司，使得鼎华公司将白糖的货物所有权最终转移给临港物流公司；第四，邱某某安排其丈夫吴某某、杨某冒充临港物流公司的负责人，欺骗重农国贸公司工作人员，隐瞒白糖缺失的真实原因。其次，关于非法占有目的的认定，主要基于被告人邱某某骗取财物后，将其中 2514.184 万元用于支付重农国贸公司的保证金，将其中 1315.44 万元用于支付临港物流公司的定金，余款被邱某某支付给其控制的其他公司及用于个人消费。

由此可见，区别于典型的托盘融资贸易，在特殊情形下，即便合同主体存在托盘融资的先例，但可能因为在交易过程中实施了一定的欺诈行为，进而存在构成合同诈骗罪的可能。主要有以下几种情况：

第一，伪造公章、转移货物所有权。在案例 8 中，虽然中核新业公司与重农国贸公司之间有为韦某某进行融资的先例，但是重农国贸公司仍然关心货物所有权的归属问题，即货物所有权的真实性问题，包括标的物的数量、品质及仓储位置等。因此，行为人通过伪造公章将货物所有权转移，实际是发生在合同履行过程中的欺诈行为，这种情况与典型的托盘融资贸易中三方不关心货物实际情况、主观上明知合同实质的情形完全不同，属于典型的诈骗行为。

第二，提供虚假担保。这种情况是指，虽然几方均知悉合同的目的是融资，但资金提供方仍然要求资金使用方提供合同标的物之外的财物进行担保，方能开展本次交易。资金使用方提供虚假的担保物或者并非以自己所有的财物进行担保，进而骗取对方借款的，可以将其提供虚假担保骗取财物的行为认定为合同诈骗罪。[1]

第三，从借款之后的表现来看，将借款用于违法犯罪活动的，或者携款潜逃的等，则有构成合同诈骗罪的可能。

因此，存在争议的案件大多与案例 9 的情况类似，即虽然资金的实际使

〔1〕 参见周光权：《实务中对托盘融资行为定罪的误区辨析》，载《环球法律评论》2018 年第 5 期。

用方隐瞒了自己可能无力偿还融资款的情况,但在双方长期合作并且已经具有良好信任的情况下,资金提供方往往自愿、主动、急切地提供资金。因此,在此类情况下,是否存在"诱骗"、是否具有诈骗行为,均值得深思。

三、托盘融资贸易的涉刑行为定性

若认为托盘融资贸易行为符合合同诈骗罪的构成要件,那么其构罪模式必将处于"行为人实施虚构事实或者隐瞒真相的行为—被害人因此陷入错误认识—基于错误认识,被害人主动、自愿交付财物—被害人财物受损"这一诈骗罪的框架之下。而根据前文就托盘融资贸易的交易形式及本质的论述来看,典型的托盘融资贸易行为难言构成合同诈骗罪。

(一)融资方是否存在利用合同标的物进行诈骗的行为

判断行为究竟是典型的融资、借贷性行为还是诈骗行为,关键在于判断合同标的物仅是融资的工具还是融资方实施诈骗行为的幌子。出资方在刑事控告中用以控告融资方涉嫌犯罪的主要理由在于:合同约定的货物不真实,融资方没有实际履行能力,是以先履行小额合同或者部分履行合同的方法,诱骗出资方继续签订和履行合同。但是实际情况是,鉴于托盘方具有资金实力且希望通过本次交易赚取固定收益,而借款方恰恰需要资金,因此,几方基本上在事前就已经对行为性质具有清晰认知。大多数情况下,托盘方并不关心货物的实际流转问题,最多只是从形式上完善货物票据的"走单""走票"过程。在这种情况下,显然不存在实施欺骗行为继而使得托盘方陷入认识错误的情形,托盘方不能以合同标的物不存在、未持有真实货物所有权等理由对资金使用方加以责难。

(二)出资方是否存在认识错误

正如前述,既然几方对交易的真实目的均明知,可能会出现几方事前一起安排如何设计虚假项目、如何完成货物所有权流转闭环等关键事项的情况,甚至为防止自己的资金出现损失风险,往往还设置高额的"月息""垫资费"等条款。上述情形均证明出资方不可能因所谓的合同形式上的"欺诈行为"陷入错误认识。

需要注意的是,大多数案件是因为出资方存在资金损失的后果从而将融资方拉入刑事审判的泥潭的。问题在于，即便从表象上看，出资方资金受损的结果与融资方的融资行为有关，也不能将这一结果直接归因于融资方。从规范意义的角度而言，此种情形下应当阻却融资方的责任，并且出资方需承受资金受损的风险。

首先，根据犯罪构成体系的内容，出资方没有陷入认识错误，不符合合同诈骗罪的构成要件，自然无须再判断融资方的刑事责任问题。

其次，出资方应当就危险结果的发生进行自我答责。理由在于：其一，出资方为谋取高额利润进而实施了虚假交易，就应当承受存在的风险。否则，出资方就处于“旱涝保收”的优势地位，显失公平。其二，出资方是在自由意志的支配下将自己陷入可能存在亏损的所谓“被害人”处境之中的，其作出决策时未受强迫、欺骗，对决策的后果也可以预见，因此，应当由自己承担相应的不利后果。其三，资金使用者并非处于优势地位。根据克劳斯·罗克辛教授的说法，在自陷危险的场合，如果遭受危险的人与造成危险的人以同样的程度认识到这个风险，则结果不能归责于行为人。〔1〕

（三）融资方是否具有非法占有目的

非法占有目的是认定是否构成合同诈骗罪的关键。一般的诈骗犯罪中，行为人取得了他人财物后，往往会出现使用资金进行个人挥霍，购买高档用品、车、房或者携款潜逃等情况，此时认定其具有非法占有目的较为容易。但是，在融资性贸易业务中，融资方的目的就是通过融资改善企业经营甚至扭亏为盈，在出现资金归还困难的情况时，融资方对债务也一直承认不逃避，并为履行债务做出如商讨债务展期、增加或重新设定担保、制订还款计划等积极行动，融资方的非法占有目的较难认定。

实践中，部分司法人员存在这样一种思维定式，即只要融资方存在部分欺骗行为，出现了出资方资金无法收回的结果，就直接推定融资方具有非法占有目的。例如，融资方在融资前出现经营困难或者亏损的情况，司法机关直接认定融资方没有履约能力。隐瞒真相，是以先履行小额合同或者部分履行合同的方法，诱骗对方继续签订和履行合同，此时应认定其具有非

---

〔1〕 参见［德］克劳斯·罗克辛：《德国刑法学总论》（第1卷），王世洲译，法律出版社2005年版，第269页。

法占有目的。实际上,合同履行能力的有无和大小是受各种主客观因素制约的,并且处于随时可变的状态。在签订合同时,融资方是否具有履约能力,本身就不易判断。即便融资方履约确实存在一定困难,也不能完全排除其借助于出资方提供的资金扭亏为盈的可能。即使出现了资金无法归还的情况,也不能以此认定融资方具有非法占有目的,这是典型的客观归罪。

四、托盘融资贸易中涉及合同诈骗罪的实质认定思路

具体而言,托盘融资贸易中认定是否构成合同诈骗罪应从五个方面着手。

(一)是否存在欺骗行为

在长期的托盘融资中,当事人双方或三方基于各自的利益考虑,事前都会商定好合同的细节,包括如何巧立交易项目、制造交易流水,引入哪些主体形成“闭环交易”等。前期的商谈过程中往往会存在聊天记录或者录音录像等证据。在这种当事人事前已经对行为性质存在清晰认知,并且已经商议如何规避法律风险的案件中,显然不存在一方实施欺骗行为骗取另一方财物的问题。但是,一方采取一定的欺骗手段,如伪造公司公章、冒用他人名义等参与托盘融资贸易的,则很有可能被认定为实施诈骗行为。

(二)是否存在认识错误

被害人在提供资金时,对托盘融资行为的性质及其后果已十分清楚,知晓对方虚构交易项目、制造流水等行为的目的是借款或融资,甚至为了防止损失扩大,还会设计带有高额“月息”“垫资费”的条款,被害人不可能陷入错误认识。

(三)正确认识被害人财物受损的原因

一方面,合同中货物不存在或者货物所有权没有实际发生转移不能成为托盘方认定自己被骗的关键理由,除非这本身就是正常的代为购货的交易关系。由于托盘融资贸易的实质不是进行交易,双方的关注点不是走货,而是走合同、资金、票据,合同标的物本来就是双方为规避法律风险而杜撰

的幌子,因此,合同中的标的物是否真实存在,是否确实储存在某一特定位置,不是本类型下定罪的理由。另一方面,托盘方在明知交易实质的情况下,为获得高额的利息或者其他利益,甘愿扮演托盘者角色,也应当为其资产无法回笼这一风险自我答责。

(四)行为人的履约能力

考察履约能力,不能简单认定为考察行为人的人力、物力、资金等,还应综合考察行为人之间的关系、发生交易及合同不能履行的原因。

(五)行为人对财物的处理情况

第一,全部投入生产经营活动。一般而言,只要将资金全部投入后续的生产经营活动中,都应排除非法占有目的的存在。

第二,全部投入非营利活动。常见情形如将财物用于违法犯罪、挥霍消费等场合,此时则可考虑认定存在非法占有目的。但若只是把资金用于归还公司债务,不存在个人消费、个人转借的情况,则应当根据个案情况考虑排除存在非法占有目的的可能。

第三,部分投入经营活动。司法实践中,行为人的财产往往去向不明,可能一部分用于生产经营活动,其余则没有用于实际的生产经营。此时,应当由公诉机关承担证明责任,证明行为人所得财物与投入生产经营活动的资金根本不成比例或者差距较大,同时综合考虑行为人的还款能力、欠款原因等判断是否存在非法占有目的,避免将该类行为过分拔高为犯罪行为进行处理。

第四章 目的统摄：骗取贷款罪的构成要件解释

以银行为核心的金融机构是经济的中枢，金融机构贷款也可以说是企业与个人发展必不可少的金融支撑。在贷款关系架构中，金融机构最关切的是资金安全、贷款能否收回。故控制好贷款的市场风险，防止贷款异变成呆账、坏账，也顺理成章地成为银行等金融机构从事放贷业务的聚焦点。可是，现实中难免出现“瑕疵”贷款，要么体现为不合规的贷款过程，要么已经演变为还款不能。贷款环节存在欺骗手段且对银行等金融机构造成损失，即会被界定为骗取贷款。当然，也并不是任何情形的骗取贷款都能被界定为骗取贷款罪，宽泛意义上的骗取贷款实际包括了民事层面的贷款纠纷与刑事层面的骗取贷款罪两者，而骗取贷款罪与贷款诈骗罪之间的界限也需要被澄清。这也就产生了划界问题，究竟把何种样式、何种程度的行为划入犯罪行列才能既有效保障银行等金融机构的资金安全，又可以在妥适的犯罪圈认定中避免挫伤企业与个人的贷款积极性，需要审慎考虑。市场经济的平稳发展需要金融机构的资金融通功能得以良好发挥，所以骗取贷款罪的适用要服务于此种功能设定。应当说，百分之百符合信贷要求的贷款即便存在，或许也不占多数，同时，恐怕不能否认现实中更多的贷款属于“非理想型”贷款。形式上，贷款申请人任何程度的事实隐瞒都属于欺骗，在出现还款不能导致银行等金融机构产生损失时，此种形式化理解会导致骗取贷款罪范围的扩大，这明显难以令人接受。为避免这种机械的形式化理解，也就需要对骗取贷款罪的构成要件展开实质解释，尤其是“欺骗手段”“重大损失”等构成要件要素。其中又必然涉及骗取贷款罪的法益理解问题，因为法益具有构成要件解释机能，只有合理确定个罪的法益，才能为个罪的妥当适用提供方向正确的逻辑起点。

第一节 骗取贷款罪概述

一、骗取贷款罪的立法沿革

自2001年加入世贸组织以后,我国与世界多边经贸体制和国际规则、国际惯例顺利接轨,成功抵御了国际金融危机,保持了国民经济持续快速发展。经济的快速发展促进了金融业务所涉领域的不断扩大,随之金融欺诈行为也日渐增加,严重危及金融机构的贷款资金安全,危及国家的金融管理秩序。据有关权威机构统计,2022年年末,我国银行业金融机构不良贷款余额3.8万亿元。而在2006年6月29日以前,《刑法》所规定的贷款诈骗罪对此却无能为力。原因如下:一是行为人主观上是否具有非法占有目的,司法实践中难以举证证明;二是由于《刑法》规定的空白,对“不具有非法占有目的以欺骗手段取得金融机构的贷款行为”,即使造成了贷款的重大损失,也不能认定犯罪予以处罚。以银行为首的金融部门为了保护自己的权益,在《刑法修正案(六)》增设的相关会议上曾大力提倡增加和扩宽关于金融犯罪的条文和条件,认为有必要将刑法对于金融风险的“防御战线”前移,对骗取金融机构贷款的金融欺诈行为予以犯罪化,以构建“截堵的构成要件”,严密防控金融犯罪的刑事法网,有效保障国家的金融安全。基于此,为进一步保障金融机构贷款安全,在1997年《刑法》已设置贷款诈骗罪、高利转贷罪等贷款类罪名的情况下,2006年6月29日,第十届全国人大常委会第22次会议通过《刑法修正案(六)》,以第175条之一的形式增设骗取贷款罪,进一步织密贷款类罪名体系。彼时,骗取贷款罪是指以欺骗手段取得银行或者其他金融机构贷款、票据承兑、信用证、保函等,给银行或者其他金融机构造成重大损失或者有其他严重情节的行为。

而后,2020年12月26日通过的《刑法修正案(十一)》修改了第175条之一的构成要件内容,删除“其他严重情节”,仅保留“重大损失”,提高了本罪的入罪门槛。《刑法修正案(十一)》的这一修订暴露出骗取贷款罪在过去14年的司法实践中的适用泛化问题。删除“其他严重情节”的原因主要在于:第一,司法实践对“其他严重情节”的解释混乱,极大地降低了本罪的入罪门槛,使得本罪适用趋于“口袋化”。第二,不利于经济发展。向银行等金融机构进行贷款的大多数系正处于高发展期的中小型企业,此类企业资金需求量大,但鉴于其往往处于发展初期,可承担的风险较小,提供的担保财物价值较小等一系列原因,导致银行等金融机构不愿意对此类企业放贷。因此,该类企业很有可能通过伪造适格资质等方式取得贷款。在这种情况下,即便其取得贷款并未造成银行损失,也可能因为欺骗行为使得企业或者主要负责人涉嫌犯罪,不利于民间实体经济的健康稳步发展。因此,《刑法修正案(十一)》为限制本罪的过度扩张,对本罪构成要件进行了修订。

至此,骗取贷款罪被安置在《刑法》分则第三章“破坏社会主义市场经济秩序罪”中的“破坏金融管理秩序罪”一节之中。《刑法》第175条之一第1款规定:“以欺骗手段取得银行或者其他金融机构贷款、票据承兑、信用证、保函等,给银行或者其他金融机构造成重大损失的,处三年以下有期徒刑或者拘役,并处或者单处罚金;给银行或者其他金融机构造成特别重大损失或者有其他特别严重情节的,处三年以上七年以下有期徒刑,并处罚金。”同时设置了单位犯罪类型,为骗取贷款罪提供了完整的罪状描述。

关于骗取贷款罪的定义,主流观点认为,骗取贷款,是指自然人或者单位以欺骗手段取得银行或者其他金融机构贷款,给银行或者其他金融机构造成重大损失的行为。取得贷款,是指取得金融机构发放的贷款(包括委托金融机构发放的贷款)。骗取贷款罪,是指自然人或者单位以欺骗手段取得银行或者其他金融机构贷款,给银行或者其他金融机构造成重大损失的行为。[1]

二、骗取贷款罪的司法适用现状

笔者以“聚法案例”为案例检索平台,以“刑事”“骗取贷款罪”“一审判决”为关键词进行检索,共计检索到自2014年至2023年公开的一审判决文书7052份。其中2015年至2020年是本罪审理的高峰期间,2021年之后呈下降趋势(见图4-1)。[2]

---

〔1〕 参见张明楷:《刑法学》(第6版),法律出版社2021年版,第993页。

〔2〕 这一现象产生的时间,恰好与《刑法修正案(十一)》出台的时间相吻合,印证了前文所述《刑法修正案(十一)》旨在对本罪进行限缩适用的观点。

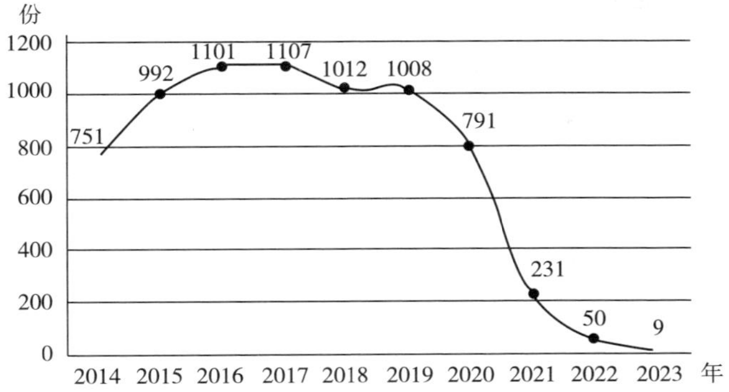

图 4－1　2014～2023 年骗取贷款罪案例情况

司法实践认定构成本罪的共性逻辑如下:其一,采取欺骗手段骗取银行贷款,到期后不能归还的应当认定为给银行造成重大损失,构成骗取贷款罪。犯罪数额以采取欺骗手段获取贷款的数额认定,已偿还部分作为量刑情节予以考虑。其二,采取欺骗手段骗取银行贷款,立案前不能归还的应当认定为给银行造成重大损失,构成骗取贷款罪。其三,"给银行造成重大损失"和"有其他严重情节"系构成骗取贷款罪的选择性要件,只要具备其中之一即可构成犯罪。根据行为人取得贷款的数额,达到相应标准的应当认定为"情节严重"或者"情节特别严重"。

司法实践认定不构成本罪的理由在于:一是行为人虽然采取欺骗手段获取银行贷款,但其向银行提供了真实、足额的抵押,不会给银行造成损失;二是经过民事程序处理的案件不宜再作为犯罪处理。

鉴于此,不难发现,司法实践对是否构成本罪基本围绕是否存在重大损失进行认定。但问题在于,重大损失如何进行认定?其判断标准是什么?骗取贷款罪的"骗"和"取"存在何种因果关系?在银行工作人员单方面没有受骗的情形下行为人是否还构成本罪?这些问题需要进行详尽解释说理,才能更好地对本罪进行规范化理解,以实现司法实践中对涉及本罪名的案件的精准适用。

第二节 骗取贷款罪的纠偏前提：骗取贷款罪的法益框定

对构成要件的解释结论，必须使符合这种构成要件的行为确实侵犯了刑法规定该犯罪所要保护的法益，从而使刑法规定该犯罪、设立该条文的目的得以实现。[1] 可见，法益指导犯罪构成的解释。而在大多数的"口袋化"罪名中，正是由于对法益内容解读的不同，导致对构成要件内容存在不同的解释空间。关于骗取贷款罪保护的法益，刑法理论界和司法实践均存在不同理解，主要有金融管理秩序说、金融机构资金所有权说、金融信贷资金安全说、贷款使用的整体效益说等。持不同观点的学者大体上是基于自己对本罪处罚范围的看法来确定本罪的保护法益的。亦即，越是主张限制本罪处罚范围的学者，越是限制本罪保护法益的范围；反之，不主张对本罪处罚范围予以限制的学者，则将金融秩序或者贷款秩序作为本罪的保护法益。对骗取贷款罪保护法益的认识不同，是导致实践中骗取贷款罪处罚范围不同的重要原因。司法实践中，立于辩护的视角看，辩护人坚持限制本罪的处罚范围，从而主张限缩本罪保护法益的范围。反之，从检控的立场看，检控方则坚持扩大本罪处罚范围，从而主张本罪保护法益的多样性。笔者通过整理、分析关于本罪保护法益的现有学说，旨在从规范化的角度对本罪的法益内容作出合理解读。

一、金融管理秩序说

金融管理秩序说实际是从体系解释的角度出发，认为既然骗取贷款罪被设置在《刑法》分则第三章"破坏社会主义市场经济秩序罪"中的"破坏金融管理秩序罪"一节之中，那么本罪的保护法益必然就是金融管理秩序。[2] 例如，有学者在分析本罪的保护法益时直接提出，骗取贷款罪

---

〔1〕 参见林山田：《刑法各罪论》（上册），北京大学出版社2012年版，第10页。

〔2〕 参见高铭暄、马克昌主编：《刑法学》（第8版），北京大学出版社、高等教育出版社2017年版，第402页。

实质上主要侵犯的是国家的金融交易秩序，以信用为基础的金融秩序是以金融交易秩序为中心的。[1]

笔者认为，金融管理秩序说作为抽象法益说的一种，存在以下问题：

第一，金融管理秩序说无法为阐释构成要件提供清晰的指导。首先，所谓的“秩序法益”概念过于抽象，人们无法从中窥探其具体的内涵，也就无法更好地规范自身行为。如果将金融管理秩序作为本罪的保护法益并用以指导、解释本罪的构成要件内容，那么对本罪的实行行为的理解将会打破构成要件行为类型化的特征。因为对申报材料的作假及申报资质的作假，均扰乱了金融管理秩序，按照本罪保护法益的内容，上述行为均应当构成犯罪，即便并未造成银行等金融机构任何损失。而这显然扩大了刑法的打击范围。

第二，立法和司法的态度已经明确金融管理秩序不是本罪直接的保护法益。立法和司法都将对贷款资金所有权无任何风险的获取贷款行为排除在犯罪之外，说明本罪系裁判规范而非行为规范，这恰好体现了否认金融秩序为骗取贷款罪的保护目的之判断立场。

第三，如果认为骗取贷款罪的保护法益是金融管理秩序，那么凡是以欺骗手段取得银行或者其他金融机构的贷款的，均应定罪，但立法和司法实践对此并不认同。在立法过程中，原中国银监会建议将该罪由“结果犯”模式改为“行为犯”模式，以是否实施行为作为构成要件，而不是以结果作为构成要件。即以“数额巨大”和“数额特别巨大”作为骗取贷款罪成立的要件。但全国人大常委会法工委并未采纳该建议。同时，司法机关也认为仅有骗取贷款行为不成立犯罪。司法实践中，多数法院对于确实设定足额担保等能够确保贷款资金安全的骗取银行贷款行为，一般不按犯罪处理。

第四，金融管理秩序应当是本罪保护法益的上位概念，需要具体的法益内涵予以补充。笔者同样认为，金融管理秩序说在指导本罪构成要件的解释时具有一定程度的作用，但鉴于其内涵模糊等原因，无法给予更为明确的指导。骗取贷款罪与其他犯罪，如伪造货币罪、非法吸收公众存款罪一样，均是破坏金融管理秩序的行为。但各个罪名具体的保护法益侧重有所不

---

〔1〕 参见柳忠卫：《骗取贷款、票据承兑、金融票证罪疑难、争议问题研究——兼论我国刑法立法模式的完善》，载《法学评论》2009年第1期。

同，应当分别予以阐明。

要注意的是，并非在贷款中存在欺骗成分的所有行为都具有刑事可罚性。这是因为，市场经济活动中不可避免地存在一些失范行为，贷款申请中对个人财务等状况的夸大或者隐瞒，具有相当的普遍性，但不见得会由此导致银行信贷资金的损失。对此，民商法等前置法完全可以对之进行有效调整，没有必要动辄启用刑法规制手段。对于骗取贷款，虽然立法者规定了骗取贷款罪的行为方式为欺骗手段，但对应否将所有欺骗贷款的行为纳入刑法之中仍心存犹豫，以至于骗取贷款罪的刑法规定并未给人们的行为提供有效指引，这里刑法的字面规定与真实含义存在着分离。

因此，笔者认为，骗取贷款罪的保护法益不是金融管理秩序。

二、金融机构对贷款资金的所有权说

有学者认为，骗取贷款的行为仅给特定的金融机构造成损失，但不致危害不特定多数人利益，更谈不上侵害金融管理秩序。骗取贷款罪的保护法益是金融机构对贷款资金的所有权，因此将骗取贷款罪规定在“破坏社会主义市场经济秩序罪”一章明显不妥，应当将其规定在“侵犯财产罪”一章。[1] 张明楷教授也指出，“由于《刑法修正案（十一）》的修改，成立本罪以‘给银行或者其他金融机构造成重大损失’为前提，故可以认为，本罪的保护法益是金融机构对贷款资金的所有权”[2]。以上内容展现了学者持这一立场的论据。

笔者并不赞成金融机构对贷款资金的所有权说的立场，主要理由如下：

第一，持此观点的学者实则是将骗取贷款罪与贷款诈骗罪放置在同一位置进行判断，忽视了二者的本质区别。按照通说的观点，贷款诈骗罪“侵犯的法益是国家正常的贷款管理秩序和金融机构对所借出资金的所有权”[3]。然而，《刑法》并未将骗取贷款罪放置在“金融诈骗罪”一节之中，而是规定在“破坏金融管理秩序罪”一节，这可以说明立法者认为二者的保护法益不完全相同，虽然骗取贷款罪也可能侵害金融机构的信贷资金所有权，

---

〔1〕 参见郝川、欧阳文星：《骗取贷款罪：反思与限定》，载《西南大学学报（社会科学版）》2018 年第 3 期。

〔2〕 张明楷：《刑法学》（第 6 版），法律出版社 2021 年版，第 993 页。

〔3〕 高铭暄、马克昌主编：《刑法学》（第 8 版），北京大学出版社、高等教育出版社 2017 年版，第 419 页。

但并非只有侵害了资金所有权才成立骗取贷款罪。所以，金融机构对贷款资金的所有权说并不符合《刑法》的规定。在贷款诈骗罪被规定在“破坏社会主义市场经济秩序罪”一章的前提下，主张将骗取贷款罪规定在“侵犯财产罪”一章，体系上并不合适。

第二，如果将骗取贷款罪的保护法益确定为贷款资金所有权，则必然要求构成要件需要具备“非法占有目的”。倘若如此，则骗取贷款罪与贷款诈骗罪就没有任何区别，骗取贷款罪完全没有独立存在的必要性，当然也就更不必在“侵犯财产罪”一章中规定骗取贷款罪。因此，主张骗取贷款罪的保护法益是金融机构对贷款资金的所有权的观点不能解决当下司法实践中的相关问题。应当承认，骗取贷款罪的设立有利于保护金融机构信贷资金的所有权，但是，仅将信贷资金的所有权作为骗取贷款罪的保护法益，过于片面，也不能说明《刑法》增设骗取贷款罪的宗旨。[1]

第三，金融机构对贷款资金的所有权说承载的是以实际损害为入罪基准的司法审判模式。骗取贷款罪是结果犯，但其构成要件是“取得银行或者其他金融机构贷款”，而非“重大损失”。因此，以贷款资金的所有权为保护法益容易造成司法实践对“重大损失”定位的误读。另外，贷款资金的所有权说很容易造成与个人（集体）财物所有权说的混淆，不利于申明本罪所具有的维护金融管理秩序的特征。

三、金融信贷资金安全说

还有学者认为，金融信贷资金安全说实际体现了立法原意。理由在于，第一，增设骗取贷款罪的相关说明指出：“针对近来一些单位和个人以虚构事实、隐瞒真相等欺骗手段，骗用银行或其他金融机构贷款，危害金融安全的情况，草案增加规定：以虚构事实或者隐瞒真相等欺骗手段取得银行或者其他金融机构贷款，给银行或者其他金融机构造成重大损失或者有其他严重情节的，追究刑事责任。”[2]立法者进一步指出：“本罪的客体不仅仅是银行等金融机构的信贷资金，还包括银行的票据承兑、信用证等其他信用。当

---

〔1〕 参见张明楷：《骗取贷款罪的保护法益及其运用》，载《当代法学》2020 年第 1 期。

〔2〕 参见邹声文、田雨：《刑法修正案（六）草案首次提请审议　内容涉及惩处破坏金融秩序、操纵股市、商业贿赂、枉法仲裁等违法行为》，载中华人民共和国中央人民政府网 2005 年 12 月 24 日，https://www.gov.cn/zwhd/2005-12/24/content_136440.htm。

前社会上以虚构事实、隐瞒真相等欺骗手段骗取银行等金融机构的贷款及其他信用的现象比较严重,严重危害了我国金融安全。加上我国诚信体系建设落后,严重制约了对失信行为的惩戒,培育全社会的信用文化和加强诚信立法已成为打击金融欺诈的当务之急。《刑法修正案(六)》的这一规定,正是为了解决这一问题。"〔1〕第二,司法实践中,部分法院裁判指出,骗取贷款行为"扰乱了国家金融管理秩序,危及国家金融安全"。这种观点似乎将国家金融安全作为本罪的保护法益。但是,金融安全是一种十分宏观、十分抽象的表述,《刑法》分则第三章与第五章所规定的许多犯罪,都可谓危害了国家金融安全。我们虽然可以认为骗取贷款罪危害了金融安全,但如果将金融安全作为骗取贷款罪的保护法益,并用以解释骗取贷款罪的构成要件,则未必妥当。

鉴于此,一些学者将金融安全具体化为信贷资金安全。例如,周光权教授指出:"在骗取贷款的场合,其保护法益是金融机构信贷资金(金融机构财物)的安全,而不是贷款发放秩序。"〔2〕还有学者指出:"立法者设立骗取贷款罪的目的是保护银行等金融机构信贷资金的安全。而银行等金融机构的资金是否安全,一看是否造成实际的损失,二看是否形成贷款风险(潜在的损失)。因此,骗取贷款罪的法益就是贷款安全,其最低的入罪标准应限定为形成贷款风险,危及贷款安全。"〔3〕

应当认为,金融信贷资金安全说具有一定的合理性,尤其是可以在一定程度上适当限制骗取贷款罪的处罚范围,但贷款诈骗罪也可谓造成了贷款风险,侵犯了金融机构信贷资金的安全,所以,金融信贷资金安全说也没有明显区分骗取贷款罪与贷款诈骗罪的保护法益。诚然,金融信贷资金安全说可以蕴含着这样的含义:贷款诈骗罪是实害犯,骗取贷款罪是危险犯。然而,这一说法也不能完全成立。即使将实害限定为最终的贷款损失,骗取贷款罪也包含了实害犯;贷款诈骗罪在未遂的场合,也是危险犯。当然,持金融信贷资金安全说的学者旨在说明,只有当骗取贷款的行为足以引起银行资金损失的危险或者形成贷款风险(潜在的损失)时,才能将行为认定为骗取贷

〔1〕 郎胜主编:《中华人民共和国刑法释义》(第6版),法律出版社2015年版,第260页。
〔2〕 周光权:《刑法各论》(第4版),中国人民大学出版社2021年版,第293页。
〔3〕 孙国祥:《骗取贷款罪司法认定的误识与匡正》,载《法商研究》2016年第5期。

款罪。但是，一方面，并非只有将骗取贷款罪的保护法益表述为金融信贷资金安全时，才能提出这一要求；另一方面，金融信贷资金安全说也不一定能引申出具体危险的要求。例如，《刑法》分则第二章的保护法益是公共安全，但其中既包括实害犯，也包括具体危险犯与抽象危险犯。《刑法》第 175 条之一规定了“给银行或者其他金融机构造成重大损失”和“有其他特别严重情节”两种类型，这足以说明，侵犯信贷资金安全只是其中一种情形。或者说，具体危险犯只是骗取贷款罪的一种类型，因此，金融信贷资金安全说未能全面描述骗取贷款罪的保护法益。

四、贷款使用的整体效益说

“人类并不仅仅满足于能够生存下去的状态，而具有不满于事物本来的混沌状态，想要使其条理化的本能。换句话说，就是具有从混乱走向秩序的倾向。”[1]也就是说，国民都倾向于安全的、有序的、可预见的、合法的、有组织的世界；而不希望发生出乎意料的、难以控制的、混乱的，以及其他诸如此类的危险事情。秩序当然是一种法益。经济生活是人类生活的重要内容，所以，经济秩序就是一项重要的秩序。经济秩序是各种日常经济过程赖以实现的形式之总和，是由众多内容有机结合而成的整体。《刑法》分则第三章的名称直接表明经济秩序是刑法的保护法益。[2]

《宪法》第 15 条第 3 款规定：“国家依法禁止任何组织或者个人扰乱社会经济秩序。”这说明，刑法将经济秩序作为保护法益具有宪法依据。经济秩序范围较广，其中金融秩序是经济秩序的重要内容，是值得刑法保护的法益。《商业银行法》第 1 条规定：“为了保护商业银行、存款人和其他客户的合法权益，规范商业银行的行为，提高信贷资产质量，加强监督管理，保障商业银行的稳健运行，维护金融秩序，促进社会主义市场经济的发展，制定本法。”《刑法》分则第三章第四节的名称，也表明了金融秩序是刑法的保护法益。贷款秩序则是金融秩序的重要内容。《商业银行法》第 1 条将金融秩序作为保护法益，第 82 条规定：“借款人采取欺诈手段骗取贷款，构成犯罪的，依法追究刑事责任。”这说明，骗取贷款行为侵害了金融秩序，具体而言侵害

---

〔1〕［日］桑原武夫：《文学序说》，孙歌译，生活·读书·新知三联书店 1991 年版，第 88 页。

〔2〕参见张明楷：《骗取贷款罪的保护法益及其运用》，载《当代法学》2020 年第 1 期。

了贷款秩序。显然,否认贷款秩序是骗取贷款罪的保护法益,并不妥当。贷款秩序的具体内容是什么?对此,显然要根据相关的金融法规来确定。《贷款通则》第1条规定:“为了规范贷款行为,维护借贷双方的合法权益,保证信贷资产的安全,提高贷款使用的整体效益,促进社会经济的持续发展,根据《中华人民共和国中国人民银行法》、《中华人民共和国商业银行法》等有关法律规定,制定本通则。”贷款使用的整体效益,是由商业银行等金融机构调节经济的职能所决定的。这是因为,商业银行要通过其信用中介活动,调剂社会各部门的资金短缺,并且在国家货币政策和其他国家宏观政策的指引下,实现对经济结构、投资消费比例、产业结构等方面的调整。贷款使用的整体效益,不仅要受银行法的保护,而且应当受刑法保护;将严重侵害贷款使用的整体效益的行为认定为骗取贷款罪,具有合理性。概言之,骗取贷款罪的保护法益是贷款使用的整体效益。

第三节 骗取贷款罪欺骗行为的限缩认定

骗取贷款罪的设立与适用均反映了在当前市场化程度不断提高的背景下,刑法介入社会经济生活的界限问题。但刑法是最严厉的法律,是社会公平正义的最后一道防线,作为社会利益保护的最后手段,应当坚持最后介入原则,而不是作为优先或唯一手段,行政法、民法上的限制当然适用于刑法,并且刑法应有比行政法、民法更高的限制。因此,基于刑法的谦抑性原则,以骗取贷款罪处罚所有的骗贷行为偏离了对犯罪概念与犯罪本质的理解,使刑法过度介入平等主体间的财产关系,更削弱了行政法、民法及其他社会规范的功能性地位,使它们无法发挥作为前刑法规范应有的作用。在司法实践中应当有针对性地解决本罪在司法适用中所呈现的过度扩张问题,使刑法对不具有严重社会危害性的骗贷行为保持必要的谦抑。[1]

---

〔1〕 参见史令珊:《骗取贷款罪的司法过度扩张与限制适用》,载《湖北警官学院学报》2018年第6期。

一、欺骗行为的限定

（一）欺骗行为的范围

欺骗行为的核心在于引发借款人的错误认识，继而使其主动、自愿交付财物。因此，欺骗内容很大程度上决定了错误认识形成的可能性。在骗取贷款罪中，欺骗内容是指出借方受到了欺骗并产生了错误认识，据此发放了贷款资金。部分学者认为，本罪的欺骗内容应当是对发放贷款的决定性事项的欺骗，结果是实质性地提高了贷款风险。[1] 还有部分学者认为，欺骗的内容应当仅限于申请贷款人编造的虚假材料使得银行等金融机构过分预计其有还款能力。[2] 另有学者认为，可以通过《刑法》第 193 条关于贷款诈骗罪的相关规定来判断骗取贷款罪的构成要件内容。[3]

笔者认为，贷款诈骗罪的五种客观行为类型完全可以成为判断骗取贷款罪是否构成的基本资料。主要理由有如下几点：

第一，从骗取贷款罪的基本架构来看，贷款诈骗罪与骗取贷款罪的基本构造一致，只是贷款诈骗罪存在"非法占有目的"这一主观的违法要素。除此之外，二罪在构成要件上并无太大差异。以贷款诈骗罪的构成要件内容作为骗取贷款罪的构成要件内容不存在罪名结构异化和排斥的情形。

第二，贷款诈骗罪的客观构成要件内容系在申请贷款过程中实施的行为，是对是否发放贷款的结果具有重要影响的行为。以贷款诈骗罪的构成要件内容作为骗取贷款罪的构成要件内容符合骗取贷款罪的保护法益和立法目的。《刑法》第 193 条对贷款诈骗罪的欺骗手段作出了列举式规定，规定有下列情形之一的贷款诈骗行为应当认定为贷款诈骗罪：（1）编造引进资金、项目等虚假理由的；（2）使用虚假的经济合同的；（3）使用虚假的证明文件的；（4）使用虚假的产权证明作担保或者超出抵押物价值重复担保的；（5）以其他方法诈骗贷款的。因此，参照上述关于贷款诈骗罪欺骗手段的规定，具备上述五种情形之一的应当认定采取了欺骗手段。鉴于《刑法》第 175

---

〔1〕 参见《骗取贷款罪、高利转贷罪等法律适用疑难问题》，载《中国检察官》2021 年第 15 期。

〔2〕 参见周光权：《骗取贷款罪中的"给金融机构造成损失"》，载《法治日报》2021 年 6 月 23 日，第 11 版。

〔3〕 参见张明楷：《刑法学》（第 6 版），法律出版社 2021 年版，第 995 页。

条之一并未对欺骗手段作出明确规定,可以参照《刑法》第 193 条有关贷款诈骗罪的欺骗手段的规定加以理解和适用。

有些地方结合当地实际,根据法律规定也对欺骗手段作出了相关规定,其中浙江省高级人民法院、浙江省人民检察院、浙江省公安厅《关于办理骗取贷款、票据承兑、金融票证罪有关法律适用问题的会议纪要》对欺骗手段就进行了明确规定。该纪要规定:"行为人编造虚假的资信证明、资金用途、抵押物价值等虚假材料,导致银行或者其他金融机构高估其资信现状的,可以认定为使用'欺骗手段'。"该规定也是将编造抵押物价值作为认定欺骗手段的理由之一,但并非唯一,与《刑法》规定的精神是一致的。虽然该规定并非司法解释,在全国范围内没有普适性,但是对于没有制定地方性规定的地方,法院可以参照理解。

(二)欺骗行为的认定

结合《刑法》第 193 条之规定及司法实践的相关案例,对骗取贷款罪的欺骗内容应当注意以下内容。

1. 编造引进资金、项目等虚假理由的

编造引进资金、项目等虚假理由,实则是行为人隐瞒贷款真实用途的表现。鉴于贷款用途是银行发放贷款的重要指标,对评估申请人的偿还能力、项目的盈亏风险等具有重要意义。因此,申请人编造引进资金、项目等虚假理由申请贷款,很可能导致银行等金融机构对申请人的贷款项目进行错误评估,继而发放贷款。因此,申请人编造引进资金、项目等虚假理由的,具有构成本罪的可能。

2. 使用虚假的经济合同的

案例 1 | 2014 年,茂名某某公司以向中海油购买油品的名义向邮储银行申请贷款。邮储银行先后向茂名某某公司发放贷款 15 笔,共计 9368 万元,其中收回前 6 笔贷款共计 4418 万元,剩余 9 笔贷款共计 4950 万元逾期未归还。茂名某某公司通过与其关联公司虚假交易套取银行贷款、采取欺骗手段,将质押油品挪作他用,给银行造成重大损失,法院认定被告单位茂

名某某公司及其实际控制人、被告人冯某均犯骗取贷款罪。[1]

案例2 ｜被告人邓某系飞尔公司法定代表人。邓某因飞尔公司资金周转需要，虚构了飞尔公司向融光公司购买原材料需要支付货款的事实，并指使财务人员向银行提交虚假的购销合同书、授权声明等申请材料，以个人经营创业为贷款用途向银行申请贷款500万元，远大担保公司为担保人。后该笔500万元的贷款到期，因飞尔公司无力偿还，最终由远大担保公司代为偿还。法院认为，虽然被告人邓某在向银行申请贷款的过程中提供了虚假的贷款资料，但该笔贷款最终由担保人远大担保公司代为偿还，并未给银行或者其他金融机构造成实际损失，被告人亦未利用贷款进行任何非法活动，未给金融管理秩序造成实际危害不具备其他严重情节，不构成骗取贷款罪。[2]

由案例1可知，使用虚假的经济合同骗取贷款的目的在于编造虚假的贷款用途，即向银行等金融机构提交虚假的采购合同等资料虚构贷款用途，而后将所获取的贷款挪作他用。法院一般认定该行为属于欺骗行为，在满足骗取贷款罪的其他构成要件的情形下，该行为构成骗取贷款罪。但需要注意的是，并非实施了欺骗行为就一定构成骗取贷款罪。正如案例2的情形，司法实践中认为，在存在担保且担保的价值可以弥补银行损失的情况下，对银行没有造成"重大损失"，因此存在不构成本罪的可能。

3. 使用虚假的证明文件的

案例3 ｜被告人丁某沙向石某某提出在他人名下为其申请贷款，石某某在了解被告人丁某沙做生意的情况后同意由丁某沙为其贷款。后被告人找到马某龙，假借马某龙的名义帮忙给他贷款，马某龙同意后被告人丁某沙将两本假的房产证交给石某某抵押贷款，贷款批下来后被告人丁某沙又办理了两本假的房屋他项权证。被告人丁某沙和马某龙到信用社以马某龙的名义，以两本假的房屋他项权证作抵押，向该信用社申请贷款100万元。法院认为，被告人丁某沙借马某龙的名义，以虚假的房产证、他项权证作抵押，骗取信用社100万元贷款，到期后无力偿还，给信用社造成重大损失，情节严重，犯骗取贷款罪。[3]

---

〔1〕 参见国家法官学院案例开发研究中心编：《中国法院2019年度案例·刑事案例二》，中国法制出版社2019年版，第150～153页。

〔2〕 参见广东省高级人民法院刑事判决书，(2014)粤高法刑二终字第212号。

〔3〕 参见甘肃省碌曲县人民法院刑事附带民事判决书，(2018)甘3026刑初2号。

使用虚假的证明文件一般分为两种情形。第一种，是指提供虚假的身份证明文件。例如，在申请人不具有申请贷款资质、申请人已经丧失申请贷款资质等情况下，申请人伪造相关虚假的证明文件以满足申请贷款的身份要件。第二种，是指提供虚假的证明还款能力的文件。这类文件对于银行等金融机构评估申请人还款能力、出借方收回资金的风险等具有重要意义，因此，属于针对是否发放贷款的重要影响因素。在案例3中，正是由于申请人提供虚假的不动产证明文件，虚增自己的还款实力，造成银行损失，因此被认定为构成骗取贷款罪。

4. 使用虚假的产权证明作担保或者超出抵押物价值重复担保的

提供虚假的产权证明作担保或者进行重复担保，实则同样隐瞒了银行等金融机构放贷考量的重要因素，即申请人的还款能力和贷款保证。因此，当申请人出现伪造担保人签名或者假冒担保人进行担保骗取贷款，或者骗物抵押、超出抵押物价值进行重复抵押等情形时，应当认定申请人构成骗取贷款罪。

实践中，对于明显的虚假担保或者重复担保的情形，并不存在争议。存在争议的在于，当行为人实施了其他欺诈手段，同时又提供了足额担保时，是否构成本罪？针对这一问题，张明楷教授持肯定构罪的立场。其认为，第一，未提供真实担保只是构成骗取贷款罪的其中一种客观行为类型。即便存在真实担保，也可能因为符合构成要件内容中的其他欺骗手段进而构成本罪。第二，仅站在事前角度认为提供真实足额担保就不会造成银行等金融机构重大损失的，系片面看待事前担保的作用。担保财物很可能因为其他原因导致无法发挥其担保价值，银行等金融机构仍然存在财物损失的重大风险。因此，不能排除在此情形下对本罪的适用。[1] 另外，还有学者持相反意见。例如，周光权教授认为，“不能认为贷款资料有假就一定是骗取贷款。因为本罪的保护法益是银行信贷资金安全，对应的欺骗手段必须具有足以引起银行损失的危险。有些手段即使带有一定的欺骗性，但是如果不具有这样的危险，也不应视为本罪的欺骗手段，而属于一般的市场背信行为。在现有金融体制下，银行贷款过程中，形式审查较多，申请人需要提交的申请材料数量多，手续烦琐，如果要求每一份材料、每一个细节都必须真

〔1〕 参见张明楷：《刑法学》（第6版），法律出版社2021年版，第997页。

实，既不可能做到，也不利于银行信贷业务的正常发展，影响经济发展速度。贷款资料虽然存在虚假，但并没有虚构担保单位、虚设抵押物的，不构成本罪。在行为人提供了真实可靠的担保物之后取得票据承兑、信用证等情形下，也应该认为银行不会面临资金风险，足以确保资金安全的，相关行为不构成犯罪"〔1〕。

笔者赞成反对说的立场，认为在提供真实足额的担保的情形下，申请人不构成本罪。主要有如下几点理由：

第一，无论是用虚构的证明文件还是提供重复担保、超过抵押价值的担保申请的贷款，实际上都是虚构了申请人还款能力和还款保证，使得银行等金融机构陷入对申请人真实还款能力的错误认识，导致银行资金无法收回的风险加大。在申请人提供了真实、足额的担保的情况下，则表明申请人在申请贷款之时具有使得银行等金融机构不遭受重大损失的能力。站在事后的角度去评价申请人的行为，无疑是从上帝视角对申请人进行的严苛的责难，因为抵押权、质权等是否可以顺利地实现，是后续的执行问题，而非法律评价问题。

第二，任何一种行为都无法保证银行等金融机构一定可以收回全部资金。换言之，银行等金融机构本身需承担一部分资金无法收回的风险，这部分资金无法收回的风险就包含在申请人应当支付的利息等费用中。即便是按照正常流程办理、申请材料全部真实的情况下，申请人也可能因为投资失利等原因无力偿还银行贷款，因此，不能从无法偿还银行等金融机构资金的结果倒推申请人的主观故意甚至为申请人的申请行为增加违法性。因此，在申请人提供真实、足额担保的前提下，即便申请人的部分申请行为存在虚假，也不能够直接认定申请人构成骗取贷款罪。

5. 以其他手段骗取贷款的

第一，这里的"其他手段"应当是指与上述四种行为类型相似的行为，并非任何欺骗行为都可以构成本罪。

第二，"其他手段"应当仅围绕申请人的身份是否虚假、贷款用途是否虚假、还款能力是否虚假、贷款保证是否虚假这四个方面进行。

〔1〕 周光权：《刑法各论》（第4版），中国人民大学出版社2021年版，第293页。

二、欺骗对象的主观明知的限定

这里涉及的问题是借款人是否成立"欺骗"的问题。换言之,借款人与银行工作人员勾结骗取贷款的,在银行工作人员主观上明知借款人的申请材料存在虚假时,是否影响借款人骗取贷款罪的成立?

从学理上看,针对借款人"欺骗"是否成立,存在两种不同的观点。实质判断说认为,欺骗的手段针对的是可以识别真假的自然人,且需要导致金融机构员工认识错误。[1] 形式判断说则认为,贷款申请过程中的虚假行径和情节一律可以认定为欺骗。[2]

案例 4 | 关于申诉人所提银行工作人员对 42 号及 56 号贷款合同所附购销合同是伪造的一事具有明知情形,其未欺骗银行工作人员,依法不构成骗取贷款罪的意见,法院认为,骗取贷款罪所保护的法益是金融管理秩序及金融机构的财产权,而并非金融机构工作人员的个人财产权。金融机构工作人员基于行为人提交的虚假贷款材料向行为人发放贷款,即应认定行为人的欺骗手段与犯罪后果之间具有因果关系。换言之,行为人与金融机构工作人员内外勾结,共同骗取贷款的行为亦是本罪的客观表现。金融机构工作人员是否明知贷款材料为虚假,不影响对因果关系成立的认定。[3]

案例 5 | 吴某泉因资金周转紧张而与被告人杜某民商定,由吴某泉借他人名义申请贷款,被告人杜某民帮助吴某泉提供的贷款人办理贷款相关手续并为其寻找担保人。吴某泉按照被告人杜某民的要求提供虚假的王某江收入证明、房屋装修协议、担保函等贷款资料,被告人杜某民明知上述情况仍提供虚假的贷款担保人,并将其制作的虚假的调查报告和上述伪造的贷款资料层报审批,使得吴某泉骗得贷款 80 万元用于个人开支。至立案时,该贷款 80 万元逾期未归还。法院认为,被告人杜某民结伙以欺骗手段取得金融机构贷款,至立案时不能归还,给金融机构造成了特别的重大损失,其行为已构成骗取贷款罪。[4]

案例 6 | 平安银行某支行为了单位业绩考核,经讨论后决定给予长丰公

---

〔1〕 参见张明楷:《骗取贷款罪的构造》,载《清华法学》2019 年第 5 期。
〔2〕 参见黎宏:《刑法学》,法律出版社 2012 年版,第 544 页。
〔3〕 参见辽宁省阜新市中级人民法院驳回申诉通知书,(2018)辽 09 刑申 13 号。
〔4〕 参见浙江省象山县人民法院刑事判决书,(2021)浙 0225 刑初 438 号。

司问题授信,将银行承兑汇票敞口转为流动资金贷款,平安银行某支行对长丰公司的流动资金贷款起主导作用,平安银行某支行发放贷款是基于其本身给予长丰公司的问题授信,与长丰公司提供资料之间无因果关系。且书证失信被执行人查询材料证实银储公司被青岛市市南区人民法院列为失信被执行人的情况已在最高人民法院失信被执行人网上公布,系可公开查询的资料,平安银行某支行并未对银储公司的状况陷入错误认识。综上所述,法院认为,平安银行某支行对长丰公司的贷款目的、担保人的状况应是知情的,并未陷入错误认识而发放贷款,长丰公司相应获取贷款的行为不符合骗取贷款罪的构成要件,吴某某作为主管人员亦不构成骗取贷款罪。[1]

由上可知,刑法理论与司法实践对银行工作人员明知这一情形并未形成统一意见。案例4的裁判说理恰好体现了形式判断说的分析路径。笔者认为,在规范判断上应当坚持实质判断说,在个案不同情形下应当分别考虑借款人是否具有构成本罪的余地。

第一,笔者并不赞成"贷款申请过程中的虚假行径和情节一律可以认定为欺骗",因为欺骗行为作为本罪的构成要件之一,应当是指可以使得银行的工作人员陷入认识错误的行为。倘若银行的工作人员对借款人的虚假材料明知,借款人则不存在所谓"骗"的问题。

第二,鉴于银行本身不具有认识能力,因此其无法被骗。银行陷入错误认识归根结底是银行的工作人员陷入错误认识。判断银行最终是否受骗应当结合工作人员的职责综合评价。正如案例5和案例6所体现的那样,普通信贷员并不具有贷款发放的决定权,因此其对贷款人的欺骗手段系知情并不能代表银行没有陷入错误认识。但如若银行具有放贷决定权的人员对借款人的欺骗手段知情,则应视为银行未陷入错误认识。

三、因果关系的限定

"错误认识"是欺骗手段行为与贷款发放结果的联结点。这就意味着,行为人取得贷款资金的结果,是因为其所实施的欺骗行为导致银行等金融机构陷入错误认识之中。在认定是否构成本罪时,需要着重考察手段与结果之间是否存在因果关系。

---

〔1〕 参见山东省东营市中级人民法院刑事判决书,(2019)鲁05刑终139号。

为了规范贷款行为，提高贷款质量，保证贷款资金的安全性和使用的有效性，加速信贷资金周转，国家制定颁布了《商业银行法》《贷款通则》等一系列金融法律法规，对贷款主体资格、条件、程序等作出了一系列的规定。实践中，行为人为了获取贷款，达到上述法律法规规定的贷款条件，通常采取编造引进资金、项目等虚假理由，使用虚假的经济合同、虚假的财务报表等资信证明或虚假的产权证明作担保，以及超出抵押物价值重复担保等方式欺骗银行或其他金融机构，进而使银行等金融机构根据行为人提供的虚假贷款资料，误认为其符合上述法律法规或规范性文件规定的贷款资格、条件，进而发放贷款。那么在此种情况下，行为人的欺骗行为对银行等金融机构陷入错误认识就具有了原因力，银行等金融机构也正是基于这种错误认识作出发放贷款的决定，行为人的欺骗行为对银行等金融机构发放贷款起到了支配性的作用。相反，如果银行等金融机构片面追求利润收益，明知行为人提供了虚假贷款资料，仍然冒险发放贷款，由于其并未陷入错误认识，不能认定行为人构成骗取贷款罪。

案例7 | 公诉机关指控：被告单位海太阳公司的实际控制人被告人陈某荣授意被告人刘某勇使用虚假应收账款资料向广发银行深圳分行华富支行申请贷款。被告人刘某勇在明知海太阳公司仅有惠州TCL公司100万元应收账款的情况下，通过伪造相关公司印章、虚构贷款资料的方式，多次向深圳市福田区的广发银行深圳分行华富支行提交其伪造的欣旺达公司、惠州TCL公司的《应收账款债权转让通知书》及相关采购订单、送货单、发票等贷款材料，向广发银行深圳分行华富支行申请贷款共计3700万元。此后，海太阳公司开始拖欠上述贷款本息，拖欠贷款本金约3663.79万元。经审计，2014年5月20日~9月15日，广发银行深圳分行华富支行给海太阳公司发放的贷款资金被海太阳公司主要用于归还其他银行的贷款及民间借贷。2014年11月20日，广发银行深圳分行华富支行对海太阳公司开展催收工作，2014年12月25日，广发银行深圳分行华富支行对海太阳公司拖欠贷款本息的行为提起民事诉讼，并持续催收。2015年2月28日，广发银行深圳分行华富支行对海太阳公司的贷款风险评级由正常一级下调为关注二级。2015年9月29日，广发银行深圳分行华富支行再次下调海太阳公司的贷款风险评级由原来的关注二级下调为可疑，本贷款形成不良，不良发生额为3663.79万元。2015年12月，广发银行深圳分行华富支行根据相关规定将

该不良债权以118.62万元的价格转让给中国信达资产管理股份有限公司广东省分公司。[1]

案例7中,控辩双方争议的部分焦点是银行是否因被告单位提供的虚假材料而受骗,是否系因相关虚假材料陷入错误认识而发放贷款,本案的因果关系是否充分。

辩方律师从骗取贷款罪的构成要件入手,认为骗取贷款罪需要具备以下基本条件:行为人实施欺骗行为,金融机构工作人员产生行为人符合贷款条件的错误认识,银行基于错误认识发放贷款,行为人取得贷款。可见,行为人实施欺骗行为与金融机构工作人员产生错误认识之间必须具备法定的因果关系,只有行为人实施了欺骗行为,金融机构工作人员因此产生了错误认识,进而银行基于错误认识发放了贷款,才能认定为骗取贷款罪,并非只要行为人实施了欺骗行为,金融机构发放了贷款,就当然成立骗取贷款罪。法院最后认定:本案现有证据尚不能排除广发银行深圳分行华富支行在实际业务办理中,对于应收账款及对应商务合同的真实与否并不在意,并没有因虚假材料而受骗的合理怀疑;更无法得出广发银行深圳分行华富支行系因虚假材料陷入错误认识而发放贷款的唯一结论,本案法律上的因果关系并不充分,犯罪构成要件尚不完备。

第四节 骗取贷款罪中损失及情节的限缩判定

一、"重大损失"的体系定位

关于"重大损失"是否属于构成要件结果,在不属于构成要件结果的情况下,"重大损失"又在犯罪构成中处于什么地位等系列问题,刑法学界存在一定争论。这一问题对判断本罪的构成及共犯成立均具有重要意义。

(一)构成要件结果说

有学者认为,因为骗贷造成金融机构重大损失是骗贷行为社会危害性

---

〔1〕 参见广东省深圳市福田区人民法院刑事判决书,(2021)粤0304刑初189号。

的集中表现，是设立本罪的实质理由，所以“重大损失”只能是构成要素和违法要素。[1] 另有学者认为，“重大损失”系构成要件结果的原因在于，本罪的欺骗行为无法独立构成不法的内涵。[2] 还有学者认为，从欺骗行为到“重大损失”存在不法程度的提升，因为构成要件本身是不法类型，“重大损失”必然彰显不法，骗取贷款本身具有一定不法程度，在此基础之上，要成立犯罪，还需要达到“重大损失”所要求的不法。[3]

笔者认为，“重大损失”不是本罪的构成要件结果。原因主要有以下两点：

第一，构成要件结果系指构成要件行为所导致的结果，并且行为人对此结果具有认识。倘若借款人在主观上认识到自己的虚假申请贷款行为会对银行等金融机构造成重大损失的结果，则可以推定借款人主观上具有非法占有目的，从而认定其构成贷款诈骗罪。骗取贷款罪则无存在的必要。

第二，倘若将“重大损失”作为构成要件结果，则无法解释部分共犯现象。例如，甲提供了虚假材料后获取了相应贷款，贷款即将到期时，乙教唆甲不要还本付息。甲听从了乙的建议后未还本付息，导致银行的资金受损。按照构成要件结果说的理论，此时的乙应当构成骗取贷款罪的教唆犯，但这样的结论明显有误，因为在乙实施教唆行为之前，甲早就已经骗取了贷款，乙不可能再构成教唆犯。

（二）客观的超过要素说

客观的超过要素说认为，“给银行或者其他金融机构造成重大损失”应当属于客观的超过要素，即相对于骗取贷款、票据承兑、金融票证罪而言，“给银行或者其他金融机构造成重大损失”属于其客观要件要素，但不需要行为人存在与之相对应的主观内容。行为人对于“给银行或者其他金融机

---

〔1〕 参见周铭川：《论骗取贷款罪的行为构造——兼与张明楷教授、孙国祥教授商榷》，载《中国刑事法杂志》2020 年第 1 期。

〔2〕 参见段蓓：《骗取贷款罪的体系性解读：回归刑法第 175 条的尝试》，载《法律适用》2020 年第 17 期。

〔3〕 参见杨绪峰：《骗取贷款罪中“其他严重情节”的体系性反思——基于 169 份刑事裁判文书的实证分析》，载《法商研究》2020 年第 2 期。

构造成重大损失”的危害结果认识与否不影响其犯罪故意的成立。[1]

值得肯定的是,客观的超过要素说看到了“重大损失”无须被借款人认识到这一特殊细节,但客观的超过要素仍系犯罪构成要件要素之一,是判断是否构成本罪的要素之一。因此,正如对前述构成要件结果说的质疑一样,虽然借款人无须对重大损失具有主观认识,但是仍然需要满足重大损失这一客观要素后,借款人才能构成本罪。问题在于,是否出现重大损失及重大损失出现的原因往往具有不确定性和多样性,因此,在行为人实施了欺骗行为并且获得了贷款的情况下,不将该行为纳入刑法的打击面,会造成对犯罪的过度放纵。

(三)客观的处罚条件说

客观的处罚条件说则是将“重大损失”认定为发动刑罚权的依据。进一步而言,只要借款人实施了符合构成要件的欺骗行为并且取得了贷款,原则上应当成立骗取贷款罪。但仅此尚不能追究行为人的刑事责任,只有在满足“重大损失”这一客观处罚条件时,才能对借款人科处刑罚。

笔者认为,客观的处罚条件说具有合理性。主要理由如下:

第一,可以正确认识欺骗行为与取得贷款结果、重大损失之间的关系。骗取贷款的欺骗行为不能直接地导致重大损失的发生,也就是说,欺骗行为与重大损失之间缺乏直接因果关系,重大损失的出现,是一种偶然结果。也正是因为如此,司法实践中在判断是否构成本罪时,往往注重对还款能力这一事实的判断。换言之,借款人实施了欺骗行为并不必然导致重大损失的发生,只是与取得贷款之间存在因果关系,也从另一方面证明了取得贷款才是本罪的构成要件结果。

第二,符合骗取贷款罪的基本犯罪构造。客观的处罚条件说并不要求行为人对重大损失具有主观认识(明知且追求或放任),排除了借款人在申请贷款时的非法占有目的,继而排除构成贷款诈骗罪的可能,使得骗取贷款罪具有现实适用可能性。

---

[1] 参见柳忠卫:《骗取贷款、票据承兑、金融票证罪疑难、争议问题研究——兼论我国刑法立法模式的完善》,载《法学评论》2009 年第 1 期。

二、损失的理解与认定

是否给银行或其他金融机构造成损失，有法律损害说和经济损害说两种观点。理论界的通说是经济损害说，即是否给银行或其他金融机构造成损失，不是从法律上考察银行或其他金融机构是否会最终丧失财产，而是从经济上、事实上考察金融机构是否受到了损失，即应当以能否还本付息为认定标准，因为银行追求的目的是借款人还本付息，而不是通过一系列法律手段来实现抵押物的价值，最终收回借款。借款人不能还本付息，就已经使信贷资金陷入巨大风险，银行到期不能收回本息就已经遭受了财产损失。至于银行通过一系列法律手段，可能最终会通过法院执行等程序使贷款资金得到偿还，但这是犯罪后的追赃挽损问题，不影响对行为人性质的认定。

三、“重大损失”与“其他特别严重情节”的关系

《刑法修正案（十一）》修改了原第 175 条之一的内容，取消“其他严重情节”的表述，仅保留“重大损失”，但第二档法定刑适用条件却保留“其他特别严重情节”的表述。由此可见，在本罪基本犯罪构成取消“其他严重情节”要件，仅保留“重大损失”要件，而第二档法定刑适用条件却仍然保留“其他特别严重情节”的情况之下，对“重大损失”与“其他特别严重情节”二者间的关系要做何理解，也就成为理论界与实务界亟须回应的问题。

笔者认为，适用本罪“其他特别严重情节”从而升格法定刑，需要首先满足构成本罪的基本前提，即“重大损失”，不能越过造成“重大损失”的客观要求直接适用加重情节。也就是说，“重大损失”是构成本罪的必要条件，在此基础上再考虑其他因素加重刑罚。“重大损失”与“其他特别严重情节”之间的关系应当界定为“其他特别严重情节”必须建立在“重大损失”的基础之上。

四、“重大损失”的认定标准

骗取贷款罪中规定的“造成重大损失”虽然最高人民法院没有制定司法解释，但最高人民检察院、公安部对“造成重大损失”规定了具体的数额标准和次数标准，即凡以欺骗手段取得贷款给银行或其他金融机构造成直接经济损失数额在 20 万元以上的应当认定为“造成重大损失”。

实务中，部分法院认为《立案追诉标准（二）》不是司法解释，只是追诉标准，不是构罪标准，不能作为判决依据，这种理解显然是与法律规定及逻辑法则相矛盾的。理由在于，第一，《立案追诉标准（二）》是类司法解释，对司法办案具有指导作用。1981 年全国人大常委会《关于加强法律解释工作的决议》赋予了司法机关司法解释权，最高人民法院和最高人民检察院分别就审判工作和检察工作中具体应用法律的问题进行解释。同时《立法法》规定了最高人民法院、最高人民检察院作出的司法解释应当报全国人大常委会备案。依据上述法律法规的规定，《立案追诉标准（二）》是类司法解释，具有普适性。第二，目前最高人民法院对骗取贷款罪尚未制定具体的司法解释，在司法实践中应当适用《立案追诉标准（二）》。最高人民法院发布的《参照适用〈立案追诉标准（二）〉的通知》中规定："一、最高人民法院对相关经济犯罪的定罪量刑标准没有规定的，人民法院在审理经济犯罪案件时，可以参照适用《标准二》的规定；二、各级人民法院在参照适用《标准二》的过程中，如认为《标准二》的有关规定不能适应案件审理需要的，要结合案件具体情况和本地实际，依法审慎稳妥处理好案件的法律适用和政策把握，争取更好的社会效果。"根据该通知的规定，在审判中也应适用《立案追诉标准（二）》。第三，认为《立案追诉标准（二）》是追诉标准，不是构罪标准，犯了逻辑错误。构成犯罪的行为不一定被追诉，但应当被追诉的行为一定构成犯罪。对行为人追诉的前提是行为人的行为构成犯罪，应当受到刑事处罚，只有构成犯罪的人才应当被追诉。《立案追诉标准（二）》规定了该罪的立案追诉标准，理当也是构罪标准。

五、民事案件效力与刑事犯罪认定的关系

实践中，行为人骗取贷款案发后，银行等金融机构往往通过提起民事诉讼等途径进行救济，可能在刑事案件尚未判决时，民事判决已经生效。那么这种情况是否影响刑事案件的处理，是否影响对行为人行为性质的认定，是值得思考的问题。

仍以笔者办理的前述案例 7 为例，本案的一个争议焦点问题即是：该案已经由罗湖区人民法院作出民事判决，还能否作为刑事案件处理。辩方律师认为，本案与罗湖区人民法院受理且作出判决的民事案件属于同一法律事实，经侦支队直接立案的做法严重违反了《公安机关办理经济犯罪案件的

若干规定》[1]。具体而言，广发银行深圳分行华富支行就其与海太阳公司之间的借贷关系于2014年12月25日向罗湖区人民法院提起了诉讼（以下简称罗湖法院民事案件），2015年10月30日罗湖区人民法院作出了（2015）深罗法民二初字第509号判决，判决认定：广发银行深圳分行华富支行与海太阳公司之间的纠纷系金融借款合同纠纷。根据《公安机关办理经济犯罪案件的若干规定》第12条的规定，如果罗湖法院民事案件与本案属于同一法律事实，只有罗湖区人民法院移送或罗湖区人民检察院通知后，深圳市公安局经侦支队才能立案侦查，第13条的规定更加明确，只有两者不属于同一法律事实时经侦支队才可以直接立案。控方并没有提供罗湖区人民法院或者罗湖区人民检察院移送或通知经侦支队立案的文书，辩方多次申请调取上述文书，控方并未提供，公诉人虽当庭解释称两者不属于同一法律事实，本案不适用《公安机关办理经济犯罪案件的若干规定》第12条的规定。但辩护人仍认为两者是否属于同一法律事实，应当根据《九民纪要》的规定，进行实质判断。对于刑事案件、民商事案件是否属于“同一事实”，应按照以下原则进行判断：(1)从行为实施主体的角度判断，“同一事实”应当是同一主体实施的行为，不同主体实施的行为不属于“同一事实”。(2)从法律关系的角度进行判断，刑事案件的受害人同时也是民事法律关系的相对人的，一般可以认定该事实为“同一事实”。(3)从要件事实的角度认定，只有民事案件争议的事实同时也是构成刑事犯罪的要件事实的情况下，才属于“同一事实”。

具体比较案例7与罗湖法院民事案件的情况，第一，从行为实施主体的角度看，民事案件的行为主体是海太阳公司及陈某荣。刑事案件指控的犯罪主体是海太阳公司及陈某荣。民事案件的行为主体与刑事案件的犯罪主体完全重合。第二，从法律关系的角度进行判断，刑事案件的受害人是广发银行深圳分行华富支行，民事法律关系的相对人也是广发银行深圳分行华富支行，法律关系完全重合。第三，从要件事实的角度看，民事案件争议的事实是银行贷款不能偿还及其责任承担，刑事犯罪的要件事实也是银行损失产生及其责任承担，争议事实完全重合。因此，从以上三个角度分析，都能得出罗湖法院民事案件涉及的事实与案例7追诉指控的事实属于“同一事实”的结论。鉴于罗湖法院民事案件与案例7属于同一法律事实，案例7

[1] 案例7中适用的是2005年发布的《公安机关办理经济犯罪案件的若干规定》，已失效。

中，侦查机关在未接到罗湖区人民法院或者罗湖区人民检察院移送或通知立案的文书的情况下径行立案侦查，这一行为严重违反《公安机关办理经济犯罪案件的若干规定》第 12 条、第 13 条的规定。

福田区人民法院认为：公诉机关指控被告单位海太阳公司及被告人陈某荣、刘某勇的犯罪事实，存在不能排除的合理怀疑，现有证据尚未达到确实、充分的程度，不足以证实被告单位及被告人的行为构成骗取贷款罪；且本案侦查机关的侦查活动确实存在明显的程序瑕疵，影响部分证据的采信及证明效力。故本案证据不足，指控的罪名不能成立。判决被告单位海太阳公司无罪；被告人陈某荣无罪；被告人刘某勇无罪。

刑法具有第二次规范的特征。如果第一次规范，如民商法、行政法能及时有效地得到完善和补充，规范金融市场的有序发展，减少金融违法行为的发生，就无须刑事手段的大量介入。因此，在现阶段完善金融市场相关的民商事和行政法律法规，充分发挥民商法和行政法等其他法律部门的作用，进一步完善金融运行法治环境建设，加强社会内部预防机制建设，完善金融违法行为的行政和民事责任制度，有效预防和惩治金融违法行为，就能有效地从源头上减少金融刑事立法的过度扩张。

第五节　骗取贷款罪与贷款诈骗罪的区分

从行为的外观上看，骗取贷款罪和贷款诈骗罪都表现为通过欺骗的手段和方法来骗取金融机构的贷款。通过对法律法规的研究，以及对相关案例的研判，可以发现区分贷款诈骗罪与骗取贷款罪的核心要素为是否以非法占有为目的。

一、立法渊源

《刑法》一开始并没有规定骗取贷款罪，只规定了贷款诈骗罪。贷款诈骗罪需要以非法占有为目的，对于一些通过欺骗手段获取银行贷款的人，司法机关有时候难以证明他具有非法占有的目的。骗取银行贷款的行为具有一定的社会危害性，司法人员早前往往面临一个两难的困境：要么强行认定其有非法占有的目的而判决构成贷款诈骗罪，要么以证据不足为由无罪释放。前者会对法律秩序造成破坏，后者则放纵了危害社会的行为。为了解决上述问题，全国人大经过调研，决定在保留贷款诈骗罪的基础上增加骗取贷款罪。通过对立法者意图的解读，可以看到贷款诈骗罪和骗取贷款罪的行为模式基本是相同的，它们最大的区别为是否以非法占有为目的。

二、行为类型

《刑法》第 193 条规定，贷款诈骗罪有五种情形，《刑法》第 175 条之一规定，骗取贷款罪有四种情形：(1)以欺骗手段取得贷款，数额在 100 万元以上的；(2)以欺骗手段取得贷款，给银行或者其他金融机构造成直接经济损失数额在 20 万元以上的；(3)虽未达到上述数额标准，但多次以欺骗手段取得贷款的；(4)其他给银行或者其他金融机构造成重大损失或者有其他严重情节的情形。

我们在审查证据材料或者进行辩护的时候，一定要注意，不能仅根据法条上规定的行为模式来确定罪名，更不能因为相关行为模式符合贷款诈骗罪的某一种行为模式，就强行推定行为人具有非法占有的目的。事实上，这两个罪名规定的行为模式是一样的，被告人符合任何一种行为模式都有可能构成犯罪。如果他具有非法占有的目的，则构成贷款诈骗罪；如果没有非法占有的目的，则构成骗取贷款罪。

三、非法占有目的之认定

判定是否具有非法占有的目的是确定罪名的关键。非法占有的目的是一种主观的心态，这种主观心态并不能够直接地被外界所感知。所以，认定具有非法占有的目的，通常情况下存在着比较大的难度。司法实践中往往结合被告人的供述，以及被告人的外在行为进行综合认定。

最高人民法院 2001 年 1 月 21 日印发的《全国法院审理金融犯罪案件工作座谈会纪要》也确认了这种思路。该纪要强调，在司法实践中，认定是否具有非法占有的目的，应当坚持主客观相一致的原则，既要避免单纯根据损失结果客观归罪，也不能仅凭被告人自己的供述，而应当根据案件具体情况具体分析。

一般而言，行为人通过欺骗的方法非法获取资金，造成数额较大资金不能归还，并具有下列情形之一的，可以认定为具有非法占有的目的：(1)明知没有归还能力而大量骗取资金的;(2)非法获取资金后逃跑的;(3)肆意挥霍骗取资金的;(4)使用骗取的资金进行违法犯罪活动的;(5)抽逃、转移资金、隐匿财产,以逃避返还资金的;(6)隐匿、销毁账目,或者搞假破产、假倒闭,以逃避返还资金的;(7)其他非法占有资金、拒不返还的行为。

四、罪名间的相互转化

贷款诈骗罪和骗取贷款罪的主要区别在于行为人的主观目的不同,在其他方面两个罪名高度一致。因此,如果被告人的主观意图在一个连续的时间里面发生了变化,那么就有可能导致法律评价上的不同结论。贷款诈骗罪和骗取贷款罪之间可以相互转化,例如,一开始被告人的目的是非法占有贷款,但是取得贷款以后他通过经营取得了比较好的收益(哪怕是在赌场赌博赢得了大量的钱款),改变了最初的想法,把钱还掉了,按照他贷款时的心理状态,他的罪名应该是贷款诈骗罪,在他把钱还上以后,如果法律仍然将该行为评价为贷款诈骗罪,则会对行为人产生不公平的结果,此类行为以骗取贷款罪追究刑事责任更加合适。另外,对于相反的情形,例如,一个被告人本来想贷款用于经营,是有归还的目的的,但是由于后来经营状况恶化,或者他贪图安逸,产生了不归还贷款的意图,那么以贷款诈骗罪追究他的刑事责任更加适宜。

第五章 法益回归：非法吸收公众存款罪的适用反思

非法吸收公众存款罪曾长期属于活力不足的罪名，在实践中的适用率偏低。从疲软到激活的状态改变，则主要由于活跃的经济环境下民间融资的爆发性增长，P2P 网贷、私募基金等新兴的投融资模式无疑加剧了这种增长势头。由于这些民间融资的固有缺陷，在市场经历了阶段性的亢奋期后，原有的风险逐渐开始显现。P2P“爆雷潮”疾风骤雨式地到来，使得此类民间融资的社会治理问题日益凸显，为应对此种崭新的社会情势，刑事政策开始收紧，渐渐地从宽容放任转向严厉打击，非法集资类刑事案件陡然增多，非法吸收公众存款罪也实现了从沉睡罪名到常用罪名的跨越。在持续升温的打击非法集资社会治理行动中，非法吸收公众存款罪甚至出现了司法适用泛化乃至“口袋化”的趋势，这无疑不当地抬高了刑法在社会治理中的作用。不得不说，基于用资需求衍生的民间集资是经济运行中的必然现象，当前银行等正式金融机构尚待完善的信贷政策、过高的用资成本等也为民间集资的发达提供了间接作用力。可以说，一定时期内非法集资现象的增多存在结构性因素，这是无法单纯依靠非法吸收公众存款罪的司法适用获得根本性解决的。由此，就不得不回归刑法后盾法的角色定位，对非法吸收公众存款罪业已出现的扩张现象进行反思性检讨，明晰其角色与功能、厘清其法益与犯罪构成，从而最大限度确保罪名适用的正当性。

第一节　非法吸收公众存款罪概述

一、从法益出发探寻立法初衷

20 世纪 90 年代，我国民营经济的发展和生产建设的发展带来了巨大的资金缺口，个别企业或个人为借机获利，在未经国家批准的情况下，私自开展银行金融业务。其中，行为人多以投资为名目，向具有闲散资金的社会公众吸收资金，导致银行等金融机构的资金大量流失，扰乱了正常的金融管理秩序。为了打击此类不法行为，《商业银行法》等法律相继出台，旨在对非法吸收公众存款的不法行为予以规制。1997 年《刑法》第 176 条对非法吸收公众存款罪的规范表述为“非法吸收公众存款或者变相吸收公众存款，扰乱金融秩序的”。从此条文语义出发，非法吸收公众存款罪应属结果犯，本罪的成立以非法吸收或变相吸收公众存款的行为造成扰乱金融秩序的危害结果为构成要件要素。可见，《刑法》设置非法吸收公众存款罪的本意在于维护国家的金融管理秩序。

二、从规范出发纵观历史沿革

非法吸收公众存款的表述最早出现在 1995 年《商业银行法》中，其表述为“未经中国人民银行批准，擅自设立商业银行，或者非法吸收公众存款、变相吸收公众存款的，依法追究刑事责任”。1997 年，《刑法》进行修改，非法吸收公众存款罪在《刑法》中被正式确定下来，并且被规定在《刑法》分则第三章第四节“破坏金融管理秩序罪”中。2001 年，最高人民法院印发《全国法院审理金融犯罪案件工作座谈会纪要》，该司法文件确立了非法吸收公众存款罪的入罪标准，即从非法吸收公众存款的数额、范围以及给存款人造成的损失等方面来判定造成危害的程度。2010 年，最高人民法院颁布《关于审理非法集资刑事案件具体应用法律若干问题的解释》（以下简称《非法集资司法解释》），该解释第 1 条规定，非法吸收公众存款或者变相吸收公众存款是指违反国家金融管理法律规定，向社会公众吸收资金，并且同时具备非法性、利诱性、公开性、社会性的行为。至此，非法吸收公众存款罪的定义基本固定，确定了以四大特征作为罪与非罪之认定要件的基本框架。

2014 年最高人民法院、最高人民检察院、公安部印发《关于办理非法集资刑事案件适用法律若干问题的意见》，针对行政认定、向社会公开宣传、社会公众的认定等法律适用过程中出现的 8 大典型问题，提出相应的处理意见。2019 年最高人民法院、最高人民检察院、公安部又印发了《关于办理非法集资刑事案件若干问题的意见》，进一步明确了司法机关依法惩治非法吸收公众存款罪、集资诈骗罪等非法集资犯罪活动中的 12 个问题。为回应现实的规制需求，2021 年施行的《刑法修正案（十一）》对非法吸收公众存款罪进行了修改，增设了第三档量刑幅度，取消了罚金限额。2022 年，最高人民法院颁布《关于修改〈最高人民法院关于审理非法集资刑事案件具体应用法律若干问题的解释〉的决定》，对《非法集资司法解释》进行修改，增加了以非法吸收公众存款罪定罪的吸收资金行为，使之包括以网络借贷、投资入股、虚拟币交易、委托理财、融资租赁等方式非法吸收资金等行为。从立法层面加大了对于非法吸收公众存款罪的打击力度，体现了严厉惩治非法集资犯罪的刑事政策。在当前的刑事政策语境下，非法吸收公众存款罪的扩张适用已然成为趋势。

第二节　非法吸收公众存款罪司法适用之异化

一、非法吸收公众存款罪的政策趋向与扩张适用

（一）非法吸收公众存款罪的政策趋向

2015 年之前，国家为发展普惠金融，对这一时期发生的非法集资案件采取“严中有宽”的刑事政策。2016 年起，国家收紧了对于互联网金融的监管政策，国务院在全国范围内开展针对互联网金融的专项整治。2016 年 8 月，《网络借贷信息中介机构业务活动管理暂行办法》正式颁布，明确了 P2P 平台的 13 条“红线”。与此同时，互联网金融平台出现“爆雷潮”，非法集资类刑事案件数量呈爆发式增长。此时国家对于非法集资刑事案件的处理秉持着“重重轻轻”的特点，对于非法集资的组织者、管理者从重，对于犯罪情节

轻微、具有多种从轻量刑情节的从犯从轻。[1] 回顾以往的政策文件及司法实践,虽然刑事政策在不同阶段时而稍宽时而略严,但是整体上我国对于非法集资刑事案件秉承"以严为主、宽严相济"的刑事政策,这无疑是为回应防范和化解金融风险、维护金融秩序、促进经济稳定发展的需求。

(二)非法吸收公众存款罪的扩张适用

笔者在"威科先行"法律数据库以"非法吸收公众存款罪"为关键词进行案例检索,检索结果如图 5-1 所示。从 2014 年至 2023 年,非法吸收公众存款案的裁判文书共 67,303 份;以 2020 年为分水岭,2020 年以前非法吸收公众存款案件数量呈现持续增长趋势,2020 年后案件量大幅下降。

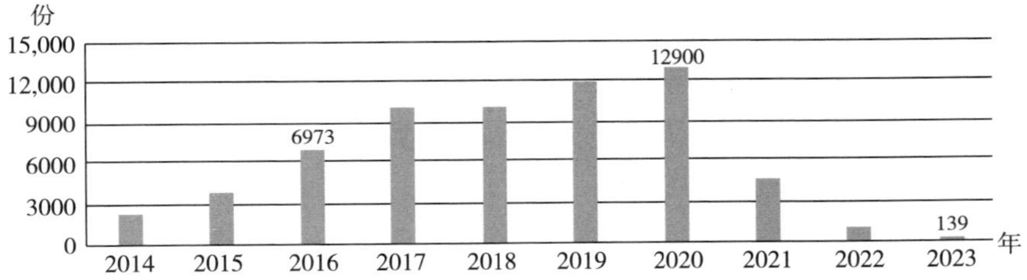

图 5-1　2014~2023 年非法吸收公众存款罪案例情况

以上司法现象属于经济社会转型与司法适用扩张双重作用下的现实呈现。一方面,P2P"爆雷潮"与私募基金公司"爆雷潮"的本质原因是特定阶段的经济转型。市场主体的资金需求促使民间融资极大发展,催生了各种形式的融资方式,但互联网金融领域、私募基金领域等众多场域的非法吸收公众存款行为也随之而来。另一方面,近年来,将无法兑付投资者或者即使能够兑付但投资者"闹事"的平台或公司以非法吸收公众存款罪立案,也已经成为某些地方的惯常做法。甚至可以说,司法机关基本上秉持着维稳思维应对"爆雷潮"。此举的结果是,为了安抚投资人,将本罪不当地扩张适用,使其脱离了原有的法律框架。由于认定集资人构成集资诈骗罪要求行为人主观上具有非法占有目,非法占有目的系主观层面的构成要件要素,需

[1] 参见董悦:《非法集资"从严"政策的教义学反思》,载《哈尔滨工业大学学报(社会科学版)》2021 年第 2 期。

要借助外在的客观行为加以认定，在操作过程中存在认定难度。办案人员在无法以集资诈骗罪追究行为人刑事责任的情况下，可能会转而适用非法吸收公众存款罪。非法吸收公众存款罪从一个长期沉睡的罪名蜕变为“口袋罪”，折射出刑事政策的改变，也说明刑法扮演了社会管理的兜底角色，但这种政策导向的剧变极易导致本罪被滥用。基于此，我们需要挖掘该罪名沦为“口袋罪”的原因，找出有针对性的解决方案，以最终实现对该罪名的限缩适用。

二、非法吸收公众存款罪的异化表现

（一）犯罪对象的异化：从“存款”异化为“资金”

“资金”最初是一个经济学上的概念，是指经营工商业的本钱，也指用于国民经济发展的物资或货币，既包括货币资金，也包括公债、股票等票据，还包括其他实物等。“存款”是指商业银行等具有存款业务经营资质的金融机构接受客户存入的资金。当社会公众将手中的资金通过储蓄业务存入银行等金融机构，与之建立起债权债务关系时，“资金”才转变为“存款”。[1] 由此可见，相较于“存款”，“资金”的外延更大，两者不可等同。

《刑法》第 176 条将非法吸收公众存款罪的犯罪对象限定为“公众存款”。然而，后续出台的法规、规章并未严格按照《刑法》条文的规范意旨对本罪的犯罪对象进行解释，而是呈现将其异化为“资金”的趋势。“存款”异化为“资金”发端于 1998 年颁布的《非法金融机构和非法金融业务活动取缔办法》（以下简称《取缔办法》，已失效），《取缔办法》第 4 条对于“非法吸收公众存款”与“变相吸收公众存款”进行了定义。以此为开端，非法吸收公众存款罪的犯罪对象从最初法定的“存款”嬗变为“资金”，具有了国家层面的法律依据。2010 年颁布的《非法集资司法解释》第 1 条直接更改了对本罪罪状的表述，即非法吸收公众存款是指违反国家金融管理法律规定，向社会公众（包括单位和个人）吸收资金的行为——这里的吸收对象转变为“公众资金”，突破了“存款”原本的含义。第 2 条还通过列举的方式增加了 11 项具体的非法吸收资金行为（2022 年修正后增加为 12 条）以及 1 项兜底条款，并

---

〔1〕 参见王新：《非法吸收公众存款罪的规范适用》，载《法学》2019 年第 5 期。

且对于吸收资金的目的不加区分，从而扩大了本罪的适用范围。至此，非法吸收公众存款罪不再只规制间接融资行为，还规制直接融资行为。

由于司法解释开了“资金”的口子，司法实践中，法院在审理非法集资类案件时，通常也不会对“资金”与“存款”加以区分，而是将“存款”直接等同于资金。学界与实务界之所以对于本罪的犯罪对象是“存款”还是“资金”存在争议，本质上源于对本罪保护法益的理解偏差。

（二）保护法益的异化：从“国家金融管理秩序”异化为“公众资金安全”

20 世纪 90 年代，我国民营经济的发展和生产建设带来了巨大的资金缺口，有些企业或个人为借机获利，在未经国家批准的情况下，私自开展银行金融业务，多以投资为名目，向具有闲散资金的社会公众吸收资金，使得银行等金融机构的资金大量流失，扰乱了正常的金融管理秩序。为了打击此类不法行为，《商业银行法》《刑法》相继出台，旨在对非法吸收公众存款的不法行为予以规制。可见，《刑法》设置该罪名的初衷在于打击向社会公众非法吸储放贷的行为，为的是保护商业银行的吸储业务，维持国家金融管理秩序的稳定。《刑法》关于本罪的表述为“非法吸收公众存款或者变相吸收公众存款，扰乱金融秩序的”。对此，从文义角度解读，“扰乱金融秩序”作为对“非法吸收公众存款或者变相吸收公众存款”的限定，说明了本罪的成立除了要求行为人具备非法吸收公众存款或变相吸收公众存款的行为，还要求行为造成扰乱金融秩序的危害结果。然而，在司法实务中，司法机关在判断行为的法益侵害性时，会陷入一种“将投资人未被兑付完毕、遭受财产损失的结果等同于扰乱金融秩序的危害结果”的司法惯性之中，进而出现以结果进行客观归责的趋势。为了安抚投资人、达到维稳目的，对于集资人因资金链断裂无法兑付投资人的情况，法院会倾向于以本罪论处。司法实践以结果为导向，而非以罪名的保护法益、构成要件为出发点认定是否构成本罪的错误判定逻辑，使得本罪保护的法益发生了偏差。[1]

如前所述，《非法集资司法解释》第 1 条对于非法吸收或变相吸收公众存款的定义、第 2 条列举的 12 种向社会公众非法吸收资金的情形，使得非法

---

〔1〕 参见王霖、孙伟乐：《非法吸收公众存款罪适用泛化的纠偏》，载《财经法学》2023 年第 1 期。

吸收公众存款罪的规制对象远远超出了《刑法》最初预设的范畴。随着规制对象的变化，本罪所保护的法益在实然层面也随之扩张，本罪承担的功能不再局限于保护国家的金融管理秩序，还被赋予了维护社会公众资金安全的规范目的。如此一来，更促使本罪的法益在司法实践中异化，从"国家金融管理秩序"逐渐扩张为"公众资金安全"。

非法吸收公众存款罪保护的法益仍然处于一种不确定的状态，犯罪圈界定不合理，对于该罪沦为"口袋罪"起到了根本的推动作用。[1] 面对此种现实，学界关于非法吸收公众存款罪的法益仍有分歧，未能向司法实践提供一致的学理观点。同时，司法实践在处理非法吸收公众存款案尤其是其中存在争议的案件时，几乎未对这些学说作出过回应，只是一味地从现实需求的实践理性出发，这不能不说属于一种遗憾，这些都相当程度上助长了非法吸收公众存款罪的适用泛化。

第三节　非法吸收公众存款罪司法适用之检视

有必要从非法吸收公众存款罪的构成要件、违法性认识、处罚必要性等维度出发，反思司法实践中非法吸收公众存款罪罪名的错位问题。对于非法吸收公众存款罪的理论与实务现状进行检视后可以发现，法律规定及司法实践在认定保护法益、入罪的前提，以及对非法吸收公众存款罪四大特性的判断等方面的模糊化处理，均是本罪逐渐沦为"口袋罪"的原因。

一、非法吸收公众存款罪保护法益之检视

（一）传统观念之掣肘

传统观念认为，非法吸收公众存款罪保护的是银行等金融机构的揽储业务，实际上是维护银行等金融机构在融资领域的优势地位，彰显的是国家对金融机构进行特别保护的立场。这种传统观念的存在，可能促使司法工作人员将合理融资但未造成金融风险的行为也纳入本罪的制裁范围。再

---

〔1〕 参见彭新林：《非法吸收公众存款罪法益的理论辩正与定位革新》，载《人民法院报》2022 年 7 月 14 日，第 5 版。

者，法律并未对非法吸收公众存款罪的规制对象进行区分，将其分为直接融资与间接融资，而是对非法融资行为笼统地加以规制。然则，不同融资方式所面临的金融风险不同，相应的规制需求也不尽相同。倘若将融资后因正常经营风险导致的资金链断裂的行为或者有瑕疵的融资行为等直接融资行为，以间接融资的要求和标准进行衡量，难免会不当扩大非法吸收公众存款罪的适用范围，增加民间融资的刑事风险。

（二）客体认定之混乱

根据体系解释方法，本罪位于《刑法》分则第三章第四节“破坏金融管理秩序罪”中，因此本罪的保护法益应当包含国家金融管理秩序。但是，目前本罪的客体是单一客体还是复杂客体仍存在争议。学界对于非法吸收公众存款罪的保护法益存在多种学说，包括金融管理秩序说、金融市场准入说、金融交易秩序说、公众资金安全说、利益说、风险说等。其中，传统的金融管理秩序说是从本罪刑法条文的规范目的和在刑法中的体系出发，对本罪的法益作出的解读。其认为本罪的直接客体是国家的金融管理秩序，具体而言就是国家对于存款的管理秩序；[1]金融市场准入说以国家金融准入秩序作为法益的内容；[2]金融交易秩序说则更加侧重于保护资金供求双方之间的金融交易秩序；主张公众资金安全说的学者认为，本罪保护的法益不能仅停留在金融管理秩序这种抽象的法益上，更应该致力于保护这种抽象法益背后的终极法益，他们认为本罪保护的法益一层是国家的金融管理秩序，另一层是通过金融监管的方式保障公民个人的资金安全，故在认定非法集资行为是否具有法益侵害性时，应当在对行为是否侵害金融管理秩序作出判断后，再进一步对是否侵害公众资金安全进行判断；利益说主张本罪所保护的法益为市场参与者在金融市场中形成的一种主体之间的信任关系；风险说认为非法吸收公众存款罪的保护法益是金融安全，本罪的设置旨在防范金融风险。

---

〔1〕 参见冯军、梁根林、黎宏主编：《中国刑法评注》，北京大学出版社 2023 年版，第 1598 页。

〔2〕 参见时方：《非法集资犯罪中的被害人认定——兼论刑法对金融投机者的保护界限》，载《政治与法律》2017 年第 11 期。

总体而言，金融管理秩序说仅以金融管理秩序作为本罪保护的法益，已经不能满足当前的现实需求；金融市场准入说过于强调对于国家金融机构的特别保护，已经不合时宜；金融交易秩序说忽略了本罪的立法初衷，摒弃了对于金融管理秩序的保护；利益说以金融市场主体之间的信任关系是否遭到破坏作为法益是否受到侵害的判断标准，这种法益相较于金融管理秩序更具抽象性，难以判定，也必然导致处罚范围的不确定性；公众资金安全说将金融秩序具象化，落脚到公众的资金安全，但是如果将对集资参与人财产安全的实际危害作为本罪的保护法益，司法实务中容易陷入唯结果论的错误做法，一旦集资人未得到兑付，就认定行为侵害了公众资金安全，从而具有刑事法上的法益侵害性，这种认定逻辑，显然会致使非法吸收公众存款罪的适用扩大化。

以"非法吸收公众存款罪＋法益"为关键词进行检索，可发现多数裁判文书在描述本罪侵犯的法益时采取的是"国家金融秩序"或"国家金融管理秩序"的表述，[1]还有些裁判文书采用了"社会经济秩序"的笼统表述。[2]以上学说对于实务界的影响甚微，一方面，是因为学说本身的自洽性有所欠缺；另一方面，是因为无论是传统理论，还是在批判原有学说基础上产生的新理论，在法益的抽象程度上相差无几，在具体认定上亦不具有现实可行性。理论与实务界对于犯罪客体的认识分歧，导致司法实践对于本罪的认定混乱，是本罪司法适用扩大化的源头。

（三）法益要件之虚化

在中国裁判文书网检索近五年的相关案件可以发现，司法机关在对涉嫌非法吸收公众存款罪的当事人定罪时，判决书中少有提及本罪的法益要件，更不要说对于涉案行为是否侵犯本罪法益进行详细论述。较为普遍的做法是直接援引《非法集资司法解释》中关于非法吸收公众存款罪四大特征，以及入罪起点（吸收资金的数额、对象的人数和资金损失的数额）的规定，只要集资行为符合这四个特征，并且达到了相应的标准，就径直得出当

---

〔1〕 参见广东省高级人民法院再审审查刑事通知书，(2021)粤刑申164号；广东省东莞市中级人民法院刑事裁定书，(2020)粤19刑终786号；北京市朝阳区人民法院刑事判决书，(2019)京0105刑初1404号。

〔2〕 参见山东省威海市中级人民法院刑事裁定书，(2019)鲁10刑终26号。

事人成立本罪的结论。由此可见，司法实践中本罪的法益要件在定罪时近乎虚置，更遑论通过对本罪的条款进行目的解释，发挥法益要件限制入罪之功能。

（四）投资人过度保护之倾向

近年来，非法集资类案件呈现高发态势，集资人数、涉案金额攀升，犯罪手段更加多样化，P2P、私募基金领域的“爆雷”层出不穷，打击非法集资类犯罪成为司法机关的重点任务。除了严峻的现实，司法机关还面临着巨大的维稳压力。非法吸收公众存款罪的成立要求行为具备“社会性”，此类案件的受害人众多，属于较为典型的涉众类案件。一旦处置不当，可能会引发集资参与人集体上访、寻衅滋事等群体性事件，将会严重扰乱社会经济秩序。出于对刑事政策、法律适用效果的考量，部分司法机关倾向于保护投资者利益，定罪倾向明显，不当地扩大了非法吸收公众存款罪的适用半径。

但是，很多时候投资者存在赌徒心理，为获取高额回报而积极参与投资或者拉他人“垫背”。所以，若保持非法吸收公众存款罪法益定位不变，维持当前较低的入罪门槛，则有过度保护投资人之嫌，让“金融压抑”下的法律风险全部由融资者承担，造成民间融资领域融资者与投资者之间的风险分配不公。在笔者承办过的一起P2P网络贷款平台涉嫌非法吸收公众存款罪的案件中，涉案公司高级管理人员已经在地方金融管理部门的指导下完成了良性清退任务，并且按照先前公示的兑付方案对确权投资人进行了兑付，但是由于部分投资人不满足于集资人仅退还本金，还提出了支付高额利息的诉求。这形成了巨大的“投资人压力”，不仅使公安机关对之进行了刑事立案，而且面对众多投资人的压力，司法机关对集资人作出免予刑事处罚、不作为犯罪处理或判处缓刑的处理结果，就会有所顾虑，慎之又慎。

二、非法吸收公众存款罪四大特征之检视

根据《非法集资司法解释》，非法吸收公众存款罪的入罪前提在于行为具有非法性、社会性、公开性、利诱性。从法律规定来看，司法解释对于此四大特征缺乏具体明确的规定；从实务现状来看，司法机关对于这四个特征的认定思路存在不当之处，弱化对非法性的认定，对于非法性的认定浮于表面、流于形式。

（一）非法性之检视

1. 法律规定的模糊与多变

非法吸收公众存款罪属于法定犯，本罪的入罪前提在于吸收资金的行为具有非法性，如果行为人合法地向社会公众吸收存款，则不成立本罪。就这一点而言，实务中司法人员对于本罪的认定应当先从非法性入手，再对其他三个特征进行判断。

首先，我们可以从我国不同时期的法律、司法解释、行政法规观察非法性之流变。最早关于非法吸收公众存款的表述出现在1995年颁布实施的《商业银行法》中，即“未经中国人民银行批准，擅自设立商业银行，或者非法吸收公众存款、变相吸收公众存款”。在这一概念中，非法吸收公众存款的非法性在于“未经中国人民银行批准”。在最高人民法院于1996年印发的《关于审理诈骗案件具体应用法律的若干问题的解释》（已失效）中，出现了对“非法集资”的表述，即“法人、其他组织或者个人，未经有权机关批准，向社会公众募集资金”。在此，非法性体现为“未经有权机关批准”，这里的批准主体为“有权机关”，相较此前的中国人民银行更加概括。两相比较之下可以看出，非法吸收公众存款与非法集资并非同一个概念，两者系属不同行为。这一点，在1998年国务院颁布的《取缔办法》中得到了印证，该办法将两者予以区分，分别规定在第4条第1款的第1项和第2项。然而，2010年最高人民法院颁布的《非法集资司法解释》在对非法吸收公众存款与变相吸收公众存款进行定义时，却将非法吸收公众存款与非法集资进行了混同，将两者的概念杂糅在一起。根据《非法集资司法解释》第1条的规定，“非法吸收公众存款或者变相吸收公众存款”是指违反国家金融管理法律规定，向社会公众吸收资金的，并且同时具备非法性、利诱性、公开性、社会性的行为。如此一来，造成了非法吸收公众存款行为的非法性与非法集资行为的非法性难以区分的局面。

1999年中国人民银行下发了《关于取缔非法金融机构和非法金融业务活动中有关问题的通知》（以下简称《取缔通知》），该通知第1条在定义“非法集资”时,[1]采用的是“未依照法定程序经有关部门批准”的表述,并且将“以合法形式掩盖其非法集资的性质”作为非法集资行为的四大特征之一。2010 年《非法集资司法解释》取消了以往非法性认定的单一形式标准,正式确定了非法性的二元认定标准,即“形式 + 实质”的认定标准。详言之,非法性是指未经有关部门依法许可或借用合法经营的形式吸收资金。“未经有关部门依法许可”与“借用合法经营的形式吸收资金”为选择性要件,满足其中任一要件,就可以认定涉案行为具有非法性。接下来,详细分析此两个要件。

其一,“未经有关部门依法许可”是从形式上对于非法吸收公众存款罪的非法性进行认定。相较于从前的“批准”,“许可”的涵盖范围更加宽泛,包括未经依法备案的集资行为。这种认定方法虽然在一定程度上便利了司法操作,但是有关部门具体是指哪些部门,司法解释并未明确。此外,单一的认定标准并不能满足新形势下对多种形式非法吸收公众存款犯罪的规制需求,从而驱生了实质认定标准。[2]

其二,“借用合法经营的形式吸收资金”是指涉案行为虽然符合相关法律规范,在形式上具有合法的表象,但实质上却是非法集资行为,这是从行为的本质来界定非法吸收公众存款罪的非法性。这一实质判断标准的出现是为了弥补形式标准在认定非法性上的不足。然而,法律、司法解释却没有对如何适用实质标准进行判断作出更进一步的规定,可能造成该标准的虚置。详言之,当向公众吸收资金的行为形式合法,已经经过有关部门许可,或者不属于法律禁止的事项时,便无法从形式上判断行为是否具有非法性,司法工作人员就会转而适用实质标准,但实质标准又过于抽象和概括,在实践中缺乏具体可操作的认定规则,为司法工作人员适用该标准进行非法性的认定留下了很大的空间,有的司法工作人员对行为是否满足实质标准进

---

〔1〕《取缔通知》第 1 条规定:“非法集资是指单位或者个人未依照法定程序经有关部门批准,以发行股票、债券、彩票、投资基金证券或其他债权凭证的方式向社会公众筹集资金,并承诺在一定期限内以货币、实物及其他方式向出资人还本付息或给予回报的行为。它具有如下特点:(一)未经有关部门依法批准,包括没有批准权限的部门批准的集资以及有审批权限的部门超越权限批准的集资;(二)承诺在一定期限内给出资人还本付息。还本付息的形式除以货币形式为主外,还包括以实物形式或其他形式;(三)向社会不特定对象即社会公众筹集资金;(四)以合法形式掩盖其非法集资的性质。”

〔2〕参见王新:《非法吸收公众存款罪的规范适用》,载《法学》2019 年第 5 期。

行模糊判断，将本不具备非法性的行为认定为非法吸收公众存款。

“违反国家金融管理法律规定”在2010年《非法集资司法解释》中已经规定，2022年《非法集资司法解释》予以沿用，此种表述为空白罪状，[1]没有直接描述非法吸收公众存款罪的构成要件特征，而是要求办案机关在认定非法性时，应当以国家金融管理法律法规作为依据。回顾我国非法吸收公众存款罪相关法律法规及司法解释，其关于非法性的规定基本上停留于原则性层面，更多的是一种抽象的价值宣示，可操作性不强，这直接导致难以为非法性判断提供细致规则从而模糊了罪与非罪的边界，本罪的规范目的也难以被探究，导致非法性的认定成了理论与司法实践中的难点问题，为非法吸收公众存款罪成为新的“口袋罪”创造了基础性条件。

其次，2010年《非法集资司法解释》为了满足打击非法集资犯罪的现实需求，将非法吸收公众存款罪的犯罪对象由“存款”转换为“资金”、规制行为从“直接融资行为”扩展至“间接融资行为”、保护法益从单一的“国家金融管理秩序”更替为“公众资金安全”，这些均偏离了《刑法》原本预设的本罪的犯罪对象、规制行为、保护法益。由此，国家监督管理法律法规统括了融资管理法律法规，不再仅包括只规制间接融资行为的《商业银行法》，还涵盖了规制直接融资行为的法律法规。笔者通过检索发现，《证券法》《证券投资基金法》《私募投资基金监督管理暂行办法》《合伙企业法》等法律法规已经成为部分法院审理非法集资案件时借以认定行为非法性的前置法律依据。[2] 从实然层面讲，直接融资的法律法规已经被纳入非法吸收公众存款罪的前置法中，不能以单纯的理论推演将直接融资法律法规排除在本罪的前置法之外。[3] 但是，前置法的范围、效力层级等尚未被确定下来，导致司法实践中对非法性的认定具有很强的不确定性。再者，近年来，P2P网络贷款、私募股权基金等新类型非法集资案件爆发式增长，相关监管规定的缺乏使得司法

---

〔1〕 空白罪状是指条文没有直接地规定某一犯罪构成要件的特征，而是指明确定该罪构成要件需要参照法律法规的规定。空白罪状必须与其他相关法律法规相结合，才能够正确地认定该种犯罪的特征。

〔2〕 参见广东省深圳市中级人民法院刑事裁定书，(2019)粤03刑终2029号；广东省深圳市中级人民法院刑事裁定书，(2019)粤03刑终2113号；广东省深圳市罗湖区人民法院刑事判决书，(2019)粤0303刑初135号；北京市朝阳区人民法院刑事判决书，(2019)京0105刑初1404号。

〔3〕 参见邢飞龙：《非法吸收公众存款罪之“非法”认定的新路径——以法定犯和新型融资案件为中心展开》，载《法律适用》2020年第20期。

实务陷入一种无前置法可依的境地,非法性的认定缺乏充分的依据。

最后,司法解释对于非法吸收公众存款罪的重新定义及功能定位,或使本罪成为集资诈骗罪与擅自发行股票、公司、企业债券罪的兜底罪名。其一,非法吸收公众存款罪与集资诈骗罪存在诸多差异。在《刑法》体系中,虽然两者均位于破坏社会主义市场经济秩序罪一章,但是非法吸收公众存款罪属于第四节破坏金融管理秩序罪中的罪名,集资诈骗罪则属于第五节金融诈骗罪中的罪名。由此观之,两者所侧重保护的法益并不完全相同,虽然两罪都被赋予了保护国家金融管理秩序的功能,但前者更侧重于维护国家金融管理秩序的稳定,后者更侧重于对于公民财产权的保护。除了保护的法益存在差别,两罪的犯罪对象也不相同。集资诈骗罪侵犯的对象为集资款,既可以是资金,又可以是财物;非法吸收公众存款罪的对象是公众的存款。《刑法》将非法吸收公众存款罪的犯罪对象限定为"存款",是从该罪名保护的法益,以及规范目的出发的,而集资诈骗罪由于行为人的主观恶性更为严重,则将其犯罪对象确定为资金。集资诈骗罪与非法吸收公众存款罪的区别从表征上看主要在于行为人是否具备非法占有目的及是否实施了诈骗行为,但究其根本,背后的底层区别在于两罪保护的法益不同。然而,实务中,在集资诈骗案件中,对于无法认定主观上具有非法占有目的的行为人,部分司法机关的做法是退而求其次,以非法吸收公众存款罪来定罪,这种做法也使本罪沦为了集资诈骗罪的兜底罪名。其二,擅自发行股票、公司、企业债券罪只能规制股票、债券发行活动中的非法融资行为,而采取投资合同形式的非法集资活动只能留给非法吸收公众存款罪予以规制,使非法吸收公众存款罪也成了擅自发行股票、公司、企业债券罪的兜底罪名。

2. 司法认定的惯性思路

一方面,司法机关对于非法吸收公众存款罪四大特征的认定并不存在固定的先后顺序。因此,司法人员不一定对非法性先行认定。相反,可能在考察完其他三个特征后,才最终对非法性进行认定。此种认定方式遵循的是以其他三种特征推定非法性的路径。这种做法使得作为首要特征、最应该先进行认定的非法性特征被弱化。这种司法现象在 P2P 领域的非法吸收公众存款案件中尤甚。P2P 网贷公司通过搭建互联网平台的方式,帮助有资金需求的借款人与有投资需求的出借人建立联系,促使双方在互联网平台完成借贷。P2P 网贷的模式具有天然的公开性与社会性,并且有息借款本身也以还本付息为特点。再加上有些 P2P 网贷平台在运营时,实质上形成了资金池,一旦众多借款人无法还款,导致平台资金链断裂,相关人员就极有可能以非法吸收公众存款罪被追究刑事责任。在这种情况下,倘若司法机关忽视对非法性的考察,就会使罪与非罪的界限难以准确划定,从而降低入罪门槛。另一方面,在非法吸收公众存款案件中,部分司法机关对于非法性的考察停留于表面,非法性特征并不能起到限制入罪的作用,其并不会进行细致的判断,只是笼统地对于涉案行为是否具有非法性进行认定。

(二)社会性之检视

社会性是从吸收存款对象的角度,对行为进行认定。非法吸收公众存款罪中的社会性体现在向不特定社会公众吸收资金,其中包含两个要素,即“不特定”和“多数人”。

一方面,“不特定”作为社会性的判断要素,具有高度的概括性,在集资对象达到可以追究刑事责任的人数标准时,对象是否特定是很难判断的。既然“不特定”难以认定,《非法集资司法解释》选择了反向规定的方式,将“特定对象”限制在亲友或者单位内部等小范围、可控的人群。根据《非法集资司法解释》第 1 条第 2 款的规定,非法吸收公众存款罪要求向不特定多数人吸收资金,单纯向亲友或者单位内部人员等特定对象吸收资金的,则不构成本罪。此为本罪的出罪事由之一。但是,笔者认为,即便存在出罪条款,该条款的适用仍存在诸多问题,包括如何界定亲友、单位内部员工范围的问题;集资对象既有亲友或单位内部员工,又有少数其他不特定对象时,对象是否能够被认定为具有社会性的问题;向亲友吸收的资金是否可以从非法吸收公众存款的金额中扣除的问题等。

首先,由于“亲友”“单位内部员工”的外延并不确定,缺乏统一的认定标准。因此,实践中,司法机关要准确认定“亲友”“单位内部员工”的范围,还需要通过相关证据对集资参与人的身份及其与集资人的关系进行一一核验,然而在有些非法吸收公众存款案件中,投资人人数众多,其中的证明难度可想而知。其次,该条款几乎没有额外的适用空间,只能适用于行为人仅向亲友或单位内部人员吸收资金的行为。然而,实践中,对于绝大部分非法集资的案件,行为人在向亲友或单位内部人员吸收资金的过程中,吸收对象会逐渐扩大到特定范围之外的人群,最后因无法兑付多人而案发。由于仅向亲友及单位内部人员吸收资金的情形在实践中并不常见,该条款的适用范围极其有限。最后,根据最高人民法院、最高人民检察院、公安部印发的《关于办理非法集资刑事案件若干问题的意见》,非法吸收或者变相吸收公众存款构成犯罪,存在三种情形,向亲友或者单位内部人员吸收的资金也应当与向不特定对象吸收的资金一并计入犯罪数额。这三种情形包括:(1)在向亲友或者单位内部人员吸收资金的过程中,明知亲友或者单位内部人员向不特定对象吸收资金而予以放任的;(2)以吸收资金为目的,将社会人员吸收为单位内部人员,并向其吸收资金的;(3)向社会公开宣传,同时向不特定对象、亲友或者单位内部人员吸收资金的。然而,经检索相关案例发现,司法实践中对于行为人既向亲友吸收资金,又向亲友以外的其他人吸收资金的情形,法院通常不会对向亲友吸收的资金和向亲友以外的人吸收的资金加以区分,对于辩护律师提出的扣除向亲友吸收的金额的请求,通常也不会予以采纳。[1]。对此司法现状,笔者通过一则案例予以说明。

案例1 | 被告人沈某某违反国家金融管理法律规定,未经国家有关部门依法批准,向谢某某、江某某、钱某某等社会不特定对象非法吸收资金5728.07万元,已返还本金123万元,支付被害人利息518.31万元,造成被害人直接经济损失共计5086.76万元,数额巨大,其行为已构成非法吸收公众存款罪。

法院认为,关于辩护人提出的被害人江某某、吴某、江某、刘某某、江某甲、夏某某与沈某某是亲戚或朋友关系,沈某某与上述人员间的借款应认定为普通民间借贷,不应认定为犯罪事实的辩护意见,其中,被害人江某虽系沈某某表妹,但纵观全案,沈某某吸收资金的行为无针对性,其向江某借款的目的亦无不同,其借款对象既有亲友、单位职工等内部人员,又有其他社会人员,明显超出了向亲友等特定人员借款的范围,综合沈某某与相关人员的交往程度、借款方式、借款目的等因素,上述人员均应纳入社会公众的范围。故对辩护人的前述辩护意见不予采纳,但对上述人员要求对沈某某从

---

[1] 参见北京市第三中级人民法院刑事裁定书,(2022)京03刑终32号;广东省佛山市中级人民法院刑事裁定书,(2020)粤06刑终781号;辽宁省大连市中级人民法院刑事裁定书,(2021)辽02刑终365号;山东省青岛市中级人民法院刑事裁定书,(2021)鲁02刑终305号;湖北省武汉市中级人民法院刑事裁定书,(2021)鄂01刑终292号。

轻处罚的意见，在量刑时可酌情考虑，对辩护人提交的相关申请书可予认定。[1]

上述案例说明，当行为人非法吸收公众存款的行为对象既有亲友，又有亲友以外的其他人员时，实践中法院并不会直接将向亲友吸收的资金从非法吸收公众存款犯罪金额中予以扣除，还是会考察是否超出向特定人员借款的范围，对于行为是否具有社会性进行综合判断。

另一方面，《非法集资司法解释》设置了本罪的人数标准，即非法吸收或者变相吸收公众存款对象150人以上。以人数作为社会性的认定标准，在实践中的可操作性较强。但是，囿于司法惰性，部分司法机关更愿意将吸收对象的人数作为单一的形式标准来判断行为对象是否具有社会公众性，而不再考虑人数是否特定。由此，将那些仅属于民间借贷的行为、仅向特定对象吸收资金的行为也纳入了本罪的打击范围。这种以集资对象的人数作为形式标准认定社会性的做法，在一定程度上简化了对于社会性的认定，但也扩大了入罪的口径。

(三)公开性之检视

非法吸收公众存款罪的公开性，是指集资人通过媒体、推介会等途径向社会公众公开宣传。这一特征由2010年《非法集资司法解释》明确。公开性与社会性分别从集资方式及集资对象两个不同角度描述非法吸收公众存款犯罪的涉众特征，两个特征的联系十分密切。因此，司法实务中，办案机关基本形成了“保本付息 + 不特定多数人”的双重认定模式。[2] 这种模式下，本罪的认定方式得到了极大简化，提高了司法操作的效率。然而，此种模式存在明显的弊端，表现在：其一，模糊了对于非法性的认定，在非法性特征的框架外，对于公开性、社会性进行认定，使其脱离了应有的定罪功能；其二，社会性与公开性并非非法吸收公众存款罪的独有特征，不能将本罪与擅自发行股票、公司、企业债券罪，集资诈骗罪区分开来；其三，不能明确区分本罪与合法的民间借贷行为、融资行为。

---

〔1〕 参见安徽省安庆市迎江区人民法院刑事判决书，(2015)迎刑初字第00112号。

〔2〕 参见刘天宏：《非法吸收公众存款罪司法实务认定的偏差与纠偏》，载《大连海事大学学报(社会科学版)》2021年第4期。

最高人民法院、最高人民检察院、公安部《关于办理非法集资刑事案件适用法律若干问题的意见》第 2 条提到，“向社会公开宣传”除了以各种途径向社会公众传播吸收资金的信息，还包括明知吸收资金的信息向社会公众扩散而予以放任的情形。后一情形具体是指那些并未主动采取各种宣传方式，但放任吸收资金的信息扩散的情形，以“口口相传、以人传人”为主要示例。这种方式虽然相较之下欠缺明显的宣传行为，且行为人主观上可能系间接故意，却也造成了集资信息在一定社会范围内扩散的结果。因此，很多司法机关也将“口口相传”界定为公开宣传，例如下面的一则案例。

案例 2 | 2012 年至 2020 年 1 月，被告人慕某某以自己或熟人赵某某（另案）工程资金周转为由，通过口口相传的方式，向社会不特定对象吸收存款，承诺月息 2 至 3 分，共向 43 名不特定社会对象吸收存款 1206.6 万元，归还本金 149.1 万元、支付利息 66.06 万元。

二审法院认为，慕某某以其或赵某某工程资金周转为由，以承诺高额利息的方式，向 43 名集资参与人吸收资金，并在此过程中，向部分集资参与人告知让他们通过亲朋好友向其借款，部分集资参与人亦是通过他人介绍向慕某某借款，应当认定其向社会公众宣传，同时向不特定对象、亲友吸收资金。慕某某在大量借款不能按期付息及无偿还能力的情况下，对借款到期无法偿还应具有相应认识，但其仍继续面向社会公众吸收资金，放任危害结果的发生，最终造成巨额损失无法追回的结果，证明其主观上具有非法吸收公众存款的故意。[1]

可见，此案秉承的是从结果出发来认定公开性的逻辑，并且行为人对于口口相传的宣传方式予以放任，主观上一般对于危害结果的发生或扩大呈放任态度。而将口口相传认定为公开宣传的方式，也使得实务中对于公开性的认定更加宽松。

（四）利诱性之检视

所谓利诱性，是指集资人为吸收公众存款，向集资参与人承诺在一定期限内还本付息或者给付回报。集资人为了获取资金，一般需要给予集资参与人一定的回报，在非法吸收公众存款犯罪中，这种回报具有高额性，旨在

---

〔1〕 参见甘肃省庆阳市中级人民法院刑事裁定书，（2023）甘 10 刑终 93 号。

引诱潜在投资人。除此之外，在合法的借贷、融资活动中，也大多会承诺给付出借人或者融资人一定的利息，并承诺按期还本付息。因此，将还本付息作为区分合法借贷、融资行为与非法吸收公众存款的行为特征，不具有典型性，并不利于司法机关区分、认定复杂的融资行为。反观实务中，部分司法机关在对涉嫌非法吸收公众存款罪的行为人定罪时，强化了利诱性的特征。但如果过度强调还本付息在认定本罪中的作用，甚至将其作为首要特征，难免会将一些合法的民间融资行为界定为本罪，压制民间资本的自由发展，有悖谦抑性的刑法理念。

三、非法吸收公众存款罪可罚性阻却事由之检视

（一）退赃退赔从宽条款的适用困境

《刑法修正案（十一）》增加了非法吸收公众存款罪退赃退赔从宽条款，即行为人在提起公诉前积极退赃退赔，减少损害结果发生的，可以从轻或者减轻处罚；在提起公诉后退赃退赔的，可以作为量刑情节酌情考虑。此条款体现了宽严相济的刑事政策，对于那些能够积极退赃退赔，减少社会公众损失的行为人，考虑到其在事后对于法益进行了修复，行为的社会危害性减少和行为人的人身危险性降低，因此，在量刑上给予其一定程度的从宽。然而，尽管《刑法修正案（十一）》在立法层面设置了退赃退赔从宽这一量刑情节，但是该条款在实践中的适用仍然存在困境。

首先，适用退赃退赔条款以行为人积极退赃退赔为前提，但是“积极”一词是对行为主体主观方面的描述，没有固定、明确的判断标准，具有强烈主观色彩的表述徒增了证明难度。

其次，除了《刑法修正案（十一）》，2019 年最高人民法院、最高人民检察院、公安部印发的《关于办理非法集资刑事案件若干问题的意见》中也提及涉案人员主动退赃退赔的，可以从轻处罚，在情节显著轻微、危害不大的情况下，甚至不作为犯罪处理。然而，这一规定的适用以满足“积极配合调查”“主动退赃退赔”“真诚认罪悔罪”多个要件为前提，这几个要件均包含对于涉案人员主观方面的评价。当涉案人员同时具备以上多个要件时，特别是在认罪认罚案件中，司法机关不好确定适用退赃退赔从宽条款对行为人的量刑减让程度。这是因为，积极退赃退赔本身就能够在一定程度上体现行

为人认罪悔罪的态度，与认罪认罚从宽制度的适用存在重叠之处。

再次，退赃退赔从宽条款并没有明确退赃退赔的额度，是否只有在全部退赃或退赔的情况下才能适用此条，抑或行为人只退赃退赔部分的也可以适用此条，并不清晰。退赃退赔部分的，相应的从宽幅度又应当如何确定。这些问题在实践中尚未形成统一的标准，而是由法官自由裁量。

最后，行为人在提起公诉前退赃退赔的，属于法定的量刑情节，可以对行为人从轻或者减轻处罚。但是，在提起公诉后退赃退赔的，就只能作为酌定的量刑情节考虑，是否从宽还要看司法机关如何裁决。以检察院提起公诉的时间为界限来区分对行为人的量刑程度，这种做法的目的在于督促行为人在案件起诉到法院之前就完成退赃退赔，避免在法院审理阶段因案件事实发生变化，导致检察官重新调整量刑建议，增加办案期限，其背后蕴含的是节约司法资源、提高司法效率的理念。但是，《刑法修正案（十一）》对于退赃退赔作出了较为严格的时间限制，一方面，对于行为人来说，仅因为在刑事诉讼的不同阶段退赃退赔，获得的刑罚宽宥便可能相差甚远，反而会降低其退赃退赔的意愿。另一方面，也压缩了退赃退赔条款的适用空间。实务中，相较于其他类型的案件，非法吸收公众存款案件中行为人需要退赔的数额通常比较大，特别是那些已经将资金用于合法经营的企业，需要一定的时间筹措资金，如果不能在提起公诉前筹措完毕，将吸收的资金全部清退，可能会与该条“失之交臂”。

（二）免责、出罪事由的适用困境

未经批准向社会公众吸收存款，对金融秩序造成实际损害或者具有造成损害的危险，已经符合非法吸收公众存款罪的构成要件，吸收存款的用途对本罪的成立不具有决定性的影响。[1] 这是因为，无论是将吸收的存款用于正常的生产经营活动，还是用于放贷，金融秩序遭受破坏的危害结果已经造成。但是，那些为了满足生产经营需要向社会公众吸收资金，由于经营亏损或者暂时的资金周转困难而未兑付本息所引发的纠纷，对于金融秩序的破坏以及公众资金安全的威胁相对而言没有那么大，行为的可谴责性也相对较低。

---

〔1〕 参见刘伟：《非法吸收公众存款罪的扩张与限缩》，载《政治与法律》2012 年第 11 期。

为了防止将形式上符合非法吸收公众存款罪构成要件但情节较轻的行为一律纳入打击范围,《非法集资司法解释》选择了一种折中的处理方式,对于以生产经营为目的吸收资金的行为,仍然遵循有罪的认定,只是在刑事处罚上予以适当放开。具体来讲,《非法集资司法解释》第6条设置了免责、出罪事由,[1]即从资金用途、投资人利益的角度出发,同时满足“将吸收的存款主要用于正常生产经营活动”“在提起公诉之前,能够及时清退吸收的资金”这两个条件的,可以免予刑事处罚;满足以上两个条件的同时,“情节显著轻微危害不大的”,不作为犯罪处理。然而,此条在实践中却鲜少被使用,原因在于:

其一,适用本条的前提之一是行为人将吸收的资金主要用于正常的生产经营活动。这里的“主要”作为对比例的描述,并未明确正常的生产经营活动应当占据经营活动的比例。所吸收的资金是否必须要全额清退,除了要返还本金,是否还要支付利息,这些问题需要明确,为类案中免责、出罪条款的适用提供标准,以防出现过多的同案不同判现象。

其二,“情节显著轻微危害不大的,不作为犯罪处理”属于刑法但书条款在非法吸收公众存款罪中的具体化。笔者经过检索发现,辩护律师以此条为依据进行辩护,法院在审判时采用该条对被告人出罪的案例少之又少。实务中,此条的适用仍然存在严格的限制。笔者将通过下文案例,展现当前该条在司法适用中的困境。

案例3 | 2011年5月9日,被告人胡某某、钱某某与邻水县原国土资源局签订了国有建设用地使用权出让合同,以补缴594万元土地出让金的方式获取了易星食品厂宗地的建设用地使用权。后被告人胡某某在该宗地上修建富源家园小区。从2010年12月开始,被告人胡某某、钱某某为归还信用社贷款赎回土地使用证、补交土地出让金、建设邻水县富源家园项目,通过口口相传、以人传人的方式公开宣传,向亲朋好友、熟人、邻居吸纳资金,并许诺2.5分至5分的月息。由此被告人胡某某以高额利息公开吸收存款的信息逐渐扩散,大量群众为获取高额利息主动借钱给被告人胡某某。从

---

[1] 《非法集资司法解释》第6条第2款规定:“非法吸收或者变相吸收公众存款,主要用于正常的生产经营活动,能够在提起公诉前清退所吸收资金,可以免予刑事处罚;情节显著轻微危害不大的,不作为犯罪处理。”

2010 年 12 月到 2014 年 12 月,被告人胡某某分别向冯某良、冯某华、魏某琼、王某久、秦某余、魏某芳、甘某奎、刘某、孙某荣等 166 名出借人吸收资金 6127.9 万元。被告人钱某某于 2014 年 5 月、11 月参与吸收了孙某荣、刘某的资金共计近 700 万元。被告人胡某某已归还所吸收资金本金 2276.5 万元,支付利息 2999.6653 万元,尚欠本金 3851.4 万元。

二审法院认为,关于胡某某上诉称其吸收公众存款是用于正常生产经营活动,应当免予刑事处罚的意见,经查,《非法集资司法解释》第 3 条第 4 款[1]规定,"非法吸收或者变相吸收公众存款,主要用于正常的生产经营活动,能够及时清退所吸收资金,可以免予刑事处罚;情节显著轻微的,不作为犯罪处理"。根据该规定,虽然上诉人胡某某、原审被告人钱某某吸收的公众存款主要用于正常的生产经营,但其欠集资参与人本金 6811.4 万元,欠其他债务人共计 1974.662582 万元,两项共计 8786.062582 万元,其资产仅为 5600 多万元,缺口达 3000 多万元,胡某某、钱某某非法吸收公众存款数额巨大,且不能及时清退,故不符合司法解释规定的免予刑事处罚的条件,对该上诉意见不予采纳。[2]

实践中,大多数辩护人援引该条进行辩护的,辩护效果确实有限。即使行为人将吸收的资金用于正常的生产经营活动,但未能将集资款全部清退完毕,只是部分清退的,大多数情况下,法院不会作出免予刑事处罚的决定。

第四节 非法吸收公众存款罪司法适用之路径

防范金融风险才是非法吸收公众存款罪的本质,这需要得到旗帜鲜明地重申。最好的社会政策才是最好的刑事政策,而不是相反。总体而言,刑法谦抑性在非法吸收公众存款案件中的折损应当止步,意欲实现此价值目标,则无疑需要总结众多典型案件,提取出共性规则,逐渐形成专业

---

[1] 此案例中适用的是 2010 年《非法集资司法解释》,相关规定参见 2022 年修正的此解释第 6 条第 2 款。

[2] 参见四川省广安市中级人民法院刑事裁定书,(2019)川 16 刑终 117 号。

共识。

一、重新界定保护法益

（一）坚守传统：维护国家金融管理秩序

在我国，只有银行业金融机构才能合法从事吸储和放贷业务，这是因为银行业金融机构具有相应资质和较强的风险防范能力，更容易避免因挤兑和坏账引起的系统性金融风险。相反，单位或个人未经许可向社会公众吸收或变相吸收公众存款，极易产生挤兑风险，可能破坏金融管理秩序，诱发社会群体性事件。无论是从体系解释的角度出发，还是从市场经济制度下维护金融管理秩序的现实需求出发，非法吸收公众存款罪仍不能脱离对原有法益的保护。但是，非法吸收公众存款罪保护的法益需要立足经济发展、金融创新，并且回应司法实务，还要弥补金融管理秩序的抽象性。因此，有必要在传统法益的基础上重新进行解读。

（二）与时俱进：防范和控制金融风险

学界对于非法吸收公众存款罪保护的法益众说纷纭，在众多学说中，笔者赞同风险防范说，理由在于，该学说符合当前背景下金融监管的刑事政策以及制度目的，对于国家金融活动进行监管的最终目的在于防范和化解金融风险，保障金融市场的安全。

从规范角度看，如今我国的经济形式、金融市场发展呈现开放态势，如果还是将本罪的犯罪对象限制为"存款"，将本罪保护的法益限制为国家对存款的管理制度，已经与《非法集资司法解释》对犯罪对象、法益的实质扩张不符。

从政策角度看，具体罪名所保护的法益受到特定时期刑法任务的影响，刑法任务又是国家任务在刑法领域的折射。非法吸收公众存款罪的形成有其特定的时代背景和规制需求，受到国家金融治理任务及金融刑事政策的影响，非法吸收公众存款罪保护的法益也应当随之变迁。将非法吸收公众存款罪的规范目的解释为控制金融风险，是顺应国家防范和化解金融风险的政策导向，理性对待金融风险的应然选择。

但是，风险防范说也存在亟须完善之处。关于风险过于抽象的认定标准使得该学说实践性不足。为了防止因适用风险防范说使得司法裁判陷入更大的恣意性,应当对该学说进行适当的改造,在防范金融风险这一目的的指导下,建立“金融风险可控”的出罪标准,并将保护法益的变化体现于具体的规则之中。

首先,金融风险是由金融业交易结构和经营方式的特殊性决定的,这种风险体现在多个方面:一是微观或个体的金融风险、区域性的金融风险、系统性的金融风险。微观的金融风险积累、扩散后可能会形成区域性的金融风险,当区域性的金融风险规模变大,跨越区域时,可能会造成系统性的金融风险。二是信息不对称带来的信用风险。严重的信息不对称将会排斥集资参与人的理性自决,加剧欺诈等道德风险。

其次,非法吸收公众存款罪的适用应当以实现金融安全与金融效率的平衡为追求。如果过于追求金融安全,会抑制民间融资、金融创新,反之,又可能造成系统性的金融风险。因此,应当以“金融风险是否可控”作为判断金融风险之具体标准,以区分一般违法行为与非法吸收公众存款的犯罪行为。非法吸收公众存款案件具有涉众性,但并非每一例个案中向社会吸收公众存款的行为都会带来系统性、全局性的金融风险,本罪的金融风险应当是介于微观的金融风险与系统性金融风险之间的中观可控金融风险。[1]

最后,对中观金融风险的判断,需要综合多种因素。其一,需要考察集资行为模式。不同的融资模式伴随着不同程度的金融风险。融资模式有补抵型融资、投资型融资、旁氏融资,此三种融资模式的风险等级由低至高,前者属于风险较低的融资模式,后两者属于高风险的融资模式。其二,需要考察信息不对称程度。在融资活动中,集资人与集资参与人之间的信息极不对称,若集资人存在欺诈行为,集资参与人在被欺骗的情况下进行投资,投资行为造成的财产损失与被欺诈之间存在刑法上的因果关系,这种财产损害的结果是集资过程中的欺诈行为导致的,在入罪上具有客观基础;反之,若集资人系正常融资,在融资过程中按照相关规定进行了信息披露,在入罪时就应当考虑到,集资参与人参与投资系自愿的,没有受到欺诈,行为没有刑法上的法益侵害性。其三,还要考察被侵害的法益是否得到恢复或者有恢复的可能性,集资人与集资参与人是否达成了和解,集资人是否取得了集

---

〔1〕 参见董文蕙:《非法吸收公众存款罪出罪标准的重构》,载《山东社会科学》2023年第2期。

资参与人的谅解。非法吸收公众存款犯罪中的法益恢复主要通过全部或部分返还投资款的方式,法益恢复的可能性通过集资人积极清退投资款的行为或者持续的盈利能力得以体现。

综上所述,在当前背景下,非法吸收公众存款罪保护的法益除了国家的金融管理秩序外,还应当包含金融安全。非法吸收公众存款犯罪带来的金融风险应当以中观层面的金融风险为标准。此外,由于金融风险具有抽象性,应当将其具体化,以达到通过法益对本罪的适用进行限缩之目的。金融风险可以从融资模式、信息不对称程度,以及法益恢复性三个方面进行细化考察。

二、准确界定四个特征

(一)非法性的认定路径

1. 准确确定本罪的前置法

"借助法定犯理论的发展,通过前置法对法定犯违法性解释层面的约束和限制作用,来避免法定犯的口袋化"[1],对此已经达成了理论和实践的最大公约数。于本罪而言,需要准确界定前置法的范围,否则法律依据的不确定性将导致司法适用的不确定性。对前置法进行明确,能够为涉案行为行政违法性的判断提供依据。

第一,前置法应为国家层面的金融管理法律法规。上一节提到司法机关在认定非法性时,应当以国家金融管理法律规定作为依据。这里的前置法,包括《商业银行法》《取缔通知》《防范和处置非法集资条例》《金融违法行为处罚办法》等。应当注意的是,前置法仅限于国家层面的金融管理法律规定,地方性的规范性文件、政府部门规章、金融政策等不能作为认定非法性的依据。

国家层面的金融管理规定也包括行政法规、部门规章及规范性文件。根据最高人民法院、最高人民检察院、公安部印发的《关于办理非法集资刑事案件若干问题的意见》第 1 条的规定,如果国家金融管理法律法规仅作了原则性的规定,办案机关可以根据法律规定的精神并参考中国人民银行、原

〔1〕 刘艳红:《论法定犯的不成文构成要件要素》,载《中外法学》2019 年第 5 期。

中国银保监会、中国证监会等行政主管部门依照国家金融管理法律法规制定的部门规章或者国家有关金融管理的规定、办法、实施细则等规范性文件的规定予以认定。

第二,可以按照融资类型确定适用的前置法。实践中,存在多种融资方式,包括通过发行股票、企业债券或者同业拆借等方式直接向投资者或者同行进行融资,也包括向银行等金融机构进行融资。[1] 前者为直接融资,较为典型的是私募股权融资、股权众筹融资领域的非法集资行为,对于此种类型的融资方式,监管的重点在于融资者与投资人之间的信息不对称问题,主要通过《证券法》《证券投资基金法》《公司法》等法律予以规制。后者为间接融资,以 P2P 网贷平台的非法集资行为最为典型,监管的重心在于中介机构的合规运营,主要通过《商业银行法》《保险法》等法律予以规制。要注意的是,这里的前置法,是指对于某种行为类型进行规制的整个法律体系,并非某一具体的法律规范。

第三,根据非法吸收公众存款的手段、融资模式等确定具体适用的前置法律法规。笔者对于新类型非法集资案件的前置法规范进行了梳理,其中包含了 P2P 网络借贷信息中介业务活动的相关规范、私募股权基金融资领域的相关规范、股权众筹领域的相关规范,以期为司法适用提供较为明确的援引依据。其一,《商业银行法》《防范和处置非法集资条例》等法律法规缺乏对网络借贷信息中介行业的具体规制规则。为满足对 P2P 网络借贷行业非法吸收公众存款行为的规制需求,我国制定了《网络借贷信息中介机构业务活动管理暂行办法》,确立了网络借贷行业的基本法律规则,并在此基础上陆续制定了《网络借贷信息中介机构备案登记管理指引》《网络借贷信息中介机构业务活动信息披露指引》《网络借贷资金存管业务指引》,从网络借贷信息中介机构的设立与管理、业务活动信息披露、资金管理等方面,细化了对于网络借贷信息中介机构及其业务的监管规则,以上"一办法三指引"共同构成了我国网络借贷行业的监管法律法规体系。《网络借贷信息中介机构业务活动管理暂行办法》第 10 条规定了 13 种网络借贷信息中介机构不得从事或者接受委托从事的活动,以禁止性规范的方式设置了网络借贷信

---

[1] 参见赵权、刘敏:《论非法吸收公众存款罪的"非法"的认定》,载《太原城市职业技术学院学报》2023 年第 3 期。

息中介机构行为负面清单。实践中,可以依据以上规范,判断网络借贷信息中介机构的行为是否具有行政违法性。在P2P网络贷款平台涉及非法吸收公众存款的案件中,有些P2P平台作为信息中介,只是为借款方与出借方提供信息媒介,从中收取中介费用,从事的是合法的网络贷款平台业务,而非放贷业务。相反,那些以期限错配、资金错配等手段归集资金,超出了信息中介平台的职能范围,并为借款人提供担保的平台,也就是已从信用中介异化为信息中介的P2P平台,才有可能被认定为非法吸收公众存款罪。此外,在判断P2P平台的业务是否具有非法性特征时,对于"资金池"的认定十分关键,需要对集资行为是否产生了"资金池"进行判断。其二,为了规制私募股权投资领域的非法集资行为,中国证监会于2014年出台了《私募投资基金监督管理暂行办法》。此外,前置法还有《证券法》《证券投资基金法》《合伙企业法》等。需要注意,对于发生在新型融资监管规定颁布生效之前的行为,由于新法不能溯及既往,可以以基础的金融管理法律法规中的原则性规定作为认定非法性的依据。

2. 双重违法性下的两步判断法

本罪为典型的法定犯,成立本罪要求行为人既违反相关的行政法规范,又违反刑法关于非法吸收公众存款罪的构成要件规定,在违反前置法的基础上,符合本罪的四大构成要件特征,具有向社会公众吸收资金或变相吸收资金行为的,才成立本罪。换言之,成立本罪的,一定是违反了国家某一方面的金融管理法律法规,具有行政法上的违法性。但是,有些具有行政违法性的行为,并不一定是非法吸收公众存款罪的犯罪行为。《防范和处置非法集资条例》于2021年5月1日开始实施,该条例明确了非法集资行为的行政违法责任,为"行刑共治"提供了法律依据。对非法集资行为的治理应首先启用作为前置法的《防范和处置非法集资条例》,刑罚权只有在不得已的情况下才发动,对非法吸收公众存款罪的限缩适用因此有了现实可行性。[1]

详言之,在判断某一行为是否能被界定为非法吸收公众存款犯罪行为时,应当进行两个步骤的判断过程。第一步,应当先对该行为进行行政法层面的判断,找到该行为违反的国家金融管理法律法规。如果该行为没有违反任何的国家金融管理法律法规,则不具有行政违法性,就更不要说具有刑

---

〔1〕 参见董文蕙:《非法吸收公众存款罪出罪标准的重构》,载《山东社会科学》2023年第2期。

事违法性了。在这一步，就可以过滤掉一些不具有行政违法性的行为，对于这些行为，无须再进行刑法上的评价。第二步，如果行为确实违反了国家金融管理法律法规，就可以对行为进行刑法层面的评价。非法吸收公众存款行为的行政违法性与刑事违法性的区别更多体现在对资金安全的实质侵害或危险程度的不同，这种程度上的差异主要通过融资数额、资金用途、投资人是否为合格投资者、欺诈和高风险因素等方面表现出来。在有些案件中，资金需求端只是存在变相公开发行的违规行为，但是资金用于正常的商业投资，对投资人并无欺诈行为，如果没有达到对金融秩序及公众资金安全造成了实际损害或者具有严重侵害危险的程度，那么在行为的法益侵害性和刑事处罚性的判断上就应当秉持更加谨慎的态度。

这种分步骤对非法性进行判断的方式，背后蕴含的便是刑法谦抑性的理念。根据刑法谦抑性理念，只有在一般部门法难以保护某种法益时，刑法才可以补位，将侵害此种法益的行为纳入刑法的规制范围。因此，在对非法吸收公众存款行为进行法律评价时，宜轻不宜重。如果未达到刑事案件立案追诉的标准，或者无须经过刑事追诉就可以解决纷争的，就不宜再进行刑法上的评价。

3. 准确界定有关部门的范围

非法性特征的选择要件之一"未经有关部门依法许可"中的"有关部门"应当得到明确。最早的《商业银行法》将批准主体限定为中国人民银行，2003 年该法进行了修改，将"未经中国人民银行批准"改为了"未经国务院银行业监督管理机构批准"。这里的国务院银行业监督管理机构即同年设立的中国银监会，该会于 2018 年被撤销，后改组为中国银保监会。2023 年 3 月，中共中央、国务院印发了《党和国家机构改革方案》，决定在中国银保监会的基础上组建国家金融监督管理总局。因此，有关部门应当为国家金融管理部门，即国家金融监管总局。这一点可以在 2021 年生效的《防范和处置非法集资条例》第 2 条中得到印证。

4. 准确界定借用合法经营形式吸收资金

借用合法经营形式，顾名思义就是以合法经营为名行非法吸收公众存款之实。《非法集资司法解释》第 2 条规定了 11 种具体的非法吸收资金的行为。司法实践中，对于借用合法形式的认定采用实质判断标准，即表面上看似是合法经营，但实际上并没有从事或主要从事正常的生产经营活动，而是从事变相吸收公众存款的行为。借用合法形式吸收资金实则是变相吸收公众存款。笔者通过实证研究发现,涉案人员采用的合法形式包括项目投资[1]、股权投资、债权投资、股权众筹、私募基金、商品回购等。

(二)社会性的认定路径

首先,除了可以从集资对象的人数来判断行为是否具有社会性,还应当确立“不特定”的司法评判标准。在判断集资对象是否特定时,可以参考浙江省高级人民法院、浙江省人民检察院、浙江省公安厅《关于当前办理集资类刑事案件适用法律若干问题的会议纪要(二)》的有关规定。也即,对于集资对象是否特定的判断,既要考察行为人主观上是否仅向特定对象吸收资金,又要考察其客观上所实施的行为是否可控。这种对行为对象的控制,体现在事前、事中、事后三阶段。如果行为人对集资行为的辐射面事先不加以限制、事中不作控制,或者在蔓延至社会后听之任之,不设法加以阻止,应当认定为向社会不特定对象吸收资金。下面,笔者通过一则案例说明该规定的适用。

案例4 | 公诉机关指控,2004年至2014年,被告人陈某某以资金周转、投资煤矿、做生意等为由,以高额利息或承诺让他人做工程为诱饵,在天台、鄂尔多斯、兰溪等地向社会不特定公众吸收资金,先后从齐某1、舒某、郑某等20余人处非法集资7592.58万元,所得款项除少数用于经营外,大量用于支付高额利息,偿还本金,个人购置房产、汽车等。其间陈某某向投资者归还了部分本金、支付了部分利息,最终仍然造成了3595.58万元的本金损失。

法院认为,被告人陈某某的行为不属于向社会公众即不特定对象吸收资金,至少不符合社会性特征。根据浙江省高级人民法院、浙江省人民检察院、浙江省公安厅《关于当前办理集资类刑事案件适用法律若干问题的会议纪要(三)》的规定,向社会不特定对象集资,同时亦向亲友集资,则亲友的集资数额也应计入犯罪数额。公诉机关指控的非法吸收公众存款事实中,绝大部分被害人与被告人陈某某有特定的关系,不是合作对象就是亲友,本身不属于向社会不特定对象集资,特别是童某、潘某2、王某2、袁某2、李某、齐某1(许某1)、郑某等,他们之间除了起诉书指控的事实以外,还有大量的其

---

[1] 参见北京市第一中级人民法院刑事裁定书,(2016)京01刑终466号。

他资金往来，仅以较少数额的部分借款事实来指控其构成非法吸收公众存款罪理由不足。指控的事实中还有指控对象与实际出借人不一致的情况，到底哪个是出借人都不明确；所指控的事实时间跨度大，2004 年一起、2005～2006 年一起，2007～2008 年三起，偶然向他人借款应当属民事借贷法律关系，定性为非法吸收公众存款不当，法院不予支持。[1]

以上观点说明，在考察行为是否具有社会性时，一方面，可以从行为对象与行为人的关系入手，判断行为对象是否属于亲友等特定人群；另一方面，需要考察行为人与行为对象之间的资金往来情况，以界定往来款项的性质，对于仅属于个人之间借贷的行为，不能认定为非法吸收公众存款的行为。这为实践中社会性的认定提供了更加清晰的路径。

其次，应当细化"亲友"的认定标准。根据《刑事诉讼法》第 108 条的规定，近亲属包括夫、妻、父、母、子、女、同胞兄弟姊妹。近亲属以外的其他亲属，可以参照《民法典》关于亲属范围的规定，以明确亲属关系。对于朋友，应当结合结识方式、交往基础、关系持续时间，以及借款目的等因素进行限制性理解。除了司法解释，一些地方司法机关也出台了相应的规定，细化了亲友的认定规则。例如，河南省高级人民法院、河南省人民检察院、河南省公安厅出台的《关于办理非法集资刑事案件适用法律若干问题的指导意见》第 2 条对于亲友的范围进行了界定。该意见认为"亲"的范围限于基于婚姻、血缘关系的配偶、父母、子女、兄弟姐妹、祖父母、外祖父母、孙子女、外孙子女，"友"的范围应当限于有证据证明平时关系密切、交往频繁的其他亲友，亲友的亲友应当排除在外。该意见的观点在河南地区的法院判决中也有所体现，下面以案例 5 为例进行说明。

案例 5 | 为帮助王某甲、陈某某筹建河南豫湘缘新材料有限公司（以下简称豫湘缘公司），豆某某、王某某在社会上进行高息融资，于 2013 年 7 月 3 日在柘城县工商局[2]注册成立了柘城县永兴房地产信息咨询服务有限公司（以下简称永兴公司），豆某某为法定代表人。豆某某夫妇超越公司经营范围，未经有关部门批准并以该公司为依托，招聘王某芝、王某乙等人为业务员，采取高息投资理财的方式，在社会上公开宣传进行非法集资，王某芝又

---

〔1〕 参见浙江省兰溪市人民法院刑事判决书，（2018）浙 0781 刑初 428 号。

〔2〕 现为柘城县市场监管局。

在豫湘缘公司任会计两个月。其间，王某芝以投资到永兴公司有高息及豫湘缘公司需要用钱为由，向吕某某、陈某甲等61人非法集资739.03万元，已归还62.4万元，支付利息15.84万元，尚有660.79万元本金未能归还。

法院认为，关于犯罪数额，经查，陈某乙、刘某、李某、邵某某、王某丙、李某甲、丁某等人，并非与王某芝有婚姻、血缘关系的配偶、父母、子女、兄弟姐妹、祖父母、外祖父母、孙子女、外孙子女或者有证据证明平时关系密切、交往频繁的其他亲友，不符合非法吸收公众存款案件中关于亲友的认定条件，所投资的资金应计入王某芝非法吸收公众存款犯罪数额；鉴定时已对集资人的利息予以扣除。王某芝及辩护人关于原审认定犯罪数额错误的意见不能成立。[1]

通过该案例可以看出，河南地区的法院关于亲友范围的认定还是遵循了河南省高级人民法院等出台的相关指导意见，将亲友限定于近亲属，以及有证据证明平时关系密切、交往频繁的其他亲友。这也为其他地区的法院认定此类问题提供了参考。

最后，在明确亲友的范围后，还要进一步分析向亲友吸收的资金能否予以扣除的问题。浙江省高级人民法院、浙江省人民检察院、浙江省公安厅出台的《关于当前办理集资类刑事案件适用法律若干问题的会议纪要（三）》规定，对涉及亲友的非法吸收公众存款案件，应当针对案件具体情况具体对待，可以以借款与集资的先后顺序来区分向亲友的“借款”与向社会不特定对象吸收的资金。如果行为人先期仅向亲友“借款”，没有扩大，后来再转为向不特定对象集资，该亲友的“借款”可以不认定为犯罪数额。行为人如果是通过亲友向社会公众集资，或者被告人主观上产生了非法集资的目的后，在向社会不特定对象集资的同时，亦向亲友集资，则亲友的集资数额不应从犯罪数额中剔除。一言以蔽之，亲友的资金是否扣除仍然应从行为是否具有非法性、公开性、社会性、利诱性四个方面进行分析判断。有充分证据证明行为人与亲友之间的真实法律关系系借贷关系，行为人向亲友借款的部分纯属个人借款的，应当将该部分金额在非法吸收公众存款犯罪金额中扣除。

---

〔1〕 参见河南省商丘市中级人民法院刑事裁定书，(2017)豫14刑终442号。

（三）公开性的认定路径

对公开性的认定应当在非法性的框架下展开，并且应当结合社会性的认定，公开性与社会性属于一个问题的两个方面。此外，2014 年 3 月 25 日发布的最高人民法院、最高人民检察院、公安部《关于办理非法集资刑事案件适用法律若干问题的意见》在提及此种宣传方式时指出，口口相传的方式是否具备公开性，需要根据主客观相一致的原则进行具体分析，区别对待，并且列举了行为人对此是否知情、态度如何，有无具体参与，是否设法加以阻止等主客观因素，以便辅助认定公开性特征。

（四）利诱性的认定路径

对于利诱性的判断应当在非法性这一前提之下，利诱性需要结合非法性去认定。换言之，只有在吸收或变相吸收公众资金的行为系非法的情况下，行为人承诺保本付息的，才能称之为非法吸收公众存款罪的利诱性。利诱性的功能主要不在于区别本罪与其他犯罪及合法的民间借贷、融资行为，而在于辅助非法性的认定，判断吸收的资金是否被用于资本运作而非正常的生产经营，是否会给公众资金安全造成高风险。根据生产经营活动的常理，具有资金需求的企业，其融资的目的通常在于维持企业生产经营活动的正常运转、增加产出、扩大利润。即使承诺给付一定的利息，也应当控制在合理的范围内，以超过企业利润比例的高额回报率诱使借款人或投资人出借或出资，显示出企业具有非法吸收公众存款的嫌疑。

三、畅通刑事责任减轻、退出机制

（一）刑事责任减轻：退赃退赔从宽条款

首先，退赃退赔的积极性体现在行为人内心真诚悔罪，自愿接受司法机关提出的退赃退赔建议，配合司法机关对于涉案财物的追缴，向司法机关交代涉案钱款的去向，或者愿意将自己的合法财产用于退赔当事人，以减少其犯罪行为带来的损害结果。简言之，积极性应主要体现为行为人退赃退赔的自愿性和主动性，而无须探究行为人退赃退赔的动机，只要行为人决定退赃退赔是自愿的，用于退赔的财产是合法的，就可以认为其具有退赃退赔的积极性。实务中，许多当事人之所以愿意退赃退赔，正是为了追求退赃退赔带来的更加宽缓的刑罚处罚结果，但其背后的动机不能成为影响退赃退赔条款适用的理由，即便带有功利主义色彩，也不能以此来否定退赃退赔后法益得到一定程度修复的结果。[1]

其次，既然非法吸收公众存款犯罪的退赃退赔条款没有规定行为人应当退赃退赔的额度及比例，那么这一问题就成为法官可以自由裁量的事项。由于非法吸收公众存款案件具有涉众性，多以公司、企业为犯罪主体，涉案公司的多名自然人可能面临刑事追诉。此类案件中，涉案人员各自的情况有其特殊性，在参与犯罪的阶段、负责的工作、扮演的角色、犯罪中的地位及作用、吸收的金额、经济状况、认罪认罚情况等方面存在差异。正是考虑到现实中的众多因素，退赃退赔的金额不能随意确定。实践中，存在将退赃退赔主体类型化，并结合以上因素，确定退赃退赔数额的做法。[2] 司法机关应当综合当事人的罪责大小、财力状况等因素，确定退赃退赔的数额。此外，由于大部分犯罪嫌疑人、被告人处于被羁押状态，且确实没有足够的财产用于退赔，这种情况下，其亲友明确表示愿意代为退赔的，可以视为犯罪嫌疑人、被告人积极退赃退赔。笔者曾经办理过一起非法吸收公众存款案件，庭审中，当事人的弟弟当庭表示，愿意代当事人将自己的一套合法房产退赔投资人，一审法院在裁判时充分考虑了当事人积极退赔的情节，并且将这一情节体现在了最终的判决结果之中。

最后，倘若行为人具有强烈的退赃退赔意愿，并且一直在为退赃退赔筹措资金，这说明其不仅在主观上具有退赃退赔意愿，而且也确实在积极推动退赃退赔等事宜，能够真诚悔罪，并且减少犯罪行为产生的损害结果。因此，司法机关作出处理结果时应当考虑行为人主观恶性大小、人身危险性大小和受损法益的弥合程度，不能认为在提起公诉后退赃退赔的就不适用退赃退赔从宽条款。否则，僵化适用刑法规范，必然导致法律适用与司法需求脱节的结果，反而会降低司法适用的社会效果。

---

〔1〕 参见石莹：《非法吸收公众存款罪“退赃退赔”的评析与完善》，载《政法学刊》2023 年第 1 期。

〔2〕 参见周子简等：《追赃挽损在防范化解金融风险中的作用与途径：以上海地区检察工作实践为视角》，载《犯罪研究》2021 年第 3 期。

（二）刑事责任退出：免责、出罪事由

《非法集资司法解释》第 6 条规定的非法吸收公众存款罪的免责事由与出罪事由为本罪设置了刑罚阻却事由，该条体现的是将集资目的与退赃退赔情节与刑罚减轻相关联的理论逻辑。一方面，将集资款主要用于正常的生产经营活动，相对于那些将集资款用于货币资本运作的集资行为来讲，本身就体现了集资人相对较低的可罚性；另一方面，行为人倘若能及时清退所吸收的资金，受损法益将在一定程度上得以填补，也降低了对于金融市场秩序的破坏，使金融风险处于相对可控状态。在明确了免责、出罪事由背后的逻辑后，本条还根据可罚性阻却的程度不同，划分为可罚性减少事由与可罚性阻却事由，前者对应的是免除处罚的情形，后者对应的是不作为犯罪处理的情形。

笔者进行检索后发现，适用本条免除刑事责任的案件不在少数，但适用本条出罪的案件却少之又少。本条在司法实践中的适用路径通常是：第一，吸收资金主要用于正常的生产经营活动；第二，能够及时清退所吸收资金。集资人恢复了受损利益，达到了可以免除处罚的法律条件；结合集资金额和人数，当事人的行为情节显著轻微、危害不大，不认为是犯罪，从而作出绝对不起诉处理。应当说，此种处理完全符合罪责刑相适应原则和刑法的谦抑性，也符合对部分民间融资行为出罪处理的实践理性逻辑。

第六章 要素还原：虚开增值税专用发票罪目的犯本质及其展开

税收形成财政，进而才能支撑公共支出，故加强税收管理、税收执法与依法打击涉税犯罪对于财政增收意义重大。在众多的税种中，增值税既重要又独特，重要是因为其占据了税收整体的很大比例，独特是因为其伴随着货物、服务的流转。增值税专用发票与普通发票也截然不同。虚开增值税专用发票罪历来是涉税犯罪司法领域的重点，承载了重大的涉税刑事司法使命。或许缘于增值税的特点，虚开增值税专用发票罪的罪状采用了全链条式表达，且对“虚开”的规定较为形式化，这在相当程度上导致了对虚开增值税专用发票罪的形式理解。形式上属于“虚开”的行为便落入了犯罪打击范围，这表面上遵循了刑法的语义，却可能造成刑法打击面过宽。并且，形式化理解虚开增值税专用发票罪会致使犯罪数量虚增，许多不具有刑事可罚性的行为会因此被框入，造成国家司法资源的浪费，刑罚的过剩还可能会扼杀经济的活性。基于此，应当以刑事可罚性为导向，对“虚开”进行实质理解，对实践中形式多样的虚开行为进行透视，把欠缺可罚性的行为过滤掉，把具有严重社会危害性的行为纳入构成要件范围。这也意味着对于虚开增值税专用发票罪的阐释需要从形式的文义深入实质的法益，对之进行目的性限缩，从而缔造合理的行为构造与规制疆域。

第一节　虚开增值税专用发票罪概述

一、转变的前置法理念

关于税收犯罪的入罪机理，传统而常见的观念是："你不应该偷税，那部分钱本来就不属于你，那是国家的钱，你偷税就是偷国家的钱。"[1]这种谴责税收犯罪的思路实际上是将个人财产与国家税收割裂开来，认为税收只是国家的收入，而与公民个人的财富无关，因此，对不履行纳税义务、危害国家税制、导致国家财政收入遭受损害的行为科以重刑，便取得了伦理上的正当性基础。学理上对虚开增值税专用发票罪的理解也是如此，例如，陈兴良教授提出："在虚开增值税专用发票罪的性质上，始终存在一明一暗两条线索：一明是本罪所具有的侵害增值税专用发票管理制度的性质，因而可以归属于经济犯罪（法定犯）。一暗是本罪所具有的骗取国家税款的性质，因而又可以归属于财产犯罪（自然犯）。总之，本罪兼具经济犯罪和财产犯罪的双重属性，也是法定犯和自然犯的双重属性。"[2]

按照上述观点，虚开增值税专用发票的行为不仅侵犯了社会共同体的生活秩序，具有法定犯的属性，又具备可类比于盗窃、诈骗等自然犯的可谴责性，确有必要对此类行为科以重刑。但虚开增值税专用发票罪是否可归类为侵犯国家财物所有权的财产犯罪，进而具有自然犯的性质？对此，至少应当承认的是，无论是增值税还是其他税种，税源均是受宪法保护的公民合法财产，而非天然的国家税收，国家享有的只不过是对公民的纳税请求权。

早在1919年，德国刑法学者阿尔伯特·亨泽尔即指出，现代法治国家构造税收司法体系的基础即在于"税收之债"理论，税收法律关系应当定性为公法意义上的国家与纳税人之间的债权债务关系，而非行政主体与行政相对方之间的行政法律关系。在这一公法的债权债务关系下，国家是债权人，其享有的仅是请求债务人履行给付义务的请求权；纳税人是债务人，负有向

---

〔1〕 李炜光：《写给中国的纳税人》，载《书屋》2006年第12期。

〔2〕 陈兴良：《虚开增值税专用发票罪：罪名沿革与规范构造》，载《清华法学》2021年第1期。

债权人缴纳税金的义务。[1] 这一税制观念也体现在世界各国的税法体系中，例如，德国早在1919年便于《德国租税通则》中明确提出，"租税债务"即是此法的中心思想，而美、日、韩等国家的税法则直接将"纳税义务"一词替换为了"税收债务"。

从20世纪90年代开始，我国税法的理论和实践中也逐步引入了"税收之债"理论，力求构建国家与公民之间平等的税收债权债务关系，淡化税务机关的权力色彩。尤其是伴随着我国社会主义市场经济体制的推行和政治、经济、社会的发展，青年税法学者开始反思传统的税收权力关系，试图站在债法的视角分析税法，以促使对税法的研究由权力关系向债权债务关系转型，其主张包括质疑税收法律关系中国家与纳税人地位的不平等，旗帜鲜明地指出税收法律关系在本质上是一种平等的法律关系；以税收债务关系理论为前提开展税法学研究，建设如税收优先权、纳税人的退还请求权、税法上的他人责任等税法制度；关注纳税人权利保护；等等。在税法理论发生重要转变的背景下，2001年修订的《税收征收管理法》在第50条中增加了税收代位权和撤销权条款，从实践层面奠定了税收债务关系的制度地位。自此之后，我国的税法学研究迅速转向税收债务关系理论范式，税收债务关系理论在我国税法学研究中的地位得以确立。

在税制观念的转变下，公民因不履行税收之债而可能涉嫌的税收犯罪自不可与盗窃罪、诈骗罪等自然犯等同视之。对于此类不履行或不完全履行债务的行为，应当尽量通过民事手段对债权人的权利予以救济，如非必要，绝不动用严苛的刑法。

二、不变的刑法理念

从历史发展脉络来看，虚开增值税专用发票罪的设立蕴含着较强的时代色彩。1994年我国实行税制改革后，增值税制度的基本框架得以确立。增值税是以商品在流转过程中产生的增值额为计税依据而征收的一种商品税，而所谓增值额，是指生产者或经营者在一定期间的生产经营过程中新创造的价值额。[2] 在我国，销售货物或应税劳务应当向购买方开具增值税专

---

〔1〕 参见姜孟亚：《税收之债理论及其在我国的实践》，载《中共中央党校学报》2018年第6期。

〔2〕 参见张守文：《税法原理》（第10版），北京大学出版社2021年版，第138页。

用发票,并于发票上明确标注销售额和销项税额;购买方取得增值税专用发票后,即便再次销售商品,也无须向税务机关重复缴纳上一环节的税,而可以凭借销售方开具的增值税专用发票将上一环节产生的税款抵销,只缴纳本环节增值部分的税款。这一制度有助于消除重复征税,减轻纳税人税负。

但正是由于增值税专用发票的税款抵扣功能,虚开增值税专用发票的行为存在着巨大的谋利空间——只要进项增值税专用发票数额高,而销项增值税专用发票数额低,行为人就可以通过抵扣手段不缴或少缴大量税款。并且,在增值税制度建立之初,发票管理技术水平相对落后,开具发票的方式尚为手写,而非机打,对虚假开票的监管力度也较为薄弱,相当数量不具备真实交易基础而虚开的增值税专用发票以及票面数额超出实际交易价格的发票得以泛滥。此种情形下,纳税人仅凭一纸虚假发票便能骗到巨额税款,比起原本意义上的偷逃税犯罪,这种行为更为简便,查处更为困难,而国家税款受到的损失却是空前的。

以"金华税案"为例,在1994年至1997年的3年间,金华县[1]218家企业虚开增值税专用发票65,536份,价税合计63.1亿元,其中,销售额53.9亿元,税额9.2亿元,已抵扣税款7.5亿元,虚开的发票流向全国28,511家企业。[2] 而有"共和国第一税案"之称的粤东骗税大案更甚于此。此案虚开增值税专用发票金额接近"金华税案"的6倍,达323亿元,共计骗税42亿元。[3] 并且,当时税收犯罪呈现产业化特征,在上海、深圳等地,借助"空壳公司"专门从事虚开增值税专用发票业务,从中赚取介绍费的职业骗税行为屡禁不止,造成了国家税款源源不断的流失。[4]

在虚开增值税专用发票犯罪大案、要案频发且犯罪愈加专业化的背景下,1994年至1995年,我国单行刑法,如全国人大常委会《关于惩治虚开、伪造和非法出售增值税专用发票犯罪的决定》,以及司法解释,如最高人民法

---

〔1〕 现为金华市金东区。

〔2〕 参见佚名:《"共和国第一税案"侦破往事——1997至2007年全国增值税专用发票死刑档案中死刑人数超200人》,载浙江税务网2010年11月3日,https://zjtax.net/TrainingDetail_2820.html。

〔3〕 参见卢嵘、魏方、尼亮、刘光辉:《传媒焦点:潮汕"共和国第一税案"内幕大披露》,载中新网2001年12月17日,https://www.chinanews.com/2001-12-17/26/147176.html。

〔4〕 参见毛玲玲:《经济犯罪与刑法发展研究》,法律出版社2017年版,第503~504页。

院、最高人民检察院《关于办理伪造、倒卖、盗窃发票刑事案件适用法律的规定》(法发〔1994〕12 号、高检会〔1994〕25 号,已失效)将利用虚开增值税专用发票偷逃税款的行为从 1979 年《刑法》第 121 条偷税、抗税罪中独立出来,规定为虚开增值税专用发票罪,并为此罪设置了无期徒刑、死刑、没收财产等严厉刑罚。上述规定被 1997 年《刑法》吸纳,该罪名被列为危害税收征管类犯罪下的罪名之一。由上可见,税制改革之后的特定社会现实是推动虚开增值税专用发票罪从偷税、抗税罪中独立出来的重要因素,其可责性更多源于维护税收制度的需要。也正因如此,虚开增值税专用发票罪采用了空白罪状的表述方式,以保证其具有足够的灵活性,以适应打击日益猖獗的虚开犯罪行为的现实需要。

此外,自 1994 年"金税工程"推行以来,全国所有十万元版以上的增值税专用发票均需纳入防伪税控系统的监控。截至 2003 年 7 月底,全国大约 140 万增值税一般纳税人的增值税专用发票全部由防伪税控开票子系统开具,手写发票的历史宣告结束。[1] 上述举措不仅加强了企业内部管理和防范财务风险的能力,也有效打击了以虚开增值税专用发票方式抵扣大额增值税的犯罪行为。简言之,随着发票防伪技术和监管手段的提升,传统的虚开增值税专用发票行为难以再轻易实现抵扣增值税税款的犯罪目的,相应的是否构罪也要进行实质审查。

在"金税工程"推行后,各类以虚开为表征但并未造成国家税款损失的非典型虚开行为随之涌现,实践中出现大量为虚增企业业绩,骗取融资的"对开环开"类案件,以及行为人为完税便利而开具与真实交易情况不符的专用发票的虚开类案件。如在上海农凯发展(集团)有限公司及周某毅单位行贿、对企业人员行贿、虚开增值税专用发票、行贿、挪用资金案(以下简称周某毅虚开增值税专用发票案)中,被告单位农凯公司实际控制人周某毅以融资为目的,制造公司虚假繁荣的景象,控制关联公司进行循环交易,令关联公司间互相开具并接受增值税专用发票。尽管被告单位缴纳了相应税款,没有造成国家税款损失,但上海市第二中级人民法院经审理仍然认为,农凯公司及其直接负责的主管人员虚开增值税专用发票数额巨大,已构成虚开增值税专用发票罪,据此判处被告单位罚金 300 万元,被告人有期徒刑

---

〔1〕 参见王长林:《金税工程二十年:实践、影响和启示》,载《电子政务》2015 年第 6 期。

10 年。[1]

对于此类虚开行为，如果单纯从罪状表述上看，似乎确实符合虚开增值税专用发票罪的构成要件，但从社会危害性上看，这一行为完全没有造成国家税款损失，却被处以高达 10 年的刑期，相较之下，实施逃税罪偷逃税款数额巨大的，对应的刑期却仅为 3 年以上 7 年以下有期徒刑，罪责刑严重失衡。这也引发了理论界和实务界关于本罪是行为犯、目的犯、危险犯还是实害犯的激烈争论。为适应新时期打击虚开发票犯罪的需要，解决司法实践中出现的类似前述案例的问题，最高人民法院、最高人民检察院持续出台多个司法文件，不断强调虚开增值税专用发票罪的目的犯属性。

如 2002 年 4 月 16 日最高人民法院在《关于湖北汽车商场虚开增值税专用发票一案的批复》（行他字〔2001〕36 号）中强调，“本案被告单位和被告人虽然实施了虚开增值税专用发票的行为，但主观上不具有偷骗税款的目的，客观上亦未实际造成国家税收损失，其行为不符合刑法规定的虚开增值税专用发票罪的犯罪构成，不构成犯罪”。2004 年《全国法院经济犯罪案件审判工作座谈会综述》强调“行为人主观上不具有偷、骗税目的，客观上也不会造成国家税款流失的虚开行为不应以虚开增值税专用发票犯罪论处”。在 2015 年《关于如何认定以“挂靠”有关公司名义实施经营活动并让有关公司为自己虚开增值税专用发票行为的性质的复函》（法研〔2015〕58 号）中，最高人民法院研究室认为：“虚开增值税发票罪的危害实质在于通过虚开行为骗取抵扣税款，对于有实际交易存在的代开行为，如行为人主观上并无骗取的扣税款的故意，客观上未造成国家增值税款损失的，不宜以虚开增值税专用发票罪论处。虚开增值税专用发票罪的法定最高刑为无期徒刑，系严重犯罪，如将该罪理解为行为犯，只要虚开增值税专用发票，侵犯增值税专用发票管理秩序的即构成犯罪并要判处重刑，也不符合罪刑责相适应原则。”

虽然最高人民法院一再出台司法文件强调主观上不具有偷骗税款的目的，客观上也没有造成国家税款流失的行为不构成虚开增值税专用发票罪，但司法实践中仍存在大量将此类虚开行为入罪的情况。

笔者认为，在增值税制度推行初期，由于增值税专用发票监管机制的不

---

〔1〕 参见上海市第二中级人民法院刑事判决书，(2007) 沪二中刑初字第 123 号。

完备，以致20世纪90年代末以伪造增值税专用发票方式抵扣大额增值税的违法犯罪案件时常发生，在此背景之下，立法者将虚开增值税专用发票罪从偷税、抗税罪中独立出来，放宽此类行为的构成要件，并配置相当严厉的法定刑确有必要。但随着监管手段的不断升级和经济环境的快速变化，伪造虚假增值税专用发票的案件在客观上大量减少，取而代之的是各类新型虚开案件。其中，不乏表面上符合虚开增值税专用发票罪客观行为，但行为人在主观上并无抵扣增值税目的，客观上也不可能造成增值税损失的非典型虚开案件。因此，若要准确认定新型虚开行为的性质，对其实现精准、有效打击，则有必要以虚开增值税专用发票罪的立法原意为基准，以实质、限制的方式对本罪的空白罪状进行解读。

第二节 虚开增值税专用发票罪的限缩解释

一、从行为犯说到实害犯说的剖析

（一）行为犯说

1. 行为犯说的主要观点

行为犯说认为，对于《刑法》第205条的规定，应当严格依照法条的语义进行解读，也就是说，只要行为人实施了虚开增值税专用发票的行为，就可以构成虚开增值税专用发票罪。例如，公安部于2003年发布的《关于江苏丹阳××电器有限公司虚开增值税专用发票案件定性问题的答复》（公经〔2003〕982号）中便明确认为，根据《刑法》第205条的规定，虚开增值税专用发票罪属于行为犯，因此只要实施了虚开行为，即为本罪既遂，而不论案件中是否存在国家增值税税款的损失。

在司法实践中，认为只要虚开即为本罪既遂的案例也不在少数。除上文中提及的周某毅虚开增值税专用发票案外，在南京豪鼎金属制品有限公司等虚开增值税专用发票案中，审理法院也同样认为，虽然被告单位及其直接负责的主管人员实施虚开增值税专用发票行为的主要目的在于为公司虚增业绩,但该行为仍然构成犯罪。[1]

在刑法理论界,也不乏认为本罪属于行为犯的观点。例如,有学者提出,1997 年《刑法》之所以增设虚开增值税专用发票罪,主要是因为当时社会上涌现了一批为谋取巨额利益而虚开增值税专用发票的恶性案件,原有规定已经无法震慑犯罪人,不足以制止此类犯罪的发生。因此,从 1997 年《刑法》设立此罪的目的来看,虚开增值税专用发票罪不再要求行为必须造成了严重的危害后果才能成立犯罪并既遂,而只要行为人虚开了增值税专用发票,即可认定为本罪既遂,无论其虚开后到底有没有实施骗取国家税款的行为,都不影响行为的认定。[2]

2. 对行为犯说的批判

应当说,上述支持行为犯说的各类文件、裁判文书和学理观点均没有充分的理论支撑。秉持着刑法谦抑性的精神,确实应当承认,严守文义是刑法解释的首选方法,如果依照文义解释得出的结论妥当,也就没有必要大费周章进行论理解释。但如果依照文义解释得出的结论不合理,或者可能得出多个结论,则必须反其道而行之。而在虚开增值税专用发票案件中,认为仅需实施虚开行为即成立本罪的观点已经明显不合理。

这种不合理首先体现在行为犯说与虚开增值税专用发票罪的体系安排的不兼容之上。从教义学上分析,虚开增值税专用发票是逃税的预备行为,因此其刑罚理应轻于后者。将本罪与逃税罪对比来看:法条表述中,逃税罪明确以“逃避缴纳税款数额较大并且占应纳税额百分之十以上”为构成要件要素,但该罪的最高法定刑仅为 7 年;而若按照行为犯的观点对虚开增值税专用发票罪进行解释,认为只要行为侵害了增值税专用发票的管理秩序,就应当以本罪论处并可能被处以无期徒刑,显然存在对犯罪预备的处罚重于对正犯处罚的问题。

将本罪理解为行为犯的不合理之处还体现在将各类新型虚开行为认定为本罪,将造成罪责刑十分不相适应的结果。除“对开环开”“挂靠虚开”等已经被司法解释性质文件确定为无罪之外,实践中,已经出现了多种超过立

---

〔1〕 参见江苏省南京市中级人民法院刑事判决书,(2013)宁刑二终字第 159 号。

〔2〕 参见李虎子:《虚开增值税专用发票罪若干问题探析》,载《河南公安高等专科学校学报》2007 年第 4 期。

法者预期的非典型虚开案件。例如,在变票虚开以逃避缴纳其他税款、利用富余票虚开以及善意取得虚开增值税专用发票等新型案件中,有时并不存在国家增值税税款受损的问题,并且行为人在主观上通常也不具备造成增值税税款损失的目的,若将该类行为认定为虚开增值税专用发票罪,对其科以最高可达无期徒刑的严厉刑罚,明显失之过重。

实际上,回溯1997年《刑法》设立虚开增值税专用发票罪的本意,应当认为,立法者之所以认定虚开增值税专用发票的行为属于犯罪,也是因为行为人可能利用虚开的增值税专用发票抵扣增值税,进而造成增值税税款的重大损失。因此,设立本罪的根本目的在于惩处非法抵扣国家税款的行为。换言之,以往将虚开增值税专用发票罪理解为行为犯,也能达到罚当其罪的效果,是因为存在一个基本的事实前提:虚开增值税专用发票都是为了非法抵扣国家税款。然而,随着各类不以非法抵扣增值税为目的的虚开行为不断涌现,如果仍旧坚持虚开增值税专用发票罪属于行为犯的观点,显然与本罪的规范目的不相适应。

(二)危险犯说

1.危险犯说的主要观点

行为犯说只是对虚开增值税专用发票罪进行了语义解释,具有难以对本罪构成要件进行限缩的缺陷。为此,我国学者在理论上提出了一种限缩此罪的路径——危险犯说。该说认为,如果行为人没有实施造成增值税税款实际损失的虚开行为,其行为也不具备可能造成增值税税款损失的危险,那么就不应当根据《刑法》第205条对此行为定罪处罚。例如,张明楷教授便曾提出,虚开增值税专用发票罪属于抽象危险犯,在实践中,司法机关应该针对不同案件,根据经济运行原理,具体判断相关行为有无对本罪法益造成损害的危险,即具体判断是否有造成国家增值税税款损失的危险。另外,如果行为人虽然虚开了增值税专用发票,代开了增值税专用发票,但在没有造成国家税款损失的危险的情况下,不能构成本罪。[1] 也有学者持相同观点,认为本罪是抽象危险犯,也是预备行为的正犯化,而立法之所以惩罚本罪,是因为本罪在客观上具有可能造成国家税款损失的危险,立法者为有效

---

〔1〕 参见张明楷:《刑法学》(第5版),法律出版社2016年版,第816页。

防止虚开增值税专用发票后偷逃税款的行为，才提前处罚为逃税或骗税做准备的预备行为。[1]

2. 对危险犯说的批判

但是，危险犯说具有以下两点缺陷：

第一，危险犯说认为，要限缩虚开增值税专用发票罪的适用，要从判断虚开行为是否可能使国家税款遭受危险入手。这表明，危险犯说的支持者实际上认为本罪应属具体危险犯，而不是抽象危险犯。因为抽象危险犯所指的危险仅为立法拟制的危险，并不需要具体的司法判断；需要司法判断的，只能是具体危险犯。因此，危险犯说的支持者认为本罪属于抽象危险犯的同时，又认为本罪的认定需要判断危险是否形成，本身逻辑就不能自洽。

第二，危险犯说的理论多年来并未得到刑事立法和最高司法机关的相关司法解释、答复、决定、意见等文件的支持。这是因为，将本罪认定为危险犯，与当前立法不相适应。危险犯说认为本罪属于抽象危险犯中的实质预备犯，是预备行为的正犯化，按照这一逻辑，逃税罪的法定刑应当重于虚开增值税专用发票罪。然而在“危害税收征管罪”一章中，虚开增值税专用发票罪最高刑为无期徒刑，而作为“正犯”的逃税罪最高刑却仅为 7 年有期徒刑，这亦不合逻辑。

（三）实害犯说

1. 实害犯说的主要观点

实害犯说认为，认定虚开增值税专用发票罪的核心标准在于，涉案行为在客观上是否造成了国家税款流失。在规范层面，1995 年全国人大常委会发布的《关于惩治虚开、伪造和非法出售增值税专用发票犯罪的决定》即指出，《刑法》之所以规定虚开增值税专用发票罪，主要目的即在于保障国家税收不流失，如果虚开行为不可能损害国家税收，并且实际上也没有造成国家税收损失，当然不构成本罪。可见，该决定认为，虚开增值税专用发票罪应当属于实害犯。

在学术界，张明楷教授也从抽象危险犯说的支持者转变为了实害犯说的支持者。他认为，只有将虚开增值税专用发票罪认定为实害犯而非危险

---

〔1〕 参见马春晓：《虚开增值税专用发票罪的抽象危险判断》，载《政治与法律》2019 年第 6 期。

犯,才可能有利于本罪的认定。理由在于:"第一,本条的原第2款规定:'有前款行为骗取国家税款,数额特别巨大,情节特别严重,给国家利益造成特别重大损失的,处无期徒刑或者死刑,并处没收财产。'显然,如果国家税款损失没有达到数额特别巨大的程度,仍然适用第1款。这便表明第1款规定的是实害犯。《刑法修正案(八)》虽然删除了原第2款规定,但只是为了废除本罪的死刑而删除的。而且,删除该款规定后,就意味着对于骗取国家税款数额特别巨大的行为,也只能适用第1款。第二,本条第1款规定的行为包括虚开可以用于骗取出口退税的发票,可是刑法第204条却规定了骗取出口退税罪,但没有规定骗取增值税罪。所以,骗取增值税或者说利用虚开的增值税专用发票抵扣增值税的行为,只能适用第205条第1款,这也表明虚开增值税专用发票罪是实害犯,而不是危险犯。第三,如果将虚开增值税专用发票罪理解为抽象危险犯或者行为犯,就意味着不管行为人是否抵扣增值税,所受处罚完全相同,这明显不符合罪刑相适应原则。概言之,由于本罪实际上是诈骗犯罪,而且是实害犯,所以行为人主观上必须具有骗取增值税税款等税收财产的故意与非法占有目的。因过失而误开、错开增值税等发票的,不成立本罪。"〔1〕

2. 对实害犯说的批判

笔者认为,实害犯说的观点同样存在一定的不周延之处。原因在于,国家税款的损失在以往的司法实践中都是作为本罪的量刑情节来适用的,而不是虚开增值税专用发票罪的构成要件,造成国家税款损失与否、损失大小只影响量刑,而不影响犯罪成立与否。

例如,在规范层面,国家税务总局发布的《关于纳税人善意取得虚开的增值税专用发票处理问题的通知》(国税发〔2000〕187号,以下简称国税发〔2000〕187号文)规定,如果行为人是善意接受他人为自己虚开的增值税专用发票的,那么即使行为人造成了国家税款的损失,也不构成虚开增值税专用发票罪。可见,本罪与实害犯的构造明显不相符。司法实践也大多认为,行为人为善意受票人时,在主观上不具备非法抵扣增值税税款故意的情况下,其行为不构成虚开增值税专用发票罪。此外,如果虚开增值税专用发票罪为实害犯,按照《刑法》的立法变迁,那么其实本罪就没有设立的必要了。

---

〔1〕 张明楷:《刑法学》(第6版),法律出版社2021年版,第1059页。

换言之，如果此观点成立，那么本罪的结果完全可以被逃税罪等相关罪名所涵盖。

二、目的犯说之提倡

（一）目的犯说的主要观点

为解决行为犯说在解释虚开增值税专用发票罪性质方面的局限，学理中运用目的论限缩的方法提出了目的犯说，认为成立本罪要求行为人主观上具备特定目的。在规范层面，最高人民法院、最高人民检察院以及最高人民法院研究室在多个文件中认为，在“挂靠”以及制造虚假繁荣等类虚开案件中，如果行为人主观上不具备逃避缴纳增值税的特定目的，客观上也未造成增值税税款损失，不宜认定为虚开增值税专用发票罪。[1]

在司法实践层面，目的犯说也逐渐被司法实践认可。例如，在最高人民法院2018年发布的典型案例张某强虚开增值税专用发票案中，原公诉机关及一审法院认为，被告人张某强将龙骨厂“挂靠”在其他公司名下，以后者名义对外签订合同、实际销售货物，该行为构成虚开增值税专用发票罪。但最高人民法院经复核认为，被告人主观上没有骗取抵扣税款的故意，客观上也没有造成国家税收的流失，其行为依法不构成虚开增值税专用发票罪。[2]

除最高人民法院的典型案例之外，各地司法机关也逐渐认同了目的犯说的观点。例如，在合慧伟业商贸（北京）有限公司等虚开增值税专用发票案中，北京市第二中级人民法院明确提出：对于作为刑事犯罪的虚开增值税专用发票罪，不仅要从形式上把握是否存在虚假开具增值税专用发票的行为，还要从实质上把握行为人虚开增值税专用发票的主观心态以及客观后果，在认定构成虚开增值税专用发票罪时，需要行为人主观上具有骗取国家税款的目的，客观上造成了国家税款损失。而在此案中，被告单位及其实际

---

〔1〕参见2002年4月16日最高人民法院《关于湖北汽车商场虚开增值税专用发票一案的批复》（行他字〔2001〕36号）、2003年11月20日最高人民法院研究室《关于三种涉税行为法律适用问题意见的复函》（法研〔2003〕175号）、2015年6月11日最高人民法院研究室《关于如何认定以“挂靠”有关公司名义实施经营活动并让有关公司为自己虚开增值税专用发票行为的性质的复函》（法研〔2015〕58号）、2020年7月22日最高人民检察院《关于充分发挥检察职能服务保障“六稳”“六保”的意见》（高检发〔2020〕10号）。

〔2〕参见最高人民法院刑事裁定书，（2016）最高法刑核51732773号。

控制人请求其他公司为自己虚开进项发票,仅系为了抵扣自己因虚开进项发票而留下的大量销项发票,因此本案中并不存在商品流转及真实的商品增值,也就没有缴纳增值税的事实基础,被告单位及被告人主观上更不可能具备骗取国家税款的目的。[1]

在学理层面,陈兴良教授等学者也支持目的犯说的观点。陈兴良教授认为:虽然从法条的语义来看,虚开增值税专用发票罪确实应当被解读为行为犯,但是也需要认识到,行为犯中还包含单纯的行为犯和短缩的二行为犯;其中,短缩的二行为犯是指该罪有两个行为,而刑法规定并不以两个行为都实施为必要,只要实施第一个行为即可构成犯罪;但是,主观上需要具有实施第二个行为的目的。因此,短缩的二行为犯实际上属于目的犯的一种。而之所以赋予虚开增值税专用发票罪以特定目的,主要是因为本罪的立法原意在于惩治侵犯税收征管制度的行为,如果行为人在主观上没有抵扣增值税的目的,只是一般的虚开,则不会侵犯税收征管制度,是一般的违反发票管理制度的行为,就不能构成本罪。[2]

(二)对目的犯说的支持

有学者认为,将虚开增值税专用发票罪定性为目的犯存在诸多不妥之处:第一,目的犯说无法妥当解释所有的虚开情形,在“为他人虚开”与“介绍他人虚开”这两类案件中,行为人难以形成直接故意意义上的犯罪目的,其更多是以直接获取好处费等利益作为主观目的;第二,目的犯说的观点将主观方面作为认定是否构成犯罪的首要标准,与刑法客观主义的基本立场不相符;第三,虚开增值税专用发票并进行抵扣的行为原本是本罪与逃税罪的想象竞合犯或牵连犯,但强调目的论限缩的方法,将“有目的 + 有损失”作为认定此类行为的依据,将会彻底虚置逃税罪的构成要件,也无法体系性地解释为何虚开不具备抵扣税款功能的普通发票仍然具有刑事违法性,还有可能产

---

〔1〕 参见北京市第二中级人民法院刑事判决书,(2019)京02刑终113号。类似案例还可参见王某虚开增值税专用发票、用于骗取出口退税、抵扣税款发票案,山东省高级人民法院(2021)鲁刑再4号刑事判决书。

〔2〕 参见陈兴良:《不以骗取税款为目的的虚开发票行为之定性研究——非法定目的犯的一种个案研究》,载《法商研究》2004年第3期。

生大量的处罚漏洞。[1]

笔者认为，上述反对观点并不妥当。第一，《刑法》第205条中之所以详细规定了"为他人虚开""为自己虚开""让他人为自己虚开""介绍他人虚开"四种情形，主要目的在于减轻税务部门在侦查时的证明责任。实际上，我们本可以运用帮助犯理论将"为他人虚开"和"介绍他人虚开"纳入本罪的处罚范围之内，但是，虚开增值税专用发票的行为在实践中表现出了现代工业社会犯罪的特征，在以增值税专用发票为核心产品、以税收抵扣为利润来源的非法市场之内，形成了伪造、买卖、虚开、介绍、接受、抵扣等诸多环节，而每个具体的行为人都只承担某个环节的特定工作，具体行为与增值税税款损失之间的因果关系往往难以得到确切的证明；并且，在工业社会中，集体的行为取代了个体行为，个体之间通常具备相同的行为模式，沟通也往往是匿名的，正是在这种情况下，立法者为了解决虚开行为和抵扣增值税之间因果关系难以得到证明的问题，用十分冗杂的方法穷尽了"虚开"的四种具体行为方式。[2]

可见，《刑法》第205条第3款应当属于一种注意规定，提示司法者应当将"为他人虚开"和"介绍他人虚开"认定为虚开增值税专用发票罪的帮助犯。因此，即便这两种情形中行为人表现出来的直接目的是赚取介绍费，也不能据此认为正犯不属于目的犯。就像在电信诈骗的共同犯罪中，帮助犯表现出来的目的可能仅为出借银行卡获利，但这并不能否认构成诈骗罪应当以非法占有目的为必要。

第二，认为将虚开增值税专用发票罪解读为目的犯有违刑法客观主义基本立场的观点，是对目的犯的误读。目的犯之目的，不是犯罪故意中的目的，而是主观的构成要件要素。虽然在通常情况下，违法要素具有客观性，而责任要素具有主观性，但目的犯中的目的是一种例外，它是主观要素，但也仍然是违法要素，因而德日刑法理论中将其称为主观违法要素，其对行为类型性的构造和法益侵害性的归属具有重要意义。正如日本学者西田典之教授指出的："在某些场合下，只有具备一定的主观性要素才能决定行为具

[1] 参见马春晓：《虚开增值税专用发票罪的抽象危险判断》，载《政治与法律》2019年第6期。

[2] 参见陈金林：《虚开增值税专用发票罪的困境与出路——以法益关联性为切入点》，载《中国刑事法杂志》2020年第2期。

有法益侵害性。这称为主观性构成要件要素或主观违法要素。目的犯中的目的就是其代表。"[1]因此,将本罪认定为目的犯不仅不会导致主观优于客观的问题,反而是在检视可罚的违法性。

实际上,虽然《刑法》第205条规定的构成要件行为仅是"虚开增值税专用发票",但如果不对这一构成要件加以目的方面的限制,会不当扩张本罪的处罚范围。换言之,基于本罪过于宽大的语义,对《刑法》第205条进行目的性限缩是十分必要的。在目的论限缩的基本法学方法指导下作出的这项选择,不仅能够解决行为犯说将本罪理解为秩序犯而造成的刑罚配置不合理问题,也能在面对各类新型虚开行为时保持刑法的谦抑性。

第三节　虚开增值税专用发票罪的行为认定

一、变票虚开行为的认定

(一)司法实践现状

在当前的司法实践中,对于涉案公司、企业在虚增交易环节以变票形式开具内容不真实的增值税专用发票,主要意在偷逃消费税的行为能否认定为虚开增值税专用发票罪,仍然存有较大争议。一般而言,变票交易由需要在生产加工环节缴纳消费税的企业主导,商贸企业在其中提供变票、过票等帮助行为,以此赚取差价。

涉案公司、企业主导实施变票行为的主要动机在于偷逃消费税。根据《消费税暂行条例》第1条的规定,在我国境内生产、委托加工、进口特定消费品的单位和个人,以及销售特定消费品的其他单位和个人,是消费税的纳税主体。如果涉案公司、企业变更增值税专用发票,隐瞒自己生产加工者的身份,便可以绕过《消费税暂行条例》的规定,免于缴纳消费税。

但是,当我们试图寻找解决这类案件的"法律依据"时,就会发现当前各类批复、函件、意见对虚开增值税专用发票行为人主观上的要求不尽相同,有的要求行为人主观上"没有偷逃税款的目的",有的要求其主观上具备"非

---

〔1〕［日］西田典之:《日本刑法总论》,刘明祥、王昭武译,中国人民大学出版社2007年版,第65页。

骗税目的”或“不具有偷骗税款的目的”，有的则表述为“无骗取抵扣税款的故意”。根据前置法即《税收征收管理法》的规定，上述司法文件中所指的“偷税”“逃税”应当是指纳税人以欺骗税务机关的方式，不缴或者少缴税款的行为；“骗税”则是指骗取国家出口退税款的行为；而“骗取抵扣税款”应特指骗取增值税等可抵扣税款的行为。可见，上述规定指向的税种范围具有较大差异。

不仅各类规定内容相对混乱，当前司法实践对于此类案件的处理也同样存在较大差异。笔者以“虚开增值税专用发票”“消费税”为关键词在“威科先行”法律数据库进行检索，共检索到石化行业虚开增值税专用发票偷逃消费税的刑事裁判文书 67 份。其中，审理法院认定为虚开增值税专用发票罪的有 62 份，认定为逃税罪的有 4 份，认定为无罪的有 1 份。例如，在李某江、陈某、孙某荣等虚开增值税专用发票案中，被告人李某江等人利用被告人孙某荣经营的某加工厂开具非成品油进项增值税专用发票，直接变票开具内容为成品油的销项增值税专用发票，以帮助需要发票的企业偷逃消费税，其行为涉及税款共计 34，719，769 元，造成消费税损失共计 55，006，871 元。一审及二审法院均认为，被告人的行为应当以虚开增值税专用发票罪定罪处罚。[1]

但在同类案件邵某等逃税案中，被告人同样采取变票方式，将进项增值税专用发票的项目名称由成品油变更为非成品油，为他人偷逃消费税，审理法院却认为，虚开增值税专用发票罪要求行为人主观上必须具有骗取抵扣税款的故意，并且骗取抵扣的税款应当以增值税为限，因此被告人的行为不应当被认定为虚开增值税专用发票，而是构成逃税罪。[2] 而在杨某勇开增值税专用发票、用于骗取出口退税、抵扣税款发票案中，杨某勇采取虚构货物贸易、变更货物品名的方式，从上游企业获取非成品油增值税专用发票，向下游贸易单位开具品名为燃料油的增值税专用发票，虚开发票合计 826 份，价税合计 1 亿余元，其中虚开税款合计 1500 万元，致使消费税偷逃 4200 万元。对此，一审法院于 2017 年以虚开增值税专用发票罪对其定罪，后被安

---

〔1〕 参见浙江省湖州市中级人民法院刑事裁定书，（2021）浙 05 刑终 24 号。类似案例还可参见卢某根等虚开增值税专用发票、非法经营案，浙江省嘉兴市中级人民法院（2020）浙 04 刑终 268 号刑事判决书。

〔2〕 参见辽宁省葫芦岛市中级人民法院刑事判决书，（2013）葫刑二初字第 00010 号。

徽省高级人民法院撤销原判发回重审,最终以逃税罪定罪处罚。[1]

(二)司法实践观点评析

一些裁判文书在阐述将变票偷逃消费税的行为定性为虚开增值税专用发票罪的理由时指出,在此类案件中,被告人的行为已经侵害了国家对增值税专用发票的管理制度,使国家的税收遭受重大损失,该行为理应构成虚开增值税专用发票罪。[2] 也有司法者在阐述裁判理由时指出:没有必要将虚开增值税专用发票罪的主观目的局限在骗取增值税进项抵扣上,因为此罪的立法背景已经发生了变化,局限地解读这一罪名无法再适应新时期社会经济文化的实际需要,不能发挥出刑法的最大作用,法条的空白恰恰为司法的能动性创造了空间;并且,行为人出于逃避监管、反侦查的目的,通过由中间多个单位过票的虚开行为严重扰乱了增值税专用发票的管理秩序、税务管理秩序,同时也造成了国家税款的流失,侵犯了虚开增值税专用发票罪的法益,不仅应当定罪,还应当在量刑时酌情从重处罚。[3]

然而,笔者认为,上述裁判观点及相关说理并不可取。主要有以下几点理由:

第一,理解适用虚开增值税专用发票罪,应当遵循方法论的指导。从《刑法》第205条的文义解释来看,本罪的罪状表述为"虚开增值税专用发票",法条本身几乎不存在进一步解释的空间。因此,司法裁判及实务观点假借客观解释之名,扩张本罪的适用范围,只不过是司法者出于打击犯罪的目的而得出的结论,并无方法论上的依据。正确的思路应当是:正是由于《刑法》第205条的文义过于宽大、适用范围过广,无法为变票虚开行为提供明确指引,故在理解适用此罪时,应当依照法益保护目的或其意义脉络,对该罪的构成要件进行限缩解释。

第二,当前司法裁判及实务观点主要是以这一变票行为偷逃消费税严重侵害了虚开增值税专用发票罪的法益为由,认为应当对此类行为处以严

---

〔1〕 参见安徽省亳州市中级人民法院刑事判决书,(2019)皖16刑初27号。

〔2〕 参见张某甲、张某乙虚开增值税专用发票、用于骗取出口退税、抵扣税款发票案,安徽省淮北市杜集区人民法院(2019)皖0602刑初77号刑事判决书。

〔3〕 参见谢文浩:《虚开增值税专用发票逃避缴纳消费税的构罪分析》,载《人民司法》2022年第5期。

厉刑罚。然而，对法益的分析不能替代对构成要件的判断。正如杨兴培教授所言：“‘法益’不过是在评价一种行为是否需要被规定为犯罪的一种价值观念的反映，起着价值引导的作用，但它本身并不是一种事实，也不能成为特定的规范内容。”[1]在司法层面，认定某行为是否构成犯罪，绝不能以抽象的“法益”为中心，对犯罪行为进行膨胀化建构，任意扩张国家刑罚权。因此在个案认定时，仍应当先从构成要件符合性入手，来判断该行为是否可能构成此罪。

第三，即便要讨论变票虚开类案件对法益的侵害程度问题，也应注意，虚开增值税专用发票逃避缴纳消费税造成的法益侵害不能与虚开增值税专用发票非法抵扣增值税造成的法益侵害等同起来。发票管理制度不应当泛泛地被界定为虚开增值税专用发票罪的法益，更重要的是，即便从国家税收损失的角度来看，变票虚开行为和传统虚开增值税专用发票所造成的损害也不尽相同。虽然有研究指出，通过虚开增值税专用发票而偷逃消费税，造成国家消费税的税款损失会稍稍高于直接抵扣增值税，[2]但不容忽视的是，在前一种类型的案件中，虚开的增值税专用发票往往会经过多手转让。例如，在张某科虚开增值税专用发票、用于骗取出口退税、抵扣税款发票案中，在没有真实货物交易，也没有加工、代加工环节的情况下，中蓝公司联系 21 家上游企业虚开品名为沥青、重质油等的增值税专用发票，之后直接变更货物品名，向 7 家下游企业虚开品名为燃料油、石脑油等消费税应税产品的增值税专用发票。[3] 并且，由于相关行为人没有非法抵扣增值税的意图，因此对虚构的增值税也会如实申报缴纳，因而在这种实质仍为“环开”增值税专用发票的案件中，行为人为了逃避缴纳消费税多缴了部分增值税，而这部分多缴纳的税额应当从其偷逃税款的数额之中扣减。

（三）变票虚开类案件入罪标准的建立

在评价变票虚开增值税专用发票案件时，首先，应当遵从法条的文义，当行为不能认定为“虚开增值税专用发票”时，则不应认定为刑事犯罪。其

---

〔1〕 杨兴培：《中国刑法领域“法益理论”的深度思考及商榷》，载《法学》2015 年第 9 期。

〔2〕 参见董飞武：《虚开增值税专用发票骗逃国家税款：“行”“刑”认定与衔接》，载《西安财经大学学报》2023 年第 2 期。

〔3〕 参见安徽省淮北市中级人民法院刑事判决书，（2021）皖 06 刑初 1 号。

次,满足本罪形式上的要求后,应当遵从虚开增值税专用发票罪的规制目的,考察行为是否意在“非法抵扣增值税”。如果行为不满足上述两层判断标准,则不应当认定构成虚开增值税专用发票罪。

1. 没有虚开的,不应认定为虚开增值税专用发票罪

实践中,司法机关以往判断增值税专用发票是否为虚开的重点在于,案件中是否存在真实的货物交易或应税劳务,而考察重点则在于交易中的货物流、资金流、票据流是否一致。简言之,当前实务中仍以货、款、票“三流一致”作为判断行为是否构成虚开增值税专用发票罪的标准。

这一判断标准同样被用在了变票虚开的案件中。例如,在马某华虚开增值税专用发票、用于骗取出口退税、抵扣税款发票案中,春华公司接受鑫旺公司开具的品名为原油的增值税专用发票后,再以成品油为品名开具发票给宇政公司,虽然春华公司与鑫旺公司之间存在原油购销合同、银行交易流水、记账凭证,但公诉机关认为二公司之间票货分离,不存在真实交易,据此指控二者及居间介绍人虚开增值税专用发票数额巨大,行为已构成虚开增值税专用发票罪。审理法院也依据票货分离的事实认为,春华公司与鑫旺公司之间不存在真实交易,公诉机关指控成立。[1]

然而,笔者认为,当前货、款、票“三流一致”不应当再成为判断真实交易的依据。现实贸易中,货物在出厂后可能会经历多轮交易和转让,交易双方面对因货物所有权多次变更而产生的中间环节,为减少运输和仓储成本,提高交易效率,采用拟制交付或者简易交付、指示交付、占有改定等特殊动产交付方式转让货物所有权,不仅符合经济理性人的客观规律,亦被民法所认可。在法律秩序统一性原理之下,仅凭货与票流向不一致即认为涉案增值税专用发票为虚开显然不合理。

实务中也有辩护律师进一步指出,货物流与资金流不符也不是判断交易是否真实、增值税专用发票是否虚开的充分条件。原因在于,企业为避免垫付大量的流动资金,承担巨大的资金占用成本,通常会遵循行业惯例,先与下游买家谈妥货物的销路,再寻找卖家购进货物,以先收货再付款的方式

---

〔1〕 参见安徽省芜湖市中级人民法院刑事判决书,(2020)皖02刑初1号。

完成交易。[1] 因此，在变票虚开案件中，无论是票货分离还是货款分离，都不应当直接以“交易不合理”的表象认为交易不真实，并据此推定涉案增值税专用发票为虚开。而应当认为，刑法在涉及民商事交易领域之时，应当尊重行业的交易惯例和正常的市场模式，只要交易主体的行为没有实质侵害国家税收，税法及刑法则应在所不问。

综上所述，在考察案件中增值税专用发票是否为虚开、是否存在真实交易时，须着重考察涉案行业的交易方式、交易惯例，将之作为认定交易不合理的“阻却事由”。

2. 没有非法抵扣增值税的，不应当认定为虚开增值税专用发票罪

即便能够认定涉案企业没有真实交易基础，但由于虚开增值税专用发票罪的语义过于宽泛，需要结合本罪的规制目的、意义脉络，将构成要件行为限缩在非法抵扣增值税的范围之内。本罪行为应当具体表现为：行为人凭借虚假抵扣凭证进行纳税申报，对行为人临时占有但实质应缴纳的增值税税款进行了财产处分，即允许行为人从中扣除“虚假垫付”的那一部分，而将剩余部分上缴给国家，由此造成实际财产所有权人即国家的税收利益损失。

因此，如果行为人只是获取了虚假的进项发票，但并未营造自己已经缴纳过增值税的假象，也并未最终获取上游买家支付并由行为人暂时保管但最终应当上缴国家税务机关的部分税款，则不应当认定为虚开增值税专用发票罪。

（四）入罪标准下对变票虚开行为的评析

在变票虚开的案件中，除结合交易习惯对看似不合理的过票行为进行解释之外，更为重要的是对第二重标准的考察。此类案件中，如果行为人在变票的同时，将消费税额虚增到变票后的增值税专用发票税额内，之后又在增值税税款抵扣时一并予以抵扣，这种偷逃消费税的行为因同时非法抵扣了增值税税款，属于虚开增值税专用发票罪和逃税罪的竞合。[2] 而如果行

〔1〕 参见刘天永：《“少缴增值税税款”是构成虚开增值税专用发票罪的实质要件——一起虚开增值税专用发票案无罪辩护办理纪实》，载《中国律师》2018 年第 6 期。

〔2〕 参见赵景川：《以“变票”方式虚开增值税专用发票行为的司法认定》，载《中国检察官》2021 年第 10 期。

为人并未非法抵扣增值税，只是为了逃避申报缴纳消费税，那么根据增值税计税方法，即便行为人存有虚开增值税专用发票的行为，变更发票项目名称也不会影响增值税税额的计算，因为只要变更品名链条中的企业仍然能够在各自交易环节如实申报缴纳增值税，就不会造成国家增值税税款的损失。[1] 因此，对该类行为不应当认定为虚开增值税专用发票罪。作为纳税人，采取隐瞒手段，拒绝申报并逃避缴纳大额消费税，其行为可能符合逃税罪的犯罪构成。但是，根据《刑法》第 201 条第 4 款的规定，任何逃税案件都应当首先经过税务机关的处理，若不存在前置行政处罚，则司法机关不应直接追究行为人的刑事责任，而应当认定行为人无罪。

二、利用富余票虚开行为的认定

（一）司法实践现状

利用富余票虚开，是指有实际业务往来的企业在经营过程中，因为销售对象是不需要收取增值税专用发票进行抵扣的小规模纳税人、非增值税纳税人或者个人，产生了剩余的销项增值税专用发票——富余票，上述企业将富余票虚开给他人进行牟利，后者将该专用发票用于抵扣增值税的情况。举例来讲，利用富余票虚开是指真实交易发生在甲公司和乙之间，但甲公司却将发票开给了丙的行为。现实中，开具富余票的企业购进业务可能比较规范，只是因为业务经营的客观情况而产生了富余票，也有的企业虽然购进业务真实，但其有意通过票货分离的方式获取富余票，继而将其贩卖以牟取非法利益，并且会先经过“变票洗票”等程序再贩卖富余票牟利。

例如，在王某捷、高某利等虚开增值税专用发票案中，万昌隆晟公司、盛汇恒润公司、泰安鑫盛公司将富余的增值税专用发票开给与自身并无真实货物交易的广欣复公司，广欣复公司取得虚开的增值税专用发票后，认证申报抵扣了该公司的销项税额，并且广欣复公司在接受虚开的发票后，又虚开增值税专用发票给下游企业，下游企业再出票给其他企业。审理法院认为，虽然上游的三家公司并未少缴税款，但是直接给下游公司提供了少缴税款的票据，间接造成了国家增值税税款损失，也可能最终造成下游企业的下游

---

〔1〕 参见张明楷：《刑法学》（第 6 版），法律出版社 2021 年版，第 1060 页。

企业申报抵扣税额，少缴税款，进而造成国家损失，给国家税收征管秩序造成混乱，因此应当以虚开增值税专用发票罪定罪处罚。[1]

又如，在陆某宏、郭某东、胡某样等虚开增值税专用发票案中，深圳粤通公司与上海黄金交易所进行真实黄金交易后，通过票货分离的方式，先将实际购买的黄金出售给不需要增值税专用发票的个体商贩，再将增值税销项发票直接或间接地开具给山西熙祥、恒润久等公司，后续由山西熙祥、恒润久等公司虚开进入温州中茂公司，温州中茂公司虚开进入上海的 11 家公司，由上海的 11 家公司虚开给他人谋取非法利益。[2]

拆解来看，此类案件中共有四个环节：第一，购买货物并获得大额的进项增值税专用发票；第二，向个体工商户抛售货物，以票货分离的方式获取大量富余票；第三，在不存在真实交易的情况下，虚开增值税专用发票，把巨额增值税专用发票分散到下游企业，并通过多个下游企业之间的"层层洗票"，使下游各企业有充分的进项税额，同时延长增值税专用发票的链条，提升交易的可信度进行反侦查，为下一步"变票"交易做准备；第四，向受票企业变造虚开增值税专用发票。[3]

（二）司法实践观点评析

在涉案企业有意通过票货分离的方式产生富余票，增加多重发票流转环节，进行一系列的变票、洗票程序后再卖票的案件中，变票行为的复杂性体现了行为人在主观上存有不当抵扣国家税款的目的，客观上也可能造成增值税税款的损失。因此，对于这类行为，在满足构成要件的基础上，按虚开增值税专用发票罪定罪处罚自无异议。但在增值税专用发票流转环节相对简单、流转主体相对明确，行为人利用客观经营情况产生的富余票虚开，或者兼带变票、洗票的案件中，则未必能推导出行为人在主观上具有非法抵扣增值税税款的目的。

展开来讲，在企业有意通过票货分离的方式获取富余票，或者因客观经营情况出现富余票继而贩卖牟利的案件中，法院通常会认为，虽然被告单位

[1] 参见湖南省衡阳市中级人民法院刑事裁定书，(2019) 湘 04 刑终 212 号。

[2] 参见浙江省高级人民法院刑事判决书，(2019) 浙刑终 374 号。

[3] 参见赵金贝、张波：《宁波"黄金票"案引发的税务稽查与监管思考》，载《财会月刊》2019 年第 3 期。

仅系开具富余票,但被告人以被告单位名义,在无真实货物交易的情况下虚开增值税专用发票,虚开数额巨大,其行为均已经构成虚开增值税专用发票罪。例如,在黄某东等虚开增值税专用发票、用于骗取出口退税、抵扣税款发票案中,2016 年至 2019 年期间,被告人黄某东征得博客公司负责人的同意后,以公司的名义为其他公司开具剩余的增值税专用发票,并按照票面金额的 6% 至 7% 收取开票费。审理法院认为,被告单位的行为已构成虚开增值税专用发票罪。[1]

然而,笔者认为,上述裁判理由存在值得商榷之处:第一,企业开具增值税销项发票并进行纳税申报,以扣减其代他人缴纳的增值税,是顺应税制安排的应有表现。如果行为人如实申报缴纳增值税,没有虚增销项金额,就不能认为其逃避缴纳增值税,更未造成国家税款的损失。第二,此类案件中虽然一定程度上存在"票货不符"的问题,但涉案企业并非完全不存在真实交易,有时只是因为其交易相对方为个体工商户,不具备一般纳税人资格,不需要增值税专用发票,所以在销售过程中产生了富余票,其主观上仅存在平衡企业产销的目的,系情有可原。因此不应当将其行为认定为刑法意义上的"虚开增值税专用发票"。

(三)利用富余票虚开行为的评析

第一,虽利用富余票虚开,但不会造成增值税税收损失的行为,不应认定为刑法意义上的虚开。虽然根据《发票管理办法》第 21 条第 2 款的规定,认定虚开行为的核心在于对"三流一致"问题的理解,但是,在刑事案件中,只要存在货物流或应税劳务流,即应认定行为人进行了实际经营业务,而不应要求收款方、开票方和销售方或劳务提供方必须为同一法律主体,也不应要求付款方、采购方或劳务接收方必须为同一法律主体。因此,按照这个思路,企业单纯因为实际经营情况产生富余票的,或者故意制造票货分离现象的,都因切实存在货物销售或应税劳务,不应当认定为虚开增值税专用发票罪的虚开行为。

第二,不具有损害国家增值税税收之债目的的"虚开"行为不应认定为刑法意义上的虚开。这里具体是指行为人能够如实缴纳相关增值税税款,

---

[1] 参见江苏省如东县人民法院刑事判决书,(2020)苏 0623 刑初 389 号。

不具备非法抵扣增值税税款的目的。按照这一思路,前述因交易相对方为自然人、小规模纳税人而产生富余票的主体,虽然开具了与真实情况不完全相符的增值税专用发票,但其主观目的仅在于合法抵扣税款,维持企业正常经营,而不在于非法抵扣、逃避缴纳增值税税款,对于此类行为不应当认定为刑法意义上的虚开行为。

三、被动受票行为的认定

(一)司法实践及争议现状

在被动受票的情形中,如果行为人在明知不存在真实交易的情况下接受发票,则无疑对虚开行为存在主观上的明知,因而具备虚开增值税专用发票的主观故意,涉嫌虚开增值税专用发票罪。但在实践中,对真实交易背景下被动接受虚开的增值税专用发票的行为如何定性,存有较大争议。

例如,在王某宽、王某祥虚开增值税专用发票案中,2014 年 11 月至 2015 年 2 月,原审被告人王某民在张某甲开设的永飞化工厂和永飞公司共购买 90 余万元的化工原材料,作为购货方的王某民向出售方张某甲索要进项增值税专用发票,而张某甲为达到避税的目的,指使他人以卓某公司的名义向王某民的隆顺昌公司虚开增值税专用发票 9 份,金额共计 787,251.29 元,税额共计 133,832.71 元,价税合计 921,084 元。[1] 此案中,原审被告人王某民及被告单位没有参与售货方的虚开行为,而只是被动接受了虚开的增值税专用发票,对于其被动受票行为是否构成犯罪,存在两种截然不同的观点。

有罪论者认为,下游企业一方接受虚开的增值税专用发票即构成犯罪。原因在于:第一,行为人在明知他人虚开增值税专用发票的情况下,仍然接受虚开的发票,属于恶意行为,其接受虚开的发票并后续申报抵扣,是最终使得虚开犯罪一系列行为能够完成的关键环节,并且直接造成了国家税款的流失。第二,接受虚开的增值税专用发票,应当认定为“让他人为自己虚开”的情形。最高人民法院《关于适用〈全国人民代表大会常务委员会关于惩治虚开、伪造和非法出售增值税专用发票犯罪的决定〉的若干问题的解

〔1〕 参见河北省衡水市中级人民法院刑事判决书,(2018)冀 11 刑终 229 号。

释》(以下简称《惩治增值税专票犯罪决定的解释》)[1]第1条中已经明确规定,虽然行为人进行了实际经营活动,但让他人为自己代开增值税专用发票的,也属于虚开增值税专用发票行为,应当认定为虚开增值税专用发票罪。第三,在接受虚开的增值税专用发票的案件中,虽然不存在明确的通谋,但行为人实际上帮助虚开方完成了犯罪,存在片面的犯意联络,二者构成共同犯罪。法律规范层面,《惩治增值税专票犯罪决定的解释》第1条第7款也认可这种观点:虚开增值税专用发票一方与最终骗取税款的行为人均应当对虚开的税款数额以及实际骗取的税款数额承担刑事责任。根据上述规定,"为他人虚开发票方""接受发票用于抵扣税款方"均应当被认定为虚开增值税专用发票罪的共犯。第四,在政策依据层面,国家税务总局在1997年与2000年发布了国家税务总局《关于纳税人取得虚开的增值税专用发票处理问题的通知》(国税发〔1997〕134号,以下简称国税发〔1997〕134号文)、《关于〈国家税务总局关于纳税人取得虚开的增值税专用发票处理问题的通知〉的补充通知》(国税发〔2000〕182号,以下简称国税发〔2000〕182号文)和国税发〔2000〕187号文三个关于纳税人取得虚开的增值税专用发票的处理通知,规定对于购货方从销售方取得第三方开具的专用发票,或者从销货地以外的地区取得专用发票,向税务机关申报抵扣税款或者申请出口退税的,应当按偷税、骗取出口退税处理。第五,在法律规范层面,《惩治增值税专票犯罪决定的解释》第1条中规定,对于"利用虚开的增值税专用发票抵扣税款或者骗取出口退税的,应当依照《决定》第一条的规定定罪处罚;以其他手段骗取国家税款的,仍应依照《全国人民代表大会常务委员会关于惩治偷税、抗税犯罪的补充规定》的有关规定定罪处罚"。根据该规定的精神,接受虚开的增值税专用发票也是一种利用虚开的增值税专用发票的行为,因此应以虚开增值税专用发票罪定罪处罚。[2]

但无罪论者却认为,从严守罪刑法定原则的角度出发,在真实交易中接受他人虚开的增值税专用发票后用于抵扣税款的行为,不宜按照犯罪论处。第一,这种在"真实交易活动中明知是虚开的增值税专用发票而予以接受"

---

〔1〕 此解释已于2024年3月15日因最高人民法院、最高人民检察院《关于办理危害税收征管刑事案件适用法律若干问题的解释》施行而废止。

〔2〕 参见陈金灿、李坤:《金融危机背景下中小企业涉税犯罪案件特点与对策研究——以杭州市萧山区为视角》,中国犯罪学会学术研讨会2018年会议论文。

的行为，虽然属于恶意取得增值税专用发票，但并不属于《刑法》第205条第3款所规定的“让他人为自己虚开”的行为，也不同于2020年7月22日发布的最高人民检察院《关于充分发挥检察职能服务保障“六稳”“六保”的意见》所规定的“有实际生产经营活动的企业为虚增业绩、融资、贷款等非骗税目的且没有造成税款损失的虚开行为”的情形。对于恶意取得增值税专用发票的行为，一种情形为明知是虚开的增值税专用发票而被动接受，另一种情形为主动要求他人虚开专用发票并接受。对于被动接受虚开的增值税专用发票的行为，不能认定为“让他人为自己虚开”的行为。第二，被动接受虚开的增值税专用发票的行为人，不能构成虚开增值税专用发票罪的共犯。共同犯罪是指二人以上共同故意犯罪。在真实交易中接受他人虚开的增值税专用发票，无法证明接受发票方与虚开者之间有共同虚开的故意，不能认定二者构成共同犯罪。第三，国家税务机关的有关文件中将这种恶意取得发票的行为认定为偷逃税款、骗取出口退税，只明确了此类行为的行政违法性；并且从立法层级上看，国家税务总局的有关文件只是部门规章，不能作为定罪的依据，司法机关在接受税务机关移送的虚开增值税专用发票案件时，应当根据《刑法》的规定，对案件性质重新作出认定。[1]

（二）争议观点分析

对于此类案件的罪与非罪，主要涉及以下几个关键性问题：第一，真实交易中被动接受虚开的增值税专用发票的行为是否可以认定为“让他人为自己虚开”；第二，被动接受虚开的增值税专用发票的行为是否可以认定为利用虚开的增值税专用发票抵扣税款或骗取出口退税；第三，行为人被动接受虚开的增值税专用发票，主观上是否应认定为恶意；第四，行为人被动接受虚开的增值税专用发票，是否能与上游虚开的行为人构成共同犯罪，乃至片面共犯；第五，税务机关文件中按偷逃税款、骗取出口退税处理的相关规定，能否作为认定刑事犯罪的政策依据。

笔者认为，相较于有罪论者的观点，无罪论者的观点更为可取，即在真实的交易活动中，被动接受虚开的增值税专用发票的行为，不应认定为刑法意义上的“让他人为自己虚开”以及“利用虚开的增值税专用发票抵扣税

---

〔1〕 参见戴蓬：《涉税犯罪案件侦查实务》，法律出版社2002年版，第205页。

款”;行为人与上游虚开增值税专用发票的行为人在主观上也不存在共同的犯意,不应认定为虚开增值税专用发票罪的共犯。

1. 真实交易中被动接受虚开的增值税专用发票的行为不应认定为“让他人为自己虚开”

从虚开增值税专用发票罪规定的四种情形来看,无论在何种情形中,行为人都主动发起或参与了虚开犯罪,在主观上都具备虚开增值税专用发票的直接故意。但在真实交易背景下,被动接受虚开的增值税专用发票的行为人既没有主动发起也没有参与虚开行为,其行为性质与具备直接故意的虚开行为存在本质区别。

并且,《惩治增值税专票犯罪决定的解释》第 1 条所规定的“进行了实际经营活动,但让他人为自己代开增值税专用发票”所指的虚开行为人,仍然在虚开的发起者或参与者的范围内。该条文适用的情形有两种:一种是销售货物一方在存在实际经营活动的情况下,因不具备开票资质等原因,没有按照法律法规的要求开具真实的发票给购买方,转而让第三方为自己代开发票后再交给购买方。销售方的行为是典型的“让他人为自己虚开”,代开方则属于“为他人虚开”的情形。另一种是购货方完成交易后,在索要发票时主动要求销售方更改商品名称、金额、增值税税额等内容。此时,购货方的行为属于主动“让他人为自己虚开”,而非被动接受虚开的发票,销售方的行为则属于“为他人虚开”。

但在被动接受虚开增值税专用发票的场合,虚开增值税专用发票的主体是上游企业,在此过程中,下游企业既未主动要求虚开也未参与发票的虚开行为,只是在发票虚开后被动接受,并不属于“让他人为自己虚开”的情形。认为下游企业的行为属于“让他人为自己虚开”的观点,错误之处在于将“决定接受虚开发票”所表现出来的主动性混淆为了“决定虚开发票”的直接故意。

2. 被动接受虚开发票后申报抵扣的行为不应认定为“利用虚开的增值税专用发票抵扣税款”

有罪论者认为,被动接受虚开的增值税专用发票后用于抵扣的行为,是虚开犯罪中的一系列行为得以完成且直接造成国家税款损失的关键环节,应当认定为“利用虚开的增值税专用发票抵扣税款”。但是,商事主体在完成真实的交易活动后,原本就享有从销售方取得增值税专用发票的权利,受票后申报抵扣进项税额也是其必然行为。而且，虽然对于被动获取虚开的增值税专用发票的行为人来说，其应当对索取到的增值税专用发票是否规范、真实具备一定认识，但仍然很可能出于各种主客观原因而未能精准识别，此时，行为人接受虚开的增值税专用发票的目的并不在于“利用虚开的增值税专用发票抵扣税款”，而只是疏于觉察。

3. 被动受票的行为人不能与虚开行为人构成共同犯罪

若要成立共同犯罪，行为人在主观上必须具备共同的犯罪故意。但对于被动接受虚开的增值税专用发票的一方来讲，其与前端“为他人虚开”及“让他人为自己虚开”的企业之间并不存在共同的犯罪故意。尽管下游企业在接受发票时有可能知道该发票系虚开，但在其接受发票之前，虚假开具增值税专用发票的行为已经完成，下游企业不可能与虚开行为人存在共同的犯意。因此，在这类案件中，既不能认为使用虚开的增值税专用发票进行纳税抵扣的行为属于虚开行为的一部分，也不能认为使用虚开的增值税专用发票进行纳税抵扣，可能会损害自身利益的发票取得方与虚开发票方存在虚开的共同故意，故而被动受票的企业不应被认定为虚开增值税专用发票罪的共犯。

4. 国家税务总局发布的文件不应作为认定刑事犯罪的依据

根据罪刑法定原则，什么行为属于刑事犯罪以及如何对犯罪行为定罪处罚，只能由刑法规定。国家税务总局自 1995 年至 2007 年发布的各类文件中提出被动受票行为应当按偷逃税款、骗取出口退税处理，主要目的在于指导各地税务机关对于取得虚开增值税专用发票的情形比照骗取出口退税的行为以及偷逃税款的行为进行行政处罚，而不能将此类行为的性质等同于刑法意义上的税收犯罪。因此，国家税务总局的文件不应当作为司法机关认定犯罪的依据。

更何况，对比国家税务总局几个文件的内容可以看出，其对于取得虚开的增值税专用发票的行为如何理解与处理的规定，也存在诸多不合理之处和认识上的误区。

（1）国家税务总局《关于加强增值税征收管理若干问题的通知》（国税发〔1995〕192 号，部分失效，以下简称国税发〔1995〕192 号文）第 2 条规定：“对纳税人虚开代开的增值税专用发票，一律按票面所列货物的适用税率全额征补税款，并按《中华人民共和国税收征收管理法》的规定给予处罚；对纳税人取得虚开代开的增值税专用发票，不得作为增值税合法的抵扣凭证抵扣进项税额。”（2）国税发〔1997〕134 号文第 2 条规定：“在货物交易中，购货方从销售方取得第三方开具的专用发票，或者从销货地以外的地区取得专用发票，向税务机关申报抵押税款或者申请出口退税的，应当按偷税、骗取出口退税处理，依照《中华人民共和国税收征收管理法》及有关规定追缴税款，处以偷税、骗取数额五倍以下的罚款。”（3）国税发〔2000〕182 号文规定：“有下列情形之一的，无论购货方（受票方）与销售方是否进行了实际的交易，增值税专用发票所注明的数量、金额与实际交易是否相符，购货方向税务机关申请抵扣进项税款或者出口退税的，对其均应按偷税或者骗取出口退税处理：一、购货方取得的增值税专用发票所注明的销售方名称、印章与其进行实际交易的销售方不符的，即 134 号文件第二条规定的‘购货方从销售方取得第三方开具的专用发票’的情况……”（4）国税发〔2000〕187 号文规定：“购货方与销售方存在真实的交易，销售方使用的是其所在省（自治区、直辖市和计划单列市）的专用发票，专用发票注明的销售方名称、印章、货物数量、金额及税额等全部内容与实际相符，且没有证据表明购货方知道销售方提供的专用发票是以非法手段获得的，对购货方不以偷税或者骗取出口退税论处。但应按有关规定不予抵扣进项税款或者不予出口退税；购货方已经抵扣的进项税款或者取得的出口退税，应依法追缴。”

由上可见，国税发〔1995〕192 号文对于取得虚开的增值税专用发票，是以“不得作为抵扣凭证”来处理的，其依据是《增值税暂行条例》（1995 年）第 9 条〔1〕：“纳税人购进货物或者应税劳务，未按照规定取得并保存增值税扣税凭证，或者增值税扣税凭证上未按照规定注明增值税额及其他有关事项的，其进项税额不得从销项税额中抵扣。”可见，国税发〔1995〕192 号文的规定是有法律依据的。但国税发〔1997〕134 号文却认为，虚开增值税专用发票的行为“应当按偷税、骗取出口退税处理”，并依照《税收征收管理法》及有关规定追缴税款，处以偷税、骗取数额 5 倍以下的罚款。这一规定既不存在法律依据，也不符合行政法的规定，反而存在行政权力扩张的问题。《行政处罚法》第 11 条第 2 款规定：“法律对违法行为已经作出行政处罚规定，行政法规需要作出具体规定的，必须在法律规定的给予行政处罚的行为、种类和

〔1〕 相关规定参见 2017 年修订的《增值税暂行条例》第 9 条。

幅度的范围内规定。”然而，在《税收征收管理法》第五章“法律责任”中，并未对“未按规定取得发票”规定相应的处罚，而《增值税暂行条例》第 9 条也只规定了虚假获取的专用发票不得抵扣进项税额。可见，将取得虚开发票的行为等同于一般骗取出口退税、偷逃税款的行政违法行为来处罚，甚至等同于刑事犯罪，不存在任何法律上的依据。

而且，国税发〔1997〕134 号文在执行之中也必然会遇到诸多现实问题，例如，当前司法实践已经普遍认为“如实代开”并不会造成国家税款流失，不应当作为刑事犯罪处理，但根据此通知的规定，显然仍然应当按照刑事犯罪处理。又如，行为人虽完全尽到了注意义务，但仍然未能察觉发票系虚开，此时将该行为认定为犯罪未免过于牵强。对此，国税发〔2000〕187 号文针对善意取得问题又进行了区别规定，即善意受票人使用虚假专用发票抵扣税款的，不以偷逃税款、骗取出口退税论处。显然，行政机关本身也已经注意到了之前文件的不合理之处。

（三）被动受票行为的定性分析

对于被动受票行为能否作为刑事犯罪处理，不可一概而论，而应当依据受票人主观上属于善意还是非善意做具体分析。

1. 对于善意受票人

根据《发票管理办法》的规定，在实际经营活动中，购买方付款后，从销售方取得的增值税专用发票应当真实、合法、有效。而所谓真实、合法、有效，不仅要求专用发票记载的货物名称、种类、数量、金额、税额等与真实交易相符，还包括专用发票的来源合法，开票方与实际销售方的名称、印章、税务账号等事项一致等。若专用发票不符合上述规定，那么任何单位和个人均有权拒收。换言之，税法要求购货方对交易中获取的增值税专用发票是否规范予以审查，以尽到应尽的各项注意义务。但是，在有些真实交易中，虚假开具的发票所载明的购销单位、商品名、金额、数量、税额、日期以及印章等各项目内容均与实际相符，即便购货方尽到了全部的注意义务，也无法从形式上辨别出发票为虚开，此时，若同样不存在证据证明受票人知道或应当知道该发票属于虚开，则应当认为受票方为善意受票人。

对于善意受票人，国税发〔2000〕187 号文明确，不以偷逃税款或骗取出口退税论，但应按有关规定不予抵扣进项税款或不予出口退税，已经抵扣或取得出口退税的也应依法追缴。购货方能够重新从销售方取得防伪税控系统开出的合法、有效专用发票的，或者取得手工开出的合法、有效专用发票且取得了销售方所在地税务机关已经或者正在依法对销售方虚开专用发票行为进行查处的证据的，购货方所在地税务机关应依法准予抵扣进项税款或者出口退税。但实际上，善意受票人接受发票的行为并无恶意甚至过失，且在客观上未给国家或其他人造成任何损失，因此，无论其是否可以重新取得真实规范的增值税专用发票，都应当允许其进行进项税额抵扣。[1]

2. 对于恶意受票人

要认定恶意取得，则要求受票人不仅明知并希望所取得的专用发票存在虚开情形，而且其对可能造成国家增值税税款流失的危害结果存在明知和希望。如果受票人虽然意识到专用发票存有一定瑕疵，但了解到该票本身真实、内容与交易相符，且增值税已经由对方实际缴纳，不会造成国家税款的损失，即发票形式上的瑕疵不会产生实质危害后果，就不应认定受票人为恶意取得，而应认定为瑕疵取得。由此可见，瑕疵取得与恶意取得的区分，应当以行为人主观上是否存在明知和希望造成危害后果为标准，而不应以行为人在主观上是否明知或应知专用发票存有形式上的瑕疵为标准。例如，在恶意取得情形中，尽管有时发票从形式上看并不存在瑕疵，但如果有证据能够证明受票人明知发票系伪造，仍然愿意用其抵扣税款，即表明其在主观上对该发票可能造成的实质危害存在明知和希望，也构成恶意取得。

对于瑕疵取得，受票人在获取专用发票时未能尽到应尽的注意义务，使得发票没有达到标准，因此对于所获取的虚开专用发票不予进项抵扣，但在该情形中，根本不可能造成增值税税款流失的实质危害，故如果受票人补开到规范、真实的专用发票，则应当予以抵扣，只不过应当对其不规范取得发票的行为予以相应的行政处罚。因其只不过未尽到受票人应履行的注意义务，而且对于可能造成国家增值税税款损失的危害后果不存在明知和希望，属于未参与虚开的情形，其行为并不构成虚开增值税专用发票罪，而至多只能认定为“未按照规定取得发票”的行政违法行为。但对于恶意取得的受票

---

〔1〕 参见王佩芬：《如何认定虚开增值税专用发票罪中的善意受票人》，载《政治与法律》2008 年第 1 期。

人来说,无论其是否能够补开到符合条件的增值税专用发票,都不得予以进项抵扣,已经抵扣的,应予以追缴。

第四节　虚开增值税专用发票罪的单位犯罪追诉标准

一、司法实践现状

(一)单位犯罪追诉标准普遍高于自然人犯罪追诉标准

截至《刑法修正案(十二)》施行,我国共有485项罪名,其中规定了单位犯罪的罪名达到152项。这些罪名当中,大多数在单位犯罪与自然人犯罪的处罚上存在显著的差异,该种差异在立案追诉标准[1]上有直观的体现,如表6-1所示。

表6-1　单位犯罪与自然人犯罪的立案追诉标准差异(部分罪名)

罪名	单位追诉标准	自然人追诉标准
受贿罪/单位受贿罪	100,000元	5,000元
行贿罪/单位行贿罪	200,000元	30,000元
对非国家工作人员行贿罪	200,000元	30,000元
对外国公职人员、国际公共组织官员行贿罪	200,000元	30,000元
非法经营罪(一般)	非法经营500,000元/获利100,000元	非法经营50,000元/获利10,000元
非法经营罪(出版、印刷、复制、发行严重危害社会秩序和扰乱市场秩序的非法出版物)	非法经营150,000元/获利50,000元	非法经营50,000元/获利20,000元

[1] 参见2016年4月18日发布的最高人民法院、最高人民检察院《关于办理贪污贿赂刑事案件适用法律若干问题的解释》;2014年8月12日最高人民法院、最高人民检察院发布的《关于办理走私刑事案件适用法律若干问题的解释》;2022年4月6日发布的最高人民检察院、公安部《关于公安机关管辖的刑事案件立案追诉标准的规定(二)》。

续表

罪名	单位追诉标准	自然人追诉标准
非法经营罪(非法从事出版物的出版、印刷、复制、发行业务,严重扰乱市场秩序)	非法经营 500,000 元/获利 150,000 元	非法经营 150,000 元/获利 50,000 元
非法经营罪(以营利为目的,通过信息网络有偿提供删除信息服务,或者明知是虚假信息,通过信息网络有偿提供发布信息等服务,扰乱市场秩序)	非法经营 150,000 元/获利 50,000 元	非法经营 50,000 元/获利 20,000 元
非法经营罪(以提供给他人开设赌场为目的,违反国家规定,非法生产、销售具有退币、退分、退钢珠等具有赌博功能的电子游戏设施设备或者其专用软件)	非法经营 200,000 元/获利 100,000 元	非法经营 50,000 元/获利 10,000 元
走私普通货物、物品罪	200,000 元	100,000 元
合同诈骗罪(广东地区)*	100,000 元	20,000 元

* 此标准依据两个文件:(1)《立案追诉标准(二)》第 69 条;(2)广东省高级人民法院《关于办理破坏社会主义市场经济秩序犯罪案件座谈会纪要》(〔2014〕301 号)第 12 条。

通过上述对比可以看出,在这些单位犯罪与自然人犯罪处罚标准存在差异的罪名当中,单位的立案追诉标准普遍要高于自然人。实际上,在情节相同的情况下,单位所需承担的刑事责任一般也轻于自然人。例如,在走私普通货物、物品罪中,单位走私“情节严重”“情节特别严重”的标准就是自然人走私的 2 倍;在广东地区,合同诈骗罪“数额较大”“数额巨大”的标准,单位按照自然人的 5 倍掌握,可见差异之大。

(二)虚开增值税专用发票罪中单位犯罪与自然人犯罪的处罚现状

《刑法》第 205 条第 2 款对单位构成虚开增值税专用发票罪时的刑事责任作出了规定:“单位犯本条规定之罪的,对单位判处罚金,并对其直接负责的主管人员和其他直接责任人员,处三年以下有期徒刑或者拘役;虚开的税款数额较大或者有其他严重情节的,处三年以上十年以下有期徒刑;虚开的税款数额巨大或者有其他特别严重情节的,处十年以上有期徒刑或者无期徒刑。”

从上述条文看，《刑法》并未就本罪单位犯罪、自然人犯罪规定不同的数额标准，仅规定单一的“数额较大”“数额巨大”的标准，相关司法解释也未予以明确。但在司法实践中，有些地方的司法机关在处理这一罪名时，对单位犯罪与自然人犯罪按照不同的标准进行处罚，这种不同主要体现在追诉起点、“数额较大”和“数额巨大”的标准之上。例如，陕西省高级人民法院在《关于适用刑法有关条款数额、情节标准的意见》中明确区分了虚开增值税专用发票罪中自然人犯罪与单位犯罪定罪量刑的标准，规定自然人犯虚开增值税专用发票罪的起刑点为虚开税款数额 1 万元以上或者致使国家税款被骗 5000 元以上，数额较大的标准为虚开税款数额 10 万元以上；数额巨大的标准为虚开税款数额 50 万元以上。而对于单位犯虚开增值税专用发票罪的起刑点则规定为虚开税款数额 5 万元以上；数额较大的标准为虚开税款数额 50 万元以上；数额巨大的标准则为虚开税款数额 100 万元以上。可见，单位犯本罪的起刑点及数额较大的标准是自然人犯本罪所对应数额的 5 倍。

除了地方高级法院明确发布的标准外，部分地区的法院在审判的过程中也对单位和自然人犯本罪采用了不同的标准。例如，在玉鹏汽车配件有限公司等虚开增值税专用发票案中，被告单位玉鹏汽车配件有限公司让他人为自己虚开增值税专用发票 31 份，抵扣税额 52 万元，仍被认定为未达到“数额较大”的标准，仅在有期徒刑 3 年以下的幅度内对直接责任人员定罪量刑，[1] 但如依照最高人民法院《关于虚开增值税专用发票定罪量刑标准有关问题的通知》的规定，虚开的税款数额在 50 万元以上的就已经属于“数额较大”。

由此可见，虽然国家层面目前尚未对构成虚开增值税专用发票罪的单位与自然人规定不同的定罪量刑标准，但实践中部分地区的司法机关却已经从实际出发，在处理案件时将单位与自然人进行区别对待。

二、对单位与自然人犯本罪采用不同追诉标准的评析

（一）单位直接负责的主管人员和其他直接责任人员主观恶性较小

在司法实践中，具有下列特征的，可以认定为单位走私犯罪：（1）以单位

---

〔1〕 参见浙江省玉环市人民法院刑事判决书，（2021）浙 1021 刑初 588 号。

的名义实施走私犯罪,即由单位集体研究决定,或者由单位的负责人或者被授权的其他人员决定、同意;(2)为单位谋取不正当利益或者违法所得归单位所有。

可见,在单位犯罪中,直接责任人员是从单位利益出发,经单位集体研究决定或由单位负责人授意,是在单位意志之下实施的犯罪行为。这与自然人犯罪中个人为了谋取非法利益而实施犯罪的主观恶性显然存在巨大差异,相应地,在处罚时对单位与自然人采取不同的处罚标准更能体现刑法之罪刑相适应原则。部分学者对此也持有同样的观点,如周光权教授就明确表示:"尤其是某些自然人犯罪刑法规定有死刑的罪名(如集资诈骗罪),单位犯同种罪时,不能对单位中的直接责任人员判处死刑,是刑罚轻缓和罪刑均衡的应有之义。"[1]

(二)单位犯罪中违法所得归单位所有,直接责任人员无法直接从中获利

最高人民法院《关于审理单位犯罪案件具体应用法律有关问题的解释》第3条规定:"盗用单位名义实施犯罪,违法所得由实施犯罪的个人私分的,依照刑法有关自然人犯罪的规定定罪处罚。"可见,违法所得的归属是区分单位犯罪与自然人犯罪的重要条件。如果单位犯罪成立,那么违法所得必然是归单位所有,而不是归单位内的个别人员。刑事案件中,违法所得多少是区分刑事责任大小的重要指标之一。例如,在侵犯著作权罪、组织卖淫罪等罪名中,违法所得数额就是定罪量刑的直接依据;在非法经营罪、内幕交易罪、泄露内幕信息罪等罪名中,违法所得数额则直接与罚金数额挂钩。此外,在共同犯罪案件中以违法所得的多少来判断不同人员在犯罪中的作用、所需承担刑事责任大小的做法也并不鲜见。

在单位与自然人同时涉嫌某一罪名时,由于单位的违法所得必须归单位所有,直接负责的主管人员和其他直接责任人员并不能直接获取利润,而对于实施犯罪活动的自然人而言,所有违法所得直接归属于犯罪分子。此种情况下,为实现罪责刑相适应,有必要对单位与自然人采用不同的处罚标准。

---

〔1〕 周光权:《新刑法单位犯罪立法评说》,载《法制与社会发展》1998年第2期。

实际上，1997 年《刑法》进行立法讨论时，最高人民法院在《关于刑法总则修改的若干问题（草稿）》中就已经明确建议全国人大将单位犯罪的条款修改为："……对其直接负责的主管人员和其他直接责任人员，参照本法对个人犯罪的规定从轻或者减轻处罚。"其所提出的理由，也正是违法所得的差异："实践中，由于单位犯罪的非法所得归单位所有，或者单位造成的危害由单位承担，对该单位直接负责的主管人员和其他直接责任人员的处罚，应比对个人犯罪的处罚要轻。但分则中对有关责任人员的量刑幅度又不作具体规定，只能在总则中采取'参照本法对个人犯罪规定从轻或者减轻处罚'的提法。"〔1〕

（三）单位犯罪中各直接责任人员的责任较为分散

针对单位犯罪中各实际参与人员刑事责任大小的问题，最高人民法院刑法修改小组曾明确提出："我们认为，单位犯罪中的直接负责的主管人员和其他直接责任人员在犯罪动机上是为了团体的利益，而且单位犯罪往往是多人共同决定、共同实施、具有责任分散的特点。因此，对单位实施普通经济犯罪，追究个人刑事责任时，一般要轻于自然人犯同种罪的情况。"〔2〕实际上，参与、实施犯罪的决策是由单位通过一定的表决、审议程序作出的，代表了单位的意志，这是构成单位犯罪的基础。反之，如果所有决策都是由某经营者在一意孤行的情况下作出的，没有经过单位事前订立的程序，那么单位实际上就成了该经营者开展犯罪活动的手段，本身并没有参与犯罪的故意；在追究刑事责任时，单位也并不构成犯罪。

行为人在犯罪中的参与程度、作用大小，直接决定了其最终所需要承担的刑事责任。《刑法》第 26 条、第 27 条就明确规定："组织、领导犯罪集团进行犯罪活动的或者在共同犯罪中起主要作用的，是主犯。""在共同犯罪中起次要或者辅助作用的，是从犯。"实际上，这也是罪责刑相适应原则的内涵。在单位犯罪中，出谋划策的具体表现形式可能是领导层集体投票甚至全体员工投票，并非由直接责任人员一人作出决定。换言之，所有参与决策的单

---

〔1〕 高铭暄、赵秉志编：《新中国刑法立法文献资料总览》，中国人民公安大学出版社 2015 年版，第 1111 页。

〔2〕 周道鸾等主编：《刑法的修改与适用》，人民法院出版社 1997 年版，第 127 页。

位成员都对这一犯罪起到了推动作用，责任较为分散，相较于独自实施犯罪的自然人而言，参与程度与作用都较小。因此，对于单位犯罪而言，完全有必要设定更高的入罪标准。

（四）对单位犯罪设定更高的入罪标准，有利于提高司法效率

客观而言，目前刑法体系中自然人与单位在定罪量刑上是存在区别的，主要体现在经济犯罪上。该类犯罪普遍以犯罪数额作为追诉与处罚的标准。以走私普通货物、物品罪为例，根据最高人民法院、最高人民检察院《关于办理走私刑事案件适用法律若干问题的解释》的规定，单位偷逃应缴税额在20万元以上的，才能立案追诉。如果将该标准下调至10万元，与自然人犯该罪的标准保持一致，将会导致偷逃税额在10万元至20万元之间的走私案件从行政处罚转为刑事处罚，无疑会大大增加司法人员的工作量，降低司法效率。以维护司法效率为出发点，一线办案法官就曾直接表示："在当下司法资源普遍吃紧的背景下，将大量的行政违法行为改作泛罪化处理是否必须与可取？此一动议自然值得怀疑。"[1]最终该法官提出，在经济领域发生的犯罪，单位与个人的追诉处罚标准一般以拉开3至5倍的距离为适宜。

（五）以差异化追诉标准为基础的差异化处罚原则

从保护法益的层面而言，走私普通货物、物品罪与虚开增值税专用发票罪所保护的核心法益都是税收征管秩序。我国目前实际将走私犯罪区分为走私禁止进出口的货物、物品，走私限制进出口的货物、物品以及走私普通货物、物品三大类，其中普通货物、物品本身就可以正常进出国内，只是部分犯罪分子为少缴税才铤而走险。因此走私普通货物、物品罪所保护的法益归根到底也是国家的税收。

最高人民法院也曾明确指出："走私普通货物、物品行为偷逃海关关税，严重破坏了国家对外贸易管制政策，扰乱了海关监管秩序，给国家税收造成损失，极大地妨害了国家经济发展，历来是刑罚打击的重点……本罪（即走私普通货物、物品罪）的客体是国家对普通货物、物品进出口监管、征收关税

---

〔1〕 黄祥青：《论单位犯罪的处罚标准》，载《法律适用》2013年第7期。

的制度。”[1]由此可见，走私普通货物、物品罪与虚开增值税专用发票罪所保护的法益本质上是相同的，都是国家税收。即使认为走私普通货物、物品罪还有保护海关监管秩序的任务，大于虚开增值税专用发票罪，走私普通货物、物品罪的处罚标准也应当高于虚开增值税专用发票罪，而不会更低。

从司法实践的层面来看，在虚开增值税专用发票罪中坚持单位与自然人的追诉处罚标准统一会导致量刑失衡。正如前述，虚开增值税专用发票罪与走私普通货物、物品罪都是涉税犯罪，保护的根本法益相同，因此具有共同讨论的价值。将两罪放在实务背景下进行比较，就可以直观地看出虚开增值税专用发票罪中坚持单位与自然人的追诉处罚标准统一所带来的问题。

例如，某单位在货物进出口过程中偷逃税额 19 万元，最终被海关查处，此时该单位对国家造成的税收损失就是 19 万元，依照最高人民法院、最高人民检察院《关于办理走私刑事案件适用法律若干问题的解释》的规定，该单位尚未达到偷逃税额 20 万元的起刑点，因此仅构成行政违法；该市另一单位在经营过程中，让他人为自己虚开 10 份增值税专用发票，抵扣税额 19 万元，此时该单位同样对国家税收造成了 19 万元的损失，但是依照最高人民法院《关于虚开增值税专用发票定罪量刑标准有关问题的通知》，该单位已经构成虚开增值税专用发票罪，单位犯罪中的直接负责的主管人员和其他直接责任人员需面临 3 年以下有期徒刑或者拘役的处罚，单位也需面临 2 万元以上 20 万元以下的罚金。上述两单位的处理结果可谓天差地别，但归根到底，两单位所造成的社会危害是基本相同的，依照罪责刑相适应的原则，两单位所需承担的责任也应当一致。

因此，在虚开增值税专用发票罪中，应当对单位与自然人采用不同的追诉处罚标准。在立法论视域中，为保持刑法体系内的一致性，也可以参照走私普通货物、物品罪的规定，将对单位追诉、处罚的标准按照自然人标准的 2 倍掌握。

---

[1] 南英主编、最高人民法院刑事审判第二庭编著：《〈最高人民法院、最高人民检察院关于办理走私刑事案件适用法律若干问题的解释〉理解与适用》，中国法制出版社 2015 年版，第 253 ~ 255 页。

第五节　单位犯罪中直接责任人员的罚金适用问题

一、司法实践现状

《刑法》第 205 条规定了虚开增值税专用发票罪的刑事责任，明确“单位犯本条规定之罪的，对单位判处罚金，并对其直接负责的主管人员和其他直接责任人员，处三年以下有期徒刑或者拘役……”值得注意的是，《刑法》并没有规定单位犯虚开增值税专用发票罪时单位直接负责的主管人员和其他直接责任人员是否可以被判处罚金。

实践中，各地法院对这一问题的态度也不尽相同。例如，在高某龙等虚开增值税专用发票、用于骗取出口退税、抵扣税款发票案中，一审法院认定聂某为阳××公司直接负责的主管人员，对其判处有期徒刑 10 年，并处罚金 30 万元。[1] 此后聂某提出上诉，上诉理由正是该案为单位犯罪，其作为单位直接负责的主管人员不应当被判处罚金。北京市第二中级人民法院在审理后采纳了聂某所提出的上诉意见，撤销了一审法院对聂某所判处的罚金刑。[2] 此外，在马某等虚开增值税专用发票、用于骗取出口退税、抵扣税款发票案中，北京市高级人民法院也赞同“对单位犯罪中负刑事责任人员判处附加财产刑于法无据”的观点，对原审判决予以改判。[3]

上述北京市高级人民法院等法院所作出的判决，可视为对其辖区内基层法院关于虚开增值税专用发票罪错误理解的纠偏。但是在全国范围内，认为单位犯虚开增值税专用发票罪时可以对其直接责任人员判处罚金的法院也不在少数，例如，在浙江磐安景泰制衣有限公司、玉山县景泰制衣有限公司、浙江景泰反光科技有限公司等虚开增值税专用发票、用于骗取出口退税、抵扣税款发票案中，被告人陈某、黄某被认定为涉案单位直接责任人员，

---

〔1〕 参见北京市西城区人民法院刑事判决书，(2020)京 0102 刑初 678 号。

〔2〕 参见北京市第二中级人民法院刑事判决书，(2022)京 02 刑终 22 号。

〔3〕 参见北京市高级人民法院刑事判决书，(2019)京刑终 133 号。

最终也均被判处罚金。[1]

二、对本罪单位直接责任人员适用罚金刑的评析

（一）根据罪刑法定原则，不应对直接责任人员判处罚金

法无明文规定不为罪，这一基本原则已经被《刑法》所认可，在刑罚领域也应当同样适用。如果对犯罪单位的直接责任人员判处罚金刑并不是所有罪名都通用，那么在《刑法》分则条文没有单独作出明确规定的情况下，就不应当对直接责任人员判处罚金。因此，在讨论个罪中直接责任人员适用罚金刑的问题前，必须先明确对直接责任人员判处罚金刑是否属于“不言自明”的原则。纵观《刑法》所有条文可以发现，《刑法》对单位犯罪的直接责任人员适用罚金刑进行了差异化处理：据统计，在全部152个可以构成单位犯罪的罪名当中，对单位以及直接责任人员均规定了罚金刑的有123个，占比达到81%；而对单位规定罚金刑、对直接责任人员仅规定自由刑的则有29个，占比为19%。

从上述罪名分布情况可以看出，《刑法》对直接责任人员适用罚金刑的态度相当明确：当需要对其判处罚金时，会在条文中直接作出规定。如果认为对单位直接责任人员判处罚金是默认原则，根本不需要在条文中写明，《刑法》也就完全没有必要在上述123个罪名中都大费周章地对直接责任人员的罚金刑作出专门规定。此观点在实践中也得到了最高人民法院的认可，《全国法院审理金融犯罪案件工作座谈会纪要》就明确指出：“单位金融犯罪中直接负责的主管人员和其他直接责任人员，是否适用罚金刑，应当根据刑法的具体规定。刑法分则条文规定有罚金刑，并规定对单位犯罪中直接负责的主管人员和其他直接责任人员依照自然人犯罪条款处罚的，应当判处罚金刑……刑法分则条文明确规定对单位犯罪中直接负责的主管人员和其他直接责任人员只判处自由刑的，不能附加判处罚金刑。”虽然该纪要只是对单位金融犯罪的直接规定，但这一原理对于所有的单位犯罪都具有普适性。

由此可见，我国刑法并不存在“所有单位犯罪中都需要对直接责任人员

---

〔1〕 参见浙江省磐安县人民法院刑事判决书，（2019）浙0727刑初220号。

判处罚金"的原则。那么,在《刑法》条文未作出明确规定的情况下,依照罪刑法定的原则,在相应的单位犯罪中就不能对直接责任人员判处罚金。

(二)仅对直接获利的单位判处罚金更加符合罚金刑设立的目的

罚金刑的设立、适用与经济社会发展密切相关,进一步说,设置罚金刑的根本目的,就是在贪利型犯罪中通过对违法所得利益的剥夺实现对犯罪的惩治与预防。1997 年《刑法》修订时,部分法院就明确提出"为了适应在市场经济条件下同贪利性犯罪作斗争的需要,刑法应加强经济处罚的力度,建议将罚金刑由附加刑改为主刑"[1]。全国人大刑法修改小组虽然坚持罚金刑作为附加刑的地位,但也强调:修改《刑法》时,考虑到在破坏社会主义经济秩序罪,侵犯财产罪,侵犯公民人身权利、民主权利罪,妨害社会管理秩序罪中,会有不少具有贪财图利性质的犯罪(包括原有罪名、自原有罪名分解和增订的新罪名)。对于其中明显具有贪财图利性质的犯罪,如适用罚金刑有利于使犯罪分子在经济上捞不到便宜,有利于剥夺犯罪分子再犯罪的"资本",有利于预防犯罪,原则上都应规定罚金刑,并且不受犯罪情节轻重的限制。[2]

新旧《刑法》对于罚金刑设置的差别,实际上直接反映了这一立法本意。在计划经济时代的 1979 年《刑法》中,规定罚金刑的刑法分则条文只有 20 个,涉及 21 个罪名,在全部罪名中的占比尚未达 15%;而在社会主义市场经济建设全面铺开后的 1997 年《刑法》中,规定罚金刑的罪名有 160 余个,超过全部罪名的 30%,[3]无论是数量还是占比均出现了大幅度的上升。这种上升趋势背后的实质就是经济社会发展背景下贪利型犯罪不断增多,需要通过罚金刑与自由刑并用的手段对其实施精准打击,达到"标本兼治"的效果。既然设置罚金刑的主要目的在于"使犯罪分子在经济上捞不到便宜",这就必然要求罚金刑的适用应围绕"违法所得"展开。单位犯罪中,开展违法活动所得利益最终是归单位而非个人所有,这本身就是单位犯罪与自然

---

[1] 高铭暄、赵秉志编:《新中国刑法立法文献资料总览》,中国人民公安大学出版社 2015 年版,第 1075 页。

[2] 参见高铭暄、赵秉志编:《新中国刑法立法文献资料总览》,中国人民公安大学出版社 2015 年版,第 1052 页。

[3] 参见李洁:《罚金刑适用若干问题研究》,载《吉林大学社会科学学报》2000 年第 5 期。

人犯罪的主要区别之一。因此，在单位直接责任人员无法从犯罪中获取直接利益的情况下，考虑适用罚金刑时对直接责任人员就应当少罚或者不罚。

由此可见，在单位犯虚开增值税专用发票罪时，对作为获利者的单位判处罚金，对没有直接获利的直接责任人员仅判处自由刑，通过差异化的刑罚实现对犯罪的惩治、对社会的教化，实际上符合立法目的。

（三）将单位直接责任人员所得工资、奖金视为间接违法所得而判处罚金刑缺乏刑罚正当性

单位直接责任人员包括直接负责的主管人员和其他直接责任人员。在司法实践中，不仅单位的股东多被认定为直接责任人员，在单位中仅获取固定工资的“打工者”也常常会因其在公司内的职位、所实施的行为而被认定为直接责任人员，需要对该单位犯罪承担责任。虽然《刑法》第64条明确规定，“犯罪分子违法所得的一切财物，应当予以追缴或者责令退赔”，但在实务中，司法机关往往会将这一条款理解为“直接责任人员在单位中获取的全部收益都属于违法所得”，而对相关人员过往在单位中获取的工资、奖金均进行没收、追缴。例如，在一些案件中，审理法院认为被告人作为单位直接责任人员，需对单位所犯虚开增值税专用发票罪承担刑事责任，同时也认定单位直接责任人员通过工资、提成等形式获得的款项均属于违法所得，需要追缴，同时以此认定单位直接责任人员存在非法获利，进而判处罚金。这种刑罚适用显然缺乏基本的正当性。因为既然认定是单位犯罪，前提之一就是违法所得归单位所有。更为关键的是，既然是单位犯罪，则该单位就不是为了实施违法犯罪而设立，更非以实施违法犯罪为主，即涉案单位的主营业务是合法的。那么，作为单位直接责任人员，其所领取的工资报酬显然就不是违法所得，而主要是其合法劳动报酬。在这一前提之下，将单位直接责任人员所得工资、奖金认定为违法所得本身即缺乏事实和法律基础。

进一步讲，由于单位犯罪所得违法利益归单位所有，通过对单位追缴违法所得，并判处罚金刑，已经基本实现了“使犯罪分子在经济上捞不到便宜”这一设置罚金刑的目的。在此基础上，对于为了单位利益未能保持谨慎而参与单位犯罪的直接责任人员判处自由刑即已经实现了刑罚之惩治目的，

也符合罪责刑相适应的原则。因此，在《刑法》条文明确规定单位犯本罪仅对单位直接责任人员判处自由刑的情况下，部分法院对直接责任人员判处罚金直接违背罪刑法定原则，既不符合罚金刑设置的目的，也缺乏刑罚正当性。

第七章 正本清源：以危险方法危害公共安全罪的同质性恪守

封闭与开放是截然相反的状态，罪刑法定的明确性规则合乎逻辑导出的是封闭式规定，天然地拒绝开放式表达。而开放性构成要件实际上在刑法中难以避免，完全的封闭式规定只存在于理想的理论设定中。刑法分则中的开放性构成要件既有描述实行行为的兜底条款，也有采用开放性罪状表述的兜底罪名，以危险方法危害公共安全罪属于少数的兜底罪名之一。“其他危险方法”属于模糊词语，根本无法从中确定本罪的实行行为。这说明，本罪自诞生之日起就承载了清晰界定行为与防止适用范围过宽的使命。当然，其也时刻处于扩张适用甚至类推适用的危险之中。面对立法者刻意设置的兜底罪名，一味地展开批判的立法论探讨没有多少实质意义，从解释论层面对之进行的限缩适用之探索才更有切实的司法价值。本罪属于危害公共安全犯罪，公共安全是本罪法益考察的核心，以危险方法危害公共安全罪的实行行为自然也应以危害公共安全为评价的逻辑起点，并且应以放火、爆炸、决水等行为为基准进行同质性限定。“其他危险方法”的表达本身没有限定行为，但能够评价为其他危险方法的行为却必须与放火、爆炸等行为一样具有对公共安全的危害性。只有一贯坚持此种解释方法，以危险方法危害公共安全罪的司法适用才能维持在合理基线内。

第一节　以危险方法危害公共安全罪概述

一、以危险方法危害公共安全罪的立法背景

以危险方法危害公共安全罪是我国刑法独有的罪名，最早有关该罪的规定出现在1979年《刑法》中。1979年《刑法》第105条规定："放火、决水、爆炸或者以其他危险方法破坏工厂、矿场、油田、港口、河流、水源、仓库、住宅、森林、农场、谷场、牧场、重要管道、公共建筑物或者其他公私财产、危害公共安全，尚未造成严重后果的，处三年以上十年以下有期徒刑。"第106条规定："放火、决水、爆炸、投毒或者以其他危险方法致人重伤、死亡或者使公私财产遭受重大损失的，处十年以上有期徒刑、无期徒刑或者死刑。过失犯前款罪的，处七年以下有期徒刑或者拘役。"通过前述条文可以发现，1979年《刑法》采用列举方式，将危险方法的侵害对象限定为工厂、矿场、油田、港口、河流、水源、仓库、住宅、森林、农场、谷场等14种公共财物，体现了当时我国社会浓厚的集体主义色彩。

随着整个社会的快速变迁及经济的发展，1979年《刑法》已无法满足社会治理的需要，因此，第八届全国人民代表大会第五次会议于1997年3月14日对1979年《刑法》的内容进行了较大幅度的修订，但对以危险方法危害公共安全罪并未作出大调整。具体而言，1997年《刑法》将1979年《刑法》第105条变更为第114条，即："放火、决水、爆炸、投毒或者以其他危险方法破坏工厂、矿场、油田、港口、河流、水源、仓库、住宅、森林、农场、谷场、牧场、重要管道、公共建筑物或者其他公私财产，危害公共安全，尚未造成严重后果的，处三年以上十年以下有期徒刑。"1997年《刑法》将1979年《刑法》第106条变更为第115条，即："放火、决水、爆炸、投毒或者以其他危险方法致人重伤、死亡或者使公私财产遭受重大损失的，处十年以上有期徒刑、无期徒刑或者死刑。过失犯前款罪的，处三年以上七年以下有期徒刑；情节较轻的，处三年以下有期徒刑或者拘役。"

从法条的变化中不难看出，1997年《刑法》条文所列明的危险方法中，增加了"投毒"这种危害行为，从这一细微变化可以窥见立法者正逐步将一些

被社会公众普遍认可的"其他危险方法"纳入具体危险方法的范围内,以此减少司法适用中的不确定性。然而,对于使用"其他危险方法"危害公共安全的行为是根据行为人实际使用的具体方法确定其罪名还是统一认定为以危险方法危害公共安全罪,1979 年《刑法》和 1997 年《刑法》均未作出明确规定,并且理论界和司法实务部门对此也未达成共识。在最高人民法院和最高人民检察院以司法解释的方式确定罪名之前,理论界存在究竟是统一将此罪定为"以危险方法危害公共安全罪"还是根据行为人实际使用的方法确定其罪名存在争议。一种观点认为,应当以行为人具体使用的危险方法来确定罪名,如"以私设电网的危险方法危害公共安全罪""以制造交通事故的危险方法致人重伤、死亡罪"等,认同该观点的学者指出,"以危险方法危害公共安全的犯罪必须像放火、爆炸等罪名一样,在罪名中如实反映出具体的危险方法,这样不仅能概括而鲜明地反映出该种犯罪的本质属性和主要特征,也易于分清此罪与彼罪的界限"〔1〕。另一种观点则认为,根据行为人实际使用的方法确定其罪名实际上造成了司法机关任意确定罪名的现象,是不妥当的。〔2〕后来最高人民法院、最高人民检察院发布的关于罪名的司法解释正式确定此罪罪名为"以危险方法危害公共安全罪"。罪名虽然随着司法解释的出台似乎没有了太多的争议,但是对本罪犯罪构成的客观要件,如"以其他危险方法"的认定、"危害公共安全"的认定,当前在理论界与实务界仍存在不同的理解。

二、以危险方法危害公共安全罪的司法现状

笔者从"北大法宝"司法案例库搜集了近年来广东省法院系统审结的 80 份以危险方法危害公共安全罪案件的裁判文书(均为一审判决),总结发现该类案件大致呈现以下四个特点。

(一)从危险方法看,汽车相关案件较为集中、高发

80 份以危险方法危害公共安全罪的一审判决中的"危险方法"可以分为 12 类,但类型较为集中。

---

〔1〕 陈兴良、曲新久、顾永忠:《案例刑法教程》(下卷),中国政法大学出版社 1994 年版,第 51 页。

〔2〕 参见陈兴良主编:《刑法各罪的一般理论》(第 2 版),中国人民大学出版社 2007 年版,第91 页。

其中,汽车有关案件占比相当高。驾车冲撞人群、醉驾、侵犯司机(抢夺方向盘,推搡、殴打司机等)、危险驾驶、毒驾五种直接与汽车有关的案件达到了 65 件,占总数的81.25%。根据公安部的统计,2022 年全国机动车保有量达 4.17 亿辆,其中汽车 3.19 亿辆;机动车驾驶人达 5.02 亿人,其中汽车驾驶人 4.64 亿人。2022 年全国新注册登记机动车 3478 万辆,新领证驾驶人 2923 万人。从这些数据可以看出,随着汽车普及率越来越高,汽车已成为以危险方法危害公共安全罪中使用率最高的"工具"。

除了与汽车有关的危险方法以外,泄露和引爆燃气也是比较常见的危险方法,共有 10 起案件系当事人故意泄露燃气或欲引爆燃气瓶,占案件总数的 12.5%。这一情况也不难理解,燃气瓶作为许多家庭日常做饭的用品,是普通人认知中最熟悉、最容易获取的具有一定杀伤力的"工具"。

(二)从危害结果看,造成严重后果的恶性案件占比较少

以危险方法危害公共安全罪系危险犯,即行为人所实施的危险方法或行为足以对公共安全产生现实的危险,即便未造成致人重伤、死亡或公私财产重大损失等严重后果,也构成该罪的既遂。笔者搜集的 80 份广东省法院系统的刑事判决也体现了以危险方法危害公共安全罪的这一属性,造成人员重伤、死亡及重大财产损失的案件为 12 件,占 15%,而未造成实际损失的案件达到了 17 件,占 21.25%。其余案件的危害结果多为人员轻伤及财产损失。整体而言,广东省内的以危险方法危害公共安全罪所造成的实际危害结果并不十分严重。

需要注意的是,从裁判结果看,以不同危险方法实施的以危险方法危害公共安全罪在实际危害结果上存在明显差异。其中驾驶汽车类的以危险方法危害公共安全罪案件危险性最高。15 件致人死亡的案件中,14 件跟汽车有关,其中醉酒驾车的 8 件、驾车冲撞行人车辆的 3 件、驾车追逐等实施其他危险驾驶行为的 3 件,此外还有 1 件高空抛物案。

(三)从被告人刑期来看,比照法定刑,实际量刑明显偏轻

就法定刑而言,以危险方法危害公共安全罪是一个非常严重的罪名,起刑点即为 3 年以上有期徒刑,最高可以判处死刑。但是从广东省法院系统的审判实践看,该罪名的整体量刑并不重,法院的量刑相对较为宽松。判处缓

刑及3年以下有期徒刑的案件就有30件，占案件总数的37.50%；判处5年以上有期徒刑的案件为15件，占案件总数的18.75%；判处无期徒刑的案件为5件，没有判处死刑的案件。除去判处无期徒刑的案件，其余30件案件的平均刑期为46.3个月，不足4年。

实际量刑不重的原因有两点：一是如前所述，广东省内的大部分案件未造成严重的危害结果，客观上的社会危害性相对较小；二是以危险方法危害公共安全罪中大部分的被告人主观上系间接故意（放任某一危害结果的发生，而非直接去追求发生事故等危害结果）而非直接故意（积极追求危害结果的发生），较之直接故意类的刑事案件，主观恶性相对较小。

此外，从裁判结果看，以不同危险方法实施的以危险方法危害公共安全罪在量刑上也存在明显区别。危险程度较高的醉驾、危险驾驶、驾车冲撞行人车辆、毒驾等行为的量刑明显更重。值得注意的是，因为2018年重庆大巴坠江案而广受关注的侵犯司机类案件虽然数量较多，但是量刑明显轻于其他类型的以危险方法危害公共安全罪案件，26件案件中有13件适用缓刑，缓刑适用率高达50%。

（四）从量刑情节上看，自首的适用比例高

从以危险方法危害公共安全罪的量刑情节看，有33件案件适用了自首情节，占案件总数的41.25%，这也解释了为什么以危险方法危害公共安全罪的起刑点为3年以上有期徒刑，但仍有30件案件在3年以下量刑。41.25%的自首适用比例是一个较高的数据，同期裁判文书网公示的所有广东省的刑事案件一审判决中，自首适用率仅为25.00%。以危险方法危害公共安全罪自首适用比例高的原因有以下两个方面：一是该罪的涉罪主体中有相当一部分并不积极追求危害结果的发生，属于间接故意犯罪，主观恶性相对较小，事发后自动投案配合调查的意愿较强。二是对自首情节从宽认定有利于罪刑均衡，实现罪与刑相适应。大部分此类案件未造成严重后果，其社会危害性相对较小，对其判处3年以上实刑，量刑偏重。而以危险方法危害公共安全罪由于其犯罪特点，未遂（该罪为行为犯，未遂适用空间较窄）和从犯（较少存在共同犯罪）等从轻、减轻情节适用空间较小，凸显了自首情节在调节量刑中的重要性。值得一提的是，侵犯司机类案件的自首适用比例很高，26件案件中有18件适用自首，自首适用率高达69.23%。

第二节　以危险方法危害公共安全罪的构成要件特征

一、行为要件的开放性

步入法典时代后，法律的明确性就一直为立法者所追求，并被边沁、富勒、拉兹等法治论者看作良法的形式要件之一。罪刑法定原则作为法治原则在刑法领域的体现，必然要贯彻法治原则的基本精神、反映法治原则的具体内容。这就要求立法者对犯罪和刑罚必须作出清晰明白、确定无疑的规定，以使具有正常智识的一般人能够理解刑法规范的含义，并依据该规范预测某一行为在刑法上的性质、意义及后果。事实上，由于刑法的适用关乎人的生命和自由，刑罚是所有法律制裁手段中最为严厉的手段，这导致刑法规范对明确性有着更为强烈、更为严格的要求。但本罪的构成要件却极具开放性，并且缺乏必要的形式限定。从罪名上看，本罪是以危险方法危害公共安全的犯罪，其界限似乎是明确的。但从法条表述上看，该罪的行为是以“其他危险方法”危害公共安全。因此，该罪名中的危险方法实际是放火、决水、爆炸、投放危险物质以外的方法。以危险方法危害公共安全罪的“其他方法”是以罪名外的行为方式为参照的，因此，从一定意义上说，以危险方法危害公共安全罪是依附于放火罪、决水罪、爆炸罪、投放危险物质罪而存在的。在以危险方法危害公共安全罪的规定中，立法者没有正面描述这种危险方法的具体特征，使其丧失了行为要件的形式特征，该罪名更多的是依赖“危害公共安全”这一本质特征而存在的。故在以危险方法危害公共安全罪的司法认定中，只有实质判断而无形式判断，这就很容易扩张犯罪的边界，使之成为一个名副其实的“口袋罪”。可以说，以危险方法危害公共安全罪是我国现行刑法中最为典型的“口袋罪”之一。[1] 本罪的“其他危险方法”与抢劫罪中的“其他方法”不完全相同，而与非法经营罪中的“其他严重扰乱市场秩序的非法经营行为”的表述较为相似。也就是说，本罪的其他危险方

---

〔1〕 参见陈兴良：《现行刑法中具有口袋化倾向的罪名规范适用研究——口袋罪的法教义学分析：以以危险方法危害公共安全罪为例》，载《政治与法律》2013 年第 3 期。

法可能由于条文的特定表述而添加先例条款原本不包含的内容，但其所添加的内容并非该罪所特有，容易造成根据该添加的内容进行扩张适用的情况。例如，对于以危险方法危害公共安全罪中的“其他危险方法”，放火、决水、爆炸、投放危险物质当然是危险方法，但《刑法》分则第二章危害公共安全罪中所有的犯罪方法在一定意义上也都是危险方法。这样就会混淆以危险方法危害公共安全罪与其他危害公共安全犯罪之间的界限。这也正是我国司法实践常将重大的交通肇事犯罪定性为以危险方法危害公共安全罪的深层次原因。

在实践中某种犯罪方法是否属于本罪的“其他危险方法”，往往由法官根据自己的价值判断予以决定，这与罪刑法定的刑法基本原则存在一定的紧张关系。例如，在城市管理中，丢失窨井盖是常见的情况，其中大部分窨井盖是被他人盗窃的。根据当时的刑法规定，盗窃要达到一定的数额标准才能定罪，如果未能达到这一数额标准则不能认定为盗窃罪。但自 2004 年以后，各地法院先后出现了对此行为按照以危险方法危害公共安全罪处理的判决。此类判决出现后，引起了刑法学界的高度关注。有学者分析后认为，依据以危险方法危害公共安全罪惩治此行为是一种比较准确的罪名选择。但也有学者认为，窨井盖属于公路的重要组成部分，因而取走窨井盖的行为应当被认定为破坏交通设施罪，而不能被认定为以危险方法危害公共安全罪。不过，更多的学者强调对此类行为的定性处理不可一概而论。例如，有学者就认为，对道路上的窨井盖进行盗窃的是破坏交通设施罪，对道路以外的公共场所（人行道、公共广场、步行街以及学校、工厂等公众能够接触到的场所）的窨井盖进行盗窃的，则构成以危险方法危害公共安全罪。另有学者认为，盗窃窨井盖的行为确实造成人身伤亡之后果的，才构成以危险方法危害公共安全罪，否则构成破坏交通设施罪。还有学者认为，如果窨井盖的价值较大，应当构成盗窃罪。窨井盖本身价值不大，而且一次性盗窃窨井盖的数量也不会太多。在这种情况下，就出现了盗窃窨井盖如果数额没有达到盗窃罪的定罪标准就无法定罪的情形，对此有些地方的司法机关就套用以危险方法危害公共安全罪，由此出现了不能认定轻罪而转向认定重罪的司法怪象。下面以最高人民检察院发布的涉窨井盖犯罪典型案例予以说明。

案例 1 | 2020 年 6 月，被告人爨某亮共 4 次到河南省宜阳县滨河新城

小区、锦华市场北外街等地盗窃正在使用中的窨井盖19个，销赃后获利940余元。侦查机关以爨某亮涉嫌盗窃罪移送审查起诉。宜阳县人民检察院在审查起诉过程中，认为爨某亮的行为可能涉嫌以危险方法危害公共安全罪，但卷宗中证据未显示案发地点的人流量、被盗窨井盖的实际大小以及地沟深度等相关情况。检察机关办案人员对案发现场进行实地勘验，同时对案发地点的行人流量进行调查取证，对窨井盖的直径、长度、宽度以及地沟深度进行测量。经审查，检察机关发现爨某亮盗窃生产、生活、人员密集场所正在使用中的窨井盖，足以危害公共安全，于是改变案件定性，以爨某亮涉嫌以危险方法危害公共安全罪提起公诉。宜阳县人民法院判决认定爨某亮犯以危险方法危害公共安全罪，判处有期徒刑4年。[1]

案例2 | 2020年1月至5月10日，被告人马某兴利用凌晨时段，假扮成清扫路面的环卫工人，驾驶三轮摩托车行驶至陕西省咸阳市秦都区玉泉路、珠泉路、秦皇北路等处，盗窃人行道和非机动车道窨井盖80余个。后马某兴将所盗窨井盖运至位于西咸新区王某锋所经营的咸阳诚信再生资源回收公司进行销赃，得赃款3000余元。被告人王某锋明知窨井盖系马某兴犯罪所得，仍予以收购、变卖。公安机关以马某兴涉嫌以危险方法危害公共安全罪，王某锋涉嫌掩饰、隐瞒犯罪所得罪向咸阳市秦都区人民检察院移送审查起诉。秦都区人民检察院分别于2020年9月9日、10月23日向秦都区人民法院提起公诉。二被告人自愿认罪认罚，检察机关综合全案情况，依法提出了以以危险方法危害公共安全罪判处马某兴有期徒刑5年，以掩饰、隐瞒犯罪所得罪判处王某锋有期徒刑1至2年，并处罚金，可适用缓刑的量刑建议。秦都区人民法院于2020年11月20日作出判决，以以危险方法危害公共安全罪判处马某兴有期徒刑5年，以掩饰、隐瞒犯罪所得罪判处王某锋有期徒刑1年，缓刑2年，并处罚金10,000元。[2]

上述两则案例十分典型，其中案例1中被告人盗窃窨井盖的行为数额没有达到盗窃罪的定罪标准，而被以以危险方法危害公共安全罪定罪。这在一定程度上说明司法实践中对于盗窃窨井盖的行为首先考虑是否构成以危

---

〔1〕 参见《最高检发布涉窨井盖犯罪典型案例》，载中华人民共和国最高人民检察院网2021年3月2日，https://www.spp.gov.cn/spp/xwfbh/wsfbh/202103/t20210302_510346.shtml。

〔2〕 参见《最高检发布涉窨井盖犯罪典型案例》，载中华人民共和国最高人民检察院网2021年3月2日，https://www.spp.gov.cn/spp/xwfbh/wsfbh/202103/t20210302_510346.shtml。

险方法危害公共安全罪，这可以说已经成为一种思维定式。案例2中即使被告人盗窃窨井盖的犯罪数额达到了数额较大的标准，但办案机关根据被盗窨井盖所处位置认为被告人盗窃窨井盖的行为危害了公共安全，仍以以危险方法危害公共安全罪论处，也进一步印证了以危险方法危害公共安全罪的优先适用性。

二、危险程度的相当性

对危险相当性的判断是判断具体危险犯的核心问题，即何种程度的危险性才具有可罚性，裁判者完成了上述判断之后，最终要把危险相当性落实到对危险紧迫性即危险发生概率的判断。一方面，可罚性危险是一种被筛选后的高概率危险，“由于危险是建立在可能性基础上的，因此，在这里不能仅仅考虑到危险的有无，而应当考虑到从单纯可能性到高度盖然性的各种不同程度的危险状态。在这里，作为对犯罪实施处罚的根据，要求危险的盖然率达到何种程度，是需要解决的主要问题”〔1〕。另一方面，不能对所有危险犯中可罚性危险的程度采用同一标准。危险概率的大小不能直接决定可罚性，因为不同犯罪中可罚性危险的程度是不同的，与重大法益相联系的危险，即使概率很低，也可能具有可罚性。而且，即使是同一犯罪，如放火行为，针对3人与针对300人实施的放火行为成立危险犯所需要的危险概率标准也是不同的。因此，谋求在刑法理论上树立成立某一危险犯所需要的危险概率标准，是不切实际的幻想。

对此，笔者尝试在方法论的意义上为司法实践提供些许建议。

首先，判断危险概率的时间标准，应是事前判断或者说行为时的判断，即“把事实带回到主体行为最后一个举动完成之时来进行判断”〔2〕，而不能是事后判断。因为危险犯意味着未发生实际危害，判断的是行为的危险性，而不是结果的违法性，“行为本身的违法性……在作出判断时必须对行为意义有足够的认识，必然地必须将意思也作为判断材料。因而，该判断构造的要点在于事前的判断，而行为时存在的主观和客观的情况则是判断的基础。

〔1〕［日］野村稔：《刑法中的危险概念》，载［日］西原春夫主编：《日本刑事法的形成与特色——日本法学家论日本刑事法》，李海东等译，法律出版社1997年版，第273页。

〔2〕［意］杜里奥·帕多瓦尼：《意大利刑法学原理》，陈忠林译，法律出版社1998年版，第301页。

与此相反,结果的违法性的判断则是对于发生的结果予以法的无价值判断,其要点在于事后的判断,因此属于基于客观情况的事后判断"[1]。司法者必须退回到行为时的场景加以判断;如果从事后看,危险犯都是一种"伪危险",其可罚性都有疑问,因为实害未发生本身就是危险不可能侵害法益的有力证据。

其次,判断的主体标准。对危险概率的判断,通常只能以经验判断为主、科学判断为辅(科学的经验标准)。科学标准主要是在否定意义上起作用,即如果在科学上否认危险的存在,那么,即便在经验上判断有危险,也应当否定危险的存在。例如,明知是白糖而当成砒霜寄给他人,由于白糖在科学上不会致人伤亡,所以径直否认危险的存在,无须考虑经验问题。如果在科学意义上判断出有危险,则危险概率的判断就主要取决于经验法则了,可罚与否也将深受经验判断的影响。经验判断不可避免地带有主观色彩,需要进一步限定,在大陆法系国家,"采用世俗的一般社会文化背景中普通人所持的符合法律规定的看法,就足以作出正确的判断"[2]。

三、法条规定的补充性

本罪的构成要件在行为描述上是开放的、具有弹性的,并且没有具体明确的内容。根据"明示其一排除其余"的规则,在其他危害公共安全犯罪或者其他犯罪能够适用之情况下,均不应再构成本罪。只有行为人的行为危害到了公共安全,并且在《刑法》分则第二章没有合适条文可以适用时,才有可能按照本罪来定罪量刑,但也不是绝对适用本罪。这种犯罪在立法上是属于补充类型的,又被称为堵截性罪名。不仅如此,对于任何一种行为,只要是刑法有明文规定的,就必须按照刑法条文进行处理,这也是从本质上对罪刑法定原则的贯彻。对于有些貌似危害公共安全的行为,但是明显应适用刑法其他条款的,如交通肇事、私拉电网的行为,不能为了对行为人加重处罚或者因为"以恶报恶"的不健康的舆论将行为人定为本罪。这样在短时间内虽然打击了犯罪,对犯罪有着明显的威慑力,但是《刑法》的尊严得不到

[1] [日]野村稔:《刑法总论》,全理其、何力译,法律出版社 2001 年版,第 162 页。
[2] 李建军:《法学理论研究如何回应法治实践——从波斯纳对法学与司法"各行其是"的分析谈起》,载《河南财经政法大学学报》2023 年第 5 期。

有效保障，罪刑法定原则不能真正得到有效贯彻，长久下去反而会损害《刑法》在民众心中的规范效用与公信力。

第三节　以危险方法危害公共安全罪司法认定的重要问题

一、关于"其他危险方法"的认定

（一）危险性质的判断："其他危险方法"本身具有高度危险性

《刑法》第 114 条的法定刑为 3 年以上 10 年以下有期徒刑，《刑法》第 115 条第 1 款的法定刑为 10 年以上有期徒刑、无期徒刑或者死刑。参考故意伤害罪致人重伤的法定刑也是 3 年以上 10 年以下有期徒刑，两相对照之下，应当认定，"其他危险方法"本身必须具有致人重伤以上的潜在危险和可能性，例如，驾车冲撞行人车辆、私设电网等行为。相反，有些行为即使造成了致人重伤或死亡的现实结果，由于按照国民一般价值判断不足以造成致人重伤以上的危害后果，也不能以以危险方法危害公共安全罪定罪处罚，如把手中的一块小石头扔向人群。又如，被告人肖某灵将家中粉末状的食品干燥剂冒充炭疽杆菌装入两个信封内，向在政府单位工作的陆某和在新闻单位工作的陈某投递，二人拆阅该信件后，造成精神上的高度紧张，同时引起周围人的恐慌。法院认为，肖某灵的行为构成以危险方法危害公共安全罪。[1] 张明楷教授认为，虽然《刑法》第 114 条没有表述严重后果的内容，但《刑法》第 115 条清楚地将严重后果限定为"致人重伤、死亡或者使公私财产遭受重大损失"。因此，第 114 条所要求的危害公共安全，仅限于足以造成他人（不特定或者多数人）重伤、死亡或者使公私财产遭受重大损失的物质性结果的情形，足以引起或者已经引起公众恐慌这种非物质性结果的行为，不可能符合《刑法》第 114 条的规定。[2]

---

〔1〕 参见上海市第二中级人民法院刑事判决书，(2001)沪二中刑初字第 132 号。

〔2〕 参见张明楷：《论以危险方法危害公共安全罪——扩大适用的成因与限制适用的规则》，载《国家检察官学院学报》2012 年第 4 期。

（二）危险行为的程度及范围："其他危险方法"应当具有扩散性与延展性

这一点从《刑法修正案（十一）》增设的高空抛物罪也可以看出，高空抛物行为本身具有高度危险性，但司法实践中所抛之物大多数属于不足以一次性导致多人受伤的物品，危害后果相对可控，因此高空抛物罪完全可以对此类行为予以刑法规制。如果抛物的地点是有车辆通行的公共道路，因易引发交通事故从而具有随时向危及车内或车外不特定多数人的生命安全扩展的可能性，故该高空抛物行为的危险性已经发生扩散与延展，就要考虑对这种将危险扩大化的行为以以危险方法危害公共安全罪定罪处罚。因此"其他危险方法"不仅要求行为本身具有高度危险性，同时此种危险应当具有扩散性与延展性。

从性质与程度两个角度对"其他危险方法"进行界定，有助于限定以危险方法危害公共安全罪的处罚范围，由此遵循了罪刑法定原则。应当指出，对"其他危险方法"的把握，务必要注意与放火罪等罪名的实行行为的同质性与等价性。一般说来，在有多数人出入的场所私拉电网、在高速公路上逆向高速行驶，或者驾驶人员与人打闹而任由机动车处于失控状态等行为，均属于与放火、爆炸等相当的危险方法。[1]

二、关于"危害公共安全"的认定

（一）"公共"之理解

对于刑法中的"公共"，刑法学界历来存在不同见解，具体有不特定人说、多数人说、不特定或多数人说、不特定且多数人说等。我国传统刑法理论认为，公共安全是指不特定多数人的生命、健康，重大公私财产以及公共生产、生活安全。笔者认为，"不特定"只包括行为可能危害的对象的无法确定性，而不包括结果的不确定性。倘若将对象和结果都作为"不特定"修饰的内容，其实是混淆了"公共安全"的特征与"危险方法"的属性。"危害公共安全"的"危害"是动词，"公共安全"是"危害"这一动词的宾语，对象作为其宾语无可厚非，但后果只能在"危害"作为形容词时成为其修饰的内容，其实

---

〔1〕 参见陈兴良主编：《刑法各论精释》（下册），人民法院出版社2015年版，第660页。

是"危害导致的后果"。所以"公共安全"不特定的属性并不包括结果的不确定。

危害公共安全犯罪侵害的是公众的生命、健康等,应当注重行为对"公众"利益的侵犯,而"公众"则重视量的"多数"。因此"多数"应是"公共"概念的核心,且包含潜在或可能的"多数"。给"多数人"划定一个明确的标准也是罪刑法定原则的内在要求。需要说明的是,多数人指的是行为可能危害的对象是3人及以上,并不是只有造成了3人或以上的实害结果才算多数人。原因在于,完全存在危害行为危及多数人的安全但最后造成的实害结果只危及1人的情况。因此,确定"多数人"的标准就是行为当时可能危及的对象是3人或3人以上。

同时,"不特定"就是修饰"多数人"这个对象的,即"不特定的多数人",无关结果,所以"不特定"和"多数人"之间是合取关系,即若要满足"能认定为危害公共安全的行为"这个结果,两者必须同真,不是只满足"多数"这个条件即可,而"不特定"则意味着人数随时向"多数"发展的可能性。

(二)"安全"的范围

根据《刑法》第115条第1款的表述,危害"安全"是指致人重伤、死亡或者使公私财产遭受重大损失。值得注意的是,单纯的财产安全是否属于公共安全?

关于单纯的财产安全是否属于本罪所指的公共安全,理论界有两种观点。一种观点认为,从法条文本来看,"使公私财产遭受重大损失",是危害"安全"的应有之义;另一种观点认为,应当对"使公私财产遭受重大损失"作限制解释:在使公私财产遭受重大损失的同时,还存在致人重伤、死亡的现实可能性,如果仅有使公私财产遭受重大损失的危险,而实际上不可能危及他人生命、身体安全,则不能成立以危险方法危害公共安全罪。从司法实践看,通过对裁判文书网公开的案例进行研究可以发现,司法实践认定的公共安全基本不包括单纯财产安全。这种限缩式理解,无疑是契合刑法谦抑性需求的。

因此,成立以危险方法危害公共安全罪应当以具有致人重伤、死亡的现实危险为前提,而将单纯的财产安全排除在本罪的"安全"之外。

第四节　以危险方法危害公共安全罪的扩张适用及“口袋化”

司法实践中，对盗窃窨井盖的行为有的按盗窃罪论处，也有的按破坏交通设施罪论处，还有的按以危险方法危害公共安全罪论处。对醉驾致人伤亡的行为，有的按交通肇事罪论处，也有的按以危险方法危害公共安全罪论处。对与公交车司机争夺方向盘的行为，有的按交通肇事罪论处，也有的按以危险方法危害公共安全罪论处，还有的仅给予行为人治安管理处罚。这些对公共安全造成一定危害的行为，在案情大体相同的情况下，却有大相径庭的判决结果，一定程度上造成了民众对刑事司法的公正性的疑惑。在这些案件中，民众关注的是行为是否构成以危险方法危害公共安全罪以及是否应该依该罪定罪处罚。从审判实践看，以危险方法危害公共安全案件在危害公共安全案件中所占的比例逐年攀升，以危险方法危害公共安全罪的适用范围越来越广泛，逐渐呈现“口袋罪”的特征。“口袋罪”是我国刑法学界对于某些构成要件行为具有一定的开放性的罪名的俗称。在 1979 年《刑法》中，被认为存在三大“口袋罪”，即投机倒把罪、流氓罪和玩忽职守罪。1997 年《刑法》基于罪刑法定原则，对三大“口袋罪”进行了适当的分解，除了保留玩忽职守罪这一罪名外，流氓罪与投机倒把罪这两个罪名都被取消。[1] 然而，“口袋罪”的问题在我国刑法中并没有被彻底解决。从目前的情况来看，以危险方法危害公共安全罪成了一个正在崛起的“口袋罪”，在司法实践中被广泛适用。遏制司法适用“口袋罪”的强烈冲动，可谓已成为捍卫刑法中罪刑法定原则的一个重大任务。

一、本罪泛化适用的原因探寻

（一）兜底条款的立法模式

大陆法系国家对危害公共安全犯罪的立法主要有两种模式：一种是以

---

〔1〕 参见陈兴良：《现行刑法中具有口袋化倾向的罪名规范适用研究——口袋罪的法教义学分析：以以危险方法危害公共安全罪为例》，载《政治与法律》2013 年第 3 期。

德国为代表,将危害公共安全罪专章规定;另一种是以日本为代表,将危害公共安全的犯罪行为分散规定在刑法典的各个章节中。两种立法模式都针对具体、确定的危害公共安全的危险行为并将其作为重罪加以规定,都没有采用与我国《刑法》使用的"其他危险方法"类似的兜底条款。例如,前述两种立法模式都规定危害公共安全犯罪包括纵火、传播疫病、投毒、销售变质或掺假的食品、销售或提供变质的药品、交通安全犯罪等,都规定如果行为造成人身伤害或死亡,处无期徒刑或死刑(刑法规定的最高法定刑)。[1]

以美国为代表的英美法系国家通常将危害公共安全罪作为一般罪行加以规定。例如,美国大多数州的法律规定危害公共安全犯罪是轻罪。[2] 该类犯罪通常是指缺乏合法辩护理由,无理地扰乱或者显然会扰乱公共治安与社区安宁的故意行为。在单行法律法规中,根据危害公共安全行为造成的后果不同,分别以杀人、毁坏财物等罪名来定罪处罚。在英美法系国家的刑法中,几乎不存在该类犯罪的兜底条款。

我国《刑法》将本罪与放火、决水、爆炸、投放危险物质罪并列规定在第114条,本罪显然是对与上述4种行为具有同质性的行为的兜底规定,而不是对该章危害公共安全类犯罪的兜底规定,虽然设置兜底条款便于应对那些《刑法》没有明确规定却有严重社会危害性的危险行为,可以保障《刑法》的社会适应性,[3]但是由于兜底条款内涵的抽象性、概括性,其外延是开放的、弹性的,因而极易导致刑罚权扩张和刑事司法的任意性。

由于《刑法》未对本罪的行为方式作具体描述,使得裁判者在判断具体行为是否属于本罪的范畴时存在一定的不确定性。这一方面便于司法者对具体案件作出灵活、公正的处理;另一方面又可能导致本罪成为应对所有可能对社会公众造成威胁或损害结果的危险行为的万能罪名。但是,如果仅考虑危害公共安全的结果,那么许多行为都会间接危害公共安全,都会被纳入该罪的规制范围。这样,行为的性质可能不取决于行为类型,而取决于行为造成的后果、社会舆论、需要判处的刑罚轻重等行为之外的因素,从而司法者必然忽视该类犯罪构成要件的定型性,在审理相同或相似案件时也会

---

〔1〕 参见樊建民:《以危险方法危害公共安全罪过度适用检讨》,载《法商研究》2016年第4期。

〔2〕 参见储槐植:《美国刑法》,北京大学出版社1996年版,第260页。

〔3〕 参见张建军:《论刑法中兜底条款的明确性》,载《法律科学(西北政法大学学报)》2014年第2期。

出现迥然不同的裁判结果。

（二）司法解释不当扩大本罪的处罚范围

《刑法》没有明文规定本罪的具体行为结构与方式，导致对“其他危险方法”没有限定，这与罪刑法定原则的明确性要求还存在距离。[1] 司法实践常常将危害公共安全但不构成其他具体犯罪的行为，均认定为（过失）以危险方法危害公共安全罪，导致本罪囊括了《刑法》分则没有明文规定的、具有危害公共安全性质的全部行为，使“以其他危险方法”的表述成了危害公共安全类犯罪的兜底条款。近年来，甚至出现了没有危害公共安全的行为也被认定为以危险方法危害公共安全罪的情况。司法解释的频繁出台，也可能不当扩大了以危险方法危害公共安全罪的处罚范围。2017 年 1 月 25 日发布的最高人民法院、最高人民检察院《关于办理组织、利用邪教组织破坏法律实施等刑事案件适用法律若干问题的解释》第 12 条即为典型，在该条表述中再次出现了需要进一步阐释的“其他危险方法”。具体适用法律的司法解释却需要进一步解释，这无疑是“以模糊概念解释模糊条文”[2] 且陷入了不断解释的循环怪圈，反而会使法官的自由裁量空间过度扩张。

2019 年 1 月 8 日发布的最高人民法院、最高人民检察院、公安部《关于依法惩治妨害公共交通工具安全驾驶违法犯罪行为的指导意见》规定：“乘客在公共交通工具行驶过程中，抢夺方向盘、变速杆等操纵装置，殴打、拉拽驾驶人员，或者有其他妨害安全驾驶行为，危害公共安全，尚未造成严重后果的，依照刑法第一百一十四条的规定，以以危险方法危害公共安全罪定罪处罚……驾驶人员在公共交通工具行驶过程中，与乘客发生纷争后违规操作或者擅离职守，与乘客厮打、互殴，危害公共安全，尚未造成严重后果的，依照刑法第一百一十四条的规定，以以危险方法危害公共安全罪定罪处罚……”虽然大体可以肯定前述行为具有危及公共安全的性质，但行为本身的危险程度并不能达到《刑法》第 114 条的要求。因此，前述规定也明显不当扩大了以危险方法危害公共安全罪的处罚范围。

---

〔1〕 参见张明楷：《刑法学》（第 6 版），法律出版社 2021 年版，第 890 页。

〔2〕 赖佳文：《司法解释对刑法明确性的消解：行为规范视角的分析》，载《南宁师范大学学报（哲学社会科学版）》2023 年第 1 期。

(三)汹涌舆论下的重刑主义诉求

当前,我国已经渐渐步入风险社会阶段,立法机关在刑法领域的频频出手,有必要放在这样的社会变迁背景之下来理解。[1] 一方面,危害公共安全的犯罪呈现高发、频发态势,深深地触动着舆论神经;另一方面,十八届四中全会作出了全面依法治国的重大决定,尤其关注社会舆情。两方面相结合,使得舆论成为党中央制定政策、立法者修法、司法者适用法律时的考量依据之一。

舆论在一定程度上确实能反映一定社会范围内的正义情感,但是受历史、文化、传统、价值观念、伦理道德、宗教信仰、经济发展水平、政治结构、法治状况、犯罪态势甚至被害人、被告人的身份、地位等诸多因素的制约,其所反映的正义情感常常是不稳定的、易变的。加之在司法实践中,不同案件的传播范围与程度具有差别,以致相似案件的舆论亦充满不确定性;并且,舆论有时可能是建立在不完整的信息之上的,因而可能是不理性的。这使得案件的判决在无形之中会偏离法律标准,隐含着以特定时期、特定范围的舆论取代法律作为审判依据的情形,对司法公正和依法独立行使司法职权会造成极大的干扰,导致量刑不公现象的出现。

公众的重刑主义诉求未经学术上的充分探讨研究,即直接在审判实践中反映,这是当前刑事司法面临的重大挑战。在以危险方法危害公共安全罪与交通肇事罪、非法经营罪、敲诈勒索罪等存在模糊或者竞合的情况下,审判实践中认定以危险方法危害公共安全罪在相当程度上是为了迎合公众重刑主义的诉求。例如,孙某铭醉驾案是国内首次以以危险方法危害公共安全罪判处交通肇事者死刑的案件,对此,有评论指出:"如果司法机关不从维护公共安全的角度出发对孙某铭施以严惩,则在其他部分人身上可能出现的类似恶劣行径就可能会得到纵容。"[2]

诚然,严刑峻法确实会对被适用者和部分潜在犯罪者产生威慑作用,从而在一定程度上预防该类犯罪的发生,但是正如意大利刑法学家贝卡利亚所言:"对于犯罪最强有力的约束力量不是刑罚的严酷性,而是刑罚的必定

---

〔1〕 参见劳东燕:《风险社会与功能主义的刑法立法观》,载《法学评论》2017年第6期。

〔2〕 魏文彪:《判孙伟铭死刑是为了表达对生命的敬畏》,载《光明日报》2009年8月6日,第9版。

性和不可避免性。""三鹿奶粉事件"的行为人刚刚被重判,紧接着就出现了"瘦肉精事件"。究其原因,并不是刑法不厉,而是刑法不严。笔者认为,首先,这些行为违反了行政法的规定,若及时运用行政法对其进行处罚能有效预防该类行为的发生,就没有必要再用刑法进行规制;其次,这些行为在《刑法》分则中一般有特定的条款加以规制,及时运用这些特定的条款对其进行处罚,就会减少适用该概括性规定(重法)来进行处罚的余地。

二、本罪"口袋化"的危害性阐释

(一)对罪刑法定原则的冲击

司法过程是一个能动的、个性化的过程,要求司法者依据法律和具体事实进行推理、判断。如孙笑侠教授所言:"司法权的本质是判断权。"[1]判断的过程实际上包含司法者对法律规范的选择和解释、对案件事实的理解、对具体情境的斟酌、对各种因素的综合考虑以及在合理性与合法性的张力下对解决问题的最佳方法的探求,是一个创造性的思维活动过程。

在现实生活中,对于一些法律似乎没有明文规定但是从维持社会秩序的角度看确有处罚必要的情形,司法者应在法律规定的范围内按照公正原则行使自主选择罪名和自由裁量刑罚的权利。大陆法系的法官虽然不能主动造法,但是可以行使自由裁量权进行法律解释、法律推理和法律论证,不过司法的能动性不能超越罪刑法定原则的形式理性限制。法官应充分利用案件素材与法律素材来支持自己的价值判断,对于疑难案件,应该寻求在文义射程范围内的能动解释。通过能动解释,揭示、确定立法者在规则中所要表达的意思或挖掘法律文本的既有含义。在此情况下,全面准确认定案件事实,运用逻辑推理得出符合法律规定的结论,以保证司法判决的客观性、确定性与合法性。立法者对某一危害社会的行为进行规定时,既会考虑该行为对法益的直接侵害,也会考虑该行为对法益的间接侵害或威胁。如果立法者在进行综合考察后仍然创设特定的构成要件类型,则可合乎逻辑地得出立法者希望对该行为进行入罪处理的结论。

---

〔1〕 孙笑侠:《司法权的本质是判断权——司法权与行政权的十大区别》,载《法学》1998年第8期。

关于危害公共安全,在展开理解时,首先,要求该危害行为能直接对公共安全造成现实危险或危害;其次,要求单独实施该行为就能直接对公共安全造成现实危险或危害,且情势非常紧迫;最后,要求危险或危害的后果涉及不特定多数人的生命、身体健康或财产安全。行为人在实施放火、决水、爆炸、投放危险物质行为时,一般对其行为的危害性质、严重后果、后果的不可控制性是明知的,单独实施这些行为就会对公共安全造成直接、紧迫的危险或危害,因而以危害公共安全犯罪对其定罪处罚是妥当的。但是,对诸如盗窃窨井盖、制造假药或禁止制造的有害物质来说,行为人主观上对其行为的性质及可能造成的危害后果一般是不明晰的,对其行为危害公共安全亦是不明知的。客观而言,相比放火、决水、爆炸、投放危险物质行为,该类行为造成公共安全危害的必然性、现实性、紧迫性也不完全具备。虽然该类行为会在一定程度上危害公共安全,但是一般不能单独、直接地对公共安全造成危害。至于一些案件被曝光后引起社会公众对公共安全的极大恐慌,大多是在舆论的事后指引下、在专家的事后评价下才出现的,并不能单独证明行为人行为时的主观罪过及行为当时可能造成的危害结果或危险状态,即不能认为行为人最初的行为就会或已经危害公共安全。另外,如果只考虑行为危害公共安全的最终结果,那么因许多危害行为都会间接危害公共安全而使该罪规定的行为内容丧失明确性,导致该罪被过度适用。这样,就会出现大致相同的行为有的按照《刑法》分则特别条款的规定加以处罚,有的按照该罪定罪处罚,而有的被作为违反《治安管理处罚法》的行为处理的结果。由能动司法异化而来的"司法工具论"则进一步突破了司法被动和中立的基本要求,司法能动及司法存在的正当性都会大打折扣甚至丧失,依法独立裁判法律纠纷的正当性被严重破坏。

在此理念下,进行报复性司法,以期安抚民众、恢复刑事司法体系的可信度,并不能真正解决问题。如果法律处罚的范围非常人能够预见,其后果也并非常人能够预测,那么民众将不知如何行事,法律的规范作用将难以发挥;同时会给法官滥用自由裁量权提供可利用的空间,还有可能引发事后法的适用。如果容忍司法者故意搁置或架空一个其自认为"罪刑不相适应"的特别条款并转而适用概括性的普通条款,立法权与司法权之间的权限划分以及立法对司法的限制将荡然无存,罪刑法定原则也将变成一纸空文。

(二)对罪刑相适应原则的背离

追求公平公正是人们认同刑罚能施加于人的基本前提,追求公平在刑事司法中的体现就是刑罚的轻重与犯罪分子所犯的罪行相适应。对任何犯罪分子都应当在查清案件事实的基础上,充分考虑可能影响民众感情的某些情节,结合案件发生的情势,全面衡量罪行的轻重,确定犯罪分子应当被判处的刑罚。确保相同的情形得到相同的处理,相同的罪行受到相同的处罚,确保不同的情形得到相应的处理,不同的罪行受到有差别的处罚,以避免出现同案异罚、异案同罚的裁判结果。

客观而言,由于世界上根本不存在两个完全相同的案件,因此罪责刑相适应原则当然也要求不同的罪行应受到不同的、有差别的处罚。英国著名法学家边沁曾指出:“不应该对所有罪犯的相同之罪适用相同之刑,必须对可能影响感情的某些情节给予考虑。”司法者应通过司法过程将法律规则的有效性与公众司法需求度紧密联系,寻求平衡利益格局、解决利益冲突的最佳结论;应通过理性平衡来形成一个既能够体现法律的规范性要求,又能够包容案件特殊性因素的令人信服和可接受的结论;应同时兼顾各个犯罪之间的共性和个性,综合加以把握。

(三)对刑法公正性的侵蚀

《刑法》经过多次修正,从罪名数量看,1997 年《刑法》分则第二章规定的罪名已从 42 个增加至 52 个;从罪状与内容看,《刑法修正案》和司法解释扩大了危害公共安全类犯罪的规制范围。在公共安全问题上,国家更加倚重刑罚的威慑作用,《刑法》与相关司法解释越来越呈现“重刑主义”倾向,并且这种威慑是全方位的:既包括犯罪范围的扩张,也包括刑罚力度的加大,作为与放火、决水、爆炸、投放危险物质行为具有同质性的行为类型,以危险方法危害公共安全的行为应具有与放火、决水、爆炸、投放危险物质行为程度相当的危险性。1997 年《刑法》第 114 条关于该内容的规定,是对前述几种具体行为的整体性、共同性特征的描述,实际上是对刑法类型化的隐形适用。要从前面规定的几种行为的本质、属性、特征来推出“其他危险方法”的类型、特征和范围,必须是从属于前述几种行为方式、行为方法且涵盖在其类型范畴中,才可以考虑将其认定为危害公共安全的“其他危险方法”,才能考虑按以危险方法危害公共安全罪定罪处罚。而不应在罪名出现争议时一味地按重罪名进行处罚,甚至按重罪名从重处罚,特别是在适用轻罪名更符合司法惯例的情况下,不能为了追求某一临时目的或者迎合一时的舆论而违反常规选择适用重罪名进行处罚。

因为在对行为人的行为定性发生争议的情况下,客观危害结果往往巨大,此时如果按轻罪名处理,那么对行为人判处的刑罚都不重,但是如果按照重罪名处理,加之巨大的客观危害后果,那么必然出现对行为人的行为按照重罪名的重法定刑进行处罚的结果。刑事司法是维护法律尊严、实现社会公正的最后一道防线,通过对被告人的行为作出否定性评价来告诫人们:刑法禁止实施哪些行为,要求实施哪些行为;实施禁止实施的行为会被定何罪,会受到何种处罚;不实施要求实施的行为会被定何罪,会受到何种处罚。以增强人们对刑法威慑力的认识,给社会上的一般人、潜在犯罪分子以行为指引。刑事司法的结果应当不违反案发地民众普遍认可的价值标准,以从社会获得支持和信任,从而获得生命力。但是理性刑事司法的前提是法官必须在正确认定事实的基础上准确适用法律,而不能为了获取舆论的支持,将舆论呼声作为认定行为社会危害性的主要指标;否则,就可能出现一旦行为的危害结果重大且民众呼吁给予重罚,法官就不问行为人的主观心理态度、不顾法律的具体规定而选择适用重罪名进行重处罚的结果。

第五节　以危险方法危害公共安全罪的司法限缩

一、坚持同类解释规则

所谓同类解释规则,是指如果法律上列举了具体的人或物,然后将其归属于一般性的类别,那么,这个一般性的类别就应当与具体列举的人或物属于同一类型。将同类解释规则适用于对《刑法》第 114 条、第 115 条的解释,必然得出以下结论:这里的“其他危险方法”应该具有与放火、决水、爆炸、投放危险物质在性质上的同一性。同类解释规则对于理解《刑法》兜底条款具有十分重要的意义,也是解释《刑法》兜底条款必须坚持的普遍性原则。从逻辑结构来看,兜底条款的规定与在其之前的列举性条款的规定之间是一种并列关系,它们反映着共同的犯罪实质,指向共同的法益。《刑法》兜底条款本身就是对某种犯罪实质的高度抽象,这种抽象的结果如果不结合该罪中其他已经明确规定的内容,很难直接从中获取有价值的信息,进而难以对需要评价的对象的实质作出准确把握。因此,在解释《刑法》兜底条款时应当坚持同类解释规则,其解释结论应当符合个罪的犯罪实质,不能突破个罪需要保护的法益。

张明楷教授认为,在司法实务中,部分司法者正是由于没有遵循同类解释规则,误以为《刑法》第 114 条关于以危险方法危害公共安全罪的规定是《刑法》分则第二章的兜底规定,将危险性没有达到与放火、决水、爆炸等程度相当的行为认定为以危险方法危害公共安全罪,导致以危险方法危害公共安全罪扩张适用乃至沦为"口袋罪"。[1] 其进一步指出,《刑法》分则的许多条文在列举具体要素之后使用"等""其他"等用语。在《刑法》第 114 条的规定中,放火、决水、爆炸等是危险方法的示例。一方面,如果某个案件的事实属于放火、爆炸、决水和投放危险物质,司法工作人员就不应当再考虑该事实是否属于"其他危险方法"。另一方面,法条通过放火、决水、爆炸等示例将"危险方法"的含义传达给司法工作人员。也就是说,只有与放火、决水、爆炸等程度相当的方法,才属于其他危险方法。这便是同类解释规则的要求。基于此要求,上述《刑法》第 114 条中的"其他危险方法"应当在行为的危险性质上与放火、决水、爆炸等同类,而放火、决水、爆炸等的特点是,一旦发生就无法立即控制结果。因此在适用本罪时应当确立如下规则:行为方法如果不是像放火、决水、爆炸等那样,一旦发生就无法立即控制结果,则不能成立以危险方法危害公共安全罪。

二、采取严格限制解释的态度

张明楷教授主张,对本罪的适用应采取严格限制解释的态度。[2] 一方面,在可以认定为其他犯罪的情况下,尽量不要认定为本罪。某种具有严重

---

〔1〕 参见张明楷:《论以危险方法危害公共安全罪——扩大适用的成因与限制适用的规则》,载《国家检察官学院学报》2012 年第 4 期。

〔2〕 参见张明楷:《刑法学》(第 6 版),法律出版社 2021 年版,第 891 页。

社会危害性的行为在犯罪构成要件上符合其他具体罪名,并且可以认定为该种犯罪的,就尽量不要以本罪进行定罪处罚,只有当该种行为被认定为其他具体犯罪严重不符合罪责刑相适应的原则时,再考虑是否可以适用本罪。例如,在公共场所故意驾车撞人、开枪射击或者乱刺他人的,宜认定为故意杀人罪、故意伤害罪,不宜认定为本罪;对劫持火车、电车的行为,宜认定为破坏交通工具罪,而不宜认定为本罪;对于盗窃消防设备的行为,应认定为盗窃罪或者故意毁坏财物罪。另一方面,对本罪的解释也应当符合国民可预测的范围。诚如古希腊哲学家亚里士多德在其名著《政治学》中指出的那样:"法治应包含两重意义:已成立的法律获得普遍的服从。而大家所服从的法律又应该本身是制定的良好的法律。"刑法的实施需要司法者的适用和民众的遵守才可以取得其应有的实效,从这点来看,刑法规范不单单是司法者实践操作的裁判规范,也是民众遵守的行为规范。因而对刑法的解释应当符合可预测性,必须得到民众的认同,如果超出民众的预期,则会让普通公民感到无所适从。

三、坚持刑法谦抑性原则

刑法作为打击违法行为的最后一道防线,应在一定的规则限制下控制处罚范围和程度,违法行为可以用其他法律手段进行调整的,就尽量不要用刑法手段去调整;如果能够用较轻的刑罚手段去调整犯罪行为,就尽量不要用较重的刑罚手段去调整。一方面,要谨慎掌握入罪尺度,在对《刑法》兜底条款中的相关对象进行评价时,应秉持谨慎的态度,不能简单、盲目地进行评价。另一方面,在适用《刑法》兜底条款的过程中,如果一种犯罪行为也符合其他处罚较轻罪名的构成要件,就应根据案件具体情况,结合行为性质、危害后果等因素作出相应认定,不宜直接适用兜底条款。

第六节　以危险方法危害公共安全罪与交通肇事罪的界限

一、犯罪构成要件的理论区分

在构成要件上,两罪的区别比较明显,主要表现为以下三个方面:

首先，从保护法益来看，两罪存在明显区别。

交通肇事罪所保护的法益是公共交通运输安全，此处的“交通运输”是指与一定的交通工具和交通设备相关联的铁路、公路、水上及空中交通运输。这类交通运输的特点是与人民群众的生命财产安全紧密联系，一旦发生事故，就会危害到不特定多数人的生命安全和造成公私财产的广泛破坏，所以，其行为本质上也是危害公共安全的犯罪。而以危险方法危害公共安全罪所保护的法益是社会公共安全，即不特定多数人的生命、健康或者大量公私财产的安全。就法益范围而言，公共交通安全从属于社会公共安全，即社会公共安全的范围和外延要广于公共交通安全。因此，从《刑法》分则的体系而言，以危险方法危害公共安全罪与交通肇事罪都规定在《刑法》分则第二章“危害公共安全罪”之中，应当说它们所保护的法益存在重合之处，即不特定多数人的生命、健康和重大公私财产安全。对此，已有观点明确阐明：“由于交通肇事罪客观方面存在违反交通法规、造成重大事故两个要素，而对两个要素所持主观心理态度不同，以危险方法危害公共安全罪和交通肇事罪之间可能存在竞合关系。”〔1〕

其次，从行为要件来看，两罪也有着明显的区别。

交通肇事罪在行为要件方面表现为在交通运输活动中，违反交通运输管理法规，因而发生重大交通事故，致人重伤、死亡或者使公私财产遭受重大损失。也就是说，本罪在客观方面由以下不可分割的因素组成：(1)必须有违反交通运输管理法规的行为。这里的交通运输管理法规，主要指公路、水上交通运输中的各种交通规则、操作规程、劳动纪律等，同时也包括铁路、航空交通运输中的各种管理法规。(2)必须发生重大交通事故，致人重伤、死亡或者使公私财产遭受重大损失。行为虽然违反交通运输管理法规，但没有发生重大交通事故的，不成立本罪。(3)重大交通事故必须发生在交通运输过程中以及与交通运输有直接关系的活动中。(4)违反交通运输管理法规的行为与损害结果之间必须具有因果关系。以危险方法危害公共安全罪的行为要件则开放许多，是指故意使用放火、决水、爆炸、投放危险物质以外的其他危险方法危害公共安全的行为。所谓“其他危险方法”，是指与放

〔1〕 王亚凯：《论以危险方法危害公共安全罪与交通肇事罪的关系——以赵某某以危险方法危害公共安全案为例》，载《法律适用》2016 年第 8 期。

火、决水、爆炸、投放危险物质的社会危害性相当的危险方法。

在认定这类案件的性质时要注意,放火、决水、爆炸、投放危险物质罪是犯罪的基本犯,而以危险方法危害公共安全罪则是犯罪的补充犯。凡是构成基本犯的,都以基本犯定罪,只有超出基本犯的范围时,才能以补充犯定罪。另外,最高人民法院和最高人民检察院的司法解释规定,邪教组织人员以自焚、自爆或者其他危险方法危害公共安全的,故意传播突发传染病病原体,危害公共安全的,妨害交通工具安全驾驶,危害公共安全的,都依照本罪的规定定罪处罚。张明楷教授将司法解释关于以危险方法危害公共安全罪的规定分为三类:第一类是大体可以接受的规定。如 2020 年 2 月 6 日发布的最高人民法院、最高人民检察院、公安部、司法部《关于依法惩治妨害新型冠状病毒感染肺炎疫情防控违法犯罪的意见》规定:"故意传播新型冠状病毒感染肺炎病原体,具有下列情形之一,危害公共安全的,依照刑法第一百一十四条、第一百一十五条第一款的规定,以以危险方法危害公共安全罪定罪处罚:1. 已经确诊的新型冠状病毒感染肺炎病人、病原携带者,拒绝隔离治疗或者隔离期未满擅自脱离隔离治疗,并进入公共场所或者公共交通工具的;2. 新型冠状病毒感染肺炎疑似病人拒绝隔离治疗或者隔离期未满擅自脱离隔离治疗,并进入公共场所或者公共交通工具,造成新型冠状病毒传播的。"张明楷教授认为,这一规定适当控制了相关行为构成以危险方法危害公共安全罪的范围,大体可以接受。第二类是基本没有意义的规定。如 2017 年 1 月 25 日发布的最高人民法院、最高人民检察院《关于办理组织、利用邪教组织破坏法律实施等刑事案件适用法律若干问题的解释》第 12 条规定:"邪教组织人员以自焚、自爆或者其他危险方法危害公共安全的,依照刑法第一百一十四条、第一百一十五条的规定,以放火罪、爆炸罪、以危险方法危害公共安全罪等定罪处罚。"张明楷教授认为,该规定过于抽象,只是重申了《刑法》第 114 条、第 115 条的规定,没有实际意义。第三类是明显扩大处罚范围的规定。如 2019 年 1 月 8 日发布的最高人民法院、最高人民检察院、公安部《关于依法惩治妨害公共交通工具安全驾驶违法犯罪行为的指导意见》规定:"乘客在公共交通工具行驶过程中,抢夺方向盘、变速杆等操纵装置,殴打、拉拽驾驶人员,或者有其他妨害安全驾驶行为,危害公共安全,尚未造成严重后果的,依照刑法第一百一十四条的规定,以以危险方法危害公共安全罪定罪处罚""驾驶人员在公共交通工具行驶过程中,与乘客发生纷争后违规操作或者擅离职守，与乘客厮打、互殴，危害公共安全，尚未造成严重后果的，依照刑法第一百一十四条的规定，以以危险方法危害公共安全罪定罪处罚……”张明楷教授认为，上述行为虽然大体可以认定具有危及公共安全的性质，但行为本身的危险程度并不能达到《刑法》第 114 条的要求。所以，上述规定也明显不当扩大了以危险方法危害公共安全罪的处罚范围。[1]

最后，从责任要素而言，交通肇事罪与以危险方法危害公共安全罪存在天壤之别。

根据《刑法》第 133 条的规定，交通肇事罪是指违反交通运输管理法规，发生重大事故，致人重伤、死亡或者使公私财产遭受重大损失的行为。目前理论界多数认为该罪是“过失犯罪之王”，认为交通肇事罪在责任要素方面只能是过失，即应当预见自己违反交通运输管理法规的行为可能发生重大交通事故，因为疏忽大意而没有预见或者已经预见而轻信能够避免，以致发生这种结果。行为人也可能有意识地违反交通运输管理法规，这在日常生活中可以说是“故意”的，但不成立刑法上的故意。在这种情况下，行为人往往轻信能够避免结果发生，因而仍然是过失。而以危险方法危害公共安全罪的责任要素则表现为故意，即行为人明知其实施的危险方法会危害公共安全，会发生危及不特定多数人的生命、健康或公私财产安全的严重后果，并且希望或者放任这种结果发生。实践中这种案件除少数对危害公共安全的后果持希望态度，由直接故意构成外，大多持放任态度，属于间接故意。

二、刑事司法案例的具体区分

下文以河南省信阳市中级人民法院二审改判的李某、鲁某坤、彭某武以危险方法危害公共安全案为例，展开说明。

案例 3 | 2018 年 5 月 12 日约 22 时许，被告人彭某武与朋友胡某、张某等人一起吃晚饭饮酒后，驾驶奔驰轿车到 KTV 喝酒唱歌，其间，彭某武通过微信邀请被告人鲁某坤到 KTV 唱歌，鲁某坤随后驾驶凯迪拉克轿车与被告人李某一起赶到 KTV 房间，三被告人及胡某、张某 5 名男子先后邀请徐某、

[1] 参见张明楷：《刑法学》（第 6 版），法律出版社 2021 年版，第 890～891 页。

黄某、刘某、姚某、吴某5名年轻女性陪同喝酒。13日凌晨1时54分,三被告人一行出去吃宵夜继续喝酒。凌晨3时许,三被告人在大量饮酒的情况下又开车兜风,被告人彭某武将自己的奔驰轿车交李某驾驶,彭某武坐副驾驶位置,张某、黄某、姚某坐后排座位。鲁某坤驾驶凯迪拉克轿车,吴某坐副驾驶位置。二车从昌盛街出发高速向县城南方向行驶,经滨河北路、滨河南路等道路竞相追逐,高速行驶。当二车竞逐至滨河北路与龙山干渠交叉路口时,因前方突然出现"T"字型路口,二被告人无法紧急处置,二车先后冲出路面坠入龙山干渠中,致奔驰轿车内乘坐人张某、姚某当场死亡,三被告人不同程度受伤(彭某武轻伤二级,鲁某坤轻微伤,李某不构成轻微伤)。事故发生后,经司法鉴定中心鉴定,奔驰轿车及凯迪拉克轿车制动性能正常,事故发生时车速分别为123.4公里/小时和138公里/小时。交警大队作出事故认定,认定三被告人承担事故全部责任,乘坐人张某、姚某、黄某、吴某无责任。〔1〕

一审法院认为,被告人李某、彭某武、鲁某坤饮酒后驾驶机动车在城市道路上竞相追逐、高速行驶,放任高速飙车可能带来的公共安全危害,造成二人死亡的严重后果,三被告人的行为已构成以危险方法危害公共安全罪,判处被告人李某有期徒刑15年,判处被告人鲁某坤有期徒刑13年,判处被告人彭某武有期徒刑9年。一审宣判后,三被告人均提起上诉。

二审法院审理认为,以危险方法危害公共安全罪的主观方面是故意,即行为人明知自己实施该行为会造成怎样的危害后果,但行为人仍对该危害后果的发生持希望或者放任的态度。李某、鲁某坤在酒后开车过程中有高速竞驶的情形,但竞驶时间是凌晨3点多,此时段县城道路上车辆行人稀少,且二人未有冲撞行人、车辆的行为,客观上也未造成道路上其他行人、车辆受损,不能推断出其有危害公共安全的故意。后车辆掉入沟渠造成自己车内乘坐的二人死亡,其竞驶行为主观上是追逐并企图相互超越,以追求刺激为目的,并不是追求或者放任包括自己在内的车内人员伤亡的结果。综上所述,从二人高速竞驶的时间、路线,路上的行人、车流量及目的来看,李某、鲁某坤虽酒后竞速行驶发生事故造成车内两人死亡,但他们的主观心态应该认定为交通肇事罪中的过于自信的过失态度,其凌晨在车

〔1〕 参见河南省信阳市中级人民法院刑事判决书,(2019)豫15刑终287号。

辆行人稀少的县城路段酒后追逐竞驶的行为也不应认定为与放火、决水、爆炸、投放危险物质的危害性相当的行为。一审认定三人构成以危险方法危害公共安全罪定性错误。李某、鲁某坤违反交通运输管理法规,酒后追逐竞驶,发生重大事故,致两人死亡,其行为符合交通肇事罪的构成要件,依法应以交通肇事罪定罪量刑。被告人彭某武虽未驾驶车辆,但其作为车辆所有人,明知李某醉酒仍将车辆交予其高速竞驶,造成重大交通事故,属于最高人民法院《关于审理交通肇事刑事案件具体应用法律若干问题的解释》第 7 条规定的情形,其行为亦构成交通肇事罪。二审法院综合三人犯罪事实、性质、情节及社会危害性,认定李某犯交通肇事罪判处有期徒刑 5 年,鲁某坤犯交通肇事罪判处有期徒刑 4 年,彭某武犯交通肇事罪判处有期徒刑 2 年。

在上述案例中,被告人李某、鲁某坤、彭某武的行为是构成以危险方法危害公共安全罪还是构成交通肇事罪,关键要看被告人行为时的心理态度(责任要素)如何。交通肇事罪与以危险方法危害公共安全罪侵犯的都是不特定多数人的人身和财产安全。作为司机的李某、鲁某坤在深夜酒后开车过程中的追逐竞驶行为,一方面,固然是危险驾驶行为;另一方面,也可以视为一种严重违反交通规则的行为,但其行为时的心理态度是兜风,以追求刺激为目的。一般而言,严重违反交通规则的行为,往往也包含着一定程度的危及公共安全的危险。但是,深夜酒后开车过程中的追逐竞驶行为虽然客观上也包含着一定程度的危及公共安全的危险,但这种危险只是可能,而非必然。李某、鲁某坤虽然有应当预见自己的行为可能会危及公共安全的义务,但只是应然层面的预见可能性,并非行为人的现实预见,而且,所谓应当预见或预见可能性,其实本质上是没有认识、没有预见。[1] 事实上,在当时的特定场景下,李某、鲁某坤甚至其他酒后驾车人都没有预见到其行为必然会危及公共安全。酒后驾车人往往基于某种自信,如自己车技好、经验丰富,酒量好、喝酒不足以影响自己对车辆的控制等,设想自己可以避免可能发生的交通事故,其既不希望也不放任危害公共安全的后果发生,其对发生的交通事故要么是已经预见的过于自信的过失,要么就是应当预见而没有预见的疏忽大意的过失。就现有证据而言,本案被告人李某、鲁某坤、彭某

〔1〕 参见黎宏:《刑法总论问题思考》,中国人民大学出版社 2007 年版,第 278 ~ 286 页。

武的责任要素只能认定为过失。而以危险方法危害公共安全罪的责任要素只能是故意,包括直接故意和间接故意,交通肇事罪的责任要素只能是过失。因此,二审法院撤销一审判决,改判三被告人构成交通肇事罪是正确的。

第八章 家长主义：危险驾驶罪在预防刑法视角下的适度宽容

2011 年危险驾驶罪正式设立，迄今施行已十余年。作为我国刑事法典的首个微罪，危险驾驶罪在拟入刑之初便掀起刑法理论界以及全民舆论的热议，最终随着《刑法修正案（八）》的出台，争议才逐渐平息。但十多年来，理论界与实务界对本罪的探讨不曾真正停止，相关文献更是汗牛充栋。随着近年来危险驾驶案件实务数据的陆续公布，本罪重回公众视野。尤其对于醉驾型危险驾驶罪，有观点肯定其立法价值，认为危险驾驶罪具有预警功能、惩罚功能，已对路人人身安全形成了良好的法律保障；有观点则建议直接取消，将深度醉酒驾车以以危险方法危害公共安全罪追责，加大对深度醉驾和酒后发生交通事故行为的刑罚；也有观点建议借鉴域外经验修法，提倡适度提高醉酒驾驶机动车的入罪门槛。

前述观点在危险驾驶罪的存废问题上所持的不同立场，也折射出对宏观层面微罪入刑妥当性问题的争锋。因此，本章将从危险驾驶罪这一典型微罪切入，把最受争议的醉酒型危险驾驶作为基础分析模型，以期以点带面，同步探讨当前社会背景下微罪入刑的社会治理模式与刑法谦抑性基本原则的协调之道。

第一节　危险驾驶罪概述

一、本罪的立法沿革及依据

随着社会经济的高速发展，现代化交通工具迅速普及入户，我国大步迈入“汽车社会”。国家统计局发布的相关报告显示，2008 年每百户城镇居民家庭拥有家用汽车 8.8 辆，比 1997 年增长 45.3 倍；每百户农村居民家庭拥有摩托车 52.5 辆，比 1997 年增长 3.8 倍。[1] 然而，交通文明的“软环境”远远落后于汽车保有量的“硬增长”，交通违法犯罪问题频发，人车矛盾日益凸显。

2011 年，为回应社会关切，《刑法修正案（八）》于第 133 条之一增设危险驾驶罪，明确对追逐竞驶与醉酒驾驶行为予以刑事打击。2015 年，《刑法修正案（九）》对本罪进行进一步修正，确立四种危险驾驶情形，即在道路上驾驶机动车，“追逐竞驶，情节恶劣的”“醉酒驾驶机动车的”“从事校车业务或者旅客运输，严重超过额定乘员载客，或者严重超过规定时速行驶的”“违反危险化学品安全管理规定运输危险化学品，危及公共安全的”（追逐竞驶、醉酒驾驶、超员或超速行驶以及违规运输危险化学品四类情形）。此外，针对后两种情形，《刑法修正案（九）》还在第 133 条之一的第 2 款增设了对机动车所有人、管理人共同犯罪的追责条款。

至此，以危险驾驶罪、交通肇事罪以及以危险方法危害公共安全罪等罪名对交通犯罪行为进行追责的刑事法网初步织就，并在后续社会发展进程中以新增妨害安全驾驶罪等方式逐渐严密，填补立法空白。

二、本罪的焦点问题概述

危险驾驶罪的具体适用等问题受到理论界及实务界的持续关注。一方面，最高人民法院公布的数据显示，2021 年全国各级法院共审结醉驾等危险

---

[1] 参见国家统计局：《系列报告之四：城乡居民生活从贫困向全面小康迈进》，载国家统计局官网 2009 年 9 月 10 日，http://www.stats.gov.cn/zt_18555/ztfx/qzxzgcl60zn/202303/t20230301_1920383.html。

驾驶犯罪案件34.8万件。[1] 面对如此庞大的案件基数以及不断涌现的各类问题,各地实务部门也需要立法及刑事理论提供合理、统一的裁判工具以满足案件办理需求。另一方面,危险驾驶罪作为我国刑法机能转型中极具代表性的立法活动,无论是作为抽象危险犯的立法范例,抑或作为微罪入刑的首次立法尝试,已成为理论研究的前沿阵地之一,大量学者纷纷撰文各抒己见。通过不断的摸索与纠偏,对于危险驾驶罪的认定目前已形成较为完备的规则体系,但仍然无法周延、全面地回应实务困惑与理论难题。

例如,对于追逐竞驶的情形,司法实务进行了初步的探索,但目前立法未作细化规定。最高人民法院指导案例32号指出:"机动车驾驶人员出于竞技、追求刺激、斗气或者其他动机,在道路上曲折穿行、快速追赶行驶"属于"追逐竞驶"。但对于"情节恶劣"的认定,该指导案例并未明确具体的判断因素,仅提示"应从其追逐竞驶行为的具体表现、危害程度、造成的危害后果等方面,综合分析其对道路交通秩序、不特定多人生命、财产安全威胁的程度是否'恶劣'",分析行为人追逐竞驶的行为是否"足以威胁他人生命、财产安全"。[2] 对于这一问题,实务部门往往结合行为人追逐竞驶的时间、地点、速度、危害结果、主观恶性等因素进行综合考量。[3] 也有观点作进一步细化,认为"情节恶劣"包括:"(1)饮酒后在道路上驾驶机动车追逐竞驶的;(2)无驾驶资格在道路上驾驶机动车追逐竞驶的;(3)在道路上驾驶非法改装的机动车追逐竞驶的;(4)以超过规定时速50%的速度驾驶机动车追逐竞驶的;(5)在车流量大、行人多的道路上追逐竞驶的;(6)多人或者多次追逐竞驶的;(7)追逐竞驶引起交通严重堵塞或者公共恐慌的;(8)使用伪造、变造或者其他机动车号牌,或者故意遮挡、污损、不按规定安装机动车号牌追逐竞驶的;(9)因追逐竞驶或者飙车受过行政处罚,又在道路上追逐竞驶的;(10)其他应当认定为情节恶劣的情形。"[4]

---

[1] 参见《最高人民法院工作报告》,载最高人民法院官网2022年3月8日,https://www.court.gov.cn/zixun-xiangqing-349601.html。

[2] 张某某、金某危险驾驶案,最高人民法院指导案例32号(2014年)。

[3] 参见石魏:《危险驾驶罪中,法官是如何认定"追逐竞驶""情节恶劣"的?》,载微信公众号"北京市东城法院"2018年5月11日。

[4] 喻海松:《刑法的扩张——〈刑法修正案(九)〉及新近刑法立法解释司法适用解读》,人民法院出版社2015年版,第91~93页。

又如，对于超员或超速行驶的情形，虽然公安部于 2015 年下发《严重超员、严重超速危险驾驶刑事案件立案标准（试行）》，对超员、超速的立案追诉标准进行明确量化，但是该规定首部明确提示“本标准试行期间，只供公安机关内部参考掌握，不对外宣传和在法律文书中引用”。然而经公开途径检索，江苏省、河北省、甘肃省等多地的法院仍在生效裁判文书中进行援引并据此裁判。[1]

再如，对于争议最大的醉酒驾驶的情形，虽然目前公安部《关于公安机关办理醉酒驾驶机动车犯罪案件的指导意见》和最高人民法院、最高人民检察院、公安部、司法部《关于办理醉酒危险驾驶刑事案件的意见》（以下简称《2023 年醉酒驾驶意见》）等规定对入罪标准、证据要求、量刑情节等问题作出了较为详尽的规定，但相关规定的合理性、各地司法裁判的统一性等问题仍亟待理论澄明、立法完善与司法纠偏。

第二节 谦抑视角下危险驾驶罪的立法审视

一、危险驾驶罪争议再起

如今危险驾驶罪入刑已十余年，但质疑之声仍不断涌现。如前所述，有观点坚持危险驾驶行为的去罪化，也有观点倡议对本罪的构成要件进行修正。以饱受争议的醉驾型危险驾驶罪为例，司法实证数据统计、刑罚附随后果、行刑权力配置问题往往成为废止或修正论者批判现有立法规定的主要工具。具言之，主要存在如下理由。

（一）案件数量多、增速快，刑事打击未起实效

最高人民法院公布的数据显示，截至 2012 年年底全国各级法院审结危

---

〔1〕 参见河北省海兴县人民法院刑事判决书，（2021）冀 0924 刑初 55 号；江苏省南通市港闸区人民法院刑事判决书，（2019）苏 0611 刑初 337 号；甘肃省肃南裕固族自治县人民法院刑事判决书，（2019）甘 0721 刑初 11 号。

险驾驶犯罪案件6.6万件，判处罪犯6.6万人，[1]2013年审结案件9万件。[2] 而这一数据2020年上升至28.9万件，[3]2021年达34.8万件。[4]面对大幅的案件增速以及巨大的案件数量[5]，现今危险驾驶犯罪的立法似乎并未取得设想的预防犯罪效果。

（二）罪行轻重与刑罚附随后果不相适配

对于危险驾驶犯罪，立法层面设置了拘役1个月到6个月的短期自由刑以及罚金刑，司法层面倡导但书条款、相对不起诉条款、免予刑事处罚条款以及缓刑条款的准确适用，故本罪应然及实然的刑罚总体较轻。然而对于行为人本人而言，法院统计数据显示，每年有将近30万人被终身打上了罪犯的烙印，依法不得从事特定职业或担任特定职务，后续的生活与工作受到影响。不可忽视的是，实际上受危险驾驶罪刑罚的附随效果影响者远远大于前述进入审判阶段的30余万之数。以公务员的录用为例，根据《公务员录用考察办法（试行）》第9条第4项的规定，[6]被检察机关作出相对不起诉决定的报考人员也将丧失公务员的录用资格。并且，相关刑罚的附随后果甚至可能影响相关人员子女的就业与生活。

（三）刑事制裁与行政处罚的衔接不具有妥当性

以醉酒驾驶的情形为例，在危险驾驶罪入刑之前，《道路交通安全法》第91条分别规定了饮酒及醉酒驾驶的行政处罚，对醉酒驾驶者处15日以下拘

---

〔1〕 参见《第十二届全国人民代表大会第一次会议关于最高人民法院工作报告的决议》，载中华人民共和国最高人民法院公报网，http://gongbao.court.gov.cn/Details/9f1655cc4ce302bc9a1ef289 02f9c0.html。

〔2〕 参见《第十二届全国人民代表大会第二次会议关于最高人民法院工作报告的决议》，载中华人民共和国最高人民法院公报网，http://gongbao.court.gov.cn/Details/77f1998fd7b5aa189535c55bb37d30.html。

〔3〕 参见《第十二届全国人民代表大会第二次会议关于最高人民法院工作报告的决议》，载中华人民共和国最高人民法院网，https://www.court.gov.cn/zixun/xiangqing/290831.html。

〔4〕 参见《第十二届全国人民代表大会第二次会议关于最高人民法院工作报告的决议》，载中华人民共和国最高人民法院网，https://www.court.gov.cn/zixun－xiangqing－349601.html。

〔5〕 因2022年、2023年最高人民法院工作报告都没有披露危险驾驶案件的数据，故本书数据只统计到2021年。

〔6〕 该条款规定，因犯罪被单处罚金，或者犯罪情节轻微，检察院依法作出不起诉决定或者法院依法免予刑事处罚的，不得确定为拟录用人员。

留、暂扣机动车驾驶证 3 ~ 6 个月以及罚款 500 ~ 2000 元。2011 年该法与《刑法》进行同步修改,对于醉酒驾驶行为不再处以拘留,而是直接吊销机动车驾驶证并进行刑事追责。根据《2023 年醉酒驾驶意见》第 4 条的规定,“在道路上驾驶机动车,经呼气酒精含量检测,显示血液酒精含量达到 80 毫克/100 毫升以上的,公安机关应当依照刑事诉讼法和本意见的规定决定是否立案”。故目前酒后驾驶案件形成了饮酒驾驶与醉酒驾驶的分野。具言之,对于酒精含量在 20 毫克/100 毫升至 80 毫克/100 毫升之间的行为人予以行政处罚,对于酒精含量在 80 毫克/100 毫升以上的行为人则进行刑事追责。对此,有观点认为,目前针对醉驾行为只有一元处罚机制,根本没有将醉驾作为行政违法行为予以制裁的机会,其行刑衔接不具有妥当性。[1]

以上质疑表达了对刑事打击范围宽泛化的担忧,强调刑事手段不应过度干预民众生活,不应挤占行政规制领域,普遍将刑法谦抑性原则作为立论的根基与批判的武器。因此,在评述相关质疑的合理性之前,有必要回归对刑法基本原则——谦抑性原则的具体理解与适用。只有对刑法谦抑性原则的内涵进行准确解读,才能看清危险驾驶罪的前路与归途。

二、预防刑法视域下谦抑性原则的理解与运用

(一)预防刑法观及微罪立法的冲击

我国刑法谦抑性理论系移植域外经验的产物。对于谦抑性原则的具体内涵,有观点从补充性、不完整性和宽容性三个角度进行阐释,[2] 也有观点将其概括为限缩性、最后手段性及补充性三个层次。[3] 但究其根本,前述看似不同的观点其实只是词汇的同义替换,均旨在强调刑法作为“最后一道防线”,应当保持足够的理智与克制,仅对民法、行政法等前置性规范无能为力的行为施以刑罚。这与域外对谦抑性原则的解读并无实质不同。例如,平野龙一教授等日本学者、罗克辛教授等德国学者均强调刑法是“社会政策的

〔1〕 参见马千里:《醉酒型危险驾驶行为二元处罚之厘清》,载《山西省政法管理干部学院学报》2023 年第 2 期。

〔2〕 参见叶良芳:《危险驾驶罪的立法证成和规范构造》,载《法学》2011 年第 2 期。

〔3〕 参见武晓雯:《刑法谦抑性的再探讨》,载《人民检察》2022 年第 15 期。

最后手段”，对法益的保护具有辅助性。[1] 概言之，各国刑法理论多从消极面向进行解读，强调对刑罚发动的限缩与审慎。

然而，在工业化与科学生产水平不断发展的同时，全球社会也面临风险社会情境下新的命题与挑战。面对层出不穷的社会风险，作为社会治理重要手段的刑法应该如何应对？我国系列刑法修正案的出台交出了答卷。近年来，我国刑事立法活跃，主要通过增设新罪和扩张原有罪名的主体、行为类型、行为对象等方式逐步扩大犯罪圈，大量原本由行政法规制的行为被纳入刑法打击范畴，体现了从事后惩戒刑法向事前预防刑法的能动转向。并且危险驾驶罪、危险作业罪等微罪的增设，也昭示着我国刑事治理向微罪、轻罪与重罪并存的治理结构转变。对此，有观点认为，传统上被视为最后防卫手段的刑法成为立法者优先选择的风险规制工具，“刑法的最后手段性与辅助性日益变得名不符实”[2]。

（二）对谦抑性原则的中性解读

承载着罪刑法定、罪责刑相适应、刑法人道等内核的谦抑性原则是否真的如部分学者所说的那般已经濒临解构？谦抑性理论是否已经走向名存实亡的末路？对此，有学者认为，谦抑性的词义已经发生分化，不再局限于对刑罚发动的克制性，而表现为“刑法有选择地调整社会关系的基本属性，同时意味着刑法调整社会关系的范围应做适时的缩小或扩大”[3]。也有观点主张对谦抑性的理解应当回归“刑罚妥当性”的思考，即“全面的谦抑性应当包括两种不同的结果。当刑罚发动具有妥当性时，可以选择重的手段；当刑

---

[1] 平野龙一教授将谦抑性定义为：“即使行为侵害或威胁了他人的生活利益，也不是必须直接动用刑法，可能的话，采取其他社会统治的手段才是理想的，可以说，只有其他社会统治手段不充分时，或者其他社会统治手段（如私刑）过于强烈，有代之以刑罚的必要时，才可以动用刑法。”罗克辛教授强调：“在全部手段中，刑法甚至只是应当最后予以考虑的保护手段，也就是说，只有在其他解决社会问题的手段——例如民事起诉，警察或者工商管理规定，非刑事惩罚，等等——不起作用的情况下，它才能允许被使用。”详见［日］平野龙一：《刑法的基础》，黎宏译，中国政法大学出版社2016年版，第90～91页；［德］克劳斯·罗克辛：《德国刑法学总论》（第1卷），王世洲译，法律出版社2005年版，第23页。

[2] 劳东燕：《风险社会与功能主义的刑法立法观》，载《法学评论》2017年第6期。

[3] 高铭暄、马克昌主编：《刑法学》（第9版），北京大学出版社2019年版，第49页。

罚发动不具有妥当性时,就不应选择重的手段”[1]。

笔者赞同这一立场,认为应从积极与消极两个面向对谦抑性原则进行全面理解:在刑事以外的其他社会治理手段足以对某一现象或问题进行规制时,不应启用最为严厉的刑事手段;而当民事、行政等其他手段不足以进行有效规制时,刑法应当“有所作为”。谦抑性理论诞生之初系为了遏制日本必罚主义的蔓延,故采用“谦抑”二字警示刑法不应随意干涉民众生活。因此,谦抑性理论的消极面向解读具有其特有的时代任务与功能。然而,一则,我国犯罪圈划定范围本身较窄,完全移植域外对谦抑性的理解容易发生“水土不服”。二则,从积极面向进一步进行解读并未曲解其理论内核,与谦抑性原则所强调的刑法应当进行有选择的、有限度的干预这一根本准则不相矛盾。三则,随着社会生活的变迁,该理论的时代使命也发生着更迭,全面解读其理论内涵也系谦抑性原则自我丰满与发展的重要路径。

(三)对危险驾驶罪争议的回应

基于对谦抑性原则双重面相的理解可知,以传统谦抑性理念对危险驾驶罪的立法价值进行批判是片面的、站不住脚的,危险驾驶罪有其存在的价值与效用。

1. 道路交通安全等利益具有刑法保护的价值

法益,是指“在以个人及其自由发展为目标进行建设的社会整体制度范围之内,有益于个人及其自由发展的,或者是有益于这个制度本身功能的一种现实或者目标设定”[2]。就危险驾驶罪立法而言,其关注的是道路交通安全以及相关人员的人身与财产安全,这无疑对社会以及个体的安全与发展至关重要。当今社会,民众对危险或风险的敏感度日益提升,对安全感的诉求及期待与日俱增,故大众对社会治理(尤其是刑事治理)早已不满足于惩戒造成实害后果的各类行为,转而倡议将危险“扼杀在摇篮之中”。具体危险犯、抽象危险犯以及各类预备行为正犯化的立法动向正是这一社会治理

[1] 何腾姣:《司法说理应慎用刑法谦抑性》,载《中国人民公安大学学报(社会科学版)》2022 年第 2 期。

[2] [德]克劳斯·罗克辛:《德国刑法学总论》(第 1 卷),王世洲译,法律出版社 2005 年版,第 15 页。

需求变迁的具体体现。由于大众与现代交通工具的联系日益紧密,而醉酒驾驶、追逐竞驶等行为具有高度的危险性,极易造成人员伤亡等不可挽回的损失,事实上也造成了大量惨痛的交通事故教训,故通过刑法进行规制并无不当。至于前述对醉酒驾驶追责体系中行刑权力配置不当的指责,实际上并没有对酒后驾驶和醉酒驾驶形成精准的认识。现有立法体系已将酒后驾驶行为作区分评价,即区分为饮酒驾驶及醉酒驾驶,即对于酒后驾驶行为已形成"行政—刑事"的二元追责机制。并且经过实践验证,对醉酒驾驶行为单处行政处罚并不能有效地遏制其高发态势,故转而寻求刑事制裁也在情理之中。

2. 危险驾驶罪的法定刑设置较为合理

对于危险驾驶犯罪,刑法少有地仅规定拘役及罚金的刑罚,系典型的微罪、轻罚。这一法定刑的设置不仅与法益侵害的轻重程度相适应,符合轻罪轻罚理念,也与饮酒驾驶案件中10日以下拘留的行政处罚形成有效对照,体现了国家对醉酒驾驶行为的惩戒态度与力度。

3. 危险驾驶入刑已产生良好的规制效果

自危险驾驶入刑以来,"开车不喝酒、喝酒不开车"等观念深入人心。前述观点基于案件办理数据对本罪的实际效用提出疑问,实际上是对相关数据的片面解读。一方面,案件数量大恰恰反映了危险驾驶现象仍十分严重。以醉酒驾驶为例,虽然经过多年的法治教育,民众逐渐形成了不得酒后驾驶的守法意识,但每年仍有大量驾驶人员"铤而走险"、以身试法。根据国家统计局的统计,每年仍有数以万计的无辜生命丧生于车轮之下(见图8-1)。因此,我国驾驶人员的素养仍有待提高,危险驾驶行为仍需严厉打击,贸然废止本罪极有可能引起相关案件的反弹。另一方面,案件的绝对数量并非判断刑事治理效果的唯一指标。诚然,每年危险驾驶罪案件数量巨大,但鉴于我国汽车保有量的增长,相对指标——道路交通万车死亡人数始终逐年下降(见图8-2)。可见,危险驾驶罪立法在减少道路交通风险方面实际上发挥了重要作用。

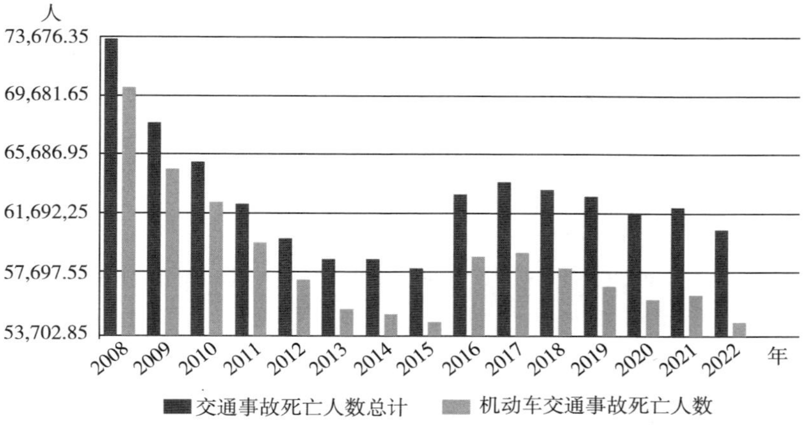

图 8－1　2008～2022 年交通事故死亡人数统计

资料来源:国家统计局网站(https://data.stats.gov.cn/easyquery.htm? cn = C01&zb = A0S0D02&sj = 2023)。

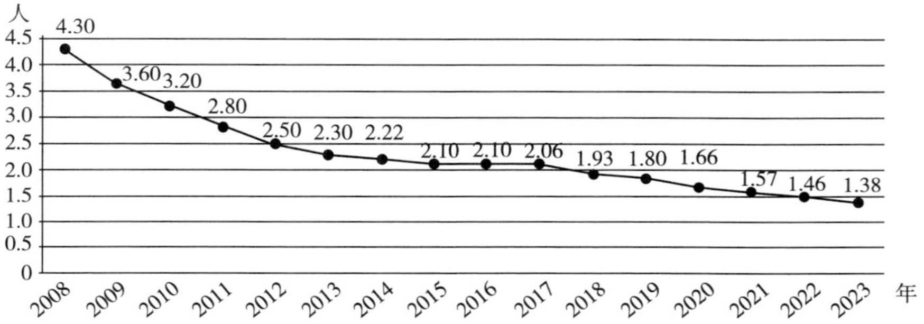

图 8－2　2008～2023 年道路交通万车死亡人数统计

资料来源:国家统计局公布的历年《国民经济和社会发展统计公报》。

4. 刑罚附随后果严重并非危险驾驶罪立法"原罪"

如前所述,有观点批判危险驾驶案件的刑罚附随后果过于严重,但该观点与其说是在批判危险驾驶罪立法,不如说是在批判我国刑罚附随后果制度本身。刑罚附随后果系适用于《刑法》分则所有罪名的总的规定,因此,与其在某一个罪(如危险驾驶罪)或者在某一类犯罪(如轻罪、微罪)中单独评价刑罚附随后果是否合理,倒不如从制度上对刑罚附随后果的规定进行反思与修正。退一步讲,本罪刑罚附随后果严厉与否的问题也需理性看待。诚然,每年有大量行为人因危险驾驶犯罪不得从事公务员、军人等职业,但前述职业本就具有相较普通职业而言更为严苛的准入门槛与品行要求，而行为人知法犯法，其对法律的漠视态度正是其不能胜任相关工作的直观表现。

因此，笔者并不赞同危险驾驶罪废止论者的基本立场，危险驾驶罪在当下仍有保留的价值。然而该等案件浮现的现实问题同样也不应被忽视，本罪构成要件及刑罚设置的合理性问题需进行进一步探讨。鉴于醉驾型危险驾驶罪的争议问题最为突出，故下文主要基于该类型犯罪具体展开。

三、谦抑性视角下危险驾驶罪的立法完善

（一）构成要件：不能安全驾驶说的否定

对于醉驾型危险驾驶罪，根据现行立法规定，行为人体内的酒精含量是否超过 80 毫克/100 毫升的临界值成为判断其是否醉酒驾驶的重要标准。立法之初，司法实务中盛行对醉驾行为（酒精含量超过 80 毫克/100 毫升）“一律入罪”“一律判刑”的做法。在社会各界的努力下，目前实务界已经摒弃了该种僵化的裁判思维，大力提倡结合行为人的醉酒程度、机动车类型、车辆行驶道路、行车速度、是否造成实际损害以及认罪悔罪等情况进行准确定罪量罚。近年来，要求对危险驾驶罪构成要件进行修正的呼声也不断浮现。例如，有观点建议在醉酒型危险驾驶罪中增设“不能安全驾驶”要件，主张只有醉酒后在道路上不能安全驾驶机动车的行为才应予以刑事追责。[1]

不能安全驾驶说认为，行为人在醉酒的情况下对路况的辨认能力以及对车辆的控制能力下降，行车反应时间增加，制动距离增加，难以满足安全驾驶的需要。该学说认为，定罪不仅应符合“醉酒后驾车”的条件（醉酒状况达到一定程度），还需满足“不能安全驾驶机动车”的要求。这一立法模式在其他国家已有先例。例如，《德国刑法典》第 315a 条规定，因服用酒类饮料或其他麻醉药剂，或因精神上或生理上的缺陷，不能安全驾驶，仍驾驶车辆的，处 5 年以下有期徒刑或者罚金。然而，不能安全驾驶说具有一定局限性，我国目前的立法模式更符合现实的社会治理需求。

第一，不能安全驾驶说使本罪具体危险化，易造成司法资源紧张，埋下

---

〔1〕 参见周光权：《论刑事一体化视角的危险驾驶罪》，载《政治与法律》2022 年第 1 期。

不公及腐败隐患。依其原理,若认为醉酒驾驶行为应同时满足“醉酒 + 不能安全驾驶”的要件(本节暂不讨论“道路”“机动车”等构成要件符合性),则办案机关在审查该等案件时应先关注行为人驾驶时血液(或吹气)酒精含量是否达到醉酒标准,再具体判断行为人是否处于不能安全驾驶的状态。该审查模式存在以下几个弊端:其一,虽然不能安全驾驶说论者坚持危险驾驶罪“仍然是抽象危险犯”〔1〕,但实际上该罪已与具体危险犯的审查方式并无二致。而该罪向具体危险犯的转化,一方面难以满足现如今打击醉酒驾驶的治理需求,另一方面也将导致司法资源的大量投入,不具有经济性。其二,在具体判断行为人是否丧失安全驾驶能力时,该说主张通过人体平衡试验等方法进行测试,并且认为“行为人还有撞击其他车辆或道路设施、闯红灯、冲撞铁路道口的栅栏、‘飙车’等行为,可以直接认定为不能安全驾驶”〔2〕。但是,一方面,人体平衡试验等判断方法主观性较强,埋下了司法腐败的隐患;另一方面,我国立法鉴于交通事故发生时本罪的实害后果已经切实造成,故将“造成交通事故且负事故全部或者主要责任”“造成交通事故后逃逸”等情形作为从重处罚的条件。因此,同时将事故的发生作为评价构罪要件成立以及从重处罚的因素,未免有违禁止双重评价原则。

第二,当前立法模式下亦可通过反证出罪,与不能安全驾驶说殊途同归。不能安全驾驶说的引入建立在提高本罪定罪门槛的需求之上,即在行为人酒精含量高于某一数值的情况下,通过具体认定其仍具有安全驾驶能力而不认定犯罪。这一立场的出发点值得肯定,但路径的选择并不唯一。在现有模式下,通过反证行为人醉酒驾驶行为并无危害性亦可实现有效出罪。正如有学者主张的,对于抽象危险犯,在“行为并非典型性地符合实行行为的特征”“对行为造成法益侵害的抽象危险存疑”“辩方提出合理怀疑的证据反驳立法推定”〔3〕的场合下需对抽象危险作具体审查。因此,通过反证亦可实现对部分不具有危害道路安全风险的醉酒驾驶行为的出罪,与不能安全驾驶说实质上殊途同归。

---

〔1〕 周光权:《论刑事一体化视角的危险驾驶罪》,载《政治与法律》2022 年第1 期。

〔2〕 林山田:《刑法各罪论》(下册),北京大学出版社 2012 年版,第 188 页。

〔3〕 梁根林:《刑事政策与刑法教义学交互审视下的危险驾驶罪》,载《中国法律评论》2022 年第4 期。

(二)刑罚设置:建议增设单处罚金刑

纵览《刑法》分则的法定刑配置,尤其是轻罪以及微罪的刑罚设置,危险驾驶罪的罚金刑立法存在进一步完善的空间,建议对危险驾驶罪增设单处罚金的法定刑。

第一,增设单处罚金刑可体现微罪刑罚的轻缓化。罚金刑作为我国附加刑种之一,在对行为人起到惩戒作用的同时,也具有避免自由刑的"交叉感染"、便于犯罪人改造等特殊作用。对于危险驾驶罪这类法益侵害程度本身较低的犯罪,对部分犯罪情节较轻的行为人单独适用罚金刑,一来可以进一步落实罪责刑相一致的原则,体现微罪刑罚轻缓化的倾向,彰显刑罚的谦抑性;二来也可以实现适用自由刑与定罪免罚之间的缓冲,促进该等案件量刑的均衡化、合理化。

第二,增设单处罚金刑有利于我国刑罚体系的协调。我国刑法对于罚金刑的设置采用单处或并处模式。而单处罚金模式在《刑法》分则中适用较为普遍,尤其是在轻罪与微罪的刑罚中多设置了单处罚金的规定。例如,非法持有宣扬恐怖主义、极端主义物品罪(第 120 条之六)、假冒专利罪(第 216 条)、串通投标罪(第 223 条)、出具证明文件重大失实罪(第 229 条)、逃避商检罪(第 230 条)等轻罪,以及妨害安全驾驶罪(第 133 条之二)、虚假广告罪(第 222 条)、代替考试罪(第 284 条之一)、高空抛物罪(第 291 条之二)等微罪均有单处罚金的规定。因此,在危险驾驶罪中增设单处罚金刑,也有利于我国刑法罚金刑配置体系的总体协调。

(三)量刑标准:统一指导意见的再完善

在《2023 年醉酒驾驶意见》出台前,由于最高人民法院《关于常见犯罪的量刑指导意见(二)(试行)》以及最高人民法院、最高人民检察院《关于常见犯罪的量刑指导意见(试行)》仅作了较为笼统的规定,故为了更好地指导实践,各地司法机关纷纷出台实施细则、会议纪要等文件,细化量刑标准。笔者通过对浙江、湖南、四川等地的细化标准进行梳理发现,不同地区对于此类案件中"情节显著轻微""情节轻微""情节较轻"的认定标准差异明显,裁判尺度松紧不一。[1] 如表 8－1 所示。

表 8－1 我国部分地区醉驾型危险驾驶罪定罪量刑标准

单位:毫克/100 毫升

地区	入罪标准	不起诉/免刑标准	缓刑标准
浙江(汽车)	100	170	—
浙江(摩托车)	180	200	—
湖南	80	160	200
四川	80	130 或 150	250
深圳	80	140	200
东莞	80	140	180

对此,《2023 年醉酒驾驶意见》第 12 条明确指出,血液酒精含量不满 150 毫克/100 毫升,且不具有从重情节的,可以认定为情节显著轻微、危害不大,不作为犯罪处理。对于适用缓刑的标准,该意见第 14 条亦明确指出,血液酒精含量超过 180 毫克/100 毫升的,一般不适用缓刑。

因此,《2023 年醉酒驾驶意见》这一全国性的、具体的指导规范的出台具有重要意义。

第一,危险驾驶罪不同于经济类犯罪,并无考虑地方差异、制定地方标准之必要。对于盗窃罪、诈骗罪等犯罪,由于各省市的社会发展程度仍存在差异,故司法解释在设置浮动的数额区间之余,还规定各省、自治区、直辖市高级人民法院、人民检察院可根据各地区的经济发展状况、社会治安状况来确定本地区具体的数额标准。然而危险驾驶罪与前述犯罪存在本质差异,不会因经济发展程度以及社会治安差异而存在可谴责性的显著区别,因此并无“因地制宜”制定地方标准之必要。

---

〔1〕 浙江省高级人民法院、浙江省人民检察院《〈关于常见犯罪的量刑指导意见(试行)〉实施细则》(浙高法审〔2022〕1 号);湖南省高级人民法院、湖南省人民检察院、湖南省公安厅《关于办理醉酒驾驶机动车刑事案件若干问题的会议纪要》;四川省高级人民法院、四川省人民检察院《〈关于常见犯罪量刑指导意见(试行)〉实施细则(试行)》(川高法〔2022〕178 号)、四川省高级人民法院《〈关于常见犯罪量刑指导意见〉实施细则(二)》(川高法〔2017〕60 号);深圳市中级人民法院、深圳市人民检察院、深圳市公安局《关于办理醉酒驾驶机动车刑事案件有关问题的会议纪要》(深中法发〔2019〕23 号);东莞市中级人民法院、东莞市人民检察院、东莞市公安局《关于办理“醉驾型”危险驾驶案件的联席会议纪要》(东检〔2018〕69 号)。

第二,地方标准的不统一容易导致现实不公。由于此前各地司法裁量尺度不一,相同醉酒程度、相同事实情节的行为人极有可能在不同地域面临不同的刑事处理结果,存在同案异判的不公现象。并且地方标准的差异也易导致令人啼笑皆非的认定结论。例如,某男子 A 酒后驾驶摩托车从东莞市出发开往深圳市,其体内酒精浓度为 190 毫克/100 毫升,若其尚未驶入深圳市辖区即被查获,则按照东莞地区的规定其显然难以适用缓刑,但若其"一脚油门"驶至深圳市内才被查获,则根据深圳地区的规定其却符合适用缓刑的前提条件。然而,一方面,男子 A 进入深圳市后实际上醉酒行驶距离更远,时间更久,对交通安全造成的风险明显更大;另一方面,东莞市以及深圳市基于犯罪地管辖原则理论上均具有管辖权,但在后一种情形下男子 A 却因查获地以及地区标准的差异有机会适用更轻的刑罚。更甚者,若男子 A 一路向北,顺利地抵达浙江省,结合其驾驶的机动车类型及醉酒程度等因素,其甚至可能被决定不予起诉或判决免予刑事处罚。这一结论恐怕与立法原意背道而驰。

但《2023 年醉酒驾驶意见》亦存在些许尚待完善之处。以缓刑的适用条件为例,在《2023 年醉酒驾驶意见》出台前,各地司法机关往往将最高人民法院、最高人民检察院、公安部《关于办理醉酒驾驶机动车刑事案件适用法律若干问题的意见》(2013 年施行,2023 年 12 月 28 日被废止)中的从重处罚情形之一"血液酒精含量达到 200 毫克/100 毫升以上"作为不适用缓刑的条件,甚至有地区还提出了更高的数值标准。对此,《2023 年醉酒驾驶意见》将血液酒精含量超过 180 毫克/100 毫升作为不适用缓刑的"警戒线",相较之前的实践而言在一定程度上限缩了缓刑的适用范围。在此类案件刑罚轻缓化呼声热烈、实刑被告人"交叉感染"顾虑凸显的当下,这一数值标准的合理性恐怕仍需经受司法实践的检验。

第三节　危险驾驶案件中谦抑性原则的司法运用

一、危险驾驶案件谦抑性理论应用的实务白描

法律的生命力在于实施。除了强调处遇措施轻缓化等立法设计外,谦

抑性原则在司法实务中的具体践行也尤为重要。公开的裁判文书显示，在危险驾驶案件中辩方常根据谦抑性原则提出定罪或量刑抗辩，但最终被法院采纳的较少。不过法院也会结合谦抑性理论进行说理与裁量。例如，对于共犯认定的争议，有法院认为：根据刑法的谦抑性及可预见性原则，不能用超出常人的标准苛责同乘人，必须准确判断驾驶人当时处于醉酒状态的可能性，如果以驾驶人交通肇事后酒精检测达到醉酒标准而推定同乘人明知驾驶人可能处于醉酒状态，会导致客观归罪。[1] 又如，对于刑罚的具体适用，有法院指出："刑罚的目的在于预防犯罪，对于初犯、偶犯的轻微刑事犯罪，适用刑罚时要特别注意符合刑法谦抑性原则，体现刑罚的人道化。是否适用缓刑，其根本着眼点在于犯罪分子有无再犯罪之可能性，缓刑是否能实现对其教育改造的刑罚目的。"[2] 再如，对于认罪认罚从宽制度与上诉权的关系，有法院表示："需辨明上诉理由是否基于实际存在之客观情形和适当理由，以刑法谦抑之原则审慎处理，从而在认罪认罚从宽制度与上诉权之间求得法律制度衔接上应有的协调与平衡。"[3]

除此以外，谦抑性原则还体现在该等案件定罪证据的审慎认定以及具体量刑的人性化、轻缓化等方面。

二、酒精含量鉴定意见的严格审查与审慎认定

（一）形式审查、宽容性审查的理念纠偏

案例 1 ｜ 2018 年 10 月 3 日上午，余某某醉酒后驾驶小型汽车行驶至某高速公路，与周某某驾驶的小型轿车尾部发生碰撞，造成两车受损的交通事故。公安机关对余某某进行呼气式酒精检测，检测结果为 150 毫克/100 毫升。后即提取余某某血液，并于 2018 年 10 月 8 日送检进行酒精含量检测。经检测，余某某血液中酒精含量为 171.95 毫克/100 毫升。经交通管理部门认定，余某某承担事故的全部责任，周某某无责任。在案件审理过程中，辩护人提出"血液酒精含量的检测程序不合法"的异议。对此，审理法院认为：本案中公安机关进行的血液酒精含量鉴定程序虽有瑕疵，但该瑕疵并未影

[1] 参见江西省九江市中级人民法院刑事判决书，(2019)赣 04 刑终 403 号。
[2] 广东省深圳市中级人民法院刑事判决书，(2016)粤 03 刑终 14 号。
[3] 广东省深圳市中级人民法院刑事裁定书，(2020)粤 03 刑终 138 号。

响鉴定结果的真实性、客观性，结合公安机关事发时对余某某进行的呼气酒精含量检测数据与鉴定数据差异不大的事实，该鉴定结果可作为证据使用。最终，法院认定余某某犯危险驾驶罪。[1]

笔者并不认同该裁判理念。一方面，对于鉴定程序的瑕疵问题应当以科学、严谨的态度进行审慎判断，根据科学原理与依据认定检测数据的真实性与准确性。另一方面，存在严重程序违法的血液酒精含量鉴定意见不应作为定案依据，不得通过呼气检测结果进行补强或补正。

1. 鉴定意见的合法性审查不应流于形式，对鉴定瑕疵不应过于"宽容"

对于血液酒精含量鉴定程序及要求，《2023 年醉酒驾驶意见》、公安部《关于公安机关办理醉酒驾驶机动车犯罪案件的指导意见》等法规以及《道路交通执法人体血液采集技术规范》(GA/T 1556—2019)、《车辆驾驶人员血液、呼气酒精含量阈值与检验》(GB 19522—2010)等技术规范已从血样的提取、固定、送检、保管等方面提出了规范要求。以送检为例，由于血液在离体后易发生腐败等性状改变，直接导致酒精含量检测结果的偏差，因此现行规范强调送检的及时性，并对延期送检情形明确规定了保存环境及时限要求。在案例 1 中，公安机关于 10 月 3 日提取血样，却于 10 月 8 日才进行送检，时间已经过了 5 天，明显有违法律法规的及时性要求与应于规定期限内送检的例外规定，所涉血样的性状极有可能已经发生变化。在此情况下，法院一方面承认鉴定程序存在瑕疵，另一方面却径自断定鉴定意见的准确性未受影响，显然缺乏充分的侦查实验论证及科学依据。

2. 应正确认识呼气酒精含量检验结果与血液酒精含量鉴定意见的作用与二者间的关系

一方面，呼气酒精含量检验结果仅在特殊情况下才可作为定罪量刑的依据。《2023 年醉酒驾驶意见》第 4 条规定，认定行为人是否醉酒原则上应当依据血液酒精含量鉴定意见，仅在"在提取血液样本前脱逃或者找人顶替的"这一特殊情形下才可依据呼气酒精含量检验结果。实务中，公安机关往往先对来往车辆驾驶人员进行呼气酒精检测排查，再对嫌疑人员进行血液提取与酒精含量鉴定。因此，呼气酒精含量检验结果主要起到初筛作用，仅在部分案件中作为定罪量刑的依据。但对于绝大多数案件而言，血液酒精

[1] 参见湖北省宜昌市中级人民法院刑事裁定书，(2020)鄂 05 刑终 8 号。

含量鉴定意见系唯一的认定行为人是否醉驾的证据。对该证据的审查应当基于证据本身的合法性、准确性，呼气酒精含量检测结果不应作为判断鉴定意见检测数值是否准确可取的参照。另一方面，呼气酒精含量检验结果与血液酒精含量鉴定意见的差异客观存在，将之作为辅助参考的判断极具主观性。在当前技术条件下，因吹气检测与血液检测存在提取部位、提取时间、检测方式、检测仪器精度等多维度的差异，故二者的检测结果势必存在一定差别。面对二者的数值差别，对差异合理性的判断极具主观性。在案例1中，余某某的呼气酒精含量检测结果为150毫克/100毫升，血液酒精含量鉴定意见为171.95毫克/100毫升，相差已超过20毫克/100毫升，对此法院认为二者"差异不大"，那么，"差异不大"与"差异较大"的界限又在何处？

总体而言，对于危险驾驶案件（尤其是醉驾型危险驾驶案件）而言，通常案件事实较为清晰，证据体系并不复杂，但是对于证据的审查与事实的认定仍然应当恪守证据规则与法律规定。值得肯定的是，实务中亦有法院对鉴定意见进行严格审查与慎重认定。例如，在白某某危险驾驶案中，审理法院表示，在案血液酒精含量鉴定意见合法性存疑，即"在检材保存、送检、检验等环节，存在证明血样保存符合规范的证据不足和违反公安部、山西省公安厅关于办理醉酒驾驶机动车刑事犯罪案件程序规定的情形，该检验报告不能作为认定白某某构成危险驾驶罪的定案依据。另外，白某某未在抽取血样之前脱逃，本案不符合以呼气酒精含量检验结果作为认定醉酒依据的法律规定，不能以白某某的呼气酒精含量检验结果作为认定其醉酒的依据。[1]基于此，法院认定白某某构成危险驾驶罪的证据不足，宣告其无罪。"

（二）血液酒精含量鉴定意见的审查要点

实践中，对于鉴定意见需从鉴定机构及鉴定人的鉴定资质、鉴定意见的形式以及鉴定程序、鉴定过程与方法的合规性等多维度进行全面审查。在醉驾型危险驾驶案件中，应当重视血样提取记录表、执法记录仪视频、鉴定意见书等在案证据，还原血样提取、封装、保存、送检、鉴定各流程的操作细节，关注全流程的规范问题。由于篇幅限制，下文仅对其中的部分审查要点作具体讨论。

---

〔1〕 山西省晋城市中级人民法院刑事判决书，(2020)晋05刑终2号。

1. 采血容器应当有效、抗凝

《车辆驾驶人员血液、呼气酒精含量阈值与检验》(《GB 19522—2017》)第5.3.1条规定:"抽取血样中应添加抗凝剂,防止血液凝固。"《道路交通执法人体血液采集技术规范》(GA/T 1556—2019)第2.1.5条进一步细化,明确要求"血液样本提取容器应使用有效期内加抗凝剂的具塞干试管"。因此,在案件办理过程中,应当基于鉴定意见所附的检材照片、执法记录仪视频等证据材料审查采血人员使用的一次性使用静脉血样采集容器的失效期限以及具体类型。

对于有效期问题,一次性使用静脉血样采集容器主要依据《体外诊断医疗器械 体外诊断试剂稳定性评价》(YY/T 1579—2018)生产。该行业标准强调"体外诊断试剂的稳定性会影响器械的性能,从而对病人的诊断结果产生影响",并于第3.5条明确规定"失效期"为"在规定的条件下储存可以保证物质性能特征的时间区间上限",且"制造商基于试验确定的稳定性特性设定体外诊断试剂、校准物、质控物和其他组分的失效期"。第3.10条则进一步释明"稳定性"指"体外诊断医疗器械在制造商规定界限内保持其性能特性的能力"。因此,失效期系制造商经反复科学试验所具体确定,系为了保证该容器及内部抗凝剂的稳定特性而特意标识。一旦超过标识的失效期,势必会影响该器械的性能特性,对检测结果产生影响。

而对于抗凝剂问题,由于血液离体后很快会发生凝固现象,而抗凝采血管的管壁均匀分布有抗凝剂,可抑制血液凝固,保证血样的检测数值可准确反映行为人体内血液酒精含量。在医疗操作中,抗凝采血管多使用紫色管帽,以和普通采血管、促凝采血管等其他采血管进行快速区分。公安机关查处醉驾案件时可能忽视对采血管类型的检查,使用不符合规范要求的容器进行采血,这将直接导致相关鉴定意见不具有证据资格。例如,在朱某某危险驾驶案中,公安机关使用促凝管进行血样采集,后鉴定机构鉴定朱某某血液中酒精含量为104.15毫克/100毫升。对此,检察机关认为,将血样存放于促凝管中会导致血液发生凝固,致使血样中的固相增加,液相减少,使检材受到损坏,故该鉴定意见应作为非法证据排除,最终决定对朱某某不予起诉。[1] 又如,在陈某某危险驾驶案中,公安机关采用普通采血管进行采样,

---

〔1〕 参见福建省闽侯县人民检察院不起诉决定书,侯检刑不诉〔2021〕11号。

后鉴定机构对送检血液进行第一次鉴定，鉴定其中酒精含量为245.69毫克/100毫升，然而重新鉴定意见却显示陈某某送检血液中酒精含量为141.80毫克/100毫升。两次鉴定结果差值极大，存在明显异常。经审查，检察机关认为陈某某送检血样使用未添加抗凝剂的红色普通干管封装，程序违法，以此血样作出的司法鉴定意见客观性、真实性存疑，不能采信。[1]

2. 消毒用剂不应含有醇类物质，且不得通过侦查实验补正

对于皮肤消毒剂的使用，《车辆驾驶人员血液、呼气酒精含量阈值与检验》要求"不应采用醇类药品对皮肤进行消毒"。《道路交通执法人体血液采集技术规范》第2.1.4条详细规定："提取血液样本时，皮肤消毒剂宜使用不含醇类的聚维酮碘、0.1%苯扎氯铵溶液、0.1%苯扎溴铵溶液、1.0%醋酸氯已定溶液、双氧水(20%)及不含乙醇的碘伏溶液，不应使用含醇类或其他挥发性有机物的消毒剂。"

对于消毒剂的不当使用问题，目前司法实践中存在两种截然不同的裁判态度：

第一种观点认为，使用含醇消毒液对鉴定结果没有本质影响，相关鉴定意见仍可作为定案依据，但在量刑时应予以考量。例如，在孙某某危险驾驶案中，公安机关在血样提取过程中使用了含有醇类的消毒液。对此，法院认定这一行为"存在一定瑕疵""对鉴定意见没有本质影响"，最终认定被告人构成危险驾驶罪。虽然被告人本具有从重处罚情节，但是法院考虑到采样过程的瑕疵以及被告人的身体已经因其犯罪行为付出了一定程度的代价，最终决定"从刑罚的谦抑性和有利于被告人原则出发，可不予从重处罚"[2]。

第二种观点认为，使用含醇或不知成分的消毒液存在检材被污染的可能，相关鉴定意见不得作为定案依据。例如，在范某某危险驾驶案中，检察机关认为，公安机关在提取当事人血样时使用了含有酒精成分的吉尔碘，程序违法，送检材料可能被污染，故鉴定机构的检验报告不能作为定案的根据，且无补查可能，最终作出不起诉决定。[3] 又如，在刘某某危险驾驶案中，由于刘某某的血样提取登记表没有记载消毒液名称，同步录音录像亦无法

---

〔1〕 参见湖南省攸县人民检察院不起诉决定书，攸检一部刑不诉〔2020〕30号。
〔2〕 参见河南省南乐县人民法院刑事判决书，(2018)豫0923刑初242号。
〔3〕 参见河南省平顶山市新华区人民检察院不起诉决定书，平新检刑不诉〔2021〕41号。

证实使用了何种消毒剂，且与证人证言相矛盾，故无法判断是否使用了禁用的消毒剂，血样是否受到污染无法确定，据此作出的血液酒精含量的司法鉴定意见能否采信存疑。基于此，最终检察机关认为该案事实不清、证据不足，不符合起诉条件。[1]

笔者赞同第二种裁判观点。消毒剂的不当使用将直接导致消毒剂中的醇类物质混入所采集的血样，并导致检出的酒精含量数值偏高。因此，依据所采集的血样作出的鉴定意见并不能准确反映行为人体内的真实酒精含量，无法达到事实清楚、证据确实充分的法定要求。

需要说明的是，这一程序违法问题也无法通过事后进行侦查实验等方式进行补正。由于采集血液时的自然环境、使用消毒液的具体特性、消毒时的细微操作等细节均无法实现复刻，事后形成的侦查实验结论并不足以论证鉴定意见的准确性。以马某某危险驾驶案为例，由于医护人员在马某某血液提取过程中使用的消毒液为安尔碘（醇类消毒液），一审法院认为，该血液提取过程存在程序违法，造成检材污染，故对鉴定意见予以排除，最终宣告被告人无罪。检察机关提起抗诉，主张："根据侦查机关在二审期间所做的侦查实验，在被实验对象未饮酒且呼气检测为 0 的情况下使用安尔碘消毒，后检测对象未检测出酒精含量。医护人员使用醇类消毒液确实存在瑕疵，但该乙醇含量极其微小。"就该问题，二审法院认可了一审法院对在案鉴定意见的认定结论。[2] 虽然笔者认为二审法院最终以呼气酒精检测结果进行定罪的裁判观点亦存在不妥，但是二审法院对侦查实验结论的谨慎态度以及对鉴定意见排除适用的做法值得肯定。

3. 保存与送检应当低温、及时

《2023 年醉酒驾驶意见》第 8 条第 2 款规定："公安机关提取、封装血液样本过程应当全程录音录像。血液样本提取、封装应当做好标记和编号，由提取人、封装人、犯罪嫌疑人在血液样本提取笔录上签字。犯罪嫌疑人拒绝签字的，应当注明。提取的血液样本应当及时送往鉴定机构进行血液酒精含量鉴定。因特殊原因不能及时送检的，应当按照有关规范和技术标准保管检材并在五个工作日内送检。"因此，在案件办理中也应当重视对血样送

〔1〕 参见辽宁省阜新市细河区人民检察院不起诉决定书，阜细检公诉刑不诉〔2021〕3 号。

〔2〕 参见宁夏回族自治区银川市中级人民法院刑事判决书，（2019）宁 01 刑终 211 号。

检时间、保存环境等细节问题的具体审查。

对于送检时间，应当准确计算采样时间与送检时间的间隔天数，若发现存在并未及时送检的情况，应当具体核查延迟送检的原因以及该事由是否具备真实性、特殊性。例如，前述在余某某危险驾驶案中，针对涉案血样迟延5天送检的问题，办案民警解释称系因周末鉴定中心无人接收，以及上班后案件堆积、忙于接待群众。然而经查证，该鉴定中心在周末安排有人员值班接收血样送检，故公安机关延迟送检的理由显然并不成立。基于此，审理法院认为该案血样送检程序违法。[1]

对于保存环境，由于真空采血管内的血样受储存温度、时间等因素影响会发生凝血现象，导致检测结果偏差，故《道路交通执法人体血液采集技术规范》等规范明确要求办案机关应将所提取的血样放置于冰箱冷藏室进行保存，且冷藏温度应保持在低温2℃至8℃之间。因此，在案件办理时应当严格审查涉案血样保管环境的图像或视频资料，以及保存温度的实时自动或定期手动记录材料，以确认血样是否始终处于低温状态。例如，在余某某危险驾驶案[2]、尕某某危险驾驶案[3]等案件中，检察机关均认为在案证据缺少血样低温保存的录像视频以及送检视频，故认定相关鉴定意见不能作为定案的依据。

4. 诉讼过程中申请重新鉴定权利的切实保障

对于酒精含量鉴定意见，办案机关依法应当及时告知当事人，并充分告知其拥有申请重新鉴定的权利。在实务中，办案机关通常采用发送鉴定意见通知书的形式进行书面告知，该通知书中常有"如果你对该鉴定意见有异议，可以在收到鉴定意见复印件之日起三日内提出重新鉴定申请"的表述。然而，危险驾驶案件当事人是否必须在3日内申请重新鉴定？多数裁判认为，在3日期限内未申请重新鉴定的当事人丧失了该项权利。[4] 对此，笔者

---

〔1〕 参见山西省晋城市中级人民法院刑事判决书，(2020)晋05刑终2号。

〔2〕 参见青海省贵德县人民检察院不起诉决定书，贵检刑不诉〔2023〕2号。

〔3〕 参见青海省同德县人民检察院不起诉决定书，同检刑不诉〔2023〕1号。

〔4〕 例如，在郭某忠危险驾驶案中，法院认为办案机关依法已向上诉人告知了鉴定结果及申请重新鉴定的权利，上诉人予以确认且在规定的期限内未提出异议，故认为上诉理由不能成立。[参见新疆维吾尔自治区喀什地区中级人民法院刑事裁定书，(2020)新31刑终119号]。又如，在柯某润危险驾驶案中，法院认为，鉴定书于2019年10月14日送达给柯某润，柯某润未在法定期间提出重新鉴定的申请，现检材已超过保存的期限，亦无法进行重新鉴定。[参见湖北省黄冈市中级人民法院刑事裁定书，(2020)鄂11刑终195号]

持不同观点,认为即便超过3日期限,当事人仍有权申请重新鉴定。

首先,从当下实务看,司法实践已认可在公安机关未告知申请重新鉴定期限的情况下当事人可超过3日期限提出申请。

实践中,部分办案机关在告知当事人申请重新鉴定权利时并未告知权利的行使期限,如做“对该鉴定意见有异议,可以提出补充鉴定或者重新鉴定的申请”等概要表示。在此情况下,鉴于办案机关并未充分履行法定告知义务,致使当事人不能在所谓的3日期限内申请重新鉴定,故应由办案机关承担相关不利后果。这一观点已得到审判实例的支持。例如,在朱某某危险驾驶案中,公安机关并未告知朱某某申请重新鉴定的期限,亦无证据证明侦查机关承办人履行了告知义务,故该案系因送达程序失误导致朱某某未能及时行使其申请重新鉴定的权利。因此,法院认为,朱某某在时隔5个月后提出重新鉴定申请,“即是个人主张自己的权利,公安机关接受并决定重新鉴定,该行为应视为以公权力对自己执法程序失误的一种补救”[1]。

其次,从未来趋向看,当事人在刑事案件办理及法庭审理中提出重新鉴定申请是《刑事诉讼法》赋予的权利,不应被不当限制。

除前述公安机关未充分履行告知义务的情形外,当事人申请重新鉴定的诉讼权利是否会因3日期满而消失?笔者认为,当前实务恐怕走向了误区。对于申请重新鉴定的期限,《道路交通事故处理程序规定》第56条规定:“当事人对检验报告、鉴定意见有异议,申请重新检验、鉴定的,应当自公安机关交通管理部门送达之日起三日内提出书面申请……”然而,需要说明的是,在公安机关立案侦查后,案件已进入刑事程序,相关鉴定意见也应实现行政证据向刑事证据的转化,否则无法作为定案依据。而对于刑事案件当事人的诉讼权利,《刑事诉讼法》第197条第1款明确指出:“法庭审理过程中,当事人和辩护人、诉讼代理人有权申请通知新的证人到庭,调取新的物证,申请重新鉴定或者勘验。”可见,直至法庭审理,当事人仍享有就证据申请重新鉴定的权利。因此,目前司法实践径自以当事人未在3日期限内申请重新鉴定为由而否定当事人申请的做法实际上是对行政处理规则与刑事诉讼规则的混淆,是对当事人重要诉讼权利的不当剥夺。部分地方针对醉酒驾驶机动车刑事案件的办理问题出台的规范文件中也对当事人的权利进

---

〔1〕 参见四川省广元市利州区人民法院刑事判决书,(2019)川0802刑初496号。

行了类似限制。例如，《山西省公安机关办理醉酒驾驶机动车刑事案件程序规定》（晋公通字〔2014〕84 号）第 20 条规定："当事人对鉴定结论有异议的，应当在办案部门送达《鉴定结论通知书》之日起三日内书面提出重新检验鉴定申请。"笔者认为，对此类严重损害当事人合法利益的立法规定及实务态度，应当予以明确否定并及时纠正。

三、轻缓化刑罚适用的具体裁判践行

（一）期待可能性理论的激活与应用

责任的概念承载着对犯罪行为实施者进行非难的刑法意蕴，存在着非难可能性的有无及高低之界分。而只有当行为人具有期待可能性时，才有可能对其进行刑法意义上的谴责。这便是期待可能性理论的中心内涵。有观点将期待可能性的机能概括为两个侧面：一是扩张性机能，即期待可能性与犯罪是否成立、刑事责任如何承担相联结，是否缺乏期待可能性成为危害行为是否成为犯罪行为的判断标准，成为判断刑事责任大小的因素；二是紧缩性机能，即在犯罪成立、承担刑事责任的条件下，期待可能性只与刑事责任的程度相联结，成为判断刑事责任大小的因素。[1] 在当前法制语境下，期待可能性难以成为一般性的、超法规的责任阻却事由，但是由于行为人期待可能性的高低确会影响其责任的轻重，故肯定其紧缩性机能及作用，将其作为裁量刑罚的考量事由具有可行性与现实意义。

在审判实务中，司法机关应当考察行为人是否具有行为的可选择性以及行为可选择程度的大小，考量行为人是否具有"可宥之情"、存在"可恕之罪"。若行为人确属事出有因、情有可原，则结合案件的其他犯罪事实与情节，司法机关应当充分考虑相对不起诉、定罪免罚以及缓刑的适用。

例如，在黄某危险驾驶案中，2021 年 9 月 9 日，黄某与妻子宁某甲、内弟宁某乙三人吃晚餐，黄某与宁某乙喝了白酒。酒后，宁某甲驾驶小型普通客车经邵阳东收费站上沪昆高速到邵东市，因宁某甲考取驾照不久，害怕在高速公路上驾驶车辆，在沪昆高速上行驶几千米后，调换由黄某驾驶。黄某在邵东收费站下高速的时候被民警当场查获，现场呼气式酒精测试结果为 103

〔1〕 参见徐岱：《期待可能性的机能：扩张或紧缩》，载《吉林大学社会科学学报》2002 年第 6 期。

毫克/100 毫升。经鉴定,黄某血液中酒精含量为 103.25 毫克/100 毫升。公诉机关认为黄某已构成危险驾驶罪,建议法院判处黄某拘役两个月,并处罚金。经审查,法院认为黄某的行为属于事发突然、情况紧急驾驶车辆,犯罪情节轻微,最终判决对其免予刑事处罚。[1]

该案虽并未直接使用期待可能性理论进行说理论证,但实际上是对该理论的具体运用与实践。案发时,被告人黄某的妻子因驾驶技能不熟练,对于夜间在高速公路上驾车产生严重恐慌心理,将车辆停在应急车道上。此时黄某面临如下选择:其一是劝导妻子继续驾驶;其二是换同乘其他人员继续驾驶;其三是换自己继续驾驶;其四是呼叫代驾人员代为驾驶;其五是在原地等待。然而由妻子继续驾驶极有可能发生交通事故,而同乘人员也已饮酒,且案发地还在不便打车的高速公路上,故在当时特定的时空环境下,黄某选择在自己意识清醒的状态下替换其妻子驾车,确属情有可原,其行为的可谴责性、可非难性相较一般的危险驾驶犯罪而言确实更低,故对其原谅宽恕也在情理之中。

(二)量刑情节的谦抑性理解与适用

惩治犯罪,刑罚是手段而非目的。现代刑事法治以宽严相济为原则,其价值目标具有双重性,既要惩罚罪犯,又要通过刑罚教育改造罪犯,促使其回归社会。而对轻微的刑事犯罪,尤其应注意刑罚的人道化、个别化,以体现刑法的谦抑性。

对于醉酒型危险驾驶案件的具体量刑情节,《2023 年醉酒驾驶意见》第 10 条明确规定了 15 项从重处罚情节,主要有“造成交通事故且负事故全部或者主要责任的”“造成交通事故后逃逸的”等[2],且直接影响不起诉、免予

---

[1] 参见湖南省邵阳市双清区人民法院刑事判决书,(2022)湘 0502 刑初 101 号。

[2] 具体的从重处罚情形为:(1)造成交通事故且负事故全部或者主要责任的;(2)造成交通事故后逃逸的;(3)未取得机动车驾驶证驾驶汽车的;(4)严重超员、超载、超速驾驶的;(5)服用国家规定管制的精神药品或者麻醉药品后驾驶的;(6)驾驶机动车从事客运活动且载有乘客的;(7)驾驶机动车从事校车业务且载有师生的;(8)在高速公路上驾驶的;(9)驾驶重型载货汽车的;(10)运输危险化学品、危险货物的;(11)逃避、阻碍公安机关依法检查的;(12)实施威胁、打击报复、引诱、贿买证人、鉴定人等人员或者毁灭、伪造证据等妨害司法行为的;(13)2 年内曾因饮酒后驾驶机动车被查获或者受过行政处罚的;(14)5 年内曾因危险驾驶行为被判决有罪或者作相对不起诉的;(15)其他需要从重处理的情形。

刑事处罚的适用。鉴于前述情形的确引起了道路交通安全风险的显著攀升，故据此对行为人苛以更严厉的刑罚在法理上并无不妥，不过在具体理解与适用时，仍应贯彻谦抑性理念，以实现真正的罚当其罪。

1. 无机动车驾驶证驾驶汽车情形的准确区分

对于在公安机关查处时行为人并无有效驾驶资格证件的案件，应当区分不同情形进行区别处理：若行为人此前从未取得过驾驶机动车资格或因故被吊销相关资格，则应予以从重处罚；若行为人仅因其他违法行为被暂扣驾驶证件，则需进一步核查相关证件的有效期及准驾范围，若其实质上仍具备驾驶资格，则不宜从重处罚。例如，在杨某某危险驾驶案中，杨某某因超分和违法未处理等原因被暂扣驾驶证，后杨某某酒后驾驶车辆被民警查获。经鉴定，杨某某血液中酒精含量为140.49毫克/100毫升。公诉机关认为，被告人杨某某醉酒驾驶机动车辆且无驾驶资格，应当从重处罚。但经法院核查，杨某某持有C1M驾驶证，有效期至2019年11月29日止，案发时杨某某驾驶的轻型普通货车符合C1M驾驶证准驾范围。最后法院认为：杨某某因超分和违法未处理等原因被暂扣驾驶证，是其取得驾驶资格后，因违反交通管理法规被处以暂扣驾驶证的行政处罚措施，并非无驾驶资格，根据罪刑法定原则及刑法谦抑性，驾驶证被暂扣期间，仅是对其权利的限制，并不当然否定其资格效力，故不应对其从重处罚。[1]

2. 交通事故及自身伤害情节的人道认定

鉴于交通事故的实害性，立法对醉酒驾驶导致事故实际发生的行为人予以从重处罚。但在具体认定时，应当进一步对交通事故的类型进行区分：若涉案事故为单方事故，因并未造成行为人自身以外的其他主体受损害，故不应适用该从重处罚条款；若所涉事故为双方或多方事故，则在从重处罚之外，鉴于行为人在自己受伤的情况下已受到一定惩戒，故司法也应给予一定人道关怀，予以从轻处罚。例如，在周某某危险驾驶案中，法院认为："因被告人周某某涉案交通事故为单方事故，未造成除其本人及财产损失外的其他人与物的损害，而被告人周某某亦因其醉酒驾驶行为得到一定的惩罚，虽其负单方倒地事故的全部责任，但仍对其从重处罚，有违刑罚的谦抑性精神，故此对于公诉机关认为就此应对其从重处罚的建议理据不足，本院不予

〔1〕 参见陕西省志丹县人民法院刑事判决书，(2019)陕0625刑初133号。

采纳。”[1]又如，在张某危险驾驶案中，张某醉酒驾驶车辆与另一车辆发生碰撞，导致两车驾驶人员受伤，车辆不同程度受损。对此事故张某负主要责任。基于此，法院决定对其从重处罚，但同时认为：“被告人张某的犯罪行为致使自己受伤，其身体和精神已经因其犯罪行为受到了一定程度的痛苦和折磨，如果再施以严厉的刑罚，有违刑罚的人道和谦抑精神，故对被告人张某可以酌情从宽处罚。”[2]

3. 多项从轻情节下从宽幅度的善意选择

除对从重处罚情节的审慎认定外，对行为人从轻情节的总体把握也应体现宽和、谦抑的司法理念，以实现罪责刑相适应。例如，在屈某某危险驾驶案中，公诉机关建议对屈某某醉酒驾驶的犯罪行为判处拘役 3 至 5 个月。经审理，法院基于被告人屈某某具有自首、初犯、偶犯、积极赔偿、取得谅解等多个从轻量刑情节，秉持谦抑、审慎、善意的司法理念，决定对公诉机关的量刑建议就低选择，最终判处被告人拘役 3 个月。[3]

---

〔1〕 广东省佛山市顺德区人民法院刑事判决书，(2020)粤 0606 刑初 1247 号。

〔2〕 内蒙古自治区科尔沁左翼后旗人民法院刑事判决书，(2018)内 0522 刑初 443 号。

〔3〕 参见山西省万荣县人民法院刑事判决书，(2018)晋 0822 刑初 19 号。

第九章 权利边界：敲诈勒索罪的教义学透视

敲诈勒索罪作为常见的侵犯财产类罪名，在司法认定中逐渐呈现“口袋化”迹象。特别是在先因型维权事件中，行为人采用过激的维权手段或者过当主张权利，使得其行为范式与敲诈勒索罪的构成要件存在“竞合”。另外，敲诈勒索罪简单罪状的立法表述也使得司法实践中如何正确定性敲诈勒索罪成为难题。由此，正确理解敲诈勒索罪的构成要件、正确把握权利行使的边界和敲诈勒索罪的认定之间的界限、厘清特殊情形下敲诈勒索罪的认定等相关问题，对保持刑法谦抑性、防止刑罚滥用、维护国民合法权益不受侵害均具有重要意义。

第一节　敲诈勒索罪概述

一、敲诈勒索罪的立法沿革

敲诈勒索罪作为传统犯罪之一,并非近些年的新增罪名。1979 年《刑法》第 154 条规定:“敲诈勒索公私财物的,处三年以下有期徒刑或者拘役;情节严重的,处三年以上七年以下有期徒刑。”可见 1979 年《刑法》并未设置敲诈勒索罪的罚金刑,最高刑期也仅在 7 年,同时也忽视了犯罪数额在本罪犯罪构成中的重要地位。鉴于上述原因,1997 年《刑法》对本罪名进行了修订,1997 年《刑法》第 274 条规定:“敲诈勒索公私财物,数额较大的,处三年以下有期徒刑、拘役或者管制;数额巨大或者有其他严重情节的,处三年以上十年以下有期徒刑。”与 1979 年《刑法》规定的明显区别是,一是增加了“数额较大”的规定,提升了本罪的入罪门槛;二是增加了管制刑,在刑罚处罚的手段上更为多样化;三是修改了法定刑,将原来的“情节严重的,处三年以上七年以下有期徒刑”变更为“数额巨大或者有其他严重情节的,处三年以上十年以下有期徒刑”,同时也将最高刑提高至 10 年。

之后,一方面,随着社会的不断发展,部分地方的黑恶势力常常将敲诈勒索行为作为欺压、残害人民群众的非法手段之一,严重危害了人民群众的人身、财产利益。另一方面,1997 年《刑法》关于敲诈勒索罪的规定仍不科学,如仍然未设置敲诈勒索罪的罚金刑、仅将数额作为入罪门槛易放纵犯罪、最高刑仅限于 10 年有期徒刑存在法定刑偏轻等问题,不能够完全适应打击敲诈勒索犯罪的现实需要。为更好地实现本罪的一般预防及特殊预防作用,科学化、严谨化设置敲诈勒索罪的构成要件内容,2011 年《刑法修正案(八)》对敲诈勒索罪作了进一步完善,在罪状部分增加了“多次敲诈勒索”的规定,在法定刑部分除增设罚金刑外,还增设了第三档法定刑,将本罪的最高刑提高至 15 年之久。

至此,敲诈勒索罪的罪状已被完整表述。根据现行《刑法》第 274 条的规定,敲诈勒索罪的罪刑规定是:“敲诈勒索公私财物,数额较大或者多次敲诈勒索的,处三年以下有期徒刑、拘役或者管制,并处或者单处罚金;数额巨大或者有其他严重情节的,处三年以上十年以下有期徒刑,并处罚金;数额特别巨大或者有其他特别严重情节的,处十年以上有期徒刑,并处罚金。”

二、敲诈勒索罪的犯罪构成

一般认为,敲诈勒索罪的基本结构是:行为人实施了恐吓行为——被害人因此产生了恐惧心理——被害人基于恐惧心理处分财物——行为人或者第三方取得财物——被害人财物实际受损。敲诈勒索罪的构成要件内容主要有以下几方面。

首先,行为表现:以暴力或者胁迫手段,使被害人产生恐惧心理,进而取得被害人财物。

第一,行为人实施的暴力手段无须达到压制被害人不敢反抗或者不能反抗的程度,只需要使被害人产生恐惧心理即可,因为一旦达到了压制被害人反抗的程度,即有成立抢劫罪的可能。暴力手段针对的对象,既可以是被害人,也可以是第三人。在针对第三人实施的情况下,只要使被害人产生心理恐惧继而交付财物的,仍然可以成立敲诈勒索罪。在加害自己的情况下,应当考虑行为人与被害人的特殊关系,倘若行为人以加害自己身体为要挟而使被害人陷入恐惧,如害怕自己也遭受同样对待,则有成立敲诈勒索罪的余地。倘若被害人出于怜悯、同情等心理交付财物,则不构成本罪。

第二,敲诈勒索罪中的胁迫,是指以恶害相通告,对被害人或者与其关系密切的人实行精神强制,使其产生心理恐惧、心理压力。胁迫的形式并不局限于面对面的口头表示,还包括书面的、第三人代为传达的情形。以揭发隐私、毁坏名誉相要挟的属于胁迫,以曝光负面信息、删帖等方式威胁,索要财物的也可界定为敲诈勒索的胁迫。胁迫的对象可以是被害人自己,也可以是可能使被害人产生心理恐惧的第三人。需要注意的是,无论是采取何种方式、针对的究竟是何人,均需要使被害人产生恐惧心理。倘若行为人以虚假事实胁迫被害人交出财物,被害人因虚假事实同样陷入恐惧心理的,仍然构成本罪。只是在这种情况下,一方面,行为人实施了虚构事实或者隐瞒真相的欺诈行为,被害人陷入了错误认识;另一方面,被害人也同样陷入恐惧心理,继而交付财物,因此,存在诈骗罪和敲诈勒索罪想象竞合的可能。此外,本罪的成立也不要求行为人通过非法手段相胁迫,以举报被害人实施了违法犯罪行为为手段,胁迫被害人交付财物的,仍可构成本罪。

其次，行为人实施的暴力或者胁迫手段，应当使被害人陷入恐惧继而交付财物，而非使被害人出于其他原因交付财物。被害人出于怜悯、同情等心理交付财物的，不构成本罪。例如，行为人主观上自以为是通过胁迫方式取得了被害人财物，实际上被害人并未陷入恐惧心理，而是秉持着"多一事不如少一事"的心态交付财物，或者出于同情等心理交付财物，行为人不构成本罪。

再次，本罪存在三角敲诈勒索的情形。本罪中所要求的处分行为不仅包括所有权的转移，也包括占有的转移。在被胁迫者具有处分被害人财物的权能或者地位的情形下，行为人实施胁迫行为使被胁迫者陷入恐惧心理继而转移被害人所属财物的，成立敲诈勒索罪。

最后，本罪的成立需要行为人具有主观故意，过失不构成本罪。另外，行为人还需要具有非法占有目的。例如，在行为人胁迫他人借款给自己的情形下，如果行为人在取得钱款后归还相应本金及利息，则不构成本罪，但可按照具体情况构成其他犯罪，如强迫交易罪等。

第二节　有因型敲诈勒索罪与权利行使的边界

除典型的以非法占有为目的，在被害人与行为人并无纠纷的情况下实施的胁迫被害人交付财物的情形外，还存在部分非典型案件，系被害人此前实施了失范性行为，引发了被害人与行为人之间的矛盾，使得行为人可能以举报、毁坏名誉等方式为威胁迫使被害人交付财物。这部分案件存在以下特点：第一，被害人此前存在双方之间认可的过错；第二，行为人获取被害人财物的目的带有一定的补偿性质；第三，行为人自身认为被害人确实侵犯了其某种合法权利。在真正型的敲诈勒索行为下，鉴于行为人的行为、主观心态完全可以与敲诈勒索罪的构成要件相契合，对这部分案件的认定不存在很大的障碍。存在疑问的是，在行为人自认为"合法维权"的场合如何判定敲诈勒索罪的罪与非罪？也就是有因型敲诈勒索的罪刑法定问题。

一、实证方向的"因"的类型及处理结果

案例1 | 被告人戴某林系某公司员工，其因在休假期间提前违反厂规返

回公司宿舍住宿而被公司示众责罚，更因违规留宿期间夜归且不服从公司值班保安员检查并顶撞保安员而被公司开除。戴某林以公司违反《劳动法》将其开除和拉其示众，侵害其合法权益为由，要求公司赔偿其假期工资、被辞退补偿工资和人格尊严侮辱费80,000元，否则即向劳动站投诉并向海关举报公司违反《海关法》的行为。法院认为，被告人戴某林因被开除与用人单位发生争议，可以写信向用人单位主张自己的权利。用人单位在辞退职工方面确有违反《劳动法》相关规定，侵害戴某林权益的事实存在。虽然被告人戴某林主张权利时要求过高，手段过激，使用了以举报公司违法行为相威胁的方法，但毕竟有据于自己被侵权，其目的也是要求用人单位支付工资及自认为被示众受侮辱的精神赔偿，其行为属于在解决民事纠纷过程中的偏激行为，情节显著轻微，社会危害性不大，尚不足以达到用刑法制裁的程度，不认为是犯罪。[1]

案例2 | 被告人宋某某与被害人谢某滨通过网络聊天认识，后发展成男女朋友关系。2013年1月，被告人宋某某向谢某滨提出结婚，谢某滨不同意并不愿意再与宋某某来往，宋某某因此要求谢某滨支付20万元分手费，谢某滨不同意。之后，被告人宋某某不断给谢某滨发手机短信息，以公开性爱视频、身上有炸药、要和谢某滨一起去死等内容威胁谢某滨给钱。一审法院认定宋某某犯敲诈勒索罪，二审法院对一审判决予以维持。[2]

案例3 | 被告人丁某与被害人赵某甲认识，二人之间有债务关系，包括赌债及正常债务。某日，被告人丁某将赵某甲带至其车中，二人协商债务金额未果。之后丁某纠集他人持刀威胁并推搡赵某甲，迫使赵某甲给被告人丁某写下100万元欠条，其中赌债及正常债务金额共73万元。公诉机关认为，被告人丁某以非法占有为目的，纠集人员将被害人赵某甲带至荒郊野外，持凶器威胁赵某甲，将不受法律保护的赌债通过借条的形式合法化，借条数额明显超过实际债务数额，数额巨大，应当以敲诈勒索罪追究其刑事责任。后法院判决丁某犯敲诈勒索罪。[3]

上述三个案例，都系“事出有因”类型。现存的问题是，为何有的被告人

---

〔1〕 参见深圳市龙岗区人民法院刑事判决书，(2002)深龙法刑初字第432号。

〔2〕 参见深圳市中级人民法院刑事裁定书，(2013)深中法刑二终字第752号。

〔3〕 参见新疆维吾尔自治区北屯垦区人民法院刑事判决书，(2020)兵1001刑初38号。

被法院认定无罪,有的却被判犯敲诈勒索罪?换言之,什么样的“因”能够排除刑事适用,使案件只在民事或者其他部门法中进行解决?经过整体观察,司法实践中将有因型敲诈勒索案件大致分为以下几类:

第一,基于法定权利的“因”引发的情形。法定权利,即指具有法定权利的根据(如民法、行政法等)和权利事实基础的权利。一般认为,从基于法定权利的主张中,很难判断行为人具有非法占有目的,因为在这种场合下,被害人存在法不允许的错误在先,行为人的行为和目的均带有一定的补偿性质。因此,在手段未超出社会一般人标准认知的情况下,行为人或以向有关部门进行举报或以通过网络公开宣传等手段胁迫被害人交付财物的,都不构成犯罪,如前述案例1。但同样是基于法定权利的“因”,却并不全部被司法机关所接受,在部分案件中,即使出于正当维权的目的,只要行为方式、赔偿数额过于严苛,就可能会被司法机关认定为敲诈勒索罪,如下文案例4。

案例4 | 李某峰购买了4包今麦郎方便面,食用后出现了腹痛腹泻等身体不适症状。随后他发现方便面已经超过保质期1年,并且醋包里有不明物体。西安国联质检的检测报告显示,醋包中汞含量超标4.6倍。李某峰以产品重金属超标为由索要赔偿,但今麦郎公司表示,西安国联质检并无检测资质。双方经多次协商后,无法就赔偿款达成一致,李某峰选择在其个人微博以及各类网站上发布今麦郎公司产品含有工业盐,重金属汞超标等信息,并且还声称自己的母亲在长期食用今麦郎方便面后患上乳腺癌,并以此向今麦郎公司索要300万元的惩罚性赔偿,后追加至500万元,最终要求450万元的赔款。今麦郎公司选择报警,一审、二审法院均认定李某峰构成敲诈勒索罪。[1]

可见,司法实践针对基于法定权利引发的涉嫌敲诈勒索的纠纷,也存在不同的裁判结果。

第二,基于“自然权利”的“因”引发的情形。正如“欠债还钱、天经地义”所体现的精神一样,这类纠纷的“因”往往并不受法律保护,但是在行为人的观念下,系属于自己的“合法权益”。针对这类“因”,实践中的常见做法并未对之予以认可,大多数行为人均被认定为犯罪,如前述案例3。同时,有疑问的是,既然行为人主观上认为采取的胁迫行为系为了维护自己的“合

---

〔1〕 参见河北省隆尧县人民法院刑事判决书,(2015)隆刑初字第258号。

法”权益，是否可以阻却违法性或者责任？需要说明的是，仅凭行为人主观上的违法性认识错误并不能阻却违法性或者责任，因为公民同时也具有了解国家政策、学习相关法律的义务，除非行为人的违法性认识错误不具有期待可能性。因此，很难单纯以违法性认识错误进而认定其不具有非法占有目的。

第三，基于“道德权利”的“因”引发的情形。一般认为，所谓的“道德权利”，主要是指在道义上得以合理证明的世俗权利。[1] 引发这类纠纷的原因往往形成于人们朴素的道德观念，带有强烈的道德主义和人身主义色彩。特别是在具有婚姻家庭关系这种涉及多方亲密关系的场合，如前述案例2中的情形。实践中有大量因索要“分手费”“青春损失费”而引来牢狱之灾的案件，以及夫妻一方因婚外情被第三者胁迫，或者发生在夫妻之间的因婚外情引发的敲诈勒索案件。

目前，在行为手段并未严重过激的情形下，司法实践对上述“因”造成的敲诈勒索的“果”的态度是：基于法定权利原因的，一般认定不构成犯罪，而基于“自然权利”及“道德权利”原因的，则有成立敲诈勒索罪的余地。问题在于，为何会形成这种司法认定的倾向？在涉及有因型敲诈勒索案件时，是否有更为明确、易于操作的标准来区分本类型下的罪与非罪？因此，十分有必要寻找权利行使与敲诈勒索罪的边界，使得大众在行使权利时可以正确预判自己的行为后果，使得敲诈勒索罪在司法实践中不至于出现适用泛化的尴尬现象。

二、有因型敲诈勒索罪与权利行使的边界探讨

目前，学界已经就有因型敲诈勒索与权利行使的边界问题展开了系列讨论，虽然已在针对有因型敲诈勒索的具体行为类型是否最终构成敲诈勒索犯罪的结论上形成了主流意见，但在具体分析部分有因型敲诈勒索不构成敲诈勒索罪的原因时，并未形成统一意见。结论的形成必然仰赖于一定的思维和逻辑导式，因此，必须追本溯源才能正确认识有因型敲诈勒索的本质特征，从而对有因型敲诈勒索行为作出精准定性。目前，刑法学界就如何解决这一问题主要存在以下见解。

---

[1] 参见庄绪龙：《道德权利理论与敲诈勒索罪的教义学限缩》，载《中外法学》2022年第2期。

(一)被害人过错说

被害人过错说认为,在对有因型敲诈勒索进行认定时,不应将视角限定在行为人的权利中,而是应着眼于被害人过错,将被害人过错理论引入对有因型敲诈勒索的判断中,所谓的“权力行使与敲诈勒索罪”问题实际上就是“被害人过错与敲诈勒索罪”问题。具体而言:第一,在被害人过错可以被具体化为一定数额的场合,被害人的财产法益在该数额范围内不再具有需保护性。包括行为人受损利益数额可以确定的场合、预期数额可以确定的场合等。第二,当行为人索要的金额与被害人过错造成的损害在结果上存在相当性时,可以排除敲诈勒索罪的成立,不能据此反过来认为当行为人索要的金额明显超出损害时,则一定成立敲诈勒索罪。排除犯罪成立的根本原因是行为人的恐吓索财行为可被理解为对被害人过错的直接反制以补偿自身损失。[1]

但是,被害人过错说存在以下疑问:

第一,为何被害人的过错可以被量化?被量化的效果是否可以为刑法所认可?按照被害人过错说的逻辑,在可以确定预期利益的场合,由于被害人失信于行为人,因此当行为人通过恐吓手段索要与该损失相当的财物时,就不具有发动刑罚权的必要性。这里的问题在于,实践中很多场合下被害人都对行为人作出了一定的“承诺”。例如,在分手费纠纷中,出轨方因婚外情可能会提出对第三者给予一定的分手费以断绝关系。在给予一部分财物后,出轨方不再继续支付,第三者则以曝光关系、让出轨方名誉扫地等方式恐吓出轨方继续支付尾款。在这种情形下,若一概不认定为敲诈勒索犯罪,则会不恰当地助长第三者的优势地位,违背社会公序良俗。另外,在强索赌债的案件中,被害人一开始基本上都会与行为人进行协商,甚至表达愿意偿还赌债的意思,难道仅因为被害人的承诺使得行为人取得了预期利益,就将行为人再实施的相关胁迫行为避于刑法之外?这明显存在问题。

第二,被害人过错说还提到在被害人存在过错的场合,尽管行为人的行为符合敲诈勒索罪的构成要件,但发动裁判规范的必要性受被害人过错的

---

〔1〕 参见蔡颖:《有因型敲诈勒索的刑法定性——以被害人过错为视角》,载《中国刑事法杂志》2022年第5期。

影响而降低,行为人行为的违法性也随之降低。[1] 这明显混淆了阻却违法性的真正含义。行为人可能因为被害人承诺、法益衡量下的违法阻却事由而被否定成立犯罪,但是被害人过错并非阻却行为人行为违法的因素。第一,被害人存在过错是被害人与行为人在前事件中的行为,其与行为人实施敲诈勒索行为充其量具有条件关系,但不是因果关系,行为人可能因为被害人过错降低责任。第二,被害人过错也不可能直接导致被害人允许或者承诺行为人对自己实施胁迫、恐吓行为。无论如何,单从行为人实施的胁迫行为上看,该行为就是一个法不容许的行为。

(二)道德权利理论的适用说

这一观点认为,在道德权利救济的视野内,虽然无法直接以道德权利遭遇侵害为由向法院提起权利救济请求,但至少可以将其作为判断关联法律行为性质的重要影响要素。在敲诈勒索罪的司法认定中,不少被告人以"事出有因"为由抗辩,主张不构成犯罪。在规范分析的视角下,引发敲诈勒索行为的"事出有因",可以被描述为存在道德权利基础。具体而言:第一,在行为视角上,在承认权利基础与敲诈勒索存在勾连关系的前提下,敲诈勒索罪中被害人产生"恐惧心理"的原因只能是行为人单方施加的"胁迫压力",而不包括被害人存在过错而行为人据此享有权利基础的双方博弈。第二,从行为人视角来看,行为人"永久性剥夺他人财产"的行为与结果,无任何正当性基础,完全是非法占有目的支配下的财产犯罪行为。与此相对应,如果行为人"永久性剥夺他人财产"并非"无中生有",而是振振有词地宣称为了弥补权利损失的对价,则在财产犯罪评价的实务判断中,应当给予充分重视。第三,从财产交付来看,基于道德过错处置抑或道德权利主张的"交付财物"事实,在本质上就是双方民事主体在私法自治意义上的真实意思表示,而并不是刑法中因胁迫产生恐惧心理进而交付财物且遭受财产损失的逻辑表达。[2]

道德权利理论的适用说存在新颖之处,即认识到了有因型敲诈勒索案

---

[1] 参见蔡颖:《有因型敲诈勒索的刑法定性——以被害人过错为视角》,载《中国刑事法杂志》2022年第5期。

[2] 参见庄绪龙:《道德权利理论与敲诈勒索罪的教义学限缩》,载《中外法学》2022年第2期。

件中“因”的本质不同。但是将道德理论作为限制敲诈勒索罪适用泛化的方法之一，仍然存在以下疑问：

第一，为限制敲诈勒索罪的适用，将有道德权利的行为人的胁迫行为转化认定为双方在“处置性协商”，继而认定被害人不存在恐惧心理的，明显与事实不符。双方的协商过程可能存在于任意一个敲诈勒索案件中，包括法定权利型、自然权利型，并非道德权利的专属。另外，被害人具备恐惧心理是人的自然反应，不能因为道德权利的存在就否认恐惧心理存在的事实。

第二，基于道德过错处置抑或道德权利主张的“交付财物”事实，在本质上就是双方民事主体在私法自治意义上的真实意思表示的观点实际上错误理解了敲诈勒索罪构成的因果关系。应当承认的是，在部分案件中，被害人可能会出于“自知理亏”或者“做贼心虚”的心态与行为人进入一种拉扯、协商的环境中，但被害人愿意花钱消灾的原因在于，行为人会采取降低其名誉、损害其社会地位的方式。因此，绝大部分被害人并非妥协式地与行为人进行“谈判”，而是被逼无奈之举。因此，否认其是因胁迫产生恐惧心理进而交付财物且财产受损的观点，笔者难以认同。

（三）财产损害审查构成要件说

这一观点认为，行为人有无权利、被害人有无实质性的财产损失，是判断财产犯罪成立与否的本质要素。行为人基于行使债权的请求权基础实现民法上的合法债权的，就不能认定该行为具有财产犯罪的构成要件符合性。在判断行为人的请求权基础时，应当考虑权利正当与否及请求权主张是否超过了正当权利范围。明确超出法律保护范围的部分主张权利的，应当被认定为敲诈勒索。[1]

笔者对这一观点表示认同，原因是，相较于其他观点，财产损害审查构成要件说具有以下优势：

第一，解决了行为违法性认定上的难题。无论是被害人过错说还是道德权利理论的适用说，均试图从减少行为人的行为违法性的角度进行出罪，它们甚至在异化恐惧心理与财产损失结果的因果关系，以所谓的“处置性协商”等进行代替。本说则从构成要件符合性的角度切入，认为一开始主张权

---

〔1〕 参见周光权：《权利行使与财产犯罪：实践分析和逻辑展开》，载《现代法学》2023 年第 2 期。

利不会给被害人带来实质性损害的，实行行为性、非法占有目的均可被排除，无须再进行细致分析。

第二，可以更为全面地解决有因型敲诈勒索情形。根据前文所述，有因型敲诈勒索不仅包括索取赌债、分手费等不合法情形，还包括合法的权利主张。被害人过错说和道德权利理论的适用说均不能全面说明上述情形处置的合理性。

第三，保留了构成其他犯罪的可能性。本说认为，不能以实现债权的手段行为具有其他犯罪的违法性，就认定该行为已经满足了敲诈勒索罪的违法性。使用恐吓、胁迫方法行使权利的，虽不构成敲诈勒索罪，但可能根据其手段方式的不同构成其他犯罪，如非法拘禁罪、非法侵入住宅罪等。如此，也不会造成放纵犯罪的不利结果。

三、具体情形下权利行使与敲诈勒索罪的认定

基于上述财产损害审查构成要件说的立场，可以对下述几种具体的权利行使情形与敲诈勒索罪的认定作出合理解释及判断。

（一）为实现到期债权，对债务人实施胁迫的情形

第一，从请求权基础上看，行为人完全具有合法权利。《民法典》第 579 条规定，当事人一方未支付价款、报酬、租金、利息，或者不履行其他金钱债务的，对方可以请求其支付。第二，从权利主张的范围来看，行为人以恐吓手段索要在债权范围之内的财物，也未超出正当权利范围的合理界限。可以认为，在合法之债的场合，行为人胁迫被害人交付的财物本来就是被害人应当按照约定给付的财物。行为人只是获得了其本就应该获得的财物，并未取得被害人的其他财产，被害人在本质上也就不存在所谓的财产损失。因此，本类型下的行为人不构成敲诈勒索罪。

（二）为实现高利贷、赌债等非法债权，对债务人实施胁迫的情形

合法请求权的基础必须依赖于相关法律规定，并非行为人主观上自认的自然权利或道德权利。因此，在涉及高利贷、赌债等不受法律保护的场合，若行为人以胁迫手段相威胁，则存在适用敲诈勒索罪的余地。需要注意的是，倘若行为人实施行为是为了要回本金及适当的利息，则不构成敲诈勒

索罪。倘若行为人实施胁迫行为是为了取回赌债、不合理的高额利息,则构成本罪。

（三）存在权利侵害,胁迫他人予以赔偿、补偿的情形

与前述案例4情况相似,赔偿损害请求权的行使不构成本罪。这里需要说明的是:天价赔偿是否可以认定为已经严重超出一般人经济损失可以接受的标准,具有成立本罪的余地? 答案是否定的。按照笔者坚持的立场,行为人具有完全合法的请求权基础,其目的具有正当性。即便在行使权利过程中,其可能会以曝光等方式相威胁,仍然无法否认其在本质上是在行使权利的事实。另外,就赔偿的数额,即便认为是“天价”,也属于双方的洽谈过程,并不能单纯从数额推断行为人具有非法占有目的。因此,在行为人的权利确实受到侵害的情况下,行为人要求赔偿或者补偿,并且在要求的过程中存在一定的胁迫行为的,也不能被认定为敲诈勒索罪。

（四）误以为享有民事权利,事实上不存在相关权利的情形

这种情况,主要涉及一些公众很容易误解的道德权利的场合。如前述案例2的分手费案。在双方谈恋爱无果后,一方要求另一方给予所谓的“青春损失费”,鉴于其请求权基础缺失,不能阻却行为人实施胁迫行为的违法性。因此,一方实施胁迫行为要求另一方给付财物的,属于实质性造成被害人财物损失,可能成立敲诈勒索罪。但在这种情况下,可根据个案情况判断行为人的责任大小。

第三节　其他情形下敲诈勒索罪的认定

一、职业打假与敲诈勒索的认定

（一）职业打假的概念及特征

职业打假,是指行为人长期故意寻找有质量问题、认证问题等的瑕疵商品进行购买,而后再以商品存在瑕疵为由向生产者、经营者主张赔偿,并以此为业的行为。以“打假”为生的群体与一般的消费者存在区别:第一,主观

目的不同。一般消费者购买商品基本上是根据生活所需，要求赔偿也是为了维护自身合法权益，打击商家的售假行为，具有偶发性；而职业打假者的目的一般是牟利，行为具有常态化。第二，组织模式不同。一般消费者购买商品并索赔基本是以个人或者家庭为单位的；而职业打假者，往往存在组织化、专业化架构。第三，行为模式不同。相较于一般消费者而言，职业打假者的索赔手段更多样，通常包括"知假""买假""索赔""索赔不成起诉或采取其他措施"等较为完整的流程。

（二）职业打假的司法实践认定

1. 入罪认定

案例5 | 徐某飞为获取非法利益，先后纠集王甲、王乙、王丙等人，分组至无锡市、江阴市、宜兴市、泰州市海陵区、靖江市、常州市新北区等各大超市恶意分单购买过期商品，后利用超市一方害怕被市场监督管理局处罚的心理，以购买到过期商品向市场监督管理局投诉举报或不赔钱就不撤诉为要挟手段，向各超市勒索钱财。法院认定，徐某飞单独或者伙同相关人员，以非法占有为目的，以向市场监督管理部门投诉相要挟，利用超市害怕被处罚的心理，强行向他人索要钱财，其行为均已构成敲诈勒索罪。[1]

案例6 | 顾某某在布某公司等多家单位的网店上小额购物，继而以消费维权为名，以被害单位存在虚假广告、产品质量、税务劳务问题等事由，向多个主管部门多次进行恶意投诉举报，干扰被害单位正常经营活动，并以此为要挟手段向被害单位实施敲诈勒索。法院认为，顾某某并非真正意义上的普通消费者，其所谓的依法维权索赔，实质是以非法占有为目的，借用消费者身份，以投诉举报为要挟手段，对被害单位实施敲诈勒索的行为。顾某某的购物行为不属于受到欺诈购买商品，其也未被侵犯人身、财产权利，所谓的维权基础并不存在，相反，其以频繁进行恶意投诉举报及威胁举报的要挟手段向被害单位施压并索取钱款，非法占有被害单位的财物的行为，应被认定为敲诈勒索。[2]

案例7 | 为牟利，被告人陈某丙、王某甲、江某甲、江某乙伙同陈某丁、王

---

〔1〕 参见江苏省无锡市中级人民法院刑事裁定书，(2020)苏02刑终284号。

〔2〕 参见上海市金山区人民法院刑事判决书，(2019)沪0116刑初1040号。

某丙、朱某某（均另案处理）等人，先后十余次至上海市各区、浙江省等超市进行职业打假。自2018年2月初起，上述人员为牟取非法利益，将超市临近保质期的商品藏匿至过期后购买，以向市场监督管理局举报使超市面临巨额罚款的方式相要挟，迫使超市工作人员交出财物；或利用“职业打假人”的身份影响，在未购买到过期商品的情况下，直接向超市索要财物。法院认为，国家通过《消费者权益保护法》等相关法律、法规的实施对消费者权益进行保护，在食品、药品等与人民生命、健康密切相关的领域，亦不禁止为牟利而知假买假的职业打假行为。但是，知假买假的“假”应当系由经营者的过错、过失等行为而造成的，而非由所谓的职业打假人员通过藏匿、夹带等行为刻意制造的，行为人更不能以职业打假人的身份强行索要经营者财物，相关行为构成犯罪的，应当追究其法律责任。[1]

由此可见，司法实践中，针对“知假买假”“职业打假”的情形，大多数都以敲诈勒索罪入刑处置。在说理上，根据个案不同有所区别。主要可以总结为以下几点：

第一，职业打假人不具有真正消费者身份，其维权的基础缺失，案发系行为人刻意制造。

第二，维权手段已经超出社会一般人标准，超过合法范围，不具有正当性。

第三，存在借用“打假”名义收取“保护费”的可能。

第四，索赔金额超出合法权益范围，不具有正当性。

2. 出罪认定

案例8 | 孟某野与李某、刘某、曹某等人，采取由专人分工负责的方式，在多家大中型超市寻找过期食品并分单购买后，以孟某野为主，持购物小票、过期食品与超市谈判，要求超市按照每单1000元给予赔偿，并声称不赔偿将向市场监督管理部门举报或向法院起诉，以此获取赔偿款共计33,200元。天津市第一中级人民法院二审认为，第一，食药品领域中的知假买假或职业打假行为并不为法律所禁止。第二，索赔的方式符合《消费者权益保护法》规定的关于消费者与经营者争议解决的途径，并不违反法律规定。第三，未超出《食品安全法》规定的惩罚性赔偿的范围。孟某野等人知假买假

〔1〕 参见上海市金山区人民法院刑事判决书，(2019)沪0116刑初311号。

后向超市索要赔偿,目的是牟利,其行为虽有不当之处,但在法律上不影响其作为食品购买者向销售者进行索赔的权利,故不宜认定孟某野等人具有非法占有他人财物的犯罪故意。因此,天津市第一中级人民法院撤销一审判决,改判上诉人孟某野及原审被告人李某、刘某、曹某无罪。[1]

从二审法院改判上诉人无罪的说理内容及目前实践中职业打假人无罪的相关态度上来看,认定职业打假人不构成敲诈勒索罪的理由主要有以下三点:

第一,《消费者权益保护法》《食品安全法》等未禁止食品领域以牟利为目的的知假买假行为。最高人民法院办公厅《对十二届全国人大五次会议第5990号建议的答复意见》的内容显示[2],食药品领域中知假买假或职业打假行为并不为法律所禁止。

第二,行为人的索赔方式及数额均在合法限度之内,具有正当性。

第三,即便认为行为人主观上存在牟利的目的,但无法以此推定行为人具有非法占有目的。行为人的请求权基础真实存在,即便目的是牟利,也不构成敲诈勒索罪。

(三)职业打假与敲诈勒索罪的实质认定

1. 是否具有合法正当的权利基础

应当注意到,职业打假人虽然是长期从业打假的人员,但并不妨碍其同样也具有消费者的身份。《消费者权益保护法》明确规定,消费者如果买到假冒伪劣商品,其依法索赔的权利应当受到法律保护。消费者因购买、使用商品或者接受服务受到人身、财产损害的,享有依法获得赔偿的权利。可见,法律规定本身就已经为行为人索赔的行为设置了正当化根据。需要说明的是,第一,行为人主观具有牟利目的是否可以推断其具有非法占有目的?具有牟利目的并不必然等同于具有非法占有目的,因为索赔的权利、金额在法律条文中早有规定。倘若认定具有牟利心态就有构成本罪的可能,

---

〔1〕 参见天津市第一中级人民法院刑事判决书,(2020)津01刑终78号。

〔2〕 最高人民法院办公厅《对十二届全国人大五次会议第5990号建议的答复意见》(法办函〔2017〕181号)关于“对于知假买假行为如何处理,知假买假者是否具有消费者身份的问题”进一步明确“考虑到食药安全问题的特殊性及现有司法解释和司法实践的具体情况,我们认为目前可以考虑在除购买食品、药品之外的情形,逐步限制职业打假人的牟利性打假行为”。

将导致消费者不敢行使权利、相关惩戒制度形同虚设的局面出现。第二,职业打假行为是否是具有社会危害性的行为?不得不承认的是,职业打假在一定程度上促进并提高了对产品质量的监管水平,将所有的工作都寄希望于相关部门并不现实,群众参与监管,更有利于市场环境的净化。即便认为职业打假行为系滥用权利的行为,应当被遏制,那也是在法律允许的范围内利用权利,应当对相关法律制度进行修订,而非打压个人。因此,职业打假行为人具有合法正当的权利基础。

2. 行使权利是否超过合法范围

应当说,向法院进行起诉、向媒体进行披露等行为并非恶害行为。因为,在商品存在质量瑕疵或者已经造成了人身损害的情况下,起诉、举报或者向媒体披露均为正常的维权路径。生产者、经营者在具备过错的前提下,应当承受过错行为可能带来的后果。并且这也是双方协商过程中常见的手段之一,无须拔高认定。在行为的手段和索赔的金额均在合法正当的范围之内时,不应当认为职业打假人构成敲诈勒索罪。当然,在特殊情况下,若职业打假人利用身份影响力变相收取相关"保护费"或者为自己及他人谋取其他利益,则可能构成敲诈勒索罪或者其他犯罪。

二、缠访闹访索要财物与敲诈勒索的认定

基于前述分析,在涉及缠访闹访情形时,应当首先明确行为人是否具有合法正当的请求权基础、是否具有合理诉求。倘若行为人确具有要求政府补偿、赔偿等权利,则其一般不构成敲诈勒索罪。倘若行为人没有任何权利基础,则存在构成本罪的余地。

另外,在行为人以越级上访为要挟,向地方政府索要经济补偿的案件中。就政府是否可以成为敲诈勒索罪的被害人,学理和实践中的说法不一。以下以一例案例进行具体说明。

案例9 | 黄某文与同村的黄某够、黄某、黄某坑因怀集县凤岗镇桃花村委会黄屋村路边大圳的土地问题发生争议,对有关部门的调解处理不服,多次到怀集县凤岗镇人民政府镇长伍某某的办公室吵闹,要求镇政府赔偿自2007年以来其与黄某够、黄某、黄某坑因土地问题造成的经济损失合计91,500元,后因凤岗镇政府未支付而未遂。法院经审理,认定黄某文不构成敲诈勒索罪,核心理由在于:"敲诈勒索罪的客体是一种复杂客体,即其在侵

犯被害人财产权利的同时还会侵犯到被害人的人身权利，如果被勒索者拒绝勒索者的要求只会损害财产权利而不会危及人身权利，则不足以构成敲诈勒索罪。根据立法本意，政府不能成为被要挟、被勒索财物的对象，因为政府作为一个机构，没有人身权利，也不会在精神上被强制从而产生恐惧感和压迫感。"〔1〕

案例 10 | 李某因与海晏县人民政府的房屋征收补偿产生纠纷，李某多次到北京进行上访，还以房屋拆迁补偿不合理为由，向海晏县人民政府索要38万元补偿款，在政府部门未同意其无理的要求后，李某多次利用上访、非正常上访和在北京逗留不回原籍等形式向政府部门施压要挟，并声称不解决问题就要从天安门城楼上跳下去，以威胁政府解决其不合理要求。一审法院认为，被告人李某以非法占有为目的，以"上访"手段要挟政府索取38万元财物，数额特别巨大，其行为构成敲诈勒索罪。

二审法院认为：第一，敲诈勒索罪是以非法占有为目的，主观方面是以直接故意构成，即行为人明知财物不属于自己而故意以刑法禁止的方式将该财物占为已有。本案中，上诉人李某使用威胁等强迫手段，一开始的目的就是解决拆迁补偿纠纷，随着过激行为升级而向政府提出赔偿经济损失要求。因此，关于其企图非法占有公私财物主观故意方面的事实和证据不充分。第二，敲诈勒索罪的客体是一种复杂客体，即其在侵犯被害人财产权利的同时还会侵犯到被害人的人身权利，如果被勒索者拒绝勒索者的要求只会损害财产权利而不会危及人身权利，则不足以构成敲诈勒索罪。根据立法本意，政府不能成为被要挟、被勒索财物的对象，因为政府作为一个国家机构，没有人身权利，也不会在精神上被强制从而产生恐惧感和压迫感。本案中，上诉人李某在数次非法上访过程中、侦查阶段及庭审中明确表示索赔对象是海晏县政府。因此，上诉人李某的行为不符合敲诈勒索罪的客体要件。且李某所说的"不给钱我就不回去，还去北京上访"并不是刑法意义上的敲诈勒索行为，也不会使海晏县政府产生恐惧心理，不符合敲诈勒索的犯罪特征，不构成敲诈勒索罪。〔2〕

由上可知，司法实践中就政府是否可以成为敲诈勒索罪的对象裁判不

---

〔1〕 广东省怀集县人民法院刑事判决书，(2015)肇怀法刑重字第1号。

〔2〕 参见青海省海北藏族自治州中级人民法院刑事判决书，(2018)青22刑终19号。

一，学理上对这一问题也存在争论。例如，张明楷教授认为，政府不是敲诈勒索罪的对象，无法成为被恐吓者的观点，实际上是混淆了被恐吓者与被害人的区别。政府完全可以成为敲诈勒索罪的被害人。[1] 罗翔教授则认为，政府不能成为敲诈勒索罪的对象，否则公权沦为私权，私权不复存在。对此，笔者主张，政府可以成为敲诈勒索罪的被害人，这其实就是一种三角敲诈勒索情形。即被恐吓的是某个具体领导，索赔的经济款项实际上是属于政府所有的，而被恐吓的对象拥有处分财物的权能和地位。因此，在向政府索赔经济补偿而引发的上访、闹访案件中，如果政府的过错行为与之无关，行为人不是出于维护自己的合法权益的目的，而是为了获取不正当财物的，可以构成敲诈勒索罪。

三、碰瓷行为与敲诈勒索的认定

案例 11 ｜付某、兰某、邹某等人，在个别预谋后，先后在吉林市龙潭区某歌厅附近、船营区西安路与解放路交会处附近、丰满区交警大队附近等地，实施所谓的“抓酒驾”行为——即首先在餐饮店附近“把人”“瞄人”，发现有人酒后驾车后，再驾车故意与酒驾人员的车辆相撞，然后利用酒驾人员惧怕交警部门处罚的心理，与其要价私了。法院认为，付某、兰某、邹某等人以非法占有为目的，利用酒驾人员惧怕查处的心理，故意制造与酒驾人员的碰车事故，通过明示或暗示的报警查处相要挟，逼索所谓的赔偿款项，数额较大，其行为均已构成敲诈勒索罪。[2]

2020 年 9 月 22 日，最高人民法院、最高人民检察院、公安部《关于依法办理“碰瓷”违法犯罪案件的指导意见》中对“碰瓷”进行了概念定义。即“碰瓷”，是指行为人通过故意制造或者编造其被害假象，采取诈骗、敲诈勒索等方式非法索取财物的行为。同时规定，在不同情形下，就碰瓷行为可依

〔1〕 参见张明楷：《刑法学》（第 6 版），法律出版社 2021 年版，第 1332 页。
〔2〕 参见吉林省吉林市船营区人民法院刑事判决书，（2016）吉 0204 刑初 376 号。

法定性为诈骗罪、[1]敲诈勒索罪、[2]抢劫罪、[3]故意毁坏财物罪等。[4] 因此，对于碰瓷案件应当根据个案不同进行具体分析。行为人的碰瓷行为并未使被害人陷入恐惧，而是使被害人误以为自己违反了交通运输管理法规，需要按照相关规定对对方进行赔偿继而自愿交付财物的，应当定性为诈骗罪。行为人的碰瓷行为并未使被害人陷入错误认识，被害人可能也知道本次纠纷实际上就是碰瓷导致的，但是行为人以举报、报警进行要挟或者利用不明所以的围观群众的指责等使被害人陷入恐惧状态的，可构成敲诈勒索罪。

四、拾得他人财物后索要报酬的行为与敲诈勒索的认定

现实中还有一种常见现象，即行为人在拾得他人丢失的财物之后，要求他人给予一定的"感谢费""辛苦费"等报酬，否则就不予归还他人的财物，更有甚者要毁坏他人财物。针对这一情形，仅是需要进行道德批判还是有构罪之嫌？一般而言，行为人在拾得他人的现金或者有价值的物品之后，就基于拾得遗失物的方式取得了对他人财物的合法占有，在行为人声称不给钱就不归还的场合，行为人的行为被定性为侵占罪更为适宜。在特殊情况下，鉴于行为人拾得的物品对他人具有重要意义，例如，该类物品为对他人具有情感寄托的纪念品，较为重要的资料、文件等，如果行为人表示不给付报酬

---

〔1〕 最高人民法院、最高人民检察院、公安部《关于依法办理"碰瓷"违法犯罪案件的指导意见》第1点规定："实施'碰瓷'，虚构事实、隐瞒真相，骗取赔偿，符合刑法第二百六十六条规定的，以诈骗罪定罪处罚；骗取保险金，符合刑法第一百九十八条规定的，以保险诈骗罪定罪处罚……"

〔2〕 最高人民法院、最高人民检察院、公安部《关于依法办理"碰瓷"违法犯罪案件的指导意见》第2点规定："实施'碰瓷'，具有下列行为之一，敲诈勒索他人财物，符合刑法第二百七十四条规定的，以敲诈勒索罪定罪处罚：1. 实施撕扯、推搡等轻微暴力或者围困、阻拦、跟踪、贴靠、滋扰、纠缠、哄闹、聚众造势、扣留财物等软暴力行为的；2. 故意制造交通事故，进而利用被害人违反道路通行规定或者其他违法违规行为相要挟的；3. 以揭露现场掌握的当事人隐私相要挟的；4. 扬言对被害人及其近亲属人身、财产实施侵害的。"

〔3〕 最高人民法院、最高人民检察院、公安部《关于依法办理"碰瓷"违法犯罪案件的指导意见》第3点规定："实施'碰瓷'，当场使用暴力、胁迫或者其他方法，当场劫取他人财物，符合刑法第二百六十三条规定的，以抢劫罪定罪处罚。"

〔4〕 最高人民法院、最高人民检察院、公安部《关于依法办理"碰瓷"违法犯罪案件的指导意见》第5点规定："实施'碰瓷'，故意造成他人财物毁坏，符合刑法第二百七十五条规定的，以故意毁坏财物罪定罪处罚。"

就对物品进行毁坏，则可能构成敲诈勒索罪。原因在于，此时被害人可能因为丢失物品对自己的重要性而具有恐惧心理继而交付财物。

五、冒充警察、联防人员抓赌抓嫖的行为与敲诈勒索的认定

最高人民法院《关于审理抢劫、抢夺刑事案件适用法律若干问题的意见》中对“冒充正在执行公务的人民警察、联防人员，以抓卖淫嫖娼、赌博等违法行为为名非法占有财物的行为定性”作出了明确规定，即行为人冒充正在执行公务的人民警察“抓赌”、“抓嫖”、没收赌资或者罚款的行为，构成犯罪的，以招摇撞骗罪从重处罚；在实施上述行为中使用暴力或者暴力威胁的，以抢劫罪定罪处罚。行为人冒充治安联防队员“抓赌”、“抓嫖”、没收赌资或者罚款的行为，构成犯罪的，以敲诈勒索罪定罪处罚；在实施上述行为中使用暴力或者暴力威胁的，以抢劫罪定罪处罚。

总体而言，这类案件除了构成招摇撞骗罪之外，还可能构成敲诈勒索罪、抢劫罪等。另外，基于行为人冒充警察或者联防人员的虚假性，本情形下出现敲诈勒索罪和诈骗罪的想象竞合也极有可能。例如，行为人冒充联防人员进入赌场后，要求参赌人员交出所有现金，否则就对其采取“行政强制措施”。这一行为就同时触犯敲诈勒索罪与诈骗罪，系想象竞合。但参赌人员并未陷入错误认识，行为人继而以暴力手段取得财物的，则应当定性为抢劫罪。另外，即便参赌人员没有识破行为人的虚假身份，但行为人实施的行为，如打砸赌博机、拿仿真枪指着参赌人员头部等使得参赌人员不敢或不能反抗的，也构成抢劫罪。

第四节　敲诈勒索罪与其他犯罪的竞合与界限

一、敲诈勒索罪与抢劫罪

敲诈勒索罪与抢劫罪作为两个常见的侵犯财产罪的罪名，因同时具有实施暴力手段获取财物等情形，使得二罪的界限问题成为学界和实践中讨论的热点问题之一。目前，就二罪如何进行区分，学界观点林立。如“两个当场说”“暴力程度说”“强取概念之重塑说”“被害人的处分自由说”等学说

均试图从学理逻辑及司法适用的角度解决二者的区分问题。上述学说是否可以完成理论逻辑的自洽？是否会受到具体个案不同情形的影响？下文将会对现有学说进行整理、评析，并得出关于二罪界限区分的结论。

（一）两罪界分的观点争讼

1. 两个当场说

传统的“两个当场说”是指，当场使用暴力或者暴力性威胁，并且当场取得财物的，成立抢劫罪；反之，日后兑现暴力威胁的内容或者日后取得财物的，仅成立敲诈勒索罪。[1] 随后，在学界对“两个当场说”不断的质疑声中，“两个当场说”也逐渐丰富了其内容。新“两个当场说”是指，传统的“两个当场”应当坚持，但是，“两个当场”不是成立抢劫罪的充分条件，而是必要条件，即只有当场实施了足以压制他人反抗的暴力，或者准备当场兑现的足以压制他人反抗的暴力性胁迫，并且当场取得财物的，才能成立抢劫罪，否则，仅成立敲诈勒索罪。[2]

笔者认为，“两个当场说”并未实质区分敲诈勒索罪与抢劫罪的界限，在个案中难以发挥普适性指导作用。主要理由如下：第一，将当场取财作为成立抢劫罪的必要条件之一，并排除敲诈勒索罪的适用，与事实不符。实践中，大量的敲诈勒索案件均是当场取财，是否当场取财抑或日后取得财物并非敲诈勒索罪的判断标准。另外，以是否当场这样的时空和时间特征作为判断标准，不具有客观性。第二，两个当场仅是形式特征。毫无疑问的是，行为人当场实施了足以压制他人反抗的暴力性行为，并且当场取得财物的，构成抢劫罪。问题在于，敲诈勒索罪也完全可以是当场取得被害人财物。这就意味着，“两个当场说”所坚持的“两个当场”很可能只是“一个当场”，即是否当场实施了足以压制反抗的暴力性行为，导致自我观点的内核被掏空。

2. 暴力程度说

暴力程度说的视角并不局限于行为人实施行为的时间及空间，而是着

---

〔1〕 参见高铭暄、马克昌主编：《刑法学》（第10版），北京大学出版社、高等教育出版社2022年版，第522～523页。

〔2〕 参见陈洪兵：《敲诈勒索罪与抢劫罪区分中“两个当场”的坚持——兼与陈兴良教授商榷》，载《江苏社会科学》2013年第3期。

眼于行为本身。例如,张明楷教授指出,“抢劫罪中的暴力。胁迫必须达到足以压制他人反抗的程度,敲诈勒索罪的暴力、胁迫只要足以使得被害人产生恐惧心理即可”[1]。周光权教授也指出,“抢劫罪的暴力程度很高,达到足以压制他人反抗的地步……敲诈勒索暴力相对比较轻微,在客观立场上,从一般的社会通念看,没有达到足以压制对方反抗的地步”[2]。

这一观点虽然为解决敲诈勒索罪和抢劫罪的界限问题提供了一个可行性参考,但是不得不让人进一步提出疑问,为何暴力的程度就可以成为二罪区分的标准呢?为何抢劫罪中的暴力程度就要求达到足以压制他人不敢或者不能反抗的地步?而未达到如此程度的,就需要被敲诈勒索罪包含评价?即便认为暴力程度的标准在一定程度上有利于解决二罪的界分问题,但若不能将背后如此设置的根据一并阐明,则容易让学者产生不必区分暴力程度的质疑。

3.“强取”概念之重塑说

这一观点认为,抢劫罪的内涵并非财产权与人身权的侵犯叠加,而是行为人通过暴力胁迫创设出了一个与被害人持续对立的冲突状态,进而彻底剥夺了被害人通过利益衡量而回避财产转移至行为人处的可能选项,此即彰显了抢劫罪自由侵害犯之构造。暴力胁迫需达到压制被害人反抗之程度的法理依据实则源于对“强取”这一概念的解读。即在判断抢劫罪成立与否时,不能将暴力胁迫和强取行为割裂开作为两个不同的层面加以判断,而应将后者规范化地解释为“在被害人对自己财产转移至行为人处不具有回避可能性之状态下的任意形式的占有、支配转移”。相比之下,敲诈勒索罪中的暴力胁迫应被表述为,“在被害人对于自身财产之支配保有他行为可能性的情形下,影响了被害人实施有利于自身财产的维持或增加之利益衡量选择”[3]。

这一观点实则是在探索暴力程度说或者两个当场说背后的法理根源,以此进一步说明区分敲诈勒索罪和抢劫罪的实在根据,并且在判断素材上给出了“被害人视角下的财产占有、支配丧失回避可能性”及“是否存在救助

[1] 张明楷:《刑法学》(第6版),法律出版社2021年版,第1334页。

[2] 周光权:《刑法各论》(第4版),中国人民大学出版社2021年版,第155页。

[3] 张梓弦:《抢劫罪与敲诈勒索罪的界分——以抢劫罪的构造为出发点》,载《法学评论》2021年第4期。

可能性与能否脱离危险”[1]两方面的依据,特别提到了特殊体质对判断敲诈勒索罪和抢劫罪的影响。问题在于,在同样的场景下,行为人实施了一个足以压制对方反抗的行为,按照该观点,行为人对被害人的特殊体质并不知晓,因此不具有抢劫罪的故意,仅构成敲诈勒索罪。那么,倘若行为人知晓被害人的体质又如何?是否就可以认定为具有抢劫罪的故意,以此认定为抢劫罪?倘若真的如此,是否具有抢劫罪的故意反而由行为人是否知道被害人的特殊体质决定。在同样实施了一个足以压制对方反抗的行为的情况下,会造成不同的裁判结果。再者,即便知道被害人的特殊体质,行为人也并没有在行为上多做出任何的外化表现,仍然只有一个暴力行为,为何就会决定暴力压制反抗的程度?

(二)两罪的界分基础——被害人的处分自由说

被害人的处分自由说,是指抢劫罪属于彻底压制被害人的法益支配自由,敲诈勒索罪属于利用被害人法益支配自由的瑕疵。抢劫罪的特点是,它既不属于回避反抗型财产犯罪(如盗窃罪和抢夺罪),也不是利用被害人的支配权瑕疵,而是直接以暴力、胁迫等手段正面压制被害人有意识的反抗。敲诈勒索罪的特点在于,行为人制造并利用被害人的意思瑕疵,使被害人以一种看起来主动行使自己法益支配权的方式,配合行为人完成了对自己财产法益的侵害。在处分自由的判断上应把握“反抗有用”和“应能反抗”两个关键,其含义包括以下两个方面,首先,被害人的妥协和配合是行为人获得财物的必要条件。其次,不妥协的代价没有超出被害人的承受范围。在行为人以严重危及人身安全的、若不屈服就可以即时实现的暴力相威胁时,法律规范上认为人们已经没有了选择说不的空间,因而不具有处分自由。两个当场理论及交付、取得理论仅是证明处分自由的经验素材。[2]

笔者同样持这一立场,理由主要在于:

第一,对两个当场说的形式标准缺陷与暴力程度说的法理问题一并进行了补足、阐明。被害人的处分自由说将二者的区分界限引导至被害人本

---

〔1〕 张梓弦:《抢劫罪与敲诈勒索罪的界分——以抢劫罪的构造为出发点》,载《法学评论》2021年第4期。

〔2〕 参见车浩:《抢劫罪与敲诈勒索罪之界分:基于被害人的处分自由》,载《中国法学》2017年第6期。

身,并且通过对“反抗有用”和“应能反抗”两个方面内容的阐述,进一步明确了被害人处分自由的界限。这一学说更好地解释了为何暴力程度的不同对敲诈勒索罪和抢劫罪的区分具有影响。因此,是从更深层次的法理根据的角度对二罪的界分作出的说明。

第二,从实操角度上看,本说更具有普适性。对被害人法益支配自由的压制和利用被害人法益支配自由的瑕疵更符合抢劫罪和敲诈勒索罪的构成要件内涵。简言之,抢劫罪是一种反抗无用且不敢反抗的情形,而敲诈勒索罪是一种反抗有用且应能反抗的情形。在处分自由的应能反抗的判断上,仍然要将刑法的家长主义原则纳入其中。即在涉及生命、人身危险等重大事项时,应当排除被害人的处分自由。例如,行为人拿枪抵着被害人头部,威胁其说出保险柜的密码。此时,被害人的配合无疑是行为人获得财物的必要条件,但是,不能认为在面对生命危险时,被害人仍具有不配合行为人交付财物的选择自由。因此,在这种情况下不具有处分自由,也就无法得出构成敲诈勒索罪的结论。

二、敲诈勒索罪与诈骗罪

(一)司法实践的处理情况

案例12 | 景德镇市昌江区人民检察院指控:为了获得非法收益,2015年9月至2016年4月间,被告人徐某勇用徐某(已判决)事先购买的他人身份信息及电话号码,以冒充讨债公司的方式欺骗、威胁多名被害人。公诉机关认为徐某勇的行为构成敲诈勒索罪。法院认定,徐某勇以非法占有为目的,虚构事实,利用移动电话联络被害人,欺骗、威胁被害人将钱财汇入诈骗账户内,数额较大。其间虽有一定威胁成分的语言,但无证据证明足以使被害人产生恐惧心理而交付钱财。后法院判决徐某勇犯诈骗罪。[1]

案例13 | 固镇县人民检察院指控:被告人张某明与陈某生、徐某进在预谋实施诈骗后,先是通过网络购买公民个人信息,并购置手机、银行卡等物品,后又逐渐吸收他人冒充受商家委托的讨债公司人员,以被害人购物时未支付购物款为由,欺骗、威胁被害人向其提供的银行账户内支付相关款项。

---

〔1〕 参见江西省景德镇市昌江区人民法院刑事判决书,(2017)赣0202刑初4号。

法院认为,被告人张某明、陈某生、徐某进等人以非法占有为目的,冒充黑社会人员或者讨债公司人员通过打电话的方式对被害人进行威胁、恐吓,索取钱财,数额较大,其行为均构成敲诈勒索罪,且系共同犯罪。公诉机关指控的事实存在,但罪名不当,予以纠正。[1]

上述两个案例均属于检察院指控罪名与法院最终认定的罪名不一致的情况,暴露出在司法实践中,诈骗罪与敲诈勒索罪的区分问题仍未得到妥当解决。之所以司法实践中会出现两罪界限混淆的局面,是因为二罪的客观行为内容确实存在着交叉——敲诈勒索罪的恐吓手段中可能包含欺诈手段。另外,二罪在判断结构上也存在相似之处。诈骗罪中,被害人因行为人的欺骗事实陷入错误认识继而主动交付财物;敲诈勒索罪中,被害人因行为人的恐吓行为陷入恐惧心理继而主动交付财物。因此,在欺骗行为和恐吓行为重叠的情况下,是以诈骗罪定性?还是以敲诈勒索罪定性?需要根据具体情况斟酌确定。

(二)二者的关系构成想象竞合

诈骗罪的构造是:行为人实施了虚构事实或者隐瞒真相行为——被害人因此陷入了错误认识——基于错误认识,被害人自愿交付财物——行为人或者第三人取得财物——被害人财物实际受损。敲诈勒索罪的构造是:行为人实施了恐吓行为——被害人因此具有恐惧心理——基于恐惧心理,被害人交付财物——行为人或者第三人取得财物——被害人财物实际受损。可见,在结构模式上,敲诈勒索罪与诈骗罪存在相似性。正如前述案例所示,实践中完全存在被害人在陷入认识错误的同时也基于恐惧心理继而交付财物的情形,因此,敲诈勒索罪和诈骗罪存在想象竞合的可能性。笔者也持这一立场。关于批判二罪关系系想象竞合的观点,也作如下解释:

有观点认为,如果将二罪的关系认定为想象竞合,实际上是不当扩大了想象竞合犯的概念。根据想象竞合犯的内容,想象竞合犯是一个行为侵犯了数个罪名,也就是造成了多种法益侵害结果。诈骗罪和敲诈勒索罪均侵害了财产类保护法益,并未有新的法益侵害产生。对此观点,笔者认为,其一,想象竞合犯并未绝对要求一行为完全侵犯数个法益,理论上同种想象竞

---

〔1〕 参见安徽省固镇县人民法院刑事判决书,(2017)皖0323刑初339号。

合的概念并未被抛弃。其二，想象竞合的处罚原则是从一重罪处罚而不必然是从一重罪再从重处罚，所以不一定要求一行为侵犯数法益。

还有观点认为，如果将二罪的关系认定为想象竞合，将会造成处罚失衡。例如，在前述案例 13 中，为什么最终定敲诈勒索罪而非诈骗罪？根据想象竞合择一重的处罚原则，相较于敲诈勒索罪而言，诈骗罪的量刑明显较重。这一观点实际上是错误地将所有欺诈行为与恐吓行为交叉的情形全部认定为想象竞合情形，错误理解了二罪的关系问题与个案具体适用的问题。根据个案不同，仍应当按照行为人实施行为的具体情况判断构成诈骗罪、敲诈勒索罪还是二罪的想象竞合犯。

（三）个案处理原则——依照诈骗罪和敲诈勒索罪的构成要件判断

在行为人实施欺诈行为或恐吓行为或两种行为交叉的情况下对行为人的行为如何精准定性，可依照以下原则进行判断：

第一，行为人仅实施了欺诈行为，使被害人陷入认识错误并产生恐惧心理的，应当认定为诈骗罪。

第二，行为人仅实施恐吓行为，被害人虽陷入一定认识错误，但主要系基于恐惧心理交付财物的，认定为敲诈勒索罪。

第三，行为人实施的行为带有欺诈和恐吓两种意味，对方仅陷入认识错误并基于认识错误处分财物，而没有产生恐惧心理的，认定为诈骗罪。

第四，行为人实施的行为带有欺诈和恐吓两种意味，对方仅产生恐惧心理并基于恐惧心理交付财物，而没有陷入认识错误的，认定为敲诈勒索罪。

三、敲诈勒索罪与绑架罪

案例 14 | 被告人张某娟偶遇中学生戴某，戴某到淮阴区汽车北站下车后，张某娟主动上前搭讪。在了解到戴某的家庭情况后，张某娟遂产生将戴某带到南京，向戴某家人要钱的想法。随后，张某娟以戴某父亲与人抢劫分赃不均、现有人要将戴父带到南京并以戴某做保障为借口，将戴某哄骗至南京并暂住在南京市鸿兴达酒店。当晚 23 时许，被告人张某娟外出打电话到戴某家，要求戴家第二天付 8 万元并不许报警，否则戴某将有危险。次日上午，被告人张某娟又多次打电话到戴家威胁。其间，戴某趁被告人外出之机与家人电话联系，得知其父并无危险。后戴某在家人的指点下离开酒店到

当地公安机关求助,淮安警方在南京将被告人张某娟抓获。江苏省淮安市淮阴区人民检察院以被告人张某娟犯绑架罪向淮安市淮阴区人民法院提起公诉。淮安市淮阴区人民法院认为,被告人张某娟以非法占有为目的,采用威胁等方法强行索取公民财物,数额巨大,其行为已构成敲诈勒索罪。[1]

笔者认为,将此案界定为敲诈勒索是合适的,原因在于:针对公诉机关指控的绑架罪名,被告人张某娟实施的犯罪行为所侵犯的客体主要是公民的财产权利,绑架罪所应具备的"劫持人质"的特征在本案中亦不明显,事实上戴某的人身自由也未被剥夺,被告人张某娟在本案中的行为尚未达到绑架犯罪所应达到的严重程度,以敲诈勒索罪对其定罪处罚更为符合罪刑相适应的原则。

上述案例也引发了学界就敲诈勒索罪和绑架罪的界分问题的讨论。主要可以从以下方面进行区分:

(一)行为手段不同

敲诈勒索罪实施的是恐吓行为,且客观上并未有实质限制他人人身自由的行为。行为人以绑架与被害人有关的第三人为借口,实际是想利用这一借口使得被害人陷入恐惧心理继而取得财物,并非以人身自由作为交换财物的实质条件,仅构成敲诈勒索罪。

(二)针对对象不同

一般情况而言,敲诈勒索罪是针对被害人本人实施胁迫手段,迫使其交付财物的行为。绑架罪则是通过劫持被绑架人,控制被绑架人的人身自由,然后利用被绑架人与被害人之间的亲密关系,以被绑架人的生命、身体伤害或人身自由为交换条件,威胁被绑架人的亲友或者其他相关第三人给付财物。

(三)侵犯的法益不同

绑架罪侵犯的是公民的人身权利、民主权利,虽同时侵犯了他人的财

---

〔1〕 参见《张舒娟敲诈勒索案[第443号]——利用被害人年幼将其哄骗至外地继而敲诈其家属钱财的能否构成绑架罪》,载最高人民法院第一,二,三,四,五庭主办:《刑事审判参考》2007年第3集(总第56集),法律出版社2007年版,第31~35页。

物，但主要是对人的人身权利构成严重威胁，因为在绑架罪案件中，被绑架人最终被杀害的可能性极大。在敲诈勒索罪中，行为人的行为手段是“诈”，主要侵犯的是他人的财产权利，这也正是敲诈勒索罪系侵犯财产类罪名之一的原因。在确实实施了绑架行为的情况下，向被绑架人的近亲属等人勒索财物的，系牵连犯，应当按照牵连犯的规则从一重罪处罚。

第十章 泛化省思：寻衅滋事罪的规范性理解

寻衅滋事罪是“口袋罪”的典型代表。一直以来，如何规范化限制寻衅滋事罪的适用，保持刑法谦抑性，成为刑法理论界和司法实务界共同探讨的问题。寻衅滋事罪因其特有的立法渊源、独特的罪状内容、宽泛的构成要件等一直处于被反复讨论的“风口浪尖”，甚至引发了学界对该罪是否需要继续存在的讨论。所以，正视司法实践中寻衅滋事罪适用泛化的现状，了解寻衅滋事罪的“前世今生”、厘清寻衅滋事罪的疑难问题，有利于限制甚至消减寻衅滋事罪的“口袋罪”属性，更好地坚持罪刑法定、维护司法公信力。

第一节 寻衅滋事罪概述

一、寻衅滋事罪的立法沿革

寻衅滋事罪的设置可以追溯到 1979 年《刑法》关于流氓罪的规定。1979 年《刑法》第 160 条规定:"聚众斗殴,寻衅滋事,侮辱妇女或者进行其他流氓活动,破坏公共秩序,情节恶劣的,处七年以下有期徒刑、拘役或者管制。流氓集团的首要分子,处七年以上有期徒刑。"之后,1983 年全国人大常委会《关于严惩严重危害社会治安的犯罪分子的决定》(已失效)第 1 条明确指出,"对下列严重危害社会治安的犯罪分子,可以在刑法规定的最高刑以上处刑,直至判处死刑"。直接将流氓罪的最高刑拉升至死刑。

然而,流氓罪被设置之后,其入罪标准较为模糊,"流氓"二字本身就带有极强的道德属性和模糊性,其构成要件中的"其他流氓活动"更是难以被定性。且在当时的特殊环境下,大量带有道德主义色彩的事件被认定为流氓罪。鉴于上述种种原因,该罪产生了"口袋化"的倾向。例如,现在很正常的请人当模特进行绘画等艺术创作行为,当时可能被定性为流氓行为;男女偶尔同宿的行为,也可能被定性为流氓行为等。为此,1984 年最高人民法院、最高人民检察院出台《关于当前办理流氓案件中具体应用法律的若干问题的解答》(已失效),试图解释如何定性流氓罪及流氓罪与其他罪名的界限问题。但由于流氓罪的构成要件内容庞大且繁杂,该解答的出台仍然未能遏制流氓罪适用随意的混乱局面。

直到 1997 年《刑法》的通过,流氓罪被正式废除,彻底成为了历史中的一颗流星。流氓罪的内容被分解成聚众斗殴罪,寻衅滋事罪,盗窃、侮辱尸体罪等罪名,寻衅滋事罪正式从流氓罪中分解出来。1997 年《刑法》将寻衅滋事罪设置在第 293 条,内容是:"有下列寻衅滋事行为之一,破坏社会秩序的,处五年以下有期徒刑、拘役或者管制:(一)随意殴打他人,情节恶劣的;(二)追逐、拦截、辱骂他人,情节恶劣的;(三)强拿硬要或者任意损毁、占用公私财物,情节严重的;(四)在公共场所起哄闹事,造成公共场所秩序严重混乱的。"其后,2011 年通过的《刑法修正案(八)》对寻衅滋事罪进行了进一步的完善，在“追逐、拦截、辱骂他人，情节恶劣的”情况下增加“恐吓他人”情形，并将最高刑提高到10年有期徒刑。

从寻衅滋事罪的设置历程来看，其保留了流氓罪的部分内容，同时也承继了流氓罪的历史遗留问题，存在道德与法律之间界限模糊的尴尬。另外，因其本身构成要件的内容中带有“随意”“起哄闹事”等模糊性词汇，使司法机关在对本罪进行认定时产生了许多困难，“口袋化”的态势愈演愈烈。

二、寻衅滋事罪的司法适用现状

2020年6月，最高人民检察院公布了《2019年全国检察机关主要办案数据》，指出“逮捕人数排在前10位的罪名是：盗窃罪188,408人，占17.3%；诈骗罪113,454人，占10.4%；寻衅滋事罪93,834人，占8.6%”“起诉人数排在前10位的罪名是：危险驾驶罪322,041人，占17.7%；盗窃罪249,301人，占13.7%；诈骗罪119,383人，占6.6%；寻衅滋事罪113,850人，占6.3%”[1]。2022年7月，最高人民检察院指出，“1至6月，全国检察机关共起诉寻衅滋事罪17,208人，聚众斗殴罪6887人”[2]。由此可见，寻衅滋事罪均位于前列。

另外，笔者以“聚法案例”为案例检索平台，以“一审”“刑事”“寻衅滋事罪”为关键词，一共检索到2012～2021年公开的裁判文书317,796份。其中，2019年最多，达59,978份。2013～2020年，寻衅滋事犯罪案件量均过万份，在2019年之前呈上升之势，直到2019年才开始下降（见图10－1）。由此可见，寻衅滋事犯罪在司法实践中仍系高发性罪名之一。解决寻衅滋事罪的“口袋化”问题具有现实的必要性与紧迫性。

---

〔1〕《2019年全国检察机关主要办案数据》，载最高人民检察院官网2020年6月2日，https://www.spp.gov.cn/xwfbh/wsfbt/202006/t20200602_463796.shtml#1。

〔2〕《最高检案管办负责人就2022年1至6月全国检察机关主要办案数据答记者问》，载最高人民检察院官网2022年7月20日，https://www.spp.gov.cn/xwfbh/wsfbt/202207/t20220720_565763.shtml#3。

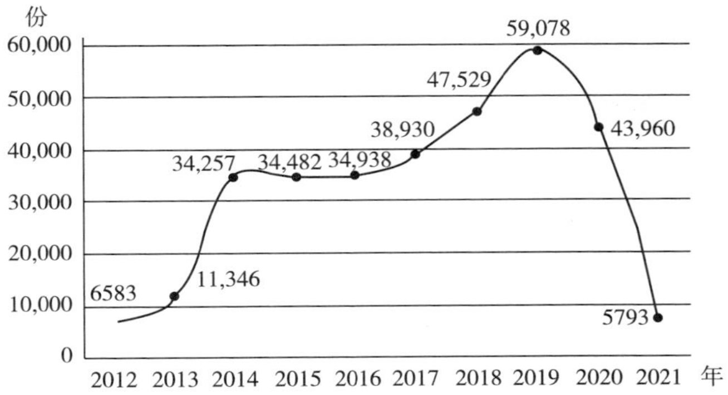

图 10－1　2012～2021 年寻衅滋事罪相关案例情况

第二节　寻衅滋事罪的纠偏前提：体系定位和法益确定

鉴于在寻衅滋事罪的构成要件中，大量的模糊性词汇急需解释、限定，在未厘清寻衅滋事罪于刑法体系上的定位和所保护的法益时，对寻衅滋事罪的构成要件内容进行规范化理解就极容易迷失方向。这也极容易导致对寻衅滋事罪的构成要件内容作出错误解释，继而导致限制、消减寻衅滋事罪“口袋罪”属性的目的落空。刑法学界对寻衅滋事罪的体系定位及保护法益问题已经进行了相关讨论，接下来，本节先梳理学理中的各家之言，然后就这两个问题予以说明。

一、寻衅滋事罪体系定位的诸种学说

（一）无地位说

持无地位说者实际也持废除寻衅滋事罪的立场。该观点认为，鉴于寻衅滋事罪在司法适用和立法解释上的诸多困境，寻衅滋事罪无存在之必要。主要理由在于：第一，寻衅滋事罪的重心在于凸显行为人的主观恶性，但本罪其实并没有某种特殊的法益需要予以特别保护。第二，寻衅滋事罪的四种客观行为类型完全可以消解于刑法的其他罪名之中，如故意伤害罪、故意

毁坏财物罪、抢劫罪等。将寻衅滋事罪进行特别设置属于重复行为,即便废除本罪,也不会造成处罚漏洞。第三,寻衅滋事罪构成要件内容依然违背了构成要件的类型化、独立化要求。例如,有学者认为"强拿硬要或者任意损毁、占用公私财物"中的"强拿硬要"只是一种生活化、形象化的描述,不能被视为一种抽象观念上的东西,不符合构成要件的类型化要求。[1] 还有学者认为,虽然寻衅滋事罪在一定程度上规制了一些无故寻衅滋事的行为,但寻衅滋事罪的模糊性不仅会影响人民群众对权利义务的合理预期,也会导致执法机关选择性执法。[2]

可是,废除寻衅滋事罪虽然可以从根本上解决寻衅滋事罪所带来的争议,但这并不意味着废除就是当下最好的选择。例如,关于死刑存废的争议,即便部分国家已经废除死刑,以及死刑的存在确实带来了某些不良影响,立足于我国国情,对废除死刑也应当保持谨慎态度。这也意味着,在对待寻衅滋事罪是否应当被废除的问题时,也应当以整体全面的眼光进行审视。

第一,寻衅滋事罪脱胎于早期的流氓罪,流氓罪由于过度的"口袋化"而显得规范性不足,将其废除是在情理之中的,但是,对具有刑事可罚性的"流氓"行为,《刑法》将之纳入规制范围亦有必要。从规制需求角度审视,寻衅滋事罪具有存在的基础。寻衅滋事罪虽自身带有"口袋化"基因,但完全可以通过立法规制、司法解释或者其他手段予以限制。

第二,寻衅滋事罪的构成要件内容并非完全与故意伤害罪等罪名重合,意味着寻衅滋事罪可以惩处那些故意伤害罪等罪名未涉及的行为。例如,根据最高人民检察院、公安部《关于公安机关管辖的刑事案件立案追诉标准的规定(一)的补充规定》第 8 条的规定,"随意殴打他人,破坏社会秩序,涉嫌下列情形之一的,应予立案追诉:……(三)多次随意殴打他人的……"因此,如果行为人随意殴打他人 3 次,其中最后一次殴打致人轻伤,倘若仅将最后一次致人轻伤的行为评价为故意伤害行为,则最高只能适用故意伤害罪的最高法定刑 3 年。倘若将行为人的多次殴打行为评价为寻衅滋事罪,则最

---

〔1〕 参见王良顺:《寻衅滋事罪废止论》,载《法商研究》2005 年第 4 期。

〔2〕 参见徐艳红:《全国政协委员朱征夫:建议适时取消寻衅滋事罪》,载《人民政协报》2022 年 3 月 1 日,第 12 版。

高可处5年有期徒刑。由此可见,一旦将寻衅滋事罪废除,部分危害社会的行为将降格受到行政处罚,反而不利于打击犯罪、维护社会稳定。

(二)平等地位说

顾名思义,平等地位说认为寻衅滋事罪与其他罪名一样,在刑法体系上具有不可替代的地位。有学者认为,第一,从立法目的来看,《刑法》将寻衅滋事罪与故意伤害罪分别规定在《刑法》分则第六章"妨害社会管理秩序罪"和第四章"侵犯公民人身权利、民主权利罪"中,就表明立法者赋予两罪不同的历史使命,各自应对不同的犯罪行为,这是刑事政策刑法化在立法中的具体体现。第二,在司法实践中对故意伤害罪采取轻伤标准的情况下,取消寻衅滋事罪会导致人身危险性较大但后果较轻(轻微伤)的随意殴打他人的行为逃脱刑法制裁,与"既重视社会危害性又强调人身危险性"的刑事政策明显相悖。第三,从《刑法》第293条第1款第1项"随意殴打他人,情节恶劣的"这一立法规定来看,寻衅滋事罪要求行为人必须具备"随意"这一特征,而故意伤害罪并没有这一特征,更加印证了寻衅滋事罪具有其特殊性。[1]

笔者认为,平等地位说并未正确认识寻衅滋事罪在刑法体系中地位,理由有以下几点:

第一,倘若贯彻平等地位说的逻辑,寻衅滋事罪与其他罪名在体系位置上并无不同,那么在行为人的多次行为可能同时触犯故意伤害罪、寻衅滋事罪时,就应当数罪并罚,但平等地位说仍主张选择罪名进行规制。第二,按照平等地位说对故意伤害罪与寻衅滋事罪的选择立场来看,其认为应当是从刑法配置的角度进行选择,当行为人随意殴打他人的后果难以用寻衅滋事罪的法定刑评价时,就涉及故意伤害罪与寻衅滋事罪的选择问题。随意殴打他人致人轻伤的情况下,按照全面评价的原则,宜以寻衅滋事罪认定;而在致人重伤的情况下,是按照故意伤害罪还是寻衅滋事罪定性则不宜一概而论:出于罪刑均衡原则的考虑,结合案件的社会危害性和人身危险性,如果应判处5年以下有期徒刑,应以寻衅滋事罪认定;而如果应判处5年以

---

〔1〕 参见关振海:《规范与政策:寻衅滋事与故意伤害的二重区分——以20个公检法争议案件为切入》,载《国家检察官学院学报》2012年第1期。

上有期徒刑,应以故意伤害罪认定。[1] 而问题在于,罪名的选择不是依赖于独特的构成要件内容及其违法性本身,而是依赖于刑罚设置,这明显属于对犯罪构成判断的本末倒置。因此,平等地位说即便是倡导寻衅滋事罪的地位平等,但是实质在选择适用罪名时仍然无法体现平等性。

(三)补充的辅助地位说

这种观点认为,如果一个行为可以适用于故意伤害罪、故意毁坏财物罪等其他罪名,则应当适用其他罪名;在不能适用其他罪名对该行为进行规制时,才能考虑是否有适用寻衅滋事罪进行规制的可能性。例如,有学者提道,“在刑法分则的罪名体系中,相对于故意伤害罪、故意杀人罪、故意毁坏财物罪、抢劫罪和敲诈勒索罪等相关犯罪而言,寻衅滋事罪是一个堵截性罪名或称兜底性罪名,即:破坏社会秩序的行为如符合各相关犯罪的犯罪构成,就按该相关犯罪定罪处罚;只有在既够不上各相关犯罪的犯罪标准但又确实严重破坏社会秩序因而应当受到刑罚处罚的,才以寻衅滋事罪定罪处罚”[2]。

笔者认同关于寻衅滋事罪系兜底性、堵截性罪名的认识,但无法认同寻衅滋事罪只是辅助性罪名的论断,理由有以下几点:

第一,一旦将寻衅滋事罪界定为其他罪名的辅助性罪名,则意味着寻衅滋事罪失去了独立适用的空间。这里的独立适用不是指不可能适用寻衅滋事罪,而是指寻衅滋事罪的适用无法脱离对其他罪名的判断,造成寻衅滋事罪与其他罪名无法共存的局面。寻衅滋事罪与故意伤害罪的内容并非完全重叠,因此,当存在行为人多次实施行为的情况下,则触发故意伤害罪或者其他犯罪与寻衅滋事罪并存的情形。倘若只以故意伤害罪或其他罪名一罪规制,可能造成罪刑不相适应的后果。

第二,地位的兜底性并不意味着寻衅滋事罪失去了独立判断价值。认为寻衅滋事罪体系地位的兜底性必然决定了其适用的依附性,混淆了犯罪构成的独立判断规则与罪名的体系位置。刑法在对各罪进行排列、组合时,依照不同的保护法益,将各罪分置在各章之中。其中,鉴于社会现实的纷繁

---

〔1〕 参见关振海:《规范与政策:寻衅滋事与故意伤害的二重区分——以20个公检法争议案件为切入》,载《国家检察官学院学报》2012年第1期。

〔2〕 杜启新、安文录:《论寻衅滋事罪的合理定位》,载《政治与法律》2004年第2期。

复杂等原因,刑法无法对各项严重危害社会的行为一一予以规制和打击。同时,为了维护刑法的稳定性,兜底性罪名的设置符合现实要求。但问题在于,设置所谓的兜底性罪名是否违反了罪刑法定原则?对此,妥当的做法是,只要可以通过立法、司法手段或者通过刑法解释等手段明确罪名的范围,就不能一味地指责罪名的模糊性。

二、补充的独立性说之提倡

补充的独立性说在寻衅滋事罪的体系地位这一问题上与补充的辅助地位说一致,认为寻衅滋事罪具有明显的补充性质,即某一些值得刑法处罚的行为,在不符合相关犯罪的构成要件时,也可能符合寻衅滋事罪的构成要件,继而构成犯罪。张明楷教授是支持这一观点的代表学者,[1]笔者也同样持这一立场。具体理由如下:

第一,寻衅滋事罪的构成要件内容自有其独特性,构成本罪不以符合其他犯罪的构成要件内容为前提。正如前述,寻衅滋事罪不以造成轻伤结果为唯一要件,因为对故意造成他人轻伤的行为完全可以以故意伤害罪进行规制,那么《刑法》第 293 条第 1 款第 1 项的规定完全就是多此一举。根据规定,随意殴打他人不仅包括造成一人轻伤的情形,还包括造成两人以上轻微伤、多次随意殴打他人的情形。

第二,在罪名的判断上,行为符合其他犯罪构成要件的,应当以其他犯罪论处。例如,行为人以造成他人重伤的故意殴打他人(实施了伤害他人身体的行为)应当认定为故意伤害罪,这也符合寻衅滋事罪的补充性地位。

第三,行为人的多次行为,已然构成故意伤害罪、敲诈勒索罪等其他罪名和寻衅滋事罪的,应当实行数罪并罚。

三、寻衅滋事罪的法益确定

(一)寻衅滋事罪的法益确定前提——保护法益避免抽象化

刑法保护的法益越抽象,就越容易导致刑罚的滥用。自寻衅滋事罪从流氓罪中分解出来以后,因其构成要件内容繁杂等原因,一直为人所诟病。

---

〔1〕 参见张明楷:《寻衅滋事罪探究》(上篇),载《政治与法律》2008 年第 1 期。

即便已经设置了四类行为方式试图完整归纳寻衅滋事罪的类型，但是其保护法益抽象化的问题依然一直存在。在对本罪保护的法益内容进行确定时，也存在不同的观点。有学者认为，寻衅滋事罪保护的法益是社会风尚。显而易见，所谓的社会风尚仍然是一个宽泛概念，并且充斥着道德主义意味，无法落到实处。也有学者认为，寻衅滋事罪保护的法益是社会秩序，但对社会风尚说的疑问在此处也同样适用，社会秩序可以说涵盖了《刑法》分则中部分罪名保护的法益内涵，仍然宽泛和过于抽象，不利于对具体各罪进行指导。还有学者认为，寻衅滋事罪保护的法益是公共秩序，是人们遵守公共生活规则所形成的秩序，包括生活秩序、交通秩序、生产秩序和公共场所秩序等。[1] 但是，这些观点也同样存在概念泛化、抽象程度较高的问题。

（二）具体法益说的适用

具体法益说认为，对寻衅滋事罪的四种客观行为类型应当分别予以考察，四种客观行为完全可以对应四种不同的法益。具体法益说完全符合寻衅滋事罪的特性，设置寻衅滋事罪的初衷是社会防卫，强调对公共秩序的维护。正是基于公共秩序本身包含了多种情况，寻衅滋事罪在一个大的法益概念指导下，很可能会出现诸多的附随法益。具体而言：第一，规定“随意殴打他人”意在保护公共场合中他人的人身安全。因此，家庭成员之间的殴打或者因其他原因在私人场所实施殴打行为的，不构成寻衅滋事罪。第二，规定“追逐、拦截、辱骂、恐吓他人”意在保护社会交往中与公共秩序有关的人身、名誉法益。规定“追逐、拦截”他人是为了保障人们在公共场合下的行动自由，规定“辱骂”他人意在保护人们在公共场合下的名誉不受侵犯，规定“恐吓”他人则意在保护人们在公共场合下的精神、心理健康，避免受到他人的精神强制。因此，在私人场所辱骂、恐吓他人的，不构成寻衅滋事罪，可视个案情况构成敲诈勒索罪及其他犯罪。第三，规定“强拿硬要或者任意损毁、占用公私财物”意在保护公共场所中的公私财产安全。涉及个人财物损毁的，可成立故意毁坏财物罪。第四，规定“在公共场所起哄闹事”意在保护不特定人群在公共场所下的自由与安全。

保护法益限定得过宽或者过窄均不利于刑法发挥其应有功能，保护法

---

〔1〕 参见谢治东、薛章原：《论寻衅滋事罪的边界》，载《山东警察学院学报》2015 年第 3 期。

益限定得过宽会造成刑罚适用的恣意，保护法益限定得过窄则刑法打击犯罪的效果将会大打折扣，亟须刑法规制的行为将会跳脱在刑法视野之外。寻衅滋事罪作为保护公共秩序的犯罪，在这一大的法益概念指导下，对其四种不同类型的客观行为所对应的法益作出具体判断，更有利于限定这四种客观行为类型的范围，从而达到限制寻衅滋事罪适用的目的。

第三节　寻衅滋事罪的出路：构成要件的规范化理解与适用

寻衅滋事罪的刑法体系地位及保护的法益可以对寻衅滋事罪进行规范化限制提供宏观指导。然而，寻衅滋事罪本身为人所诟病的最大原因即在于其构成要件的空泛化。例如，“随意殴打”的“随意”需要达到何种程度？“任意毁损”的“任意”又是何意？“起哄闹事”更是让人难以形成具体的行为类型形象。由寻衅滋事罪构成要件内容本身引发的问题，终归要回到对构成要件内容的解读上去解决。因此，寻衅滋事罪的出路即在于对构成要件内容进行规范化理解与适用。

一、随意殴打型寻衅滋事罪的认定

（一）司法实践的处理认定

案例1 | 2013年5月17日1时许，被告人任某军在北京市丰台区吴家村路博华宾馆门前，酒后滋事，持碎啤酒瓶将被害人石某党打伤，致被害人石某党右手第五掌骨粉碎性骨折，经法医鉴定为轻伤。北京市丰台区人民法院经审理认为，被告人任某军酒后持械随意殴打他人，致一人轻伤二级，情节恶劣，其行为已构成寻衅滋事罪，依法应予处罚。[1]

案例2 | 被告人杨某涛将轿车停放在成都市青羊区太升南路155号慢车道处，并与女友发生争吵。后被害人王某驾驶电动三轮车行驶至此，因被轿车挡住去路，便要求杨某涛让路。后杨某涛让路时感觉自己被王某三轮

---

〔1〕 参见北京市丰台区人民法院刑事判决书，(2014)丰刑初字第894号。

车剐蹭，于是驾车从背后撞向王某驾驶的电动三轮车，导致三轮车受损并撞向前方行人钟某，造成王某腰部软组织挫伤，钟某全身多处软组织挫伤和头皮下血肿（鉴定为轻微伤）。法院认为，被告人杨某涛在公共交通道路上驾驶机动车冲撞他人并逃逸，破坏社会秩序，情节恶劣，其行为已构成寻衅滋事罪。〔1〕

案例3 | 张某在泊头市寺门村镇南陈路刘坊村路段与陈某强在车上谈事时，被告人刘某、刘某庆以解决坟地通行之事为由，将所驾驶汽车逆向停在张某所驾驶的汽车前面，二人下车后对张某进行殴打。后张某跑回自家楼板厂院内，刘某、刘某庆又驾车追到楼板厂院内，刘某从车上拿出伸缩棍与张某（持铁锨）厮打在一起，刘某庆与赵某撕扯在一起。后张某跑到楼板厂院外，刘某、刘某庆再次驾车追上张某，二人持械与张某（持铁锨）厮打在一起。赵某（已判决）随后持菜刀追出并砍伤刘某、刘某庆，刘某、刘某庆致张某头部受伤。经法医鉴定，刘某、刘某庆二人之损伤均为轻伤二级，张某之损伤为轻微伤。另查明，赵某在打架过程中受伤。被告人刘某庆家的坟地在张某经营的彭院楼板厂西南角，两家因土地存在矛盾。公诉机关认为，刘某、刘某庆与张某相遇后未商量解决纠纷而是直接动手就打，二人属于借故生非，随意殴打他人，持凶器将他人打致轻微伤，涉嫌寻衅滋事罪。法院认为，借故生非型的寻衅滋事是没有正当理由的，因日常生活中偶发的矛盾纠纷引起，存在一定的随意性，小题大做，没有正当理由，主观上为寻求刺激、发泄情绪、逞强耍横等动机，缺乏一般人的克制而实施的殴打他人的行为。本案中张某和刘某庆两家因土地问题存在纠纷，两家的矛盾属于邻里纠纷，有一定的起因，是积怨，不是偶发矛盾，现有证据不能证实二被告人实施殴打张某的行为主观上是为了寻求刺激、逞强耍横等，且破坏了社会秩序，不符合寻衅滋事罪的构成要件。〔2〕

通过上述三个案例可知，随意殴打型寻衅滋事罪可能涉及两种类型：第一，有因型的随意殴打，如案例2、案例3。其是指人在做出某些行为时，不可能完全“无缘无故”。无论出于何种动机，或是因正当合法的权利纠纷引起，或是因其自认为的正当原因引起，只需要对原因的规范性进行讨论即可。

---

〔1〕 参见四川省成都市青羊区人民法院刑事判决书，(2013)青羊刑初字第644号。

〔2〕 参见河北省泊头市人民法院刑事判决书，(2018)冀0981刑初242号。

第二，无因型的随意殴打。如案例 1，行为人殴打他人并没有任何理由，殴打的对象也不具有确定性。另外，原因的不同对认定行为人是否具有流氓动机、是否构成寻衅滋事犯罪具有重要影响。在案例 2 和案例 3 中，两者虽都属于有因型随意殴打他人，但案例 2 的行为人被认定构成寻衅滋事罪，而案例 3 的行为人被认定为无罪。之所以出现如此差别，原因在于对"随意殴打他人"理解的差异，换言之，关于"随意殴打他人"需要进行规范化理解而非形式化理解。

（二）随意的规范认定

1. 主观说

顾名思义，主观说认为，随意性是指行为人在要威风、取乐发泄、填补精神空虚、寻求精神刺激的流氓动机的支配下，无故、无理殴打他人。同时，从主观要素上理解随意时，不应局限在"无事生非"。因正常社会生活中的矛盾"小题大做"的，同样应认定为寻衅滋事罪。但是，由于主观说的内容埋藏于行为人的内心，外人无法直观地了解、判断行为人的主观意思。因此，单纯对行为动机的强调在司法认定中存在极大的困难。而这种困境的直接后果就是，在很多情况下，要么是本着存疑时有利于被告人的原则，放纵了犯罪；要么是本着"不放过一个坏人"的观念，牺牲刑法的人权保障价值，使寻衅滋事罪的司法适用呈现泛化的倾向。

2. 客观说

该说认为，殴打行为是否随意，并不是一种主观判断，而是基于客观事实作出的判断。客观上而言，殴打的次数越多，遭受殴打的人数越多，越容易被认定为随意。"随意"意味着殴打的理由、对象、方式等明显异常，当一般人从犯罪人的角度思考，也不能接受犯罪人的殴打行为时，该殴打行为就是随意的。[1]

对此，笔者认为，纯理性人的客观判断有时候并未准确地反映行为人的内心倾向。特别是在殴打他人这种与故意伤害具有极强相似性的场合下，从行为的外在表现来看，行为人完全可以针对多数人实施殴打行为（伤害行为）。倘若不结合行为人的主观心态一同进行判断，可能无法区分系故意伤

〔1〕 参见张明楷：《刑法学》（第 6 版），法律出版社 2021 年版，第 1398 页。

害罪还是寻衅滋事罪。另外,当站在一般理性人的角度去思考是否随意时,法官作为裁判者也无法完全从上帝视角进行审视。因此,何以用一般理性人视角进行判断也成了一个难题。

3. 主客观相结合说

该说认为,在认定随意殴打型寻衅滋事罪时,客观上需要具备殴打行为,主观上不仅要求有故意,而且还要求具有流氓动机。正如陈兴良教授所言:"寻衅滋事罪并不能仅仅根据客观行为加以认定,还需要结合保护法益与主观违法要素进行综合判断。"[1]笔者同样持主客观相一致的立场,认为以客观标准为主,主观标准为辅,应当着重关注殴打他人的因果关系的对称性、行为对象的随机性等特征。

最高人民法院、最高人民检察院《关于办理寻衅滋事刑事案件适用法律若干问题的解释》第1条规定:"行为人为寻求刺激、发泄情绪、逞强耍横等,无事生非,实施刑法第二百九十三条规定的行为的,应当认定为'寻衅滋事'。行为人因日常生活中的偶发矛盾纠纷,借故生非,实施刑法第二百九十三条规定的行为的,应当认定为'寻衅滋事',但矛盾系由被害人故意引发或者被害人对矛盾激化负有主要责任的除外。行为人因婚恋、家庭、邻里、债务等纠纷,实施殴打、辱骂、恐吓他人或者损毁、占用他人财物等行为的,一般不认定为'寻衅滋事',但经有关部门批评制止或者处理处罚后,继续实施前列行为,破坏社会秩序的除外。"由此可见,该司法解释对寻衅滋事罪的主观动机及起因均作出了阐明,避免刑罚过多地进入公民的私人生活领域。"借故生非""无事生非"是行为人寻求刺激、发泄情绪的主观表征,恰恰反映了实施殴打行为的随意性。

(三)殴打行为的规范认定

殴打是针对他人身体行使有形力。在不同情况下,对是否属于殴打行为应当有不同的判断。第一,殴打是针对他人身体行使有形力的行为,如果没有针对人的身体,则不构成殴打。如行为人对物品进行毁坏,在毁坏的过程中,物品的残渣或者部分尖锐部位接触到人的身体,造成了轻伤后果,不

---

〔1〕 陈兴良:《寻衅滋事罪的法教义学形象:以起哄闹事为中心展开》,载《中国法学》2015年第3期。

属于殴打。第二,在没有身体接触的情况下,如果行为人的有形力是针对他人身体而实施,具有明确的目标指向,但是却因其他原因没有接触到人身,也属于殴打行为。第三,殴打不以聚众为前提,聚众殴打固然可以评价为寻衅滋事罪中的殴打,但是聚众殴打在符合聚众斗殴的情况下,应当优先考虑适用聚众斗殴罪;在超出寻衅滋事罪主观要素的情况下,客观上就无法评价为寻衅滋事罪中的殴打;殴打不是故意伤害罪的未遂犯,殴打不以具有造成伤害结果的危险为前提。

综上所述,在随意殴打型寻衅滋事罪中可以得出以下结论:如果没有行使有形力对人的身体进行攻击,不构成随意殴打型寻衅滋事罪;如果行使的有形力针对的是物品而非人的身体,不构成随意殴打型寻衅滋事罪;如果结果没有造成轻微伤或者没有其他严重情节,不构成随意殴打型寻衅滋事罪;如果随意殴打导致被害人重伤甚至死亡,不构成随意殴打型寻衅滋事罪,可考虑构成故意伤害罪、故意杀人罪等其他犯罪。

二、追逐、拦截、辱骂、恐吓型寻衅滋事罪的展开

(一)追逐、拦截型

案例4 | 被告人尤某某驾驶货车在青浦区华新镇凤嵩路由南向东右转弯进入北青公路时,恰逢被害人王某某驾驶小轿车由西向东直行经过该路口,尤某某认为王某某未对其让行,遂驾车上前追逐,并故意向左变道恶意别车,导致王某某车辆被撞受损。法院认为,被告人尤某某犯寻衅滋事罪。[1]

本案中尤某某在公共道路上对他车进行恶意追逐、别车,实际上是妨碍他人停留在一定场所的行为。如果出于寻求刺激、发泄情绪、逞强耍横、无事生非或者借故生非等动机,破坏公共秩序并且情节严重,那么就构成寻衅滋事罪。倘若追逐的目的在于实施其他犯罪,则根据牵连犯规则从一重罪处罚。拦截是指阻止他人转移地点的行为,在客观现实案例中,追逐和拦截往往同时进行,以实现控制他人人身的目标。拦截的对象可以是他人,也可以是车辆。如果以拦截为手段实施非法拘禁、绑架等犯罪,那就只能成立非法拘禁罪或者绑架罪。拦截使用的暴力程度和追逐一样,具有一定的限度。

---

〔1〕 参见上海市青浦区人民法院刑事判决书,(2020)沪0118刑初1371号。

（二）辱骂型

辱骂是指侮辱谩骂，一般针对不特定的一人或者多人，有时也针对特定的一人或者多人。辱骂是比较多见的侵犯他人的名誉和人格的行为，单纯的辱骂型寻衅滋事罪较为少见，除非引发被害人自杀、自残等情况。辱骂型寻衅滋事罪可以使用暴力或者以暴力相威胁，但是应当限于轻微暴力，而且一般和追逐、拦截、恐吓等行为结合在一起进行整体评价，进而认定为情节严重，予以入罪。

（三）恐吓型

案例5 | 被告人李苏颖在广东省广州医科大学附属第一医院（新冠肺炎定点收治医院）住院部西五病区肾内科走廊从护士站外的治疗车上拿了一支带针头的注射器进入护士站，走到正在工作的护士张某身后，用左手勒住张某的脖子、右手持注射器针头抵住张某右颈部，以要面见专家反映新冠肺炎情况为由挟持张某，致张某右颈部皮肤损伤。经医务人员反复劝说，李苏颖松开左手，张某趁机脱离挟持。法院认为，被告人李苏颖于新冠肺炎疫情防控期间在定点收治医院用注射器挟持、恐吓医护人员，持续时间长，致医护人员受伤，且严重影响医院的正常工作秩序，应以寻衅滋事罪从重处罚。[1]

本案系最高人民法院认定的一起典型的伤医扰序案例。法院认定被告人李苏颖无端生事，以面见专家反映疫情为由，在医院护士站持注射器挟持、恐吓正在工作的护士，给被害人造成身心伤害，已经严重影响医院的正常医疗秩序，符合寻衅滋事罪的构成要件。恐吓型寻衅滋事罪是《刑法修正案（八）》新增的犯罪类型，就是为了应对实践中出现的黑恶势力对人民群众实施各种恐吓行为以达到造成社会恐慌、利于自己实施犯罪的目的的情形。大多数情况下，恐吓行为不会单独出现，而是伴随着行为人的其他主观目的，如非法占有他人财物的目的，此时可能涉嫌敲诈勒索罪、抢劫罪等。在抱有扰乱社会公共秩序的目的下，则存在构成本罪的可能。

---

〔1〕 参见《最高人民法院发布8件人民法院依法惩处涉医犯罪典型案例》，载河北法院网2020年5月12日，https://www.hebeicourt.gov.cn/article/detail/2020/05/id/5759298.shtml。

三、强拿硬要或者任意损毁、占用公私财物型寻衅滋事罪的理解

(一)强拿硬要型

案例6 | 被告人徐某某得知梁某某中标新昌县梅渚园区一期路基工程,遂向梁某某索要该工程,梁某某为避免麻烦称已将工程转包给张某。后被告人徐某某以言语威胁的方式向张某施压索要工程,因索要工程不成,其后以补偿投标费用为由强行从张某处索得4万元。法院认为,被告人徐某某向他人强拿硬要,情节严重,破坏社会秩序,其行为已构成寻衅滋事罪。[1]

本案系强拿硬要型寻衅滋事罪的典型案例之一。根据本案被告人徐某某的行为可以看出,强拿是指违背他人意愿用强制的方法夺取他人财物的行为,其中拿是指伸手去取。硬要是指无正当合法理由的强行索要行为,要是指开口索取。强拿硬要型寻衅滋事罪与敲诈勒索罪在客观行为表现上均存在实施轻微暴力、胁迫行为对被害人进行威胁的可能,继而存在认定争议问题。法院的裁判说理折射出这种认识,即行为人的经常性表现,身份标识的社会影响力以及受害对象对行为人行为的心理识别、接纳、反应等方面是区分强拿硬要型寻衅滋事罪与敲诈勒索罪的重点。行为人具有身份特征表现,蛮不讲理,强行索要公私财物,破坏公共秩序,情节严重的,应认定为寻衅滋事罪。

(二)任意毁损、占用型

案例7 | 被告人杨某某、被不起诉人马某某等人在包厢内喝酒,中途马某某准备离开时,杨某某以未喝好为由拉住马某某不让其离开,在拉的过程中双方发生口角,并相互撕扯,在撕扯中茶几上的啤酒瓶和碟子被碰落在地。杨某某将马某某推了一下,马某某被推到身后的电视机上致电视机屏幕损坏。后马某某也将杨某某推了一下,杨某某被推到包厢的门上,门被撞坏。然后马某某又将包厢内的衣服架子推倒,又把包厢门口的暖风机一拳砸坏,还将包厢内的墙壁捣了一个洞。经估价,电视机价值3600元、暖风机价值800元、包厢门价值100元、落地衣架价值180元、包厢墙壁价值50元,

---

[1] 参见浙江省新昌县人民法院刑事判决书,(2020)浙0624刑初386号。

合计总价值4730元。

公诉机关认为,被告人杨某某酒后无事生非,任意损毁他人财物,情节严重,应当以寻衅滋事罪追究其刑事责任。

一审法院认为,被告人杨某某酒后无事生非,任意损毁他人财物,情节严重,其行为构成寻衅滋事罪。

二审法院认为,寻衅滋事罪是指肆意挑衅,随意殴打、骚扰他人,或者任意损毁、占用公私财物,或者在公共场所起哄闹事,严重破坏社会秩序的行为。行为人主观上只能是故意犯罪,侵犯的客体是社会公共秩序。原审被告人杨某某与被不起诉人马某某酒后在互相撕扯推搡中,造成被害人价值3700元的电视机、包厢门损坏,并非寻求刺激、发泄情绪、逞强耍横等无事生非、借故生非的故意行为。且被害人受损财物系马某某故意毁损,不应认定为原审被告人杨某某的行为所致。二人之间的撕扯推搡行为针对的是各自人身,并非针对不特定的对象和社会公共秩序,不应认定为寻衅滋事。[1]

上述两个案例最终都以行为人无罪告终,但对任意毁损、占用型寻衅滋事罪的判断具有一定的启发性,主要在于:第一,任意的内涵。任意是指违背他人意愿的行为,重点在于说明行为没有合法根据和理由。如果存在合法正当的理由,则有阻却本罪成立的可能。第二,毁损的程度。目前学界关于毁损的标准有以下四种观点:物质的毁弃说、有形侵害说、一般的效用侵害说、价值侵害说。主流观点认为,应当采取一般的效用侵害说,即不以物品完全损害或者存在重大价值减损为标准,使该物品失去了某种效用或者功能的,应当认定为毁坏。第三,任意损毁型寻衅滋事罪必须出于寻衅动机,如果出于报复目的,那就应当考虑是否成立故意毁坏财物罪。第四,占用是指对他人财物占有和使用,占用型寻衅滋事罪缺乏正当根据。如果行为人以非法占有为目的占用他人财物,就应当根据个案情况构成盗窃罪、职务侵占罪或其他犯罪。

四、起哄闹事型寻衅滋事罪的界定

相较于寻衅滋事罪的前三个客观行为类型,起哄闹事型无疑是其中最

---

〔1〕 参见宁夏回族自治区同心县人民法院刑事判决书,(2020)宁0324刑初24号;宁夏回族自治区吴忠市中级人民法院刑事判决书,(2020)宁03刑再1号。

为模糊的一类。“起哄”“闹事”不仅带有强烈的模糊意味，而且主观色彩、道德色彩浓重，何为“起哄”何为“闹事”？这无疑对限制和规范这一类型的寻衅滋事犯罪增加了难度。在如今的信息网络时代，网络空间与公共场所及公众秩序的关系究竟是怎样的？在网络上散播谣言的行为是否可以被定性为寻衅滋事罪？如何精准打击网络上的“键盘侠”？对这些问题的厘清，有利于更好地理解起哄闹事型寻衅滋事行为的罪与非罪。

(一)网络空间与公共场所的界定

随着信息网络的不断发展，互联网将足不出户的千千万万人联系在一起，实现了快速的信息共享。网络仿佛一个虚拟世界，人们无须面对面交流，即可实现信息的快速传播。网络的便捷性、高效性也引发了在网络世界里侵犯他人权利的事件。如何定义网络空间，并未有一个标准答案。例如，美国学者迈克尔·海姆在其《从界面到网络空间——虚拟实在的形而上学》一书中将网络空间定义为：“一个由计算机支持、连接和生成的多维全球网络，或虚拟实在，在这一实在中，每个计算机都是一个窗口，由此所见所闻的对象既非实在的物体，也不是实在物体的形象。在形式上，其涉及的符号或操作，都由数据和纯粹的信息构成。”[1]最高人民法院、最高人民检察院《关于办理利用信息网络实施诽谤等刑事案件适用法律若干问题的解释》中提到，“信息网络，包括以计算机、电视机、固定电话机、移动电话机等电子设备为终端的计算机互联网、广播电视网、固定通信网、移动通信网等信息网络，以及向公众开放的局域网络”。由此可见，网络空间往往存在技术性、虚拟性、开放性和即时性。

关于何为公共场所，最高人民法院、最高人民检察院《关于办理寻衅滋事刑事案件适用法律若干问题的解释》第5条指出：“在车站、码头、机场、医院、商场、公园、影剧院、展览会、运动场或者其他公共场所起哄闹事，应当根据公共场所的性质、公共活动的重要程度、公共场所的人数、起哄闹事的时间、公共场所受影响的范围与程度等因素，综合判断是否‘造成公共场所秩序严重混乱’。”《公共场所卫生管理条例》第2条列举了部分属于公共

---

〔1〕 参见[美]迈克尔·海姆：《从界面到网络空间——虚拟实在的形而上学》，金吾伦、刘钢译，上海科技教育出版社2000年版，第163页。

场所的地点，如宾馆、饭馆、旅店、影剧院、商场等。此外，《刑法》还设置了一些具体罪名，如第 291 条的聚众扰乱公共场所秩序罪，该罪明确列举的公共场所包括：车站、码头、民用航空站、商场、公园、影剧院、展览会、运动场等。可见，公共场所，是指具有公共性，对公众开放，供不特定的多数人随时出入、停留、使用的场所。[1] 关于公共场所的认定，目前也形成了统一意见。

目前，关于网络型寻衅滋事罪的规制，《关于办理利用信息网络实施诽谤等刑事案件适用法律若干问题的解释》第 5 条规定："利用信息网络辱骂、恐吓他人，情节恶劣，破坏社会秩序的，依照刑法第二百九十三条第一款第（二）项的规定，以寻衅滋事罪定罪处罚。编造虚假信息，或者明知是编造的虚假信息，在信息网络上散布，或者组织、指使人员在信息网络上散布，起哄闹事，造成公共秩序严重混乱的，依照刑法第二百九十三条第一款第（四）项的规定，以寻衅滋事罪定罪处罚。"因辱骂、恐吓他人的行为完全可以在网络空间中实施，实践当中对这两类行为构成寻衅滋事罪并进行处罚也无太大争议。争议最大的问题是网络传谣行为是否侵害了公共场所秩序？是否可以被评价为寻衅滋事犯罪？

（二）网络传谣与起哄闹事的关系

案例 8 | 甬温铁路浙江省温州市相关路段发生特别重大铁路交通事故。在事故善后处理期间，被告人秦某晖为了提高网络关注度，利用热点事件进行自我炒作，于 2011 年 8 月 20 日使用昵称为"中国秦火火_f92"的新浪微博账户编造并散布虚假信息，称原铁道部向上述事故中的外籍遇难旅客支付了 3000 万欧元的高额赔偿金。该微博被转发 11,000 次，评论 3300 余次，引发大量网民对国家机关公信力的质疑，原铁道部被迫于当夜辟谣。秦某晖的行为对事故善后工作的开展造成了不良影响。法院认为，秦某晖在重大突发事件期间，在信息网络上编造、散布对国家机关产生不良影响的虚假信息，起哄闹事，造成公共秩序严重混乱，其行为构成寻衅滋事罪。[2]

上述案例是在信息网络空间内因造谣行为被刑法以寻衅滋事罪进行打

---

[1] 参见全国人大常委会法制工作委员会刑法室编：《中华人民共和国刑法条文说明、立法理由及相关规定》，北京大学出版社 2009 年版，第 602 页。

[2] 参见北京市朝阳区人民法院刑事判决书，（2013）朝刑初字第 2584 号。

击的第一案。引发的思考在于，网络传谣行为是否可以被认定为起哄闹事行为？即网络空间是否属于公共场所，破坏网络空间秩序是否就是破坏公共场所秩序？笔者认为，即便认为网络空间系公共空间，但也不等于公共场所，破坏网络空间秩序更不等同于破坏公共场所秩序。散播网络谣言的行为不应当以寻衅滋事罪论处，主要有以下几点原因：

第一，公共场所与网络空间存在明显的物理差别。根据前述，网络空间具有虚拟性、开放性，这意味着网络空间并没有所谓的边界，可以在概念上被无限延长。而公共场所具有一定的限制，其是一个空间，但空间不一定是一个场所。《刑法》第 293 条第 1 款第 4 项明确要求的是“造成公共场所秩序严重混乱”，倘若将网络空间秩序等同于公共场所秩序，无疑是对公共场所的概念作出了类推解释。

第二，网络传谣行为本质上是一个言论行为。倘若将网络传谣行为也纳入寻衅滋事罪的规制范畴，无疑是扩大了寻衅滋事罪的适用范围，使得寻衅滋事罪的“口袋化”特征更为明显，会使得寻衅滋事罪真正成为打击网络犯罪的“口袋罪”。

第三，需注意寻衅滋事罪的自身特性。陈兴良教授提道：“寻衅滋事罪中的起哄闹事具有言论与行为的复合性，换言之，起哄闹事虽然也包含一定的言论，但就闹事而言，主要还是行为，在某种意义上，起哄闹事中的言论是依附于行为的，仍然可以将起哄闹事型的寻衅滋事罪归入行为性犯罪的范围。因此，刑法对起哄闹事的处罚主要是针对狭义上的行为的。而发生在网络空间的都是以电子信息为载体的言论，虽然编造、散布编造的网络虚假信息这一罪状性质的表述中，存在编造、散布等具有行为外观的内容，但这种网络传谣是以谣言为中心的。即使构成犯罪，也是一种言论性犯罪，而不是以狭义的行为构成的犯罪。”[1] 另外，网络传谣行为是通过对虚假内容的传播而造成的对现实社会的破坏，对网络秩序本身并没有造成什么影响。

第四，网络谣言既然是谣言，都带有欺骗意味，其目的不在于煽动情绪，更多的是使得他人上当受骗。但起哄闹事却有极强的刺激性、煽动性，即便在言论中存在虚假陈述，最终目的也是为煽动受众。因此，网络传谣行为与

---

〔1〕 陈兴良：《寻衅滋事罪的法教义学形象：以起哄闹事为中心展开》，载《中国法学》2015 年第 3 期。

起哄闹事行为存在本质上的不同。

五、主观构成要件要素流氓动机的规范解读

是否将流氓动机作为寻衅滋事罪的构成要件内容之一，在当前存在争论。例如，张明楷教授认为寻衅滋事罪的成立并不要求行为人出于寻求精神刺激、填补精神上的空虚、发泄不良情绪等流氓动机。理由在于：其一，流氓动机系旧时代刑法的观念，其属于难以被人认识的心理状态，不具有限定犯罪范围的意义。其二，行为是否侵犯了公共秩序，并不取决于行为人有无流氓动机，即便没有流氓动机，也完全可能侵犯寻衅滋事罪所要保护的法益。其三，从客观行为的判断上也可以得出该行为是否是寻衅滋事行为的结论。其四，排除流氓动机的适用，也完全可以划分罪与非罪的界限。[1] 刘红艳教授则完全持相反立场，其支持流氓动机要件应当保留的论点主要有：其一，最高人民法院、最高人民检察院《关于办理寻衅滋事刑事案件适用法律若干问题的解释》第1条已经明确规定了流氓动机的具体体现，如"寻求刺激""发泄情绪"等。其二，随意殴打型寻衅滋事罪属于情节犯，自应肯定犯罪动机的存在。其三，不能因为流氓动机用语的不规范性，在现阶段推翻或全盘否定流氓动机，该特定的犯罪动机是由于本罪立法上的特点所决定的。[2]

流氓动机，是指行为人主观上寻求精神刺激、填补精神上的空虚、发泄不良情绪等。笔者认为，流氓动机要件应当被保留，除了上述支持保留者列举的理由之外，主要还有以下几点理由：

第一，行为的不法需要借助主观要素进行判断。与结果无价值论的判断逻辑不一致，行为无价值论更注重对行为违法性的判断。在同一个客观行为下，倘若不在主观层面加以判断，则难以丈量行为的危害程度。例如，两个实施了同样的举枪瞄准行为的人，从客观行为上看，根本无法判断二人系故意还是过失犯罪。但一旦将故意、过失纳入主观构成要件要素当中，则会发现，具有故意心态的行为人的行为危害性要明显高于过失心态的行为人的行为危害性。这是因为，故意往往针对的目标更为具体，因果关系更为

---

〔1〕 参见张明楷：《刑法学》(第6版)，法律出版社2021年版，第1403页。

〔2〕 参见刘红艳：《随意殴打型寻衅滋事罪研究》，载《中国刑事法杂志》2014年第1期。

直接，而过失的危险流则较为分散，行为的危险性也相对较低。在寻衅滋事罪中，也同样可以类比推导。行为人只有在“无事生非”“追求刺激”的主观心态的引导下，才能将行为本身赋予随意意味。更是因为行为是意识的外化表现，因此，只从所谓的客观行为中去寻找依据，可能会出现难以归类的情形。

第二，出于流氓动机打人和出于报复动机打人，对于他人的身体及公共安全的侵犯并非没有区别。故意伤害罪是典型的侵犯公民人身权利、民主权利的犯罪，保护的主要法益系公民的人身安全。而寻衅滋事罪并非处于“侵犯公民人身权利、民主权利罪”章节中，意味着寻衅滋事罪与故意伤害罪侧重保护的法益有所不同。出于流氓动机打人，虽然可能最终只针对一个被害人，但其隐患在于，该被害人周围的所有人都有可能受到人身安全的侵犯，这种“多量化”的不安实则成为危害公共秩序的隐患。而在故意伤害罪中，出于报复的心态实施的伤害行为往往具有对象确定性，基本不会有殃及无辜的可能。

第三，流氓动机实则是延续了早期《刑法》关于流氓罪的说法，完全可以被其他词语所取代。但是，流氓动机所体现的情绪等主观心理取向，正与寻衅滋事罪的设置初衷不谋而合。另外，聚众斗殴罪也是从流氓罪中分解而来的，学界却较少讨论其是否需要保留流氓动机的问题。由此可见，流氓动机本身并没有问题，有问题的是如何规范化理解“流氓”二字。笔者站在法益侵害说的立场上认为，寻衅滋事罪的成立需要借助对流氓动机的判断。

第四节　寻衅滋事罪与其他犯罪的界限与竞合

正确理解寻衅滋事罪的体系定位、保护的法益内容及构成要件中涉及的疑难问题，可以帮助我们更好地理解寻衅滋事罪本身。而梳理寻衅滋事罪与其他犯罪的界限与竞合问题，则能够使我们在疑难复杂的个案中做到对行为的精准定性。

一、寻衅滋事罪与故意伤害罪

案例9 | 被告人丁某、刘某某在上海市嘉定区一KTV因故与该KTV工作人员牟某、吴某发生争执。其间，牟某等推搡丁某等人后，双方相互推搡

并互殴。被告人丁某甲、丁某乙见状上前与丁某、刘某某共同殴打牟某、吴某,致该二人多处受伤。经鉴定,被害人吴某一处轻伤一处轻微伤;被害人牟某三处轻微伤。一审法院认为,被告人丁某等四人酒后在公共场所结伙随意殴打他人,致一人一处轻伤一处轻微伤、一人三处轻微伤,其行为均已构成寻衅滋事罪,并分别判处四名被告人1年至1年4个月不等的有期徒刑。二审法院经审理认为,丁某等四名原审被告人结伙故意伤害他人身体,致一人一处轻伤一处轻微伤、一人三处轻微伤,行为均已构成故意伤害罪,遂以故意伤害罪判处四名被告人10个月至1年2个月不等的有期徒刑。[1]

案例10 | 黄某与被告人陈某的妻子刘某等人在被告人陈某店内发生抓扯、打斗,经派出所调解,双方和解。后被告人陈某见其妻刘某眼部受伤,又听说对方还要来打架,便邀约被告人黎某兵、张某俊等人来"帮忙",被告人陈某先带被告人张某俊及范某军到服务站,未找到黄某,便对该站服务人员何某进行了殴打。19时许,被告人陈某再次邀约被告人黎某兵、张某俊等人前往服务站,被告人张某俊、范某军等人冲进服务站内用钢管猛打何某的头部、肩部和背部,被告人黎某兵用刀刺伤何某的臀部,后被告人逃离现场。何某因抢救无效死亡。法院认为,被告人陈某邀约被告人黎某兵、张某俊在公共场所随意殴打他人,情节恶劣,三被告人均已构成寻衅滋事罪。被告人黎某兵在寻衅滋事犯罪中,持刀故意伤害他人身体,致人死亡,其行为已构成故意伤害罪,被告人黎某兵的该行为超出了共同寻衅滋事犯罪故意的内容,应独自承担刑事责任,被告人黎某兵的行为同时触犯了寻衅滋事罪、故意伤害罪,应以故意伤害罪定罪处罚。[2]

司法实践中,存在与案例9类似的情形,即一审法院与二审法院最终认定的罪名不一致,或者公诉机关指控的罪名与法院最终认定的罪名不一致的情形,罪名在寻衅滋事罪与故意伤害罪之间来回跳转。而在案例10的情形中,又存在寻衅滋事罪与故意伤害罪想象竞合的情形。两起案例不得不让人进一步思考,在殴打他人的情况下,如何正确区分寻衅滋事罪与故意伤害罪?

---

〔1〕 参见上海市第二中级人民法院刑事判决书,(2022)沪02刑终354号。

〔2〕 参见四川省金堂县人民法院刑事附带民事判决书,(2005)金堂刑初字第109号。

（一）法益功能的界分

寻衅滋事罪被规定在《刑法》分则第六章“妨害社会管理秩序罪”中的“扰乱公共秩序罪”一节中，因此，寻衅滋事罪所保护的法益即是公共秩序或社会秩序。虽然根据寻衅滋事罪本身的特性，其保护的法益内容应当根据客观行为类型的不同予以细化，如在“随意殴打他人”的行为类型中，其所保护的法益是他人在公共场所的人身安全，但在一定程度上仍在维持公共秩序或者社会秩序。故意伤害罪属于《刑法》分则第四章“侵犯公民人身权利、民主权利罪”下罪名，其所保护的法益是公民人身权利中的身体健康权。二者虽有交叉，但不难发现，寻衅滋事罪主要保护的是整体的社会秩序，是社会公众对于稳定社会秩序的安全感。也正是因为如此，在私人场所发生的殴打他人行为，或者殴打家庭成员的行为，均不构成寻衅滋事罪。

（二）随意性原则的界分

第一，主观动机的随意性不同。寻衅滋事罪因带有流氓动机，行为人在实施殴打行为时往往带有追求精神刺激、发泄自身的不良情绪等主观心态。寻衅滋事罪的犯罪动机通常呈现较为一致的趋向，更注重对自我的主观情绪的满足，因而，通常是无预谋的，事发也较为突然。而故意伤害罪的犯罪动机多样，主观目的明确，行为人也能清楚地认识到自己就是在积极追求伤害他人身体的结果，更注重对伤害结果的追求，通常有预谋，存在事先筹划准备的阶段。

第二，寻衅滋事罪针对的人员对象随意。随意殴打型寻衅滋事罪出于对不正常精神刺激的追求，行为人对其实施殴打行为的对象的身份特征并不在意。故意伤害罪则有所不同，故意伤害罪的侵害对象往往是特定的人，行为人的目标针对性较强。

第三，殴打手段、方式不同。随意殴打型寻衅滋事行为在殴打他人时具有突发性，选择殴打的工具时常就地取材。相较而言，故意伤害行为选取的工具行为人事先可能已经准备好，其殴打的地点、手段往往已经提前进行了安排。

（三）行为规制原则的界分

第一，行为符合其他犯罪构成要件的，应当以其他犯罪论处。一般情况下，寻衅滋事罪与故意伤害罪之间存在可以区分的界限。在满足故意伤害罪的构成要件的情况下，应当适用故意伤害罪，就无须再考虑寻衅滋事罪的适用。

第二，鉴于殴打行为与伤害行为存在内容上的重叠，在公共场所随意殴打他人出现轻伤结果的，符合随意殴打型寻衅滋事罪的构成要件，同时也符合故意伤害罪的构成要件。因此，对于随意殴打他人致人轻伤的情形，应按想象竞合处理，理由在于：其一，根据前述寻衅滋事罪的体系定位，肯定随意殴打型寻衅滋事罪具有其独立特征。虽然两罪在构成要件内容上存在交叉重合的关系，但也不应因此否认寻衅滋事罪的独立性。其二，随意殴打型寻衅滋事罪可以包容轻伤及以下的危害结果。伤害与殴打之间并不存在性质上的差异，造成伤害结果的伤害行为在刑法的范畴内也与寻衅滋事罪中的殴打行为相契合。

第三，在随意殴打他人致人重伤、死亡的情形下，鉴于寻衅滋事罪的“随意殴打他人，情节恶劣”不包括致人重伤、死亡的情形，故寻衅滋事罪无法对这一情形作出完整的刑法评价。而故意伤害罪的构成要件内容中包括致人重伤、死亡的情形，因此，随意殴打他人致人重伤、死亡的情形，应按照故意伤害致人重伤或死亡论处。在行为人实施多次殴打行为时，其不仅触犯寻衅滋事罪，还触犯故意伤害罪等其他罪名的，应当数罪并罚。

二、寻衅滋事罪与敲诈勒索罪

寻衅滋事罪与敲诈勒索罪存在重合的内容主要是强拿硬要型寻衅滋事罪与敲诈勒索罪的构成要件内容重合。在强拿硬要型寻衅滋事罪下，行为人通过实施暴力、威胁行为或其一贯作风、行为方式对被害人造成精神强制，迫使被害人陷入恐惧之后无奈主动交付财物。在强拿硬要型寻衅滋事罪与敲诈勒索罪的关系问题上，应当注意强拿硬要型寻衅滋事罪与敲诈勒索罪的细微差别，对具体个案作出精确判断。

与前述寻衅滋事罪与故意伤害罪的区分问题相似的是，法益功能的界分在强拿硬要型寻衅滋事罪与敲诈勒索罪的区分问题上仍然可以起到指导作用。规定“强拿硬要或者任意损毁、占用公私财物”意在保护公共场所中的公私财产安全，同样是出于维护公共秩序的需要。相较而言，敲诈勒索罪侵犯的是个人的财产权益，并不涉及对公共秩序的破坏。

行为人的主观动机也是区分二者的关键。是否具备“寻求刺激、逞强要横、无理取闹”的动机，往往需要借助客观事实予以判断。如行为人实施强拿硬要行为时是否处于长期的优势地位、是否利用了其社会影响力、对金额的大小是否在意，是否属于经常性行为。行为人交付财物时更多的是无奈之举还是基于恐惧心理。例如，行为人以揭露被害人的婚外情为理由，使得被害人陷入名誉受损的恐惧继而交付财物的，是典型的敲诈勒索罪。在该情景下，行为发生的场合较为隐私，行为人非法占有他人财物的主观目的强烈。若行为人系地痞流氓、社会闲散人员，其找到被害人收取所谓的“保护费”，并以轻微暴力或其他理由相威胁，被害人因知道行为人的一贯作风，故“交钱买安宁”，虽有担心，但这种担心既来自威胁内容，更多来自对行为人身份特征及行事风格的无奈，则该行为更符合寻衅滋事罪。

在强拿硬要型寻衅滋事罪与敲诈勒索罪的处罚角度上，刑法理论与司法实践不应当过于强调此罪与彼罪的区别，而应注意此罪与彼罪的想象竞合。强拿硬要数额较大财物的行为，完全可能既符合敲诈勒索罪的犯罪构成，又符合寻衅滋事罪的犯罪构成，应从一重罪处罚。[1] 其中的实质理据是，行为人通过威胁等方式向他人索要钱财，既侵犯社会公共秩序，又侵犯他人的合法财产，符合敲诈勒索罪和强拿硬要型寻衅滋事罪两罪的构成要件。

三、寻衅滋事罪与催收非法债务罪

催收非法债务罪系《刑法修正案（十一）》的新增罪名，在刑法体系上处于《刑法》分则第六章“妨害社会管理秩序罪”中的第一节“扰乱公共秩序罪”中，其位于寻衅滋事罪之后，规定在《刑法》第 293 条之一。《刑法》第 293 条之一规定：“有下列情形之一，催收高利放贷等产生的非法债务，情节严重的，处三年以下有期徒刑、拘役或者管制，并处或者单处罚金：（一）使用暴力、胁迫方法的；（二）限制他人人身自由或者侵入他人住宅的；（三）恐吓、

〔1〕 参见张明楷：《寻衅滋事罪探究》（下篇），载《政治与法律》2008 年第 2 期。

跟踪、骚扰他人的。”

随着金融行业的快速发展，民间借贷等经济活动越来越频繁，大量网络贷款平台涌现，借贷纠纷案件也日渐增多。一些不法机构利用这些网络平台从事非法催收业务，出借人为实现债权，常常通过这些不法机构，采用暴力、胁迫等手段催收高利放贷等产生的非法债务。另外，出借人通过暴力、胁迫、恐吓索要债务的行为亦不少见。实践中，存在大量使用暴力或“软暴力”讨债的情形，许多因民间高利借贷纠纷引发的出借人索取债务行为被认定为“软暴力”，进而以寻衅滋事罪论处。但最高人民法院、最高人民检察院《关于办理寻衅滋事刑事案件适用法律若干问题的解释》第 1 条第 3 款规定，行为人因婚恋、家庭、邻里、债务等纠纷，实施殴打、辱骂、恐吓他人或者损毁、占用他人财物等行为的，一般不认定为“寻衅滋事”，但经有关部门批评制止或者处理处罚后，继续实施前列行为，破坏社会秩序的除外。由此可见，司法解释的本意也在于将因债务纠纷引发的殴打、恐吓行为排除在寻衅滋事罪之外。但鉴于实践中仍然存在不当索债现象，且该现象具备一定的社会危险性，需要刑法予以打击，在催收非法债务罪设置之前，实践中将该行为定性为寻衅滋事罪也属无奈之举。

案例 11 | 被告人张某在开设赌场过程中，为获取非法利益，多次提供赌资引诱他人参赌，后又伙同郝某峰等人多次向被害人王某、张某 1 使用“软暴力”催讨赌债；且伙同郝某峰等人向被害人郝某甲使用泼油漆、送花圈等非法手段催讨非法债务。法院认为，被告人张某伙同被告人郝某峰等人为索要非法债务，使用言语威胁、油漆写字、摆放花圈、携带凶器等手段恐吓他人，情节恶劣，其行为构成寻衅滋事罪。[1]

案例 12 | 被告人陈某乐在滁州市的一些赌场内放高利贷，被害人王某因缺少赌资，从陈某乐处借高利贷，本息共计 11 万余元，后无力偿还。某日陈某乐在某酒店附近遇到一直欠钱未还的王某，因王某无力还钱，陈某乐电话喊来被告人熊某伟，熊某伟开车带两人来到滁州市某浴场，两人看着王某不让其离开，并让王某打电话找人借钱。熊某伟于 19 时许先行离开，陈某乐一人看着王某不让其离开。次日 17 时许，陈某乐因要回家换衣服，遂打电话让熊某伟帮忙来浴场继续看着王某，不让其离开，熊某伟接到电话后立即赶

---

〔1〕 参见安徽省怀宁县人民法院刑事判决书，(2020)皖 0822 刑初 30 号。

到浴场,陈某乐在熊某伟到来后离开,熊某伟一人看着王某至陈某乐到来后再次离开。陈某乐继续看着王某不让其离开,并让王某继续打电话找人借钱,之后,熊某伟又来到浴场,帮助陈某乐一起向王某要钱。后因陈某乐殴打了王某,王某报警。法院认定二人均犯催收非法债务罪。[1]

通过以上两则案例中司法实践的态度转变,可知催收非法债务罪设置之后,刑法学界和司法实务界开始有意识地区分两罪的界限,并开始探讨两罪的关系问题。以往以寻衅滋事罪定性的同类案件,随着催收非法债务罪的设置,在符合催收非法债务罪的构成要件的情况下,也开始转而适用催收非法债务罪。关于寻衅滋事罪与催收非法债务罪的关系问题,目前形成的统一意见即两罪完全对立、排斥。笔者同样持这一立场。例如,周光权教授认为,催收非法债务罪与寻衅滋事罪之间是对立关系,为了催收非法债务而使用暴力、胁迫方法的,限制他人人身自由或者侵入他人住宅的,以及恐吓、跟踪、骚扰他人的,即便其行为性质属于索要债务场合实施的强拿硬要行为,也是事出有因,而不是为了寻求刺激、发泄情绪、起哄捣乱、逞强耍横等,无事生非,破坏社会秩序,也不应当构成寻衅滋事罪,只能以催收非法债务罪论处。[2] 刘艳红教授也指出,催收非法债务罪是在催收非法债务的领域承接替代寻衅滋事罪的特别罪名,在《刑法修正案(十一)》生效之前构成寻衅滋事罪的催收非法债务行为,在《刑法修正案(十一)》生效后审理的,应选择适用轻罪即催收非法债务罪。也正是基于这种关系,相同催收行为若不构成催收非法债务罪,在《刑法修正案(十一)》生效后也不能再"退回""拔高"认定为寻衅滋事罪。[3]

笔者认为,将寻衅滋事罪与催收非法债务罪对立看待,具有规范理论的自洽性和实践的可操作性。主要理由在于:

第一,更有利于明确寻衅滋事罪的构成要件类型。寻衅滋事罪的主观违法要素要求行为人的主观动机系"无事生非""寻求刺激"等流氓动机,旨在维护公共秩序及社会秩序稳定。以往实践中将有因型不当催债行为以寻衅滋事罪论处,泛化了寻衅滋事罪的处罚边界,弱化了寻衅滋事罪的构成要

---

〔1〕 参见安徽省滁州市琅琊区人民法院刑事判决书,(2021)皖1102刑初139号。

〔2〕 参见周光权:《催收非法债务罪的理解与适用》,载《法治日报》2021年10月20日,第9版。

〔3〕 参见刘艳红:《遵循立法目的准确界定催收非法债务犯罪》,载《检察日报》2022年5月14日,第3版。

件类型,系类推解释入罪,违背了罪刑法定原则。

第二,避免了司法实践中出现同案异判的尴尬。涉及有因型索债的案件中,可能包含了对合法债务的索要实施的不当行为,也可能包含了对非法债务,如赌债、高利贷款等不受法律保护的债务的索取中实施的不当行为。更有可能出现行为人索要自认为享有的因道德权利引发的债权,如青春损失费、分手费等的情形。实践当中,针对合法债权的不恰当索要行为,一般认定不构成相关犯罪。但所催收的系非法债务及所谓的道德义务引发的债务时,司法实践中存在敲诈勒索罪、寻衅滋事罪等罪名混乱适用的局面。催收非法债务罪在一定程度上对不正当索要非法债务的行为进行了规制,给予司法实践较为明确的处理指向。

第十一章 兜底过度：帮助信息网络犯罪活动罪的司法纠偏

以信息网络为中心的网络社会的发展，极大地方便了人们的日常生活，加强了信息的互通，但同时也衍生了一系列利用互联网实施的违法犯罪行为，如网络赌博、网络诈骗等。随着网络犯罪的日益猖獗，与其配套的相关帮助犯罪产业链也逐渐展开，如提供互联网接入、服务器托管、通讯传输的技术行为，以及广告推广、支付结算等帮助行为，在一定程度上为相关犯罪的实施提供了便利条件，并且这些帮助行为有向产业化、专业化发展的趋势。帮助信息网络犯罪活动罪的设立，在一定程度上抑制了日益严重的网络犯罪，但该罪在实践中仍然存在诸多争议，在实务中，本罪已经出现了适用过度泛化的现象，有沦为“口袋罪”的危险。因此，正确认识本罪泛化适用的原因及解决涉及本罪的相关争议，对于正确适用本罪、防止刑事手段过度干预、坚守刑法谦抑性等均具有重要意义。

第一节　帮助信息网络犯罪活动罪概述

一、帮助信息网络犯罪活动罪的立法由来

“网络构建了我们社会的新形态,而网络化逻辑的扩散实质地改变了生产、经验、权力与文化过程中的操作和结果。”[1]晚近一段时期,我国处于经济社会发展的新时期,科学技术的飞跃革新加速了社会形态从工业社会向信息社会迈进。[2] 本身中立存在的信息网络技术,用之于社会生产则善,用之于违法犯罪则恶。从社会治理的角度讲,后者更具有关注的必要性。信息网络技术可以在违法犯罪的恶的基础上制造一种规模扩散、危害更甚的恶。正如梁根林教授指出的,“网络技术的发展在重构社会形态的同时,也深刻改变着犯罪的不法属性与不法程度”[3]。我国自从进入信息社会以来,犯罪链条已经呈现纵向精细切割与横向分工细化的新转变,网络犯罪生态链发生了根本转变。网络犯罪的社会治理成为法治现代化的重要课题。

在此背景下,立法机关为了及时堵截在网络犯罪治理中,特别是电信网络诈骗犯罪治理中出现的传统刑事追诉模式下法益保护的缺漏,在《刑法修正案(九)》中增设了帮助信息网络犯罪活动罪。目前,帮助信息网络犯罪活动罪被规定在《刑法》分则第六章“妨害社会管理秩序罪”的“扰乱公共秩序罪”一节中,由《刑法》第 287 条之二规定。即帮助信息网络犯罪活动罪是指,明知他人利用信息网络实施犯罪,为其犯罪提供互联网接入、服务器托管、网络存储、通讯传输等技术支持,或者提供广告推广、支付结算等帮助,情节严重的行为。

二、帮助信息网络犯罪活动罪的司法适用现状

帮助信息网络犯罪活动罪自增设以来,前期适用率并不“出众”。在

[1] [美]曼纽尔·卡斯特:《网络社会的崛起》,夏铸九、王志弘等译,社会科学文献出版社 2001 年版,第 596 页。

[2] 参见戴长征、鲍静:《数字政府治理——基于社会形态演变进程的考察》,载《中国行政管理》2017 年第 9 期。

[3] 梁根林:《传统犯罪网络化:归责障碍、刑法应对与教义限缩》,载《法学》2017 年第 2 期。

2018 年之前,全国适用该罪名判决的案件不足百件。直到 2019 年,帮助信息网络犯罪活动罪类案件开始大量涌现,一度成为适用率最高的前三个罪名之一。根据最高人民检察院的统计数据,2018 年,全国检察机关以帮助信息网络犯罪活动罪起诉 137 人;2019 年,起诉 499 人;2020 年,起诉 13,673 人;2021 年,起诉 129,297 人;2022 年 1 ~ 9 月,起诉 92,576 人。[1]

另外,中国司法大数据研究院于 2022 年 7 月制作、2022 年 8 月 3 日发布了《涉信息网络犯罪特点和趋势(2017.1 – 2021.12)司法大数据专题报告》,该报告显示,2017 ~ 2021 年,全国各级法院一审审结的涉信息网络犯罪案件共计 28.2 万余件,案件量呈逐年上升趋势。其中诈骗罪案件占比最高,为 36.53%;其次为帮助信息网络犯罪活动罪案件,占比为 23.76%。2017 ~ 2021 年,全国各级法院一审审结的帮助信息网络犯罪活动罪案件占涉信息网络犯罪案件的 11.88%,其中各年度的占比分别为 0.06%、0.07%、0.22%、5.78% 和 54.27%。可见 2021 年帮助信息网络犯罪活动罪案件在涉信息网络犯罪案件中的占比激增。

上述日益庞大的数据不得不让人进一步思考,为何在少捕慎诉政策的倡导下,帮助信息网络犯罪活动罪仍然能够呈现快速发展的趋势?目前,我国理论与实务中关于该罪的讨论限定在帮助信息网络犯罪活动罪的定性、行为类型的界定及中立的帮助行为的处罚范围等方面,不得不承认的是,该罪罪状表述的模糊化、客观行为的泛化、法定刑较轻等多种因素,致使帮助信息网络犯罪活动罪有成为互联网犯罪"口袋罪"之趋势。对帮助信息网络犯罪活动罪的罪名定位、行为类型及与相关罪名的竞合与界限等问题进行精准界定是遏制本罪盲目疯长的主要手段。围绕上述问题,以下将对帮助信息网络犯罪活动罪本身进行深入解剖,并就其适用泛化问题提出纠偏路径。

第二节　帮助信息网络犯罪活动罪适用泛化的原因

要想解决出现在帮助信息网络犯罪活动罪身上的问题,就必须了解产

〔1〕 参见郑智:《数据变化看检察|今年 1 月至 9 月起诉帮信罪 9.2 万余人》,载最高人民检察院官网 2022 年 10 月 30 日,https://www.spp.gov.cn//zdgz/202210/t20221030_591202.shtml。

生争议的原因究竟是什么。根据上述数据产生的时间特点及帮助信息网络犯罪活动罪本身的特点，帮助信息网络犯罪活动罪适用泛化主要有以下几点原因。

一、相关司法活动的不当推动

第一，司法解释出台的推动。2019 年 10 月，最高人民法院、最高人民检察院发布《关于办理非法利用信息网络、帮助信息网络犯罪活动等刑事案件适用法律若干问题的解释》（以下简称《帮信罪司法解释》）。《帮信罪司法解释》在确定了明知的推定方式之后，还对如何判定是否属于帮助信息网络犯罪活动的情节严重作出了阐述，划定了入罪范围、明确了入罪标准。《帮信罪司法解释》的出台，为司法活动提供了指导，在具体适用帮助信息网络犯罪活动罪时，有了可以选择的法律依据，导致原来无法进行刑事规制的行为都能够用帮助信息网络犯罪活动罪来调整，从而提高了该罪的适用率，导致该罪案件数量激增。

第二，“断卡”行动的推动。2020 年 12 月 16 日，最高人民法院、最高人民检察院、公安部、工业和信息化部、中国人民银行联合发布《关于依法严厉打击惩戒治理非法买卖电话卡银行卡违法犯罪活动的通告》，对非法买卖“两卡”的违法犯罪行为予以严厉打击。有关部门进一步加强行业监管，在全国范围内对涉“两卡”违法犯罪人员实施惩戒，深入推进“断卡”行动。鉴于此，为落实“断卡”行动，公安机关将打击电信网络诈骗犯罪的力度提到了空前的高度，而作为电信网络诈骗重要的下游犯罪，对帮助信息网络犯罪活动罪的打击力度也达到了前所未有的高峰。

二、帮助信息网络犯罪活动罪的自我困境

第一，帮助信息网络犯罪活动罪的本质定性模糊。目前学理上关于帮助信息网络犯罪活动罪的本质定性存在量刑规则说和帮助行为正犯化说两大阵营。帮助信息网络犯罪活动行为是否具有独立的可罚性基础，换言之，是帮助信息网络犯罪活动行为本身可罚还是必须以被帮助的“正犯”为前提，是这两种观点的分歧所在。如果将本罪进行帮助行为正犯化理解，那么此时所谓的帮助行为实际上因法律规定也变成了一种新的正犯行为，帮助行为只要是为正犯的实施创造了便利条件或是增加了法益侵害的可能程

度，即可成立本罪。鉴于此，若想解决帮助信息网络犯罪活动罪适用泛化的问题，就必须对帮助信息网络犯罪活动罪进行理论限缩。

第二，帮助信息网络犯罪活动罪构成要件内容的不明确性。目前实践中，关于帮助信息网络犯罪活动罪内容的争议，主要有“明知”的认定、“情节严重”的认定等。帮助信息网络犯罪活动罪本身构成要件内容的模糊性是其被反复适用甚至错误适用的原因之一。

第三，中立的帮助行为与帮助信息网络犯罪活动罪的界限尚不明确，其他罪名如掩饰、隐瞒犯罪所得、犯罪所得收益罪与帮助信息网络犯罪活动罪的竞合及界限问题尚不清晰，均成为帮助信息网络犯罪活动罪在实践中被大量适用的原因。

第三节　帮助信息网络犯罪活动罪适用泛化的纠偏路径

一、帮助信息网络犯罪活动罪性质的观点争议

目前，学界就帮助信息网络犯罪活动罪的性质问题主要存在以下几种观点：

第一，帮助行为正犯化说。周光权教授、刘仁文教授等持这一观点。[1] 帮助行为正犯化即将帮助行为提升为正犯行为，认为其具有独立的法益侵害性，在适用时不再考虑正犯行为，帮助行为只要为正犯的实施创造了便利条件或者增加了法益侵害的可能性即可成立犯罪。[2] 本罪适用帮助行为正犯化说的主要理由有：(1)基于刑法体系统一性的考量。《刑法》分则规定的都是单独正犯的行为，既然已经将本罪单独设置在《刑法》分则中，那么就是将此种帮助行为统一升级为一种正犯的实行行为加以处罚，否则会破坏刑法体系的统一性。(2)打击犯罪的需要。鉴于网络犯罪具有隐秘性、复杂性等特点，大多数网络犯罪发生在境外，难以对真正的正犯进行追究。而将本

〔1〕 参见刘仁文、杨学文：《帮助行为正犯化的网络语境——兼及对犯罪参与理论的省思》，载《法律科学（西北政法大学学报）》2017 年第 3 期。

〔2〕 参见李国权：《怎样认定网络犯罪中的帮助犯》，载《人民论坛》2017 年第 3 期。

罪进行正犯化设置之后，就可以直接将帮助犯进行定罪，无须以正犯定性完罪为前提，防止对网络犯罪打击不严、纵容犯罪的情况出现。(3)帮助信息网络犯罪活动罪也存在教唆犯和帮助犯。鉴于其本身具有正犯行为，那么教唆或者帮助他人实施帮助信息网络犯罪活动犯罪的，自然也构成教唆犯和帮助犯。

第二，量刑规则说。目前张明楷教授、黎宏教授系这一观点的支持者。[1] 量刑规则说主要是指，帮助信息网络犯罪活动罪的设立并非将帮助犯提升为正犯，只是对其规定了独立的法定刑，而不再适用《刑法》总则中关于帮助犯（从犯）的处罚规定。依照这一观点，可以得出以下结论：(1)犯罪的成立应当以正犯实施了符合构成要件的不法行为为前提。如果正犯没有接受帮助或者虽然接受了帮助但是没有进一步实施犯罪，帮助者也不构成犯罪。(2)教唆他人实施帮助信息网络犯罪活动行为的，不是教唆犯而是帮助犯。单纯帮助他人实施帮助行为，却未与正犯结果有因果关系的，不受处罚。(3)由于《刑法》分则已经设置了相应的处罚规则，就无须适用《刑法》总则中关于帮助犯（从犯）的处罚规定。

第三，"积量构罪"构造的独立犯罪说。这种观点是指，本罪的犯罪行为不能独立引起下游违法犯罪的危害后果，单次危害行为的危害量低，具有"海量积数×低量损害"的"积量构罪"罪行构造，其应受刑罚处罚性主要通过"利用信息网络"的犯罪方法和"情节严重"的限制来实现。如果在符合该罪立法的多个帮助行为中，有单个危害行为被评价为"情节严重"，属于该罪与下游犯罪的帮助犯的竞合，在此情形下该罪与下游犯罪的帮助犯没有区别；如果都不足以单独成立犯罪，如行为人为无关联关系的多人实施轻罪提供帮助，单个帮助行为都属于"情节显著轻微危害不大"，但危害行为整体评价为"情节严重"，只能成立帮助信息网络犯罪活动罪。后一情形符合"积量构罪"构造，帮助他人实施轻罪决定了行为的危害单量，帮助次数是"积数"，综合评价所有帮助行为达到应受刑罚处罚的"情节严重"程度。[2]

另外，还有部分学者认为，在处理帮助信息网络犯罪活动罪适用泛化问

---

〔1〕 参见张明楷：《论帮助信息网络犯罪活动罪》，载《政治与法律》2016年第2期；黎宏：《论"帮助信息网络犯罪活动罪"的性质及其适用》，载《法律适用》2017年第21期。

〔2〕 参见皮勇：《论新型网络犯罪立法及其适用》，载《中国社会科学》2018年第10期。

题时无须纠结帮助行为正犯化说和量刑规则说的争论，只要他人（正犯）利用行为人所提供的技术支持和帮助，着手实施了信息网络犯罪，即使单个正犯的行为尚未达到罪量要求，但在整体性评价基础上，通过叠加共犯不法程度，而满足帮助信息网络犯罪活动罪“情节严重”要求的，就可以以帮助信息网络犯罪活动罪定罪处罚。[1]

二、量刑规则说的认同与坚守

首先，确定帮助信息网络犯罪活动罪的性质对解决帮助信息网络犯罪活动罪在实践中的适用泛化问题并非毫无意义。其次，对帮助信息网络犯罪活动罪是帮助行为正犯化说还是量刑规则说的争论，其延伸出来的问题不仅是单纯的立场选择，还包括就帮助信息网络犯罪活动罪这一形式上的“帮助犯”与背后的正犯在实体上如何定性、在程序上如何适用的问题。当然，犯罪构罪的前提是符合了构成要件的不法及有责，但这仅限于单个犯罪中正犯行为和帮助行为容易一体判断的场合，而在帮助信息网络犯罪活动罪这种帮助行为与正犯行为分开的罪名下，则有必要进一步说明帮助信息网络犯罪活动罪的性质及独立成罪的意义。否则，将帮助信息网络犯罪活动罪单独设置并无必要，其完全可以被诈骗罪的共犯等类似认定所取代。

笔者认为，量刑规则说可以很好地说明帮助信息网络犯罪活动罪单独设置的意义，并且从理论意义上能够有效限制对帮助信息网络犯罪活动罪的适用。主要理由如下：

第一，量刑规则说与打击犯罪之间并不矛盾。前述学者所担心的是，如果不将本罪正犯化，那么在无法查处正犯的情况下，也不能对帮助行为进行定罪，将会放纵帮助犯。这一点其实是对共犯从属性理论的误读。基于限制从属性理论“违法是连带的，责任是个别的”的原则，在正犯未到案的情形下，仍然可以对帮助犯先行进行处罚。《帮信罪司法解释》第 13 条“被帮助对象实施的犯罪行为可以确认，但尚未到案、尚未依法裁判或者因未达到刑事责任年龄等原因依法未予追究刑事责任的，不影响帮助信息网络犯罪活动罪的认定”的规定，充分体现了限制从属性理论的立场。

---

〔1〕 参见陈洪兵：《帮助信息网络犯罪活动罪的“口袋化”纠偏》，载《湖南大学学报（社会科学版）》2022 年第 2 期。

第二,认为帮助信息网络犯罪活动罪存在独立的教唆犯和帮助犯,无疑会扩大犯罪圈,有违刑法谦抑性原则。如果将帮助信息网络犯罪活动罪的本质认为是帮助行为正犯化的表现,那么就会将本来是帮助行为的行为认定为实行行为,并将其作为犯罪认定中心不断扩散,衍生出一系列的共犯行为,使得过分延长帮助行为的判断链条,将实际上社会危害性较小的行为也纳入刑法的打击面中,这无疑是不妥当的。

第三,帮助信息网络犯罪活动罪中的互联网接入、服务器托管、网络存储等帮助行为,很多情况下是中立的技术性行为。在不存在为相关网络犯罪进行专门制作、提供技术帮助的场合,这些技术性手段大多并没有社会危害性。因此,帮助信息网络犯罪活动罪同协助组织卖淫罪、帮助恐怖活动罪等罪名具有本质上的不同。虽然从条文字面意思似乎可以看出都是将帮助行为单独设立成一个新的罪名,但协助组织卖淫的行为、帮助恐怖活动的行为本身具有社会危害性,帮助信息网络犯罪活动罪本身在内容上有其特殊性。

第四,从因果共犯论的角度,也可以看出帮助信息网络犯罪活动罪的设置实际上是从预防的角度对网络社会背景下的帮助行为配置罪责条款。正如钱叶六教授提到的,"要使刑法分则条文独立成罪的帮助行为能够解释为共犯行为正犯化现象,一定是该行为具有极大的法益侵害性,一般预防与特殊预防的必要性大。但网络犯罪帮助行为一般具有中立性和业务性的特点,如果不依托于正犯的违法行为,其本身是无害的。因而,在仅有帮助者的帮助行为,但被帮助对象没有实施犯罪行为,或者虽然被帮助对象实施了相关网络犯罪,但实际上未利用行为人提供帮助的场合,均无处罚这里的'帮助者'的必要"[1]。只是在有些情况下,基于共犯的罪名独立性原理,在行为人与被帮助对象故意内容不同的情况下,根据个人责任原则,可以对他们分别认定为不同的犯罪。

---

〔1〕 钱叶六:《帮助信息网络犯罪活动罪的教义学分析共犯从属性原则的坚守》,载《中外法学》2023 年第 1 期。

三、帮助信息网络犯罪活动罪的构成要件认定

(一)客观行为类型的认定

第一,互联网接入。是指利用接入服务器和相应的软硬件资源建立业务节点,并利用公用电信基础设施将业务节点与因特骨干网相连接,为各类用户提供接入因特网的服务。这种情况下构成犯罪的情形主要有:使用虚假身份证为他人申请办理、安装和维护使用虚假信息的"黑"宽带,使用手机号激活他人的宽带后高价出售给他人用于违法活动等。

第二,服务器托管。是指将服务器和相关设备托管至有专门数据中心的机房,机房负责提供稳定的电源、宽带等,而服务器的维护通常由客户远程自行操作。这种情况下可能认定为犯罪的行为主要有:明知他人使用虚假网站进行犯罪活动而提供服务器托管及防止拦截等技术支持;为他们实施犯罪活动而创建诈骗网站,并为网站租赁服务器,提供第三方支付、网站维护等技术支持。

第三,网络储存。是指在网络上连接存储设备和辅助软件、硬件,进行数据存储、共享,以此降低数据成本,促进存储设备利用率的提高。

第四,通讯传输。是指为犯罪分子提供信息网络,实现数据传输和远程连接。例如,提供呼叫转接及充值话费等通讯服务;将"电话卡服务器"卡槽出租给他人实施犯罪活动;专门经营短信群发业务,明知系诈骗短信还应要求群发等。

第五,广告推广。是指制作或者投放广告,进行广告宣传,对产品或者服务进行营销,从而推广产品或者服务。司法实践中认定的提供广告推广的行为多为行为人明知系虚假信息而予以发布推广,有的甚至是主动为对方伪造资质以取得广告推广的资格,因而属于发布虚假广告的行为,不是正当的业务行为。

第六,支付结算。是指使用票据、信用卡和汇兑、托收承付等结算服务方式进行货币给付及资金清算的行为。例如,收购银行卡转卖给他人用于信息网络犯罪支付结算、在公司支付系统中非法开设账号、为他人提供网络支付接口等。

第七,其他技术支持和其他帮助行为。是指可以协助被帮助者更为便

利地实施犯罪活动的行为。例如,研发、制作、提供、出售、出租、维护专门用于实施赌博、诈骗等犯罪的软件、平台、网站,提供修改微信、QQ账号定位的服务,从境外购买服务器向他人出售流量用于攻击网站等行为。

(二)明知的认定

目前,就本罪中关于明知的内涵,主要有以下几种观点:第一,明知仅限于明确知道;[1]第二,明知是明确知道和可能知道;[2]第三,明知是明确知道和应当知道;[3]第四,明知是明确知道和推定明知。

笔者认为,明知系明确知道和推定明知较为合理,主要理由如下:

第一,此观点与《帮信罪司法解释》的规定相一致。《帮信罪司法解释》第11条规定,为他人实施犯罪提供技术支持或者帮助,具有下列情形之一的,可以认定行为人明知他人利用信息网络实施犯罪,但是有相反证据的除外:(1)经监管部门告知后仍然实施有关行为的;(2)接到举报后不履行法定管理职责的;(3)交易价格或者方式明显异常的;(4)提供专门用于违法犯罪的程序、工具或者其他技术支持、帮助的;(5)频繁采用隐蔽上网、加密通信、销毁数据等措施或者使用虚假身份,逃避监管或者规避调查的;(6)为他人逃避监管或者规避调查提供技术支持、帮助的;(7)其他足以认定行为人明知的情形。由此可见,司法解释以列举方式设置了7种客观情形用以推定行为人主观上明知。

第二,应当明知中不仅包含行为人的确知道的情形,还包括本应当对被帮助对象实施犯罪有预见,但是由于过于自信或疏忽大意的过失而没有预见的情形。这容易将过失犯罪也纳入本罪的评价范畴,会导致本罪认定的扩张化。

第三,本罪的明知不要求双方的意思联络。鉴于网络信息时代沟通方式的变化,通过线上交流,客观上双方呈现的意思联络的深浅程度并不显而易见,而从本罪条文以及《帮信罪司法解释》中对明知列举的情形来看,均未要求具有双向的意思联络。

---

〔1〕 参见陈兴良主编:《中国刑事司法解释检讨》,中国检察出版社2003年版,第114页。

〔2〕 参见陈本正:《论帮助信息网络犯罪活动罪的司法认定》,载《河南大学学报(社会科学版)》2024年第2期。

〔3〕 参见刘宪权、房慧颖:《帮助信息网络犯罪活动罪的认定疑难》,载《人民检察》2017年第19期。

第四,对明知的理解,还应当把握以下原则:(1)清楚知道被帮助对象实施的网络犯罪的性质、危害等当然属于明知;知道被帮助对象是利用其帮助行为实施网络犯罪,但不知道具体性质的,不影响明知的认定。(2)考虑到网络的特点,在提供公共服务的场合,仅知道相关技术、服务可能被不特定的他人用于犯罪的,不能据此就认定明知,进而以犯罪论处。但是,如果知道特定人员利用有关技术、服务实施犯罪,仍不履行相关安全管理义务,可能构成拒不履行信息网络安全管理义务罪。(3)"心照不宣"实际也是一种合意,也存在意思联络。因为实践中的帮助信息网络犯罪活动罪案件绝大多数缺少明确的、言语上的意思联络或者通谋,属于"心照不宣"型。

第五,推定明知意味着应当允许反证。正是由于明知作为一种主观心态难以为人感知,在行为人否认的情况下,需要结合其客观行为表现对其主观状态进行推定,以达到打击犯罪的效果。因此,在公诉机关举证行为人符合推定明知时,行为人可以对此辩驳,但应当举出反证,否则应承担举证不能的不利后果。

四、帮助信息网络犯罪活动罪与不可罚的中立帮助行为的界限

应当肯定的是,中立行为是日常生活中一些较为普遍的、通常具有业务性质的行为,如运输乘客的行为、买卖工具的行为等。这些行为单独来看并不会成为刑法上的危害行为,不会使行为人陷入刑事风波之中。因为,任何日常行为都有可能在无意中为犯罪提供些许的帮助,如果对这些日常行为都要进行处罚,将会严重影响民众的日常生活,使得每个人都不敢与外界有任何联系与交流。因此,在本罪的认定上,如何将一些不可罚的中立行为从帮助信息网络犯罪活动罪构成要件的客观行为类型中脱离,值得进一步研究。学理上,关于这个问题的界限,由于全面处罚说和主观说容易造成刑罚外溢及主观难以认定等问题,鲜少有人支持。客观说为大多数学者所支持,只是在客观说内部学者依照不同内容又进行了细化。

第一,情节严重的中立行为应该被排除。例如,张明楷教授认为,帮助信息网络犯罪活动罪虽然会将一定的中立行为包含在内,但帮助信息网络犯罪活动罪并没有扩大处罚范围。按照共犯理论,一般而言,只要帮助行为与正犯结果之间存在因果关联,就应当以帮助犯定罪量刑,情节严重并不是帮助犯成立的前提条件。根据帮助信息网络犯罪活动罪规定,行为人在明

知他人实施信息网络犯罪的情况下,仍然提供互联网接入等技术接入或支付结算等其他帮助的,只有在“情节严重”的情况下,才可以被认定为帮助信息网络犯罪活动罪。因此,本罪反而缩小了处罚范围。关于“情节严重”的判断,可以遵循以下原则:其一,情节具有不法性,同时具备有责性。其二,判断该行为所保护或者所能带来的利益是否小于该行为间接所造成的法益侵害,如果是否定的,则应当阻却刑事上的违法性。其三,从期待可能性的角度判断中立行为的实施者是否应当对危害结果承担刑事责任。[1]

第二,客观归责理论可排除中立行为在本罪中的适用。例如,周光权教授认为,如果要彻底贯彻刑法客观主义立场,就应该认为通过否定中立帮助犯的客观(不法)构成要件来限制定罪范围的思路是合适的,即采用客观归责论的进路,从中立行为是否制造、增加了不被规范所允许的危险,危险是否被实现等角度思考问题。按照这一逻辑,中立行为虽然对正犯行为有“帮助”作用,存在传统上的共犯因果性,但是,按照规范评价和实质判断的立场,从行为对法益侵害的危险性角度看,该行为没有制造法所禁止的危险,并未达到值得作为共犯处理的危险性,从而否定中立行为成立帮助犯。将客观归责论用到网络犯罪中,应该认为,对于单纯提供网络技术的“中立帮助行为”(经营行为),原则上不能处罚。[2]

第三,因果关系原理对中立行为是否存在可罚性的作用。孙万怀教授、郑梦凌教授认为,帮助者主观上的确定的故意或者不确定的故意的认知,不适合作为划定中立行为可罚性的标准,应该从犯罪客观方面寻求划定中立行为可罚性的标准。同时,应从帮助行为与正犯实行行为及行为结果之间是否具有因果性的角度,对复杂的中立的帮助行为是否可罚进行区分。应把因果关系分为物理的因果性与心理的因果性,二者只要符合其一便构成可罚的帮助犯。[3]

第四,主客观相结合理论对区分中立行为中可罚的帮助行为的作用。陈兴良教授认为,在判断中立的帮助行为是否具有刑事可罚性的时候,应当先从客观上对中立的帮助行为与犯罪行为之间的关系进行考察,中立的帮

---

〔1〕 参见张明楷:《刑法学》(第6版),法律出版社2021年版,第1384页。

〔2〕 参见周光权:《网络服务商的刑事责任范围》,载《中国法律评论》2015年第2期。

〔3〕 参见孙万怀、郑梦凌:《中立的帮助行为》,载《法学》2016年第1期。

助行为要具有与犯罪行为的密切关联性。这里所谓的密切关联性，是指中立的帮助行为已经成为共同犯罪的一个组成部分，而不是游离于犯罪行为之外。或者说，作为中立的帮助行为刑事归责的客观条件，该帮助行为仅具有中立的外观，而实质上已经深刻嵌入共犯结构，成为正犯的辅助行为。在主观上，中立的帮助行为的刑事归责并不是建立在对正犯犯罪的明知基础之上。〔1〕

笔者认为，主客观结合说在判断中立行为中哪些行为可以成为可罚的帮助行为上具有良好的效果。在具体内容上还可以做如下补充：

第一，正是由于中立行为的日常性、业务性，因此，不考虑行为人的主观因素，很难将行为赋予刑事不法性。当行为人主观上属于确实明知正犯有犯罪故意时，行为人有积极促进正犯实施犯罪行为的意思，则该帮助行为属于可罚的帮助行为。当行为人仅对正犯是否实施犯罪存在不确定的怀疑时，基于中立行为的特性，应当根据信赖原则进行判断。因为，每个人都应该信赖他人不会实施犯罪，因此，即便行为人提供的帮助行为为他人实施犯罪创造了条件，也不应当进行归责。

第二，在客观行为的判断上，应当以客观归责理论为判断依据。即判断行为是否创设了法所不容许的风险，且进一步导致了危险的实现。

第四节　帮助信息网络犯罪活动罪与其他犯罪的界限与竞合

一、帮助信息网络犯罪活动罪与诈骗罪帮助犯的界限厘清

2011 年发布的最高人民法院、最高人民检察院《关于办理诈骗刑事案件具体应用法律若干问题的解释》第 7 条规定："明知他人实施诈骗犯罪，为其提供信用卡、手机卡、通讯工具、通讯传输通道、网络技术支持、费用结算等帮助的，以共同犯罪论处。"2016 年发布的最高人民法院、最高人民检察院、公安部《关于办理电信网络诈骗等刑事案件适用法律若干问题的意见》第 3

〔1〕 参见陈兴良：《论中立的帮助行为》，载《东方法学》2022 年第 4 期。

条规定，“实施刑法第 287 条之一、第 287 条之二规定之行为，构成非法利用信息网络罪、帮助信息网络犯罪活动罪，同时构成诈骗罪的，依照处罚较重的规定定罪处罚”。2022 年发布的最高人民法院刑事审判第三庭、最高人民检察院第四检察厅、公安部刑事侦查局《关于“断卡”行动中有关法律适用问题的会议纪要》（以下简称《“断卡”行动会议纪要》）第 5 条第 1 款中指出：“关于正确区分帮助信息网络犯罪活动罪、掩饰、隐瞒犯罪所得、犯罪所得收益罪与诈骗罪的界限。在办理涉‘两卡’犯罪案件中，存在准确界定前述三个罪名之间界限的问题。应当根据行为人的主观明知内容和实施的具体犯罪行为，确定其行为性质。以信用卡为例：（1）明知他人实施电信网络诈骗犯罪，参加诈骗团伙或者与诈骗团伙之间形成较为稳定的配合关系，长期为他人提供信用卡或者转账取现的，可以诈骗罪论处……（3）明知他人利用信息网络实施犯罪，仅向他人出租、出售信用卡，未实施其他行为，达到情节严重标准的，可以帮助信息网络犯罪活动罪论处。”实践当中，诈骗罪的帮助犯与帮助信息网络犯罪活动罪在客观行为上存在多处重叠，如在客观方面都实施了帮助行为，在主观方面都要求明知他人实施信息网络犯罪，从而导致司法实践中对适用帮助信息网络犯罪活动罪还是诈骗罪（帮助犯）进行处罚较为混乱。特别是帮助信息网络犯罪活动罪的最高刑期只有 3 年，而诈骗罪甚至能达到无期徒刑，孰轻孰重一目了然。为了对犯罪行为进行精准定性与量刑，不致于出现同案不同判的尴尬局面，应当就帮助信息网络犯罪活动罪与诈骗罪（帮助犯）的关系问题作出解释。

（一）观点争议

目前，就帮助信息网络犯罪活动罪与诈骗罪的区分问题，存在以下几种观点：

第一，以是否有“通谋”进行界分。这种观点认为，将帮助他人利用信息网络实施犯罪的行为认定为共犯而以帮助犯论处的，宜限于行为人与利用信息网络实施犯罪者存在事前或者事中通谋的情形。行为人主观上仅具有明知，但对后续实施的信息网络犯罪未实际参与的，原则上宜以帮助信息网络犯罪活动罪论处。[1] 这种观点的问题在于，帮助犯的成立并未要求存在

[1] 参见喻海松：《新型信息网络犯罪司法适用探微》，载《中国应用法学》2019 年第 6 期。

事先通谋，只要帮助者认识到正犯的行为，并且其帮助行为与正犯结果之间存在因果关系，就应当肯定帮助犯的成立。

第二，根据明知的内容和程度进行界分。这种观点认为，诈骗罪要求行为人明知他人实施信息网络诈骗犯罪，是一种具体的故意。帮助信息网络犯罪活动罪要求行为人明知他人实施信息网络犯罪，是一种概括的故意。另外，诈骗犯罪主要针对一般性帮助行为，例如，提供场所、资金支持以及其他未达到技术支持的严重性和决定性程度的行为；帮助信息网络犯罪活动罪的帮助行为限于提供互联网接入、服务器托管、支付结算等特定的技术帮助行为。笔者认为，这种观点具有部分合理性，但从行为内容上对两罪进行区分存在不妥。为何就认为诈骗罪的帮助行为只是尚未达到技术支持的一般性行为？这种区分的合理界限在何处？该观点均未明示。倘若认为这正是由帮助信息网络犯罪活动罪的构成要件内容决定的，那本观点的论证实则是在循环论证。

第三，从规制对象界分，将帮助信息网络犯罪活动罪界定为补充罪名。这种观点认为，帮助信息网络犯罪活动罪具有特定的规制对象，加之该罪3年以下有期徒刑、拘役的轻缓刑罚配置，该罪属于诈骗罪与掩饰、隐瞒犯罪所得罪等相关罪名的补充罪名。因此，应当立足于补充罪名的定位来适用帮助信息网络犯罪活动罪，即优先适用诈骗罪与掩饰、隐瞒犯罪所得罪等相关罪名，在不构成上述相关犯罪或者无法证实相关犯罪的情况下，才认定帮助信息网络犯罪活动罪。[1] 这种观点的问题在于：首先，既然诈骗罪等相关犯罪都不构成，又何以确定提供帮助的行为人就一定构成犯罪？这与正犯未归案，先行处罚帮助犯的情形具有本质区别。其次，若将本罪在体系上设置成补位性罪名，反而加剧了本罪适用泛化的风险。因为，一旦不构成诈骗罪或者掩饰、隐瞒犯罪所得罪等，就会用本罪进行兜底，反而证实了本罪实质沦为“口袋罪”的事实。

第四，以是否属于“明知且促进”类型进行界分。行为人专门为诈骗犯制作更改来电显示号码软件的，属于明知且促进型的帮助信息网络犯罪活动行为，以诈骗罪的帮助犯处罚即可。但行为人事先制作了改号软件，在他人购买时出售的，则属于明知非促进型的帮助信息网络犯罪活动行为，应当

---

〔1〕 参见涂龙科：《严格把握帮信罪认定标准》，载《检察日报》2023年2月18日，第3版。

按照帮助信息网络犯罪活动罪定罪处罚。[1] 但客观上而言，无论是专门制作还是事先已经制作好再出售，均是促进了他人犯罪行为的实施，因此，也无法否认诈骗罪帮助犯成立的事实。

综上所述，从有无通谋、明知的内容及行为类型等方面均难以解决帮助信息网络犯罪活动罪与诈骗罪共犯的界限问题。因此，笔者认为，应当从二者的实质内涵出发，进一步分析二者的界限与竞合。

（二）两罪界限的明晰

案例1 ｜安徽省淮北市中级人民法院认定："郭某理、庄某伟明知郑某夫、唐某虎等人要求设计开发的平台用于金融活动，未要求提供资质，且平台具有高额利息、发展会员获取动态收益、手工匹配会员投资等运行模式，可能用于实施网络犯罪，仍设计开发平台并进行安全维护，后帮助关闭平台及删除相关数据，其行为均符合帮助信息网络犯罪活动罪的犯罪构成要件，二上诉人的行为构成帮助信息网络犯罪活动罪，原判对二人行为定性不当，本院依法予以纠正。"后安徽省淮北市中级人民法院撤销一审认定的集资诈骗罪，改判二人犯帮助信息网络犯罪活动罪。[2]

案例2 ｜浙江省绍兴市中级人民法院认定，游某经营网络科技公司，出于牟利目的为其他公司网络商城的运行提供技术帮助与支持。游某对其他公司的违法行为有一定程度的认知，但对其他公司实施犯罪的具体内容、过程并不明确知道。最终撤销一审游某犯诈骗罪的判决，改判帮助信息网络犯罪活动罪。[3]

案例3 ｜赵某经营的网络科技有限公司的主营业务是为第三方支付公司网络支付接口代理。被告人赵某在明知申请支付接口需要提供商户营业执照、法人身份证等"五证"信息和网络商城备案域名，且非法代理的网络支付接口可能被用于犯罪资金走账和洗钱的情况下，仍通过事先购买的企业"五证"信息和假域名备案在第三方公司申请支付账号，以每个账号收取2000～3500元不等的接口费将账号卖给他人，并收取该账号入金金额3‰左

---

〔1〕 参见王肃之：《论网络犯罪参与行为的正犯性——基于帮助信息网络犯罪活动罪的反思》，载《比较法研究》2020年第1期。

〔2〕 参见安徽省淮北市中级人民法院刑事判决书，(2019)皖06刑终278号。

〔3〕 参见浙江省绍兴市中级人民法院刑事判决书，(2016)浙06刑终307号。

右的分润。审理法院认定:被告人赵某明知他人利用信息网络实施犯罪,为其犯罪提供支付结算的帮助,其行为构成帮助信息网络犯罪活动罪。[1]

通过上述三个案例,可以对帮助信息网络犯罪活动罪和诈骗罪共犯之间的界限作出如下总结:

第一,根据行为人明知程度的不同,当行为人对上游诈骗主观上表现为明知时构成诈骗罪共犯,而当行为人对上游犯罪仅具有概括的明知时构成帮助信息网络犯罪活动罪。

第二,行为人未认识到他人犯罪的具体事实,仅具有认识可能性的,认定为帮助信息网络犯罪活动罪。

第三,行为人(事前、事中、事后)与他人根本无犯意联络,没有深度参与犯罪链条,如参与诈骗金额的分配等,未超出单纯提供技术支持和帮助的范畴的,应当构成帮助信息网络犯罪活动罪。

二、帮助信息网络犯罪活动罪与掩饰、隐瞒犯罪所得、犯罪所得收益罪的类型划分

(一)两罪认定的观点聚讼

为了处理两罪的竞合问题,理论界与实务界都在积极探索辨明二者的关系,主要形成了相左的两派观点,分别是竞合说和区分说。

竞合说认为,行为人实施帮助信息网络犯罪活动时,以为其转账的方式提供帮助的,显然符合帮助信息网络犯罪活动罪的犯罪构成;但同时,其帮助行为的表现方式也就是为他人掩饰、隐瞒犯罪所得的资金及其收益,是掩饰、隐瞒犯罪所得、犯罪所得收益罪(以下简称掩隐罪)多种行为方式中的一种。从规范文义的角度说,显然是存在既符合帮助信息网络犯罪活动罪也同时符合掩隐罪的网络帮助行为,刑法理论中具有对此处理的理论工具,即按照想象竞合的原理择一重处,[2]而无须刻意区分两罪。区分说中有观点认为事后的帮助行为由于已经不会产生对上游犯罪的增益、促进作用,因而排除事后帮助信息网络犯罪活动罪的成立空间。竞合说则认为,根据《刑

---

〔1〕 参见浙江省义乌市人民法院刑事判决书,(2017)浙0782刑初1563号。

〔2〕 参见潘亚鹏、沈婷:《"断卡"行动中提供银行卡及关联行为的法律定性》,载《中国检察官》2021年第8期。

法》的明文规定,并不排除事后帮助信息网络犯罪活动罪成立的可能,而且绝大多数情况下,上游犯罪呈现链条式多发的特点,以电信网络诈骗犯罪为例,上游犯罪嫌疑人的诈骗行为并非独立、单一实施,网络时代其诈骗行为往往是针对不特定多数人规模化实施,对于所帮助转移的资金哪些属于事后、哪些属于事中,几乎没有区分的现实可能。所以,不应无视罪刑法定主义而排除帮助信息网络犯罪活动罪的成立,这也与帮助信息网络犯罪活动罪的规范目的并不契合。[1] 还有观点认为,由于行为人存在两个行为,分别符合帮助信息网络犯罪活动罪和掩隐罪的犯罪构成,因而存在对其数罪并罚的空间。[2] 不过,该观点的支持者寥寥。

区分说则追求通过明确的、特定的标准对帮助信息网络犯罪活动罪和掩隐罪进行区分,希冀改变两罪在司法适用中易于混淆的局面。根据区分标准的不同,该说又可以细分为几种不同的观点:

第一种观点认为,区分两罪的突破口在于行为的时间点。从罪名属性看,帮助信息网络犯罪活动罪属于共同犯罪中的帮助犯,由于刑法并不承认事后的共犯,故而帮助信息网络犯罪活动罪应当在上游犯罪既遂以前成立;与之不同,掩隐罪的本质是赃物犯罪,赃物出现意味着犯罪业已完成,因此掩隐罪只能在上游犯罪既遂以后成立。[3] 由此,根据行为人提供帮助的时间阶段不同,上游犯罪既遂后提供帮助的,则当然构成掩隐罪;相反,上游犯罪正在进行、尚未既遂时行为人提供支付结算帮助的,则应当对行为人以帮助信息网络犯罪活动罪论处。具体以下文案例进行说明。

案例 4 | 被告人黄某在电信诈骗犯罪分子"阿通"实施诈骗行为骗取被害人黄某 35 万元后,为"阿通"提供银行卡接收诈骗所得钱款,但其本人账户在帮助转账过程中两次被公安机关紧急止付(涉嫌诈骗),黄某遂开始使用其母亲银行账户。在诈骗款项中的 20 万元经上级账户转至黄某母亲账户后,黄某立即指使其母亲将该 20 万元取现并另行转存至黄某银行账户,再由

[1] 参见吴玉婷:《网络犯罪中资金结算帮助犯的类案难点与破解思路——以代某某被骗案为例》,载《上海法学研究》2020 年第 23 卷(总第 47 卷),第 47~50 页。

[2] 参见湖南省湘乡市人民法院刑事判决书,(2021)湘 0381 刑初 457 号。

[3] 参见李勇:《帮助信息网络犯罪活动罪的司法适用误区》,载《检察日报》2022 年 1 月 18 日,第 7 版。

黄某转账至“阿通”指定的账户。[1]

该案审理法院在裁判说理中采用的即是根据时间节点区分的观点，认为在上游诈骗犯罪既遂后被告人实施的帮助行为，性质上属于诈骗犯罪的事后帮助行为，其符合的是掩隐罪的构成要件。而对于行为人在被帮助对象既遂前后均提供转移资金帮助的行为，应当分别认定为帮助信息网络犯罪活动罪与掩隐罪，数罪并罚。[2] 以时间节点为标准区分帮助信息网络犯罪活动罪和掩隐罪，其优势在于具有明确的、简洁的操作标准，有利于实践中有序统一地认定两罪的成立空间。但其显然也存在标准合理性疑问，正如前文竞合说所指出的，排除事后帮助信息网络犯罪活动罪的成立并不具有罪刑法定依据，帮助信息网络犯罪活动罪系刑法独立条文规定的独立罪名，并非上游犯罪的共同犯罪，因而不能以不存在事后共犯的理由排除事后帮助信息网络犯罪活动罪的成立。而且，以时间标准划分的结果将会造成事中的帮助与事后的帮助处罚失衡的问题，该点下文还将具体展开。

第二种观点认为，区分帮助信息网络犯罪活动罪与掩隐罪的关键在于行为对象。所谓行为对象，也称为犯罪对象、行为客体，一般是指构成要件行为所作用的物、人、组织（机构）、制度等客观存在的对象。[3] 该观点认为，行为对象的不同，是两罪最为显著的区分依据。依照《刑法》的规定，掩隐罪的行为对象系“犯罪所得及其产生的收益”。根据最高人民法院《关于审理掩饰、隐瞒犯罪所得、犯罪所得收益刑事案件适用法律若干问题的解释》（以下简称《掩饰隐瞒解释》）的规定，所谓“犯罪所得及其收益”，实际上限定在通过犯罪直接得到的赃款、赃物和行为人对犯罪所得进行处理后得到的孳息、租金等。而帮助信息网络犯罪活动罪中，行为人帮助的对象并不限于犯罪所得，其他工具性、成本性的经营型犯罪的资金或利益（如搭设网站所需的资金、宣传使用的资金等）都完全可能是帮助信息网络犯罪活动罪中通过支付结算帮助加以转移的。换句话说，帮助信息网络犯罪活动罪的行为对象的外延相较于掩隐罪的行为对象更加广泛。故对于并非针对犯罪

---

〔1〕 参见谢栋、陈月月：《帮助信息网络犯罪活动罪与掩饰、隐瞒犯罪所得罪的定性争议》，载《人民法院报》2021 年 10 月 21 日，第 6 版。

〔2〕 参见陈洪兵：《帮助信息网络犯罪活动罪的“口袋化”纠偏》，载《湖南大学学报（社会科学版）》2022 年第 2 期。

〔3〕 参见张明楷：《刑法学》（第 6 版），法律出版社 2021 年版，第 210 页。

所得但为上游网络犯罪提供支付结算帮助、促使资金流转的行为,显然成立帮助信息网络犯罪活动罪而非掩隐罪。[1]

第三种观点则认为,区分帮助信息网络犯罪活动罪与掩隐罪的重点应放在客观行为性质上。也就是说,行为人提供支付结算帮助若只是为了帮助上游诈骗犯罪分子接受诈骗款项,应当成立帮助信息网络犯罪活动罪,因为其行为并未超出帮助信息网络犯罪活动罪的法益保护范围。而若行为人不仅提供银行卡为上游犯罪分子提供支付结算帮助,还实施了超过必要限度的积极行为,起到了帮助掩饰、隐瞒资金性质的作用,则应当评价为掩隐罪。《“断卡”行动会议纪要》专门就如何区分帮助信息网络犯罪活动罪与掩隐罪作出了相关规定:“行为人向他人出租、出售信用卡后,在明知是犯罪所得及其收益的情况下,又代为转账、套现、取现等,或者为配合他人转账、套现、取现而提供刷脸等验证服务的,可以掩饰、隐瞒犯罪所得、犯罪所得收益罪论处。”“明知他人利用信息网络实施犯罪,仅向他人出租、出售信用卡,未实施其他行为,达到情节严重标准的,可以帮助信息网络犯罪活动罪论处。”可以看出,其主要采取的是以客观行为性质作为区分依据的观点,行为人未进一步实施超出提供银行账户等之外的掩饰资金性质的行为时,则应仅以帮助信息网络犯罪活动罪处理。

案例 5 | 被告人兰某、赖某辉在明知他人实施网络犯罪的情况下,共谋通过“中币”应用程序买卖虚拟货币为他人提供支付结算帮助。两人商定,赖某辉负责衔接和操作买卖虚拟货币的具体事宜,兰某负责寻找他人提供银行卡用于款项收支,获利二人平分。兰某先后找到被告人陈某、罗某(另案处理)、杨某强、谢某田等人提供银行卡用以支付结算,兰某还将自己的1张银行卡用于支付结算,支付结算金额共计36.6万元,兰某、赖某辉各自获利13,000元。陈某、罗某、杨某强、谢某田、张某在明知他人实施网络犯罪的情况下,仍将自己的银行卡提供给兰某使用,因此法院认定被告人兰某、赖某辉明知系犯罪所得,仍帮助实施赃款转移,情节严重,其行为构成掩饰、隐瞒犯罪所得罪;而被告人江某、张某、谢某田、杨某强、陈某明知他人实施网络犯罪,只是提供银行卡为其支付结算,其行为则构成帮助信息网络犯罪

---

〔1〕 参见上海市第一中级人民法院课题组:《网络支付结算型帮助行为的刑法规制——兼论帮助信息网络犯罪活动罪的理解与适用》,载《中国应用法学》2022年第1期。

活动罪。[1]

显然，上述案例 5 中法院认定被告人兰某、赖某辉构成掩隐罪的重要理由是行为人不仅提供银行卡用于帮助支付结算，还积极组织他人提供银行卡账户并具体操作收支款项，其行为不再是单纯的出租、出售银行卡的行为。

（二）两罪的规范关系与类型区分

在区分两罪前，有必要申明帮助信息网络犯罪活动罪与掩隐罪的规范关系样态。帮助信息网络犯罪活动罪与掩隐罪并非完全独立、非此即彼的关系，也不是简单的竞合关系。因此，对于两罪的区分不应寄希望于单一的标准，企图“一劳永逸”。不同情境下的类型区分应是合理路径。

帮助信息网络犯罪活动罪与掩隐罪在客观性质上都具有帮助性、辅助性，行为人的行为成立相应犯罪都需要与上游犯罪存在关联，当二者帮助的上游犯罪存在重合时，则两罪的适用会产生交织。但是，分析两罪的规范效能，一方面，二者并非简单的竞合关系。掩隐罪作为赃物犯罪的一般犯罪，本质上是为上游犯罪的犯罪所得及其收益掩饰性质、改变走向，其对上游犯罪本身的既遂并无实质性促进作用。立法机关显然从未将网络犯罪排除在掩隐罪的上游犯罪范围之外。帮助信息网络犯罪活动罪作为《刑法》晚近新增的罪名，其主要是针对“在网络空间传授犯罪方法、帮助他人犯罪的行为多发的情况”[2]而设立。立法机关在针对帮助信息网络犯罪活动行为予以类型化认定并入罪后，其帮助方式显然是多种多样的，如前文所述，当行为人提供支付结算帮助并进一步转移资金时，立法机关显然也认为其属于帮助信息网络犯罪活动罪的行为方式的一种。所以从立法构造来看，当上游犯罪都是网络犯罪，行为人都提供支付结算帮助时，两罪确实存在着适用上的重叠与竞合。但是，这种竞合并非一贯的，考虑到掩隐罪本质上只能是事后帮助的行为构造，在事前为网络犯罪活动提供支付结算帮助甚至是协助资金转移的场合，行为不存在成立掩隐罪的空间。此外，支付结算的内涵丰

---

〔1〕 参见重庆市巴南区人民法院刑事判决书，(2021)渝 0113 刑初 814 号。

〔2〕《刑法修正案(九)草案首次提交审议》，载中国政府网，http://www.gov.cn/xinwen/2014-10/28/content_2771624.htm。

富,行为人仅提供银行账户和行为人为配合转移资金而提供刷脸、验证等帮助都属于帮助信息网络犯罪活动罪中的支付结算帮助,而前者却难言是具有掩饰、隐瞒性质的行为。因而,从行为方式上讲两罪也存在分离的空间。帮助信息网络犯罪活动罪与掩隐罪不是完全的竞合关系,存在竞合以外的情形,所以不宜简单地完全用竞合论的处断规则对两罪加以区分。

另一方面,帮助信息网络犯罪活动罪与掩隐罪也不是简单的彼此分立的关系。二者可能产生竞合的原因与场合已无须赘言。因为简单地以单一标准希冀完全区分两罪的关系,并不现实。例如,以单纯的时间节点作为区分标准,将帮助信息网络犯罪活动罪的适用规定在上游网络犯罪的事前与事中,会和想象竞合择一重处的观点一样导致刑罚处罚失衡的尴尬。如前文指出的,帮助信息网络犯罪活动罪在情节严重时的法定最高刑为 3 年有期徒刑,而掩隐罪在情节严重的场合法定最高刑为 7 年有期徒刑。如此一来,在行为人为犯罪提供事前与事中的帮助时会被认定为帮助信息网络犯罪活动罪并处以最高 3 年的有期徒刑,而当行为人事后提供帮助时则会被处以最高 7 年的有期徒刑,在行为性质相同时仅因行为所处时点和阶段不同而出现较为悬殊的不同等处罚现象,与罪责刑相适应的刑法基本原则相背离。又如,以行为对象为区分标准,将帮助信息网络犯罪活动罪的成立空间限定在"非犯罪所得及其收益"的场合中,也不能真正解决问题。前文已经指出,《掩饰隐瞒解释》将犯罪所得理解为行为人在犯罪活动中的"赃款、赃物",而学界通说认为,行为人直接通过犯罪获得的一切财务资产都属于赃款、赃物的范畴。但是实践中,对于不是被帮助对象通过犯罪直接获得的财物,如合法交易产生的转账资金,也不应认定为帮助信息网络犯罪活动罪的犯罪对象。因而,依照该观点也无法妥善地区分两罪。

正是基于帮助信息网络犯罪活动罪与掩隐罪既存在重叠又总有各自独立部分的交叉竞合的规范关系,笔者认为,以上游犯罪的既遂与否划分阶段,结合行为人提供支付结算行为的客观性质作为区分两罪的主要依据,类型化梳理帮助信息网络犯罪活动罪与掩隐罪的适用情境,有助于妥当有效地解决两罪区分的问题,具体而言:

第一,在上游网络犯罪完成前,行为成立帮助信息网络犯罪活动罪而不可能成立掩隐罪。如前文指出的,在帮助尚未既遂的上游犯罪支付结算、转移资金的场合中,掩隐罪作为事后帮助犯没有成立的可能,也就无从谈起两罪的竞合与区分。对于事前事中的支付结算帮助行为，若仅符合帮助信息网络犯罪活动罪的犯罪构成则应以帮助信息网络犯罪活动罪定罪处罚，实现该罪设立的初衷与目的；若不仅符合帮助信息网络犯罪活动罪的犯罪构成还涉嫌成立诈骗罪的共犯，则可以适用《刑法》第 287 条之二第 3 款的有关规定，评价为帮助信息网络犯罪活动罪与诈骗罪的共犯之想象竞合，从一重处。

第二，在上游网络犯罪完成后，行为也并非当然成立掩隐罪。行为人出租、出售具有支付结算功能的银行账户用于帮助上游网络犯罪活动的，实际上无论事前还是事后都具有成立帮助信息网络犯罪活动罪的理论可行性，并契合刑法规范的立法目的。但是在事后提供支付结算帮助的场合中，应当结合掩隐罪的行为构造来理解两罪的区分。帮助信息网络犯罪活动罪中提供支付结算帮助的行为人往往有着放任的态度和消极、概括的作为方式，大量成立帮助信息网络犯罪活动罪的“卡农”“卡商”对于上游犯罪的资金及其走向并不关心，其所谋取的只不过是少量的银行卡的出租出售费用。而掩隐罪不仅需要行为人对资金系上游犯罪的犯罪所得具有明确认识，而且在客观行为上需要行为人积极地提供便利为上游犯罪分子掩饰隐瞒甚至于洗白犯罪所得的性质，从而使犯罪分子真正从犯罪中获利。基于此，《“断卡”行动会议纪要》的规定具有可供借鉴之处：

其一，上游犯罪既遂后，行为人若仅出租出售自己的银行卡、电话卡等，并未进一步实施掩饰隐瞒行为实质性助益资金转移，则不宜认定为掩隐罪。这是因为，仅提供账户的行为客观上是帮助资金转移的前提性基础行为，但准确来说行为人若不进行进一步必要的积极行为，尚不能说是其在帮助资金转移而“协助掩饰、隐瞒”犯罪所得。

其二，上游犯罪既遂后，行为人不仅实施了提供具有支付结算功能的资金账户的行为，还实质性提供了资金转移帮助的，应当在帮助信息网络犯罪活动罪的基础上肯定掩隐罪的成立。值得强调的是，实质性提供资金转移帮助要求司法实践中对“资金转移”作广义理解。正如《“断卡”行动会议纪要》所规定的，行为人不仅实施代为转账、套现、取现等典型的转移资金行为可能成立掩隐罪，为配合他人实施上述转移资金的行为而提供刷脸、指纹验证等通过金融机构资金转移审查帮助的，也可能成立掩隐罪。由于在信息网络时代，银行等金融机构资金的流动与行为人的资格绑定非常紧密，是否具有本人的授权是该账户内资金是否能够流转的关键，因而《"断卡"行动会议纪要》将性质上本不属于资金转移行为的辅助行为，也纳入掩隐罪的规制范围内。这主要是考虑到此类辅助行为相较于仅提供（出租、出售）资金账户的行为违法性更大，而且其在犯罪所得的掩饰、隐瞒过程中起到的作用不亚于直接为上游犯罪转账、套现、取现，这一做法是合理的，有利于准确评价行为性质和周延地保护法益。

三、帮助信息网络犯罪活动罪与非法利用信息网络罪的差别性解析

非法利用信息网络罪[1]与帮助信息网络犯罪活动罪在构成要件内容上存在相似之处，由于两罪均有"设立用于实施违法犯罪活动的网站"的情形，故可能发生竞合，因此容易混淆。虽然区分两罪并非司法实践中争议的焦点，但厘清二者的细微之处，更有利于在司法实践中对两罪进行精准适用。

（一）行为手段不同

根据《刑法》的规定，非法利用信息网络罪要求行为人"利用信息网络"实施相关行为，这意味着犯该罪者必定存在操作、使用信息网络的行为。如果说行为本身并不涉及对信息网络的利用和操作，仅是其他环节涉及信息网络，那么便不构成非法利用信息网络罪。帮助信息网络犯罪活动罪本身属于"网络犯罪"的帮助犯，刑法的文义表达也限定了提供信息网络技术支持或者帮助的行为才应落入打击范围，所规制的实际上是线上技术帮助。相应的，线下的提供银行卡等行为在刑法适用时应当进行目的性限缩，将之排除在帮助信息网络犯罪活动罪的规制圈外。

---

〔1〕《刑法》第287条之一规定了非法利用信息网络罪："利用信息网络实施下列行为之一，情节严重的，处三年以下有期徒刑或者拘役，并处或者单处罚金：（一）设立用于实施诈骗、传授犯罪方法、制作或者销售违禁物品、管制物品等违法犯罪活动的网站、通讯群组的；（二）发布有关制作或者销售毒品、枪支、淫秽物品等违禁物品、管制物品或者其他违法犯罪信息的；（三）为实施诈骗等违法犯罪活动发布信息的。单位犯前款罪的，对单位判处罚金，并对其直接负责的主管人员和其他直接责任人员，依照第一款的规定处罚。有前两款行为，同时构成其他犯罪的，依照处罚较重的规定定罪处罚。"

（二）行为节点不同

帮助信息网络犯罪活动罪的提供互联网接入、服务器托管、网络存储等技术支持基本只能对应创建网站的其中一步，非法利用信息网络罪中的设立用于实施违法犯罪活动的网站则要经历整个创建过程。因此，行为人如果从事的是服务器租赁、互联网接入等碎片化行为，那么只能按照帮助信息网络犯罪活动罪处理；如果其独立实施了创建网站的行为，就要看是否符合两罪情节严重的要求，同时构成两罪时按照想象竞合犯的规则进行处理。

（三）本质属性不同

正如前文所述，帮助信息网络犯罪活动罪本质上属于帮助犯，因此具有从属性，而非法利用信息网络罪属于预备行为的实行化，是刑法规制环节的前移，其定罪具有独立性。

案例6 | 2017年7月至2019年2月，被告人黄某明使用昵称为"刀剑阁"的微信，在朋友圈发布其拍摄的管制刀具图片、视频和文字信息合计12,322条，用以销售管制刀具，并从中非法获利。被告人陶某新、李某祥、陶某、曾某杰在微信朋友圈发布从他人的微信朋友圈转载的管制刀具图片、视频和文字信息，数量分别为6677条、16,540条、15,210条、5316条，用以销售管制刀具，并从中非法获利。2018年5~7月，宋某林（已判刑）先后三次通过微信联系陶某新，购买管制刀具。陶某新通过微信与黄某明联系，由黄某明直接发货给宋某林，被告人陶某新从中赚取差价。宋某林购得刀具后实施了故意伤害致人死亡的犯罪行为。黄某明违法所得329元，陶某新违法所得858元。江苏省盐城市滨海县人民法院判决认为，被告人黄某明、陶某新、李某祥、曾某杰、陶某利用信息网络，发布有关销售管制物品的违法犯罪信息，其行为已构成非法利用信息网络罪。[1]

通过案例6可知，帮助信息网络犯罪活动罪案件中，行为人明知他人利用信息网络实施犯罪而为其提供技术支持或者其他帮助行为的，其行为是否应被追责，往往需要考虑行为与正犯结果的因果关系，因为单纯的中立行

---

〔1〕 参见最高人民法院发布的非法利用信息网络罪、帮助信息网络犯罪活动罪典型案例：黄某明、陶某新等非法利用信息网络案。

为并不可罚。也正是因为这个原因，帮助信息网络犯罪活动罪案件侦办、控诉的重点其实在于行为人对他人的犯罪是否明知、行为人的行为是否系为他人实施犯罪提供帮助，以及行为人的行为是否达到该罪的追诉标准等方面。总而言之，成立帮助信息网络犯罪活动罪，一般要求被帮助对象已着手实施犯罪且构成犯罪。而成立非法利用信息网络罪不要求行为人本人或者他人客观上实施了相应的违法犯罪活动，因为非法利用信息网络罪的犯罪行为往往会直接触发法益损害，其独立构成犯罪具有必要性。

第十二章 全景解构：非法占用农用地罪的出罪路径研讨

作为惩处侵犯土地资源犯罪的重要法律依据,《刑法》对非法占用耕地、林地等农用地的犯罪行为作出了具体规定。但是,《刑法》关于本罪犯罪构成要件的描述,仍存在诸多语义不明之处,这导致司法实践中对本罪的认定难以做到清晰准确。在办理此类案件的过程中,笔者对此感受颇深。该罪名在行为对象、方式和结果等方面,均有争议。此外,作为典型的行政犯,非法占用农用地罪涉及大量土地行政管理法规,专业性较强,在法律的理解与适用上做到规范统一并非易事。尽管目前检察院、法院系统均已设立了专门处理自然资源类案件的业务部门,但是在案件的实际处理过程中,仍然困难重重。司法认定标准的不一致,为土地资源的过度保护提供了助力,使公民的合法权益在争议中被侵害,这是对刑法谦抑性的背离。本章试图对非法占用农用地罪进行梳理,通过具体的个案,厘清不同构成要件的内在含义,对有争议的、共性的问题,从出罪的角度提供契合刑法谦抑品质的系统思考。

第一节　非法占用农用地罪概述

一、非法占用农用地罪的立法沿革

改革开放后，经济的快速增长促进了工商业的发展、城市化的进程，与此同时，也加剧了耕地侵占、农用地滥用等问题。如何在实现社会主义市场经济快速发展的同时，守住耕地红线，合理利用我国的土地资源，保护农用地不受侵害，是当时立法面临的一个新问题。

1986 年 6 月，《土地管理法》出台，填补了土地管理方面的立法空白，标志着我国土地管理进入法制化轨道，同时也标志着合理开发利用土地资源和保护耕地成了我国的一项基本政策。为了配合《土地管理法》的实施，1991 年 1 月我国又出台了《土地管理法实施条例》，增强了《土地管理法》的可操作性。即便如此，当时仍然只能通过民法、行政法对非法占用、滥用农用地的行为予以规制，缺乏更为严厉的打击手段。

1997 年，为满足打击涉农用地犯罪行为的需要，全国人大对《刑法》进行修订，在"妨害社会管理秩序罪"这一章中的"破坏环境资源保护罪"这一节，增设了非法占用耕地罪。1997 年《刑法》第 342 条规定："违反土地管理法规，非法占用耕地改作他用，数量较大，造成耕地大量毁坏的，处五年以下有期徒刑或者拘役，并处或者单处罚金。"2000 年 6 月 19 日，最高人民法院颁布了《关于审理破坏土地资源刑事案件具体应用法律若干问题的解释》，该解释第 3 条对于非法占用耕地罪的"数量较大""造成耕地大量毁坏"这两个要素予以明确。

但是非法占用耕地罪的犯罪对象单一，仅为耕地，不包括耕地以外的林地、草地以及其他种类的农用地，为了将耕地以外的其他农用地也纳入本罪的保护范畴，2001 年《刑法修正案（二）》将本罪的犯罪对象由"耕地"扩大为"耕地、林地等农用地"。2002 年 3 月 15 日，最高人民法院、最高人民检察院颁布了《关于执行〈中华人民共和国刑法〉确定罪名的补充规定》，该规定将"非法占用耕地罪"修改为了"非法占用农用地罪"。自此，非法占用林地、草地以及其他农用地的犯罪行为也被纳入了刑法的规制范围。此后，最高人民法院又陆续出台了《关于审理破坏林地资源刑事案件具体应用法律若干问题的解释》(已失效)、《关于审理破坏草原资源刑事案件应用法律若干问题的解释》,细化了非法占用林地、草地犯罪的认定标准。

二、非法占用农用地罪的适用现状

笔者对非法占用农用地罪的现有案例进行整理、研究后,总结归纳出了本罪在司法适用中的几大特征。

(一)案件量总体呈上升趋势

2023 年 6 月,最高人民检察院发布了《生态环境和资源保护检察白皮书(2018—2022)》。在 2018 ~2022 年的 5 年中,在检察院系统办理的破坏环境资源保护犯罪案件中,非法占用农用地罪的案件占比约为 13% ,是破坏环境资源保护犯罪领域排名第四的重点犯罪。

此外,笔者在"Alpha 案例库"检索了 2012 ~2023 年非法占用农用地罪的案件数量如图 12 -1 所示,自 2012 ~2019 年,涉及非法占用农用地罪的案件数量不断攀升,呈快速增长趋势。2019 年,此类案件数量达到了峰值,而从 2020 年开始,案件量则开始回落。尤其是 2022 年和 2023 年,案件量回落到了十年前,即 2012 年和 2013 年的水平。由此可见,司法机关对于非法占用农用地的犯罪行为给予了高度关注,并且秉持严厉打击的基本态度。

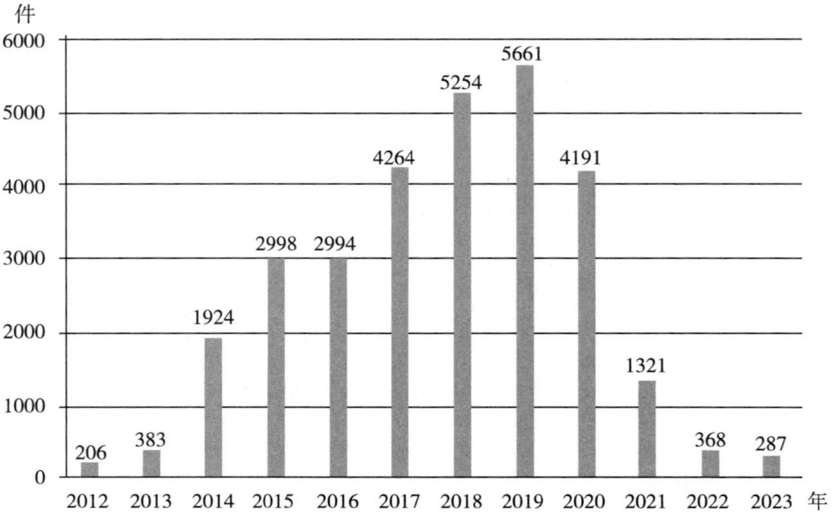

图 12 -1 2012 ~2023 年非法占用农用地罪相关案件情况

(二)犯罪主体以单位居多

非法占用农用地罪是较为常见的单位犯罪,在单位被追诉的罪名中,非法占用农用地罪位居前列。单位涉嫌本罪的情形通常包括:涉案单位未经有关部门审批,未成功办理相关用地手续,擅自占用农用地用于非农建设;涉案单位超出批准范围占用农用地且未经批准占用的农用地数量较大等。非法占用农用地罪成为单位犯罪的高发地,背后原因错综复杂,或有涉案企业缺乏生态环保意识以及合规意识的原因,或因一味追求经济利益所致,也有用地审批手续困难、复杂的原因。

(三)案件疑难复杂程度高

实践中,本罪的司法适用通常会涉及占用土地性质的认定问题、土地用途的认定问题、被占用农用地面积的测算问题、土地被损坏的价值鉴定问题等,要解决这些复杂问题,不仅需要具备专业的法律知识,还需要借助其他专业人员的帮助。

(四)刑罚呈轻缓特征

司法机关对于涉嫌本罪的嫌疑人或被告人的处理结果呈轻缓化的特征,犯罪嫌疑人被不起诉或判处缓刑的概率较高。实践中,对于涉嫌本罪的自然人,检察院建议的刑期以及法院最终判处的刑期相对来讲是比较轻的,同时会并处罚金;对于涉嫌本罪的单位,法院通常会对单位中直接负责的主管人员和其他直接责任人员判处有期徒刑或拘役,并处罚金,同时对单位判处罚金。但是,实践中也有免除被告人罚金的情况。

第二节 非法占用农用地罪的法益探究

一、生态本位理念的强化

从历史沿革角度探索,非法占用农用地罪保护的法益最初是秩序法益,即国家的土地规划、管理秩序。[1] 秩序法益说的提出，表面上契合本罪的行政犯定位，但是却忽略了土地秩序背后的土地价值，包括土地的经济价值和生态价值以及土地对社会生活的影响。而往更深层次考察，对土地秩序的维护，目的是充分发挥土地的经济价值和生态价值。

此后，本罪保护的法益又发展到财产法益，更加关注对土地财产价值的保护，主张本罪侵犯的是农用地所有者、使用者的财产。在现代化的背景下，国家在战略层面一直强调"中国人要把饭碗牢牢端在自己手上"，作为饭碗来源的农用地的利用关乎整个国民经济的根基。但是，从体系解释的角度来说，非法占用农用地罪被规定在《刑法》分则第六章"妨害社会管理秩序罪"中的第六节"破坏环境资源保护罪"中，如果将财产法益作为本罪保护的法益，与其在《刑法》体系中的定位不符，这是值得深思的问题。

进入21世纪以来，随着环境问题越来越突出，整个人类社会对生态环境问题都越发关注，也对涉农用地犯罪的刑法规制提出了新要求。非法占用农用地罪保护的法益进一步发展为生态法益，而生态法益说的核心观点是"非法占用农用地罪的保护法益是保护包括人在内的各种生态主体对生态要素及生态系统的需求"，认为人类并不能作为一个"征服者"与自然对话，更应该作为一个合作者、保护者，这可谓扭转了传统的生态伦理。损害生态环境的行为人可能从其损害环境的行为中获得了一定的经济利益，但是这种行为建立在对"生态环境"公共产品损害的基础上，并且让无辜的公众不合理地分担了自己所获收益的巨大成本。同时，从积极刑法观的视角出发，也不能仅将环境犯罪的落脚点置于"秩序法益""财产法益"上，对于破坏土地秩序或损害土地财产价值的行为进行刑法规制，更应侧重于对已造成的损害进行事后弥补，但是环境犯罪的危害结果具有长期性、不可逆转性，对环境最有力的保护应当是事前的介入而不是事后的补救。

对于涉农用地犯罪中生态法益的具体概念，目前有三种不同的观点：第一种观点认为，生态法益具体是指"农业的生产能力"，这种观点注重农用地的财产价值，即土地的生产利用；第二种观点认为，生态法益是指"生态用途的特定性，不可改变农用地的用途"，这种观点在强调农用地的生态价值的

---

[1] 关于具体秩序法益也分为四种观点，分别是国家的土地所有权和对土地的管理秩序，国家对土地资源的管理秩序，国家对土地的管理、使用制度，以及国家对耕地资源的管理和保护制度。

同时，也认为需要具体的"秩序"来维护生态，是两者的融合；第三种观点认为，生态法益是指"土地的自我净化能力，生态需求是土地能维持自身的良好状态，能进行自我修复，最重要的是其保持土地的自然属性"。

从上面的几种观点可知，在强调生态法益的同时并不能完全否定秩序法益、财产法益，不能孤立地看待生态法益。农用地是具备经济、生态、社会等多种功能和价值的整体环境系统，各功能、价值之间是相互联系和相互影响的，生态法益和秩序法益、财产法益在遏制涉农用地犯罪上具有目的一致性，三者间只是存在侧重点和表现样态的差异，并不会出现根本上的相互排斥。此外，生态法益的概念就源于财产法益和秩序法益，衡量农用地生态性质的标准包括农用地的产出能力与农用地的生态健康状况。其中前者和农用地的经济状况挂钩，通过经济决定论来判断涉及农用地行为的属性，对应农用地的财产法益；而后者和农用地的生物区系特性挂钩，具体对应农用地的自然物种系统以及环境系统，从而将农用地的自然属性转化为生态法益。"农用地管理秩序和财产是土地伦理的表层镜像，而生态法益是土地伦理的深层内核，伴随积极刑法观理念的提出，农用地的财产法益和秩序法益必然会被逐渐发展到生态法益，实现对农用地的真正保护。"[1]也有学者主张三者并行，且可以随着社会的发展变化调整不同类型法益的保护权重，实现动态平衡，以此实现对涉农用地犯罪的刑法规制。

总而言之，生态法益的引入折射出人们土地伦理观念的变化，更加注重尊重自然、顺应自然、保护自然的价值诉求。这也从另一个侧面体现了人与农用地之间系合作而非单纯的利用关系。

二、"三权分置"背景下的法益考量

为深化农村土地制度改革，近年来国家作出了一系列重大决策部署，创新并建立了承包地"三权分置"制度。2014 年，中央一号文件对此做出回应，第一次正式使用"土地经营权"的概念。2015 年，党的十八届五中全会明确要求，完善土地所有权、承包权、经营权分置办法。2016 年，中共中央办公厅、国务院办公厅印发了《关于完善农村土地所有权承包权经营权分置办法

---

〔1〕 陈禹衡、陈洪兵：《法益重塑和路径调整：积极刑法观下农用地生态法益的刑法保护转向》，载《新疆社会科学》2021 年第 4 期。

的意见》,明确落实集体所有权,稳定农户承包权,放活土地经营权。2018 年修正的《农村土地承包法》将“三权分置”转化为法律规范,进一步强化了对各项权益的保护。2020 年 5 月 28 日,十三届全国人大三次会议通过了《民法典》,在第二编物权编的第三分编用益物权编的第十一章规定了土地承包经营权,并且在第 339 条至第 342 条规定了土地经营权的相关内容。

农用地“三权分置”是指所有权、承包权、经营权三权分置。在“三权分置”下土地所有权归集体,同时稳定农户的土地承包经营权,并且允许流转土地经营权,农村土地由原来的二级产权体制改进为三权分置体系。“三权分置”的落实,一方面,强化了农用地的财产属性,保障了农民对农用地的财产性权利,让广大农民平等地参与农村现代化进程,共同分享现代化成果;另一方面,用活了经营权,使土地物尽其用,提高了土地资源配置效率,实现了公平与效率的统一。〔1〕

“三权分置”制度下,土地的财产性利益被放大,对农用地的生态保护提出了非常大的挑战。当商业资本进入土地规模利用领域,首先被考虑的是效益,但土地原本种植的农作物、植被的价值非常低,农用地的盈利空间相比工商业来说是有限的,附加值增量有限。流转的土地容易受到掠夺式开发,大量使用农药化肥,造成土壤硬化、酸化、盐碱化、重金属污染,地力下降,水土流失等生态环境问题,威胁生态安全。受商业利益的诱惑,以观光农业、现代农业、休闲农业等为借口改变土地性质,大搞基本建设、政绩工程的现象也很突出。当农用地进入市场流通领域时,从行政法到刑法的规制脚步也要同步提出相应对策。

非法占用农用地罪是规制农用地不当利用的重要刑法手段。在“三权分置”时代,对农用地的利用更应强调以生态保护为中心。如前文所述,农用地的生态价值与财产价值相互联系、相辅相成,对农用地生态法益的强调也是出于对长远经济利益的考量,生态价值是财产价值的基础,失去了生态价值,财产价值就失去了根基。对于农用地经营权的利用也应受到《民法典》绿色原则的指导,强调对生态的保护。生态的破坏具有恢复难、不可逆转的特点,在生态法益说的指导下,应将本罪刑法介入的时间提前,本罪要

---

〔1〕 参见吴萍:《“三权分置”与耕地轮作休耕的实现》,载《内蒙古社会科学(汉文版)》2018 年第 5 期。

求“造成耕地、林地等农用地大量毁坏”的实害结果，未来《刑法》的修改应将本罪定位为危险犯，也有学者提出，增设“破坏使用农用地罪”。刑法的谦抑性并不是一味抵制所有的刑法介入，而是把握刑法干预的“适度性”，提倡根据法益的特点，衡量公民的人身权利和公共法益的权重，同时给予行为人一定的出罪空间。这是比较平和的刑法谦抑性观点。

第三节　非法占用农用地罪的犯罪对象

一、农用地的历史沿革

改革开放以后，特别是在 20 世纪 90 年代，我国城市化进程加快，城市范围不断扩张。在此背景下，大量的农用地遭到破坏。我国是一个人口大国，粮食安全关系国家安全、人民温饱问题。因此，为了更好地保护耕地，1997 年《刑法》第 342 条新设了非法占用耕地罪，该条规定：“违反土地管理法规，非法占用耕地改作他用，数量较大，造成耕地大量毁坏的，处五年以下有期徒刑或者拘役，并处或者单处罚金。”此时，《刑法》规制的犯罪对象仅限于耕地，而不包括耕地以外的其他农用地。

但随着社会的发展，不仅耕地被破坏的现象大量存在，林地等其他农用地同样在城市化和工业化的过程中遭到了严重的破坏。在耕地已经被纳入刑法保护范围的背景下，一些地方政府和开发商转而寻求占用林地、草地等农用地进行开发利用，提升经济效益，给整个生态环境和农业生产带来了极大的破坏，已严重影响了我国居民的生活质量。与耕地一样，林地等其他农用地也属于整个生态系统的重要组成部分，有较高的农业价值和生态价值，重要程度并不亚于耕地。所以，2001 年立法者在《刑法修正案（二）》中将本罪的犯罪对象扩大为“耕地、林地等农用地”，将“非法占用耕地罪”修改为“非法占用农用地罪”。本罪名增加了对除耕地以外的其他农用地的保护，把林地等农用地纳入刑法的保护范围，是一次重大的立法进步。

二、农用地划分标准及认定困境

根据划分标准的不同，地类可以分为现状地类和规划地类。现状地类描述的是土地的现实状态，是依据土地的利用现状所作的分类。国家标准《土地利用现状分类》（GB/T 21010—2017）将土地利用现状分为12个一级分类、56个二级分类。其中，12个一级分类包括：耕地、园地、林地、草地、商服用地、工矿仓储用地、住宅用地、公共管理与公共服务用地、特殊用地、交通运输用地、水域及水利设施用地、其他土地。规划地类则是国土管理部门（现为自然资源管理部门）对土地未来的状况的分类，是基于整体的自然资源利用规划作出的未来规划。依据《土地管理法》第4条的规定，国家编制土地利用总体规划，规定土地用途，将土地分为农用地、建设用地和未利用地。农用地，是指直接用于农业生产的土地，包括耕地、林地、草地、农田水利用地、养殖水面等。《土地管理法》第19条规定："县级土地利用总体规划应当划分土地利用区，明确土地用途。乡（镇）土地利用总体规划应当划分土地利用区，根据土地使用条件，确定每一块土地的用途，并予以公告。"因此，具体判断某一块土地的规划地类的依据是该地块所在乡（镇）编制的土地利用总体规划。

现状地类与规划地类虽然划分标准不同，但是两者之间并不是完全割裂的，仍存在很密切的联系。一方面，现状地类是规划地类的自然现实基础，土地规划要严格控制耕地等农用地的底线，控制建设用地增长的速度，现状地类是土地规划时要考虑的重要因素之一；另一方面，规划地类是土地未来的利用状态，体现土地的未来规划用途。[1]

土类划分标准的不同，带来了司法适用的困境。在司法实践中，出现了现状地类为农用地而规划地类为建设用地，或者现状地类为非农用地而规划地类为农用地的情形，法院在审理此类案件时，到底应该依据现状用地标准，还是应该依据规划用地标准来确定本罪的行为对象，成了一个争议点。

这样的司法困境与我国的土地管理与利用制度有关。首先，我国土地管理存在"多头管理"的特点，[2]造成了农用地界定标准的差异，在非法占用农用地罪的适用中出现了土地性质认定的不一致。其次，土地的管理和利用也是一个渐进的过程，土地利用从现状到规划需要一系列的行政审批

---

〔1〕 参见魏汉涛、罗正力：《土地性质取决于自然属性还是社会属性——兼论非法占用农用地罪》，载《中国检察官》2015年第4期。

〔2〕 参见李存海、杨珺、孟庆辉：《非法占用农用地罪中土地性质的认定》，载《中国检察官》2021年第8期。

手续,其中不免会出现对农用地的规划和利用不同步的现象,出现现状地类与规划地类不一致的情形。下文以一个案例进行说明。

案例 1 | 肖某以筹建建筑材料厂的名义与甲县乙镇丙村村委会签订了山坡荒地租用协议,约定将村集体办理了林权证的 20 余亩荒山荒坡租给肖某用作来料加工场地。协议约定,肖某在使用场地前必须办理一切用地许可手续。协议签订后,肖某未办理任何用地许可手续,便开始用机械取土、平整场地、建盖石棉瓦空心砖房、搭建生产设备、安装破碎机等,使场地的原始地貌彻底改变,并在场地上堆放、生产砂石料。在本案中,按照原国土资源部门土地现状分类标准,裸岩石砾地为其他土地,不属于农用地。林业管理部门根据省级林业长远规划及甲县人民政府林地保护利用规划,将该宗土地的用途确定为林地,属于农用地。原国土资源管理部门和林业管理部门对肖某占用土地的性质认定出现了分歧。[1]

此案例即是前文所述情况的典型反映,肖某占用土地的地类性质在现状地类和规划地类上并不一致,在对其行为进行评价时,应以何种地类划分作为认定依据,司法实践中并没有统一的做法,这样会导致案件处理缺乏唯一的标准,造成同案不同判。

三、农用地司法认定标准的确认

首先,从规范的刑法解释学的角度进行分析,非法占用农用地罪是一个典型的行政犯。对其前置的行政法规"土地管理法规",根据全国人大常委会 2001 年 8 月 31 日通过的《关于〈中华人民共和国刑法〉第二百二十八条、第三百四十二条、第四百一十条的解释》之规定,是指《土地管理法》《森林法》《草原法》等法律以及有关行政法规中关于土地管理的规定。我国土地管理方面的基本法律是《土地管理法》,界定非法占用农用地罪中的土地性质的标准应与《土地管理法》中的标准一致。由于《土地管理法》保护的是土地的规划用途,因此,非法占用农用地罪保护的农用地也应当依据土地的规划用途确定。

在非法占用农用地罪的有关司法解释中,对于耕地使用了"基本农田"

---

〔1〕 参见魏汉涛、罗正力:《土地性质取决于自然属性还是社会属性——兼论非法占用农用地罪》,载《中国检察官》2015 年第 4 期。

的概念,根据《基本农田保护条例》第 2 条的规定,基本农田,是指按照一定时期人口和社会经济发展对农产品的需求,依据土地利用总体规划确定的不得占用的耕地。由此可见,基本农田的概念源于土地规划。从体系解释的角度看,此罪中的农用地应采用土地规划的标准进行认定。在非法占用农用地罪的客观行为上,强调非法占用农用地的行为是改变了被占用农用地的土地用途,结合我国实行的土地用途规划管理制度,这里的“用途”应理解为土地规划中的土地用途。

其次,从社会危害性的角度进行分析,当现状地类与规划地类不一致时,非法占用现状地类为农用地(规划为建设用地)的土地与非法占用规划地类为农用地(现状为非农用地)的土地,哪一种行为的社会危害性更高?占用现状地类为农用地,而规划地类为建设用地或者其他未利用地的土地的行为,主要是违反了土地管理审批制度,即虽然规划地类为建设用地,但是需要经过行政审批,办理土地转用手续,取得建设许可之后方可建设。但是,这种行为并没有违背整个土地规划,等土地转用审批获得批准之后,此行为就是合法的,土地现状依旧要进行变更,并没有损害整个土地规划的管理秩序。占用规划地类为农用地,而现状地类为非农用地的土地的行为,属于未按照土地规划使用土地,将规划中的土地用途转为他用,且根本不可能获得土地转用审批。[1] 此行为违反了国家对土地资源的规划管理制度,破坏了土地的生态价值以及经济价值。从土地利用发展的角度看,规划地类中的农用地比现状地类中的农用地更具有保护价值。因此,占用规划地类为农用地的土地的行为更具有社会危害性。

案例 2 | 2003 年 2 月 28 日,广州市天河区棠下村村民苏某泳与天河区棠下街棠东第一股份经济合作社签订竹园承包合同,承包名为“大竹园”的土地 40 多亩。2005 年 8 月 31 日,苏某泳又承包土地 4 亩。上述土地中有 40 多亩属于农用地。合同约定,承包人不得在土地上填土、堆放余泥,不准大面积砍竹、推平。2006 年 10 月,苏某泳将上述土地交予被告人吴某强管理,并吩咐被告人吴某强将该地填土推平,用于种植树苗。为了填平地块和牟取利益,吴某强同意他人将废弃建筑余泥倒在上述地块。2006 年 10 ~

---

〔1〕 参见魏汉涛、罗正力:《土地性质取决于自然属性还是社会属性——兼论非法占用农用地罪》,载《中国检察官》2015 年第 4 期。

11 月，吴某强共让他人倾倒建筑余泥约 3000 车次，从中牟利约 15 万元。后吴某强雇用他人使用建筑余泥将该地块推平，致使该土地受到严重破坏。

法院查明，涉案的“大竹园”土地没有证据证实是经有关部门确认的农用地，检察机关提出的根据土地状况认定土地类型的意见，没有法律依据，土地利用状况的改变不代表土地性质的调整，现有的证据无法确定涉案土地为农用地。[1]

在案例 2 中，司法机关的裁判支持了上述观点，在对犯罪对象的土地性质进行审查确认时，应以规划地类作为认定标准，在无法证明占用土地的规划地类为农用地时，则不认为构成本罪。综上所述，无论是从规范解释学的角度，还是从社会危害性的角度对犯罪对象农用地性质的认定，将规划地类作为认定标准更为适宜。

四、多次改变用途后的农用地认定问题

司法实践中，对于农用地的认定，还存在争议的土地出现多次被改变用途的情形，例如，本来是荒地（非农用地），后被村民自主开垦为耕地或林地等农用地，后又变更为其他非农用地。在这种情形下最原始的荒地（非农用地）实际上经过了两次或多次变更。类似的情形中，也存在犯罪对象的认定问题。

对于土地用途经过两次或多次变更的占用农用地案件，首先，在没有任何自然资源管理部门对该土地的土地性质进行变更的情况下，需要确定其最开始的土地性质，确定其是否属于农用地。如果土地最开始的性质为农用地，那么无论经过多少次土地用途变更，都属于农用地；如果土地最开始的性质并非农用地，或者由于年代久远，没有充足的证据证明为农用地，则不能认定为农用地。其次，在多次变更土地用途的过程中，其间如获得自然资源管理部门合法的土地审批手续，将农用地变更为建设用地或其他用途的土地，或者将建设用地或其他用途的土地变更为农用地，应以自然资源管理部门正式变更土地用途的时间，确认土地的性质。

---

〔1〕 参见广东省广州市中级人民法院刑事裁定书，(2009)穗中法刑一终字第 419 号。

第四节　非法占用农用地罪的客观构成要件

一、"非法占用"的行为模式

"非法占用耕地、林地等农用地",是指没有合法根据占用农用地,即占用耕地、林地等农用地的行为没有经过法律程序审批、登记并核发使用证书。主要表现在以下几个方面。

(一)未经有关部门合法批准而非法占用农用地

合法的批准应该符合两个条件:一是批准的主体合法,二是批准的程序合法。我国进行土地审批的机关主要是各级政府部门和国家自然资源管理机关,不同主体的审批权限也存在差异,[1]因此在对土地利用进行审批的过程中,主体是否适格也是判断审批是否合法的因素之一。

非法审批行为与被审批人占用土地之间应当具备因果关系,如果非法审批行为是土地审批机关自己的失误或过错所致,如渎职、失职等行为,被审批人主观上不存在过错,也未对审批情况进行任何欺骗和隐瞒,无论被审批人是否明知此审批行为不合法,都不宜认定其存在未经合法审批占用农用地的行为。如果由于当事人采取了欺骗、隐瞒等方式导致审批机关陷入错误认识,完成了非法审批手续,那么非法审批行为与行为人非法占用农用地之间具有因果关系,应当认定行为人未经有关部门合法批准而非法占用农用地。

(二)超过批准的数量而多占用农用地

行为主体虽然拿到了合法的审批手续,但故意超过批准的数量而多占

---

〔1〕《土地管理法》第44条规定:"建设占用土地,涉及农用地转为建设用地的,应当办理农用地转用审批手续。永久基本农田转为建设用地的,由国务院批准。在土地利用总体规划确定的城市和村庄、集镇建设用地规模范围内,为实施该规划而将永久基本农田以外的农用地转为建设用地的,按土地利用年度计划分批次按照国务院规定由原批准土地利用总体规划的机关或者其授权的机关批准。在已批准的农用地转用范围内,具体建设项目用地可以由市、县人民政府批准。在土地利用总体规划确定的城市和村庄、集镇建设用地规模范围外,将永久基本农田以外的农用地转为建设用地的,由国务院或者国务院授权的省、自治区、直辖市人民政府批准。"

用农用地的现象也较为普遍。例如，自然资源管理部门批准占用的农用地面积为 10 亩，行为人超出批准面积，实际占用了 20 亩，超出的 10 亩没有实际取得审批，构成了非法占用农用地的行为。但是，在认定非法占用农用地的具体数量时，要剔除合法审批的农用地。

（三）骗取批准手续而非法占用农用地

实践中，有的当事人无法通过正常的程序获得土地审批，后通过伪造材料、编造虚假理由获得审批，且通常伴有对土地管理审批人员的贿赂行为等，其骗取的审批不能成为合法取得农用地使用权的依据。此种情形下，虽然形式上符合行政审批的要求，但是实质上并不符合占用条件，仍应认定为非法占用行为。

非法占用行为的本质，是对我国土地行政法规的违反。在实践中，评价是否构成非法占用行为，首先需要确定涉案农用地相对应的土地行政审批手续，再判断行为主体是否依照该审批流程获得相应的用地许可，并对其最后的占用土地行为是否符合审批范围进行审查。每一个案件情况都有所不同，其中的难点在于不同类型土地的行政审批流程不尽相同，具有较强的专业性，在较为复杂的情况下，可以聘请具有土地专门知识的人介入协助。此外，行政审批主体并非恒定不变，在国家行政机构改革的背景下，自然资源行政管理部门的职权也在不断变更，这也给认定审批行为是否合法造成了困难。在类似情况下，若并非因为行为主体本身的原因导致占地行为不满足行政规范，则不应认定行为非法。

二、“改变土地用途”的认定

“改变被占用土地用途”，是指未经依法办理农用地转用审批手续，土地征用、占用审批手续而非法占用耕地、林地、草地等农用地，在被占用的农用地上从事建设、采矿、养殖等活动，改变土地利用总体规划确定的农用地原用途。

改变土地用途有两种情形：一是将农用地改作建设用地；二是将此种农用地改为彼种农用地。前一种情形，是指改变原来农用地的生产环境、生产条件，使之不能够进行农业生产活动，如在耕地、林地上开办企业、建造房屋、挖沙、取土、采石、建窑、建坟、堆放固体废弃物或者进行其他非农业建设等。此种情形使原来的农用地彻底丧失了农业生产的条件与环境，不能够恢复,或者因恢复的费用极高而不适宜恢复等。后一种情形,是将规划确定的此种农用地改为彼种农用地,表现为将林地、草地毁坏变为耕地,在耕地上开挖鱼塘等行为。

案例3 | 被告人徐某雷于2004年12月20日与许昌市魏都区七里店乡罗庄村汪庄七组(后划归许昌市经济技术开发区长村张乡)签订土地承包协议,汪庄七组自愿将村东头、东西路以北的洼地承包给徐某雷,后被告人徐某雷在承包地上进行种鸡喂养活动,并建筑了养鸡场厂房,实施了院内的地面硬化,修建池塘。2008年9月2日,被告人徐某雷和徐某焕、李某义合伙注册成立了许昌三木纸业包装有限公司,承租的是被告人徐某雷承包的汪庄七组的上述土地,养鸡场和许昌三木纸业包装有限公司均未办理土地使用手续。

审理法院认为,徐某雷与许昌市魏都区七里店乡罗庄村汪庄七组签订土地承包协议,汪庄七组自愿将村东头、东西路以北的洼地承包给徐某雷,徐某雷占用该块土地是经协议取得,并且该协议明确约定由罗庄村汪庄七组办理相关用地手续,虽然涉案土地未办理用地审批手续,但不能认定徐某雷占用的土地为非法取得。在双方协议的基础上,徐某雷在承包的土地上建养鸡场,进行必要的建筑、路面硬化、挖池塘等行为都是为养鸡场服务。后其在该承包土地上建许昌三木纸业包装有限公司,也是为养鸡场的鸡蛋做包装,使养鸡业延续发展,并未改变土地的农牧用途。[1]

在案例3中,法院作出不构成非法占用农用地罪的裁判的依据便是徐某雷并未改变土地的农牧用途。因此,即使存在非法占用农用地的行为,也需要重点审查是否改变了土地用途,即有无改变土地利用总体规划确定的农用地的原用途。只有改变土地用地规划用途的情形,才能认定为构成非法占用农用地罪。

对于合法取得土地审批后,改变了土地用途,即合法占用但具有改变土地用途的行为能否构成本罪的问题,首先,合法的占用不仅是指获得自然资源管理部门的审批,有权使用农用地,还包括按照批准的土地用途进行使用,如果对土地进行变更使用,需要取得自然资源管理部门的再次批准。所以一旦行为人改变了合法占用的土地的原用途,其行为已经是非法占用,如

---

〔1〕 参见河南省许昌市中级人民法院刑事判决书,(2018)豫10刑终382号。

果改变用途的农用地的数量已经达到了立案标准,那么应该认定为非法占用农用地罪。

第五节　基建工程类非法占用农用地案件的出罪思路

我国正处于高速发展的特定历史时期,公路、铁路等基础设施建设,某种程度上属于国家战略部署,对国家安全、经济建设、社会民生都具有重大意义。但是,基建工程的建设往往离不开对土地的占用,工程建设行为与土地资源保护之间存在天然的矛盾。在基础设施建设的大浪潮中,由于土地规划、用地审批手续等因素,导致非法占用农用地的行为在这一行业频频发生。笔者经过研究对比同类型案件,发现此类案件具有较多相似之处,诸如案发都与用地审批紧密相关、占用农用地的数量巨大、往往出于国家建设的公益目的、施工单位不具有明显的犯意等。在司法实践层面,裁判者的裁判尺度也不尽相同,在情节高度相似的情况下,处理结果五花八门。事实上,从犯罪的社会危害性角度评价,此类案件往往出于公益目的而非个人私利,行为具有非法性的原因多在于用地手续和行政审批中出现问题,实质上并不具有明显的社会危害性。对此类案件的从轻、从宽处理,正是刑法谦抑性在司法层面的应有之义。

在本节,笔者将结合本人亲自办理的一起具有典型意义的基建工程类非法占用农用地案件,从不同角度探讨此类案件的出罪思路,以期司法机关对类案予以审慎处理。经过相对漫长的刑事司法程序,令人欣慰的是,最终检察机关对该案作出了不起诉决定。这也为整体性反思此类案件的刑法适用提供了很好的契机。

案例 4 | 2008 年,甲公司通过某市政府公开招标,承揽了某市高速公路建设项目。自 2014 年 5 月开始,甲公司在未经林业主管部门审核同意的情况下,陆续对某市高速公路项目 A 区、B 区、C 区的林地进行砍伐、平整,并将该项目分成 5 个标段,发包给乙公司、丙公司、丁公司等公司,占用了约 2100 亩林地,造成原有植被严重毁坏。被告人张某某作为甲公司总经理,为某市高速公路项目直接负责的主管人员。在市政府指示下,为确保重大市

政项目如期完成，在未取得使用林地手续的情况下，甲公司不得已对涉案林地进行砍伐、平整，并指示项目施工单位进场施工。某市某区人民检察院以被告单位甲公司、被告人张某某的行为犯非法占用农用地罪，依据《刑法》第342条，向该区人民法院提起公诉，并建议对甲公司判处罚金、对张某某判处1年到3年的有期徒刑。[1]

一、"非法占用"角度的解释

（一）从未取得用地手续的原因分析

项目工程的开展，从立项到规划、施工，每一步都需要经过严格的行政审批手续。项目用地手续申报时，往往会面临流程烦琐、机构改革导致审批主体难以确定等诸多阻碍，手续能否获批有时候并非项目公司能够左右的，这在一定程度上能阻却涉案行为的违法性。经过仔细翻阅案例4的证据材料，笔者发现甲公司之所以未能取得用地手续，并非由于甲公司怠于履行申报责任，而是不能归因于甲公司的客观原因所致。具体而言有以下几点原因：

第一，涉A区林地权属不清，补偿工作一直无法开展，导致项目使用林地手续无法申报。

项目共涉及某市A区、B区、C区，其中B区、C区于2010年、2011年完成了林地确权及林木占用补偿工作，但A区部分未能顺利进行。A区林地涉及不同街道的多个自然村，因村界不清晰，未能确定林地权属，占用林木补偿工作一直无法完成。

根据建设工程申请使用林地许可的要求，建设项目获得有效批准文件后，根据项目批件，一个项目使用林地，用地单位应当一次申请，不得随意分为若干段或若干子项目进行申请。因此，根据该要求，尽管甲公司已经完成了B区、C区的申请使用林地许可准备工作，但由于A区的林地确权工作一直未能完成，导致项目使用林地许可手续无法申报。经某市市、区两级政府多次召开协调会议处理，A区林地确权与补偿工作一直到2016年12月底才得以解决。

---

〔1〕 参见广东省深圳市龙岗区人民检察院不起诉决定书，深龙检刑不诉〔2023〕95号。

第二,某市政府收回特许经营权后,对高速项目进行了市政化改造,调整了原有规划,手续需重新办理。

2016 年 10 月,某市政府与甲集团签订了收回东部高速公路特许经营权的相关协议,并对东部高速公路进行了市政化改造,道路功能调整为城市快速路。根据程序,使用林地许可需要在完善初步设计、完成规划用地调整手续后才可以办理,项目的市政化改造导致用地手续需重新办理。

第三,某省林业厅以原项目核准文件过期、某风景区规划调整未完成为由,将使用林地的审批手续退回。

2017 年 10 月,项目使用林地手续报至某省林业厅审查,某省林业厅审查后认为,原项目核准文件过期以及缺少符合某国家风景名胜区规划的证明文件,要求补正后再行申报,再次导致用地手续无法如期办理。

通过分析未能取得农用地审批手续的原因,可以看出该结果的产生并非行为人有意而为,而是客观原因所致,行为人的行为与未能取得农用地审批手续之间不存在因果关系。

(二)审查是否积极履行用地申报义务

"未批先占"是非法占有农用地罪典型的行为模式,项目单位在实施违法行为后,如果能够及时补办用地手续,使得施工行为获得合法依据,则可以认为违法因素已经消除。实践中,为了赶工程进度,"未批先占"是较为普遍的做法。对于这种未取得占用农用地手续即开展施工,后续补办了用地手续的情形,很多检察机关都作了不起诉处理。[1]

本案中,用地审批流程受阻后,甲公司一直积极请示政府职能部门,沟通解决办理用地手续事宜,在案件审查起诉期间项目用地许可手续已经办理完毕。根据甲公司提交的办理用地手续发文材料汇总可知,2015 年 10 月 22 日至 2019 年 10 月 14 日,张某某指令甲公司员工向某市 A 区政府、城市管理局、交通运输委、街道农林水管理中心等多个职能部门发出了 20 余封请示函件。甲公司以及张某某并未怠于履行报批职责,在办理用地手续受阻时,不断与各级主管部门沟通,试图解决用地手续办理事宜。2020 年,在甲公司、张某某的不断努力下,以及各级政府部门的积极配合下,甲公司取得

---

〔1〕 参见龙检公刑不诉〔2019〕6 号不起诉决定书、玉检公诉刑不诉〔2019〕159 号不起诉决定书。

了用地许可手续,占用林地许可证也已核批,“未批先占”的问题得以解决。

(三)从是否具有期待可能性出发

许多重大基础设施建设项目具有较大的政治、经济、社会意义,政府部门或者相关单位会对建设施工进程提出具体要求,项目单位可能出现手续未获审批,但又不得不开工的情况。根据期待可能性理论,在无法期待项目单位作出其他可能的合法行为的情况下,可阻却行为的违法性。在案例 4 中,这种情况就十分典型。甲公司“未批先占”的行为,便是遵循市政府指示,为了确保重大工程项目如期完成,不得已而为之。

首先,案涉项目属于重大基础设施建设工程,时间上具有紧迫性,政府主管部门不断催促加快施工进度。在案资料显示,涉案项目是省级政府编列的重大基础设施建设项目。项目的建设对缓解地区间交通压力、完善市干线公路网络、加强多地交通联系、促进经济一体化及区域经济可持续发展等具有重要作用。2015 年 3 月,某省政府发布《关于印发实施合作框架协议 2015 年重点工作的通知》,明确要求加快项目建设,确保 2018 年通车。为此,某市政府多次召开协调会议,要求项目必须按规定时间建成,并派驻工作组入场督促施工。项目建设具有时间上的紧迫性、项目意义重大、工期压力巨大,可手续却又迟迟无法获批,这是甲公司在未取得许可的情况下动工的重要因素。

其次,市政府多份会议纪要明确允许“边移植,边报批”。为保障工程进度,在用地许可手续办理遇阻后,甲公司多次请求某市市政府、区政府主管部门协助解决。某市市政府、区政府主管部门高度重视,多次召开协调会议。2012 年 11 月 15 日,某市政府会议纪要决议:同意甲公司采取边移植林木、边办理手续的方式进场施工。2016 年 6 月 2 日,某市政府会议纪要决议:请 A 区政府在 6 月底前完成项目 A 区段林地确权工作,请甲公司同步办理林木补偿手续、开展林木移植工作。上述市政府会议纪要均明确许可甲公司“边移植,边报批”。

正是因为有市政府官方文件的明确许可,甲公司才在未取得用地许可的情况下开工建设。由于涉案东部过境高速公路属于省市重大基础设施建设工程,时间上具有紧迫性,市政府主管部门不断催促加快施工进度,甲公司作为项目的承建方,在此情形下并无其他选择,根据期待可能性理论,不应对甲公司的行为进行非难。

二、土地用途改变角度的叙明

“改变被占用土地用途”是非法占用农用地罪的构成要件之一，如果非法占用行为并未改变土地用途，则行为不构成犯罪。在基建工程类案件中，同样存在是以土地现状地类还是规划地类作为认定土地性质的依据的争议。

《土地管理法》第 4 条规定，国家编制土地利用总体规划，规定土地用途，将土地分为农用地、建设用地和未利用地，即我国对土地实行按规划类别使用的方针。国家自然资源管理部门会根据经济社会发展的需要，对所规划的土地用途进行调整。土地利用规划体现土地未来用途和性质。虽然土地利用规划的调整需要一系列的行政审批手续，但是，自该地块被规划为建设用地时起，其性质（用途）已经转化为建设用地。[1]

由此可见，以土地规划地类作为认定土地性质的依据更为适宜。因此，应审查违法占用行为作出时，占用行为是否符合土地用地规划，如果在存在规划的前提下未获得相关手续而实施了占用行为，则不符合“改变被占用土地用途”的构成要件。

案例 4 中，当政府部门对涉案东部高速公路立项和确定选址后，高速公路途经的林地会被占用，被占用土地的性质也将由农用地转为建设用地。根据某省国土资源厅《关于涉案项目用地预审意见》，虽然公路项目选址不符合 A、B、C 三个区当时的土地利用总体规划，但是项目涉及的土地利用总体规划的修改工作已经启动，修改方案已经经过专家评估论证，并举行了修改规划听证会。某省国土资源厅也正是基于此，于 2009 年 11 月 5 日通过了该项目的用地预审。即在甲公司对项目开工建设之前，涉案林地已经被规划为建设用地。同时，甲公司于 2011 年 1 月 31 日就取得了某市原规划和国土资源委员会颁发的《建设用地规划许可证》，该许可证清晰地载明了项目的用地面积和用地方案图，进一步说明占用涉案林地已经取得了政府部门的许可且涉案土地已经被规划为建设用地。

---

〔1〕 参见李存海、杨珺、孟庆辉：《非法占用农用地罪中土地性质的认定》，载《中国检察官》2021 年第 8 期。

因此,在涉案林地被占用前,所涉地块的用途已经转化为建设用地,甲公司未能办理占用林地许可证,并不导致土地用途的改变。无论是否办理用地许可手续,都不可避免对土地现状进行“破坏”,甲公司未办理林地使用许可,也不会导致被占用林地的范围扩大,使更多林地被毁坏。所以,甲公司对涉案林地尚未办理使用许可手续,即开展建设施工,并未违背土地规划,未改变土地用途,不符合非法占用农用地罪的构成要件。

三、建设项目公益性角度的探析

与一般的占用农用地行为相比,基础设施建设项目的非法占地行为往往是出于社会公益目的,其占地的初衷并非为牟取私利。相反,基础设施建设项目的实施对社会是有重大益处的,一般有较大的政治、经济和社会价值。因此,对建设项目的公益性进行重点阐述,能够从情节显著轻微的角度争取出罪的空间。在案例 4 中,类似情况便十分突出,具体阐述如下。

首先,涉案项目系省市重大基础设施建设工程,项目建设具有必要性和紧迫性。涉案项目是省政府编列的重大基础设施建设项目,是某市“十横十三纵”干线路网布局中的重要一“纵”,也是某市过境交通“东进东出,西进西出”重要战略通道之一。此外,项目的建设对缓解交通压力、完善干线公路网络、加强各地交通联系、促进经济一体化及区域经济可持续发展等具有重要作用。

其次,涉案项目的特许经营权已于 2016 年 10 月收归某市政府,项目建设具有公益性质。2015 年 7 月,市政府办公会会议纪要决议:为适应大货运交通运输规划的实施,收回高速项目,将“道路功能调整为非收费的城市快速路”。2016 年 10 月,某市发改委、某市交通委与甲集团及甲公司签署《收回项目特许经营权有关协议》,协议约定为保障项目工程建设顺利实施,项目建设仍由甲公司负责,但将该项目特许经营权收归某市政府。后涉案项目的特许经营权已经收回至某市政府,甲集团及甲公司负责承建工作,且项目道路功能调整后不再收费,具有公益性质。

涉案单位和个人“未批先占”的原因并非牟私利,而是为建设高速公路的公益事业,出于公益目的,主观恶性较小。张某某作为甲公司的负责人,在项目建设时,在“未批先占”的情况下选择开工,系因项目工期紧张等多种背景因素影响。这一决定的作出,是为了项目能够按照省政府、市政府关于建设规划的具体要求按时完工，也是为了高速公路这一公益事业的建设。张某某并非牟取个人或公司的私利，情节显著轻微，不应作为犯罪处理。

四、法益恢复角度的论说

在基建工程类非法占用农用地的案件中，刑事立案之前，一般会有政府自然资源管理部门提前介入调查，进行行政处罚后再移交犯罪线索至地方公安机关。因此，在刑事立案后，项目单位除了需要应对刑事追诉以外，还需要积极应对行政处罚，以及进行生态恢复工作，以将危害降至最低，以此作为出罪的理由。

具体至本案，笔者在接手后，从以下几个方面提出了事后补救的建议。

首先，妥善处置行政罚款。因“未批先占”事宜，甲公司被某市 A 区、B 区、C 区城市管理行政执法局给予了不同程度的行政处罚。针对未缴纳的罚款部分，甲公司与某市政府相关主管部门协商后决议：相关罚款纳入项目预备费，某市交通运输局以林地占用费的形式先向甲公司支付，甲公司依程序缴纳罚款，相关区政府不加收滞纳金。后行政罚款已经全部缴纳。

其次，安排处理占地补偿安置工作。2011 年，甲公司已经对 B 区、C 区原林地范围完成了补偿工作。2016 年，某市 A 区出具承诺函，承诺 A 区范围内的项目使用林地补偿由其负责完成。同年，该项目收回特许经营权，进行市政化改造后，原有六车道改为八车道，用地红线变更虽未批复，但根据协议内容，林木补偿工作由各区政府自行处理。因此，对于原林地范围以及新的林地范围内的占用林地补偿，均已明确由各区政府完成，该项工作内容得到妥善处置。

最后，积极开展生态复绿工作。甲公司对复绿工作十分重视，在拆分项目段发标时，便约定由施工单位进行复绿，根据复绿面积结算费用，取得了较好成效。据甲公司统计，按实计量已累计完成复绿面积约为 50 公顷，投入资金约为 8000 万元。项目永久占用林地面积为 80.1 公顷，主要包括行车道、排水沟、骨架边坡等道路设施，无法复绿。其中，在项目保通段的复绿工作上，甲公司委托了全球顶尖的设计咨询公司艾奕康进行设计，获得了相关部门的一致好评。

类似甲公司这样的基建工程类非法占用农用地案件，在司法实践中十分普遍。项目本身具有重大意义和社会公益性质，工期紧、任务重，但用地审批手续由于涉及国家各个业务部门,迟迟无法办理,不得已的情况下只能违法占用农用地。从社会危害性的角度来看,很难将此类行为认定为犯罪。但是囿于我国刑事司法体制,自然资源管理机关只考虑移送犯罪线索,公安机关、检察机关承担追诉职能,压力便都到了司法机关。这类案件的处理,便只能从刑法谦抑性的角度出发,并从不同角度寻找出罪思路,从而在个案中实现公平。案例 4 中,2017 年甲公司被公安机关立案调查,2019 年笔者作为辩护人介入,最终在 2023 年 1 月才拿到检察机关的不起诉决定书。虽然最终结果似乎不错,但是对项目单位和当事人来说,这个过程已经是他们无法承受之重了。

第六节　单位犯罪的责任主体划分

《刑法》第 346 条规定:“单位犯本节第三百三十八条至第三百四十五条规定之罪的,对单位判处罚金,并对其直接负责的主管人员和其他直接责任人员,依照本节各该条的规定处罚。”据此,破坏环境资源类的犯罪案件,《刑法》明文规定存在单位犯罪,非法占用农用地罪也包含其中。

根据刑法理论,单位犯罪是指公司、企业、事业单位、机关、社会团体根据单位的决策机构按照决策程序作出的决议,由直接责任人员实施的,所牟取的非法利益归于单位的犯罪。简而言之,单位犯罪由体现单位意志、单位人员实施、利益归于单位三个要素构成。与自然人犯罪相比,单位犯罪的处罚具有一定的特殊性:对单位犯罪,原则上采取双罚制,即除了处罚单位,也需要对单位直接负责的主管人员和其他直接责任人员定罪量刑。认定单位犯罪,将扩大刑事打击范围,除了相关责任人员受罚,单位本身也将受到刑法的否定性评价。在公司制度不断发展的今天,对单位处以刑罚,已经不仅是缴纳罚金、财产减损这一方面的影响,更多的是会对企业的经营和发展造成不利后果。例如,一家上市公司被认定单位犯罪,则公司市值将受到重挫,公司因为有了刑事犯罪前科,也将失去大多数招投标活动的参加资格,公司股东的利益将严重受损。因此,司法的谦抑性在此也体现出重要作用,在具体案件的办理中,司法应当避免僵化,严格把握单位犯罪的内涵,慎重认定单位犯罪。

非法占用农用地罪作为《刑法》明文规定的存在单位犯罪的罪名之一，在实践中也存在如何准确认定单位犯罪的问题。该罪名本身的特性决定，实施占用农用地行为的主体，往往是以组织形式存在的，在表象上，一般与单位犯罪的特征较为相似，这为法律上的认定带来了困难。

对此，2019年2月发布的最高人民法院、最高人民检察院、公安部、司法部、生态环境部《关于办理环境污染刑事案件有关问题座谈会纪要》指出，为了单位利益，实施环境污染行为，并具有下列情形之一的，应当认定为单位犯罪：(1)经单位决策机构按照决策程序决定的；(2)经单位实际控制人、主要负责人或者授权的分管负责人决定、同意的；(3)单位实际控制人、主要负责人或者授权的分管负责人得知单位成员个人实施环境污染犯罪行为，并未加以制止或者及时采取措施，而是予以追认、纵容或者默许的；(4)使用单位营业执照、合同书、公章、印鉴等对外开展活动，并调用单位车辆、船舶、生产设备、原辅材料等实施环境污染犯罪行为的。对于应当认定为单位犯罪的环境污染犯罪案件，公安机关未作为单位犯罪移送审查起诉的，检察院应当退回公安机关补充侦查。对于应当认定为单位犯罪的环境污染犯罪案件，检察院只作为自然人犯罪起诉的，法院应当建议检察院对犯罪单位补充起诉。

对上述座谈会纪要中认定单位犯罪的条件进行分析可知，只需要满足四种情形之一，即可认定为单位犯罪。与刑法原理中单位犯罪的认定要求相比，标准似乎过于宽泛，且强调了如果应认定为单位犯罪而未认定，应在程序上退回补充认定。该强调其实暗含有扩大单位犯罪打击面的意味，有违背刑法谦抑性精神之嫌。因此，在办案实践中，更应注意从单位犯罪的基本原理出发，审查是否符合单位犯罪的构成要件，以及相关人员是否符合单位犯罪中责任主体的要求，避免打击面扩大。下文将对实践中单位犯罪的认定中值得关注的几种情形通过具体的裁判案例予以说明。

一、私营企业能否作为单位犯罪的主体

案例5 | 被告人黄某自1996年6月7日至2018年9月2日为皇城瓷厂的投资人及经营管理人。2018年8月2日，皇城瓷厂投资人变更为吴某玉，黄某继续负责该厂的经营管理工作。2015年，皇城瓷厂租用了夹江县中兴镇大路坎村9社约20亩土地，在未获得改变土地用途审批手续的情况下，

自2015年10月至2017年6月，在租用的土地上修建厂房、棚房，硬化厂区道路，安装生产设备等。经原乐山市国土资源局耕地破坏鉴定委员会鉴定：皇城瓷厂2015～2017年期间违法占用耕地14.12亩，其中基本农田11.59亩，因修建厂房、棚房，硬化道路等致使种植条件被严重破坏。2019年2月11日，黄某经夹江县公安局民警电话通知到案。

审理法院认为，经过调查，被告单位皇城瓷厂于1996年6月7日依法登记成立，投资人为黄某，企业类型为个人独资企业，2018年8月，投资人变更为吴某玉。该企业属于合法成立、有一定的组织机构和财产，但又不具有法人资格的个人独资企业。最高人民法院《关于审理单位犯罪案件具体应用法律有关问题的解释》（法释〔1999〕14号）第1条规定："刑法第三十条规定的公司、企业、事业单位，既包括国有、集体所有的公司、企业、事业单位，也包括依法设立的合资经营、合作经营企业和具有法人资格的独资、私营等公司、企业、事业单位。"本案中，皇城瓷厂不具有法人资格，不能成为犯罪主体，故公诉机关指控被告单位皇城瓷厂为非法占用农用地的犯罪主体不适格，法院不予支持。[1]

本案例可以说明，具有法人资格，是认定私营企业构成单位犯罪的基本条件。也就是说，只有具有法人资格的私营企业才能作为单位犯罪的主体。《民法典》第102条规定："非法人组织是不具有法人资格，但是能够依法以自己的名义从事民事活动的组织。非法人组织包括个人独资企业、合伙企业、不具有法人资格的专业服务机构等。"据此，个人独资企业属于非法人组织，不具有法人资格，故其不属于司法解释中适格的单位犯罪主体，只有具备法人资格的私营企业才能作为单位犯罪的主体。在非法占用农用地案件中，有许多类似的私营企业不具有单位犯罪主体资格的情形，此时就需要对单位性质进行准确界定，避免将不符合单位犯罪条件的行为认定为单位犯罪。

二、受单位委托协助实施者是否属于直接责任人员

案例6 | 经长阳土家族自治县人民政府招商引资，私营企业长阳佳和矿业有限责任公司拟在长阳土家族自治县资丘镇陈家坪村"山字岩"采挖铁

---

〔1〕 参见四川省夹江县人民法院刑事判决书，(2019)川1126刑初134号。

矿。2012年12月，经资丘镇政府协调，该公司与陈家坪村村委会和对舞溪村村委会就修建矿区公路事宜达成协议，约定由村委会办理手续，公司投资并负责经营期间的道路维护管理。因所涉农户的前期集资修路款未达成补偿协议，导致修路未成。2013年5月，陈家坪村七组村民田某政等14户村民通过被告人田某甲与长阳佳和矿业有限责任公司协商，由公司出资，从14户村民经营的土地上修路，村民不要占地补偿，共同使用公路。协商一致后，14户村民联名向陈家坪村村委会申请修建公路，村委会同意并向资丘镇政府书面申请，资丘镇政府同意修路，并强调要协调好村民山林土地，争取村内企业资金支持，同时书面函请县林业局批准占用林地修建公路。同年5月14日，村委会申请公安部门核准供应民用爆破物资。随后在修路过程中，所涉村民分别砍伐林木，长阳佳和矿业有限责任公司委派被告人田某甲负责修路现场管理，资丘镇政府领导亦到现场予以指导。至2013年11月，公路路基修建完工，公路占用和因修路占压林地共计60余亩。因陈家坪村村委会和长阳佳和矿业有限责任公司均未办理征占用林地手续，长阳土家族自治县森林公安机关对此立案查处。2014年4月23日，长阳佳和矿业有限责任公司向长阳土家族自治县森林公安局缴纳15万元育林基金，用于植被恢复。

一审法院认为，被告人田某甲接受长阳土家族自治县招商企业长阳佳和矿业有限责任公司的委托，为公司和资丘镇陈家坪村七组14户村民共同修建的公路进行现场管理，公司按月给付工资，但田某甲既不是公路的所有人，也不是修建公路的投资人和受益人，因此被告人田某甲不是本案非法占用农用地的责任主体，其行为不构成犯罪。二审法院认为，原审被告人田某甲受长阳佳和矿业有限责任公司委托负责本案相关公路建设的现场管理工作，其既不是公路的投资人，也不是公路的所有人和受益人，且没有被委托办理修路占用农用地的手续，故不是本案非法占用农用地的责任主体，检察机关的抗诉没有事实依据，不予支持。[1]

单位犯罪原则上不仅会对单位进行处罚，同时也会对单位直接负责的主管人员和其他直接责任人员定罪量刑。因为单位犯罪的实施，需要有具体作出决定的人员和实施犯罪行为的人员，相关责任人员的行为形成了单

[1] 参见湖北省宜昌市中级人民法院刑事裁定书，(2015)鄂宜昌中刑终字第00006号。

位意志和单位行为,因此具有可罚性。但是在实践中,单位犯罪发生后,容易出现对关联关系不大的人员予以处罚,而实际建设者、经营者隐藏于幕后,逃避法律责任的情形。在单位犯罪责任人员的认定上,需对相关人员在单位犯罪中的地位以及所起的作用进行综合评价,对于不影响单位决策形成,且并未直接参与实施犯罪行为,也没有参与非法利益分配的个人,不应当追究其在单位犯罪中的责任。案例 6 中,法院认为田某甲既不是公路的投资人,也不是公路的所有人和受益人,且没有被委托办理修路占用农用地的手续,故不是本案非法占用农用地的责任主体,较好地区分了单位犯罪中应承担责任的人员范围。

三、法定代表人是否必然属于单位犯罪的直接主管人员

《民法典》第 61 条第 1 款规定:"依照法律或者法人章程的规定,代表法人从事民事活动的负责人,为法人的法定代表人。"法定代表人能够对外以法人名义从事民事活动,相关法律后果由法人承受。所以,人们形成的一个普遍认识是法定代表人在组织中所起的作用较大,应对法人的行为负责。这一观念在司法实践中也有体现,在单位犯罪案件中,容易出现不加区分地认定法定代表人责任的情况。这其实是对单位犯罪理论中直接负责的主管人员的理解出现偏差的结果。司法机关对单位犯罪中责任人员的认定,应淡化社会生活的一般认识,回归法律规定本身。同样,法定代表人能否作为单位犯罪的责任人员予以认定,也需要综合其在全案中的身份地位、具体实施的行为、在犯罪行为中所起的作用大小、获利情况等进行判定。具体而言,可以从以下两个方面进行考量:

一方面,可以从法定代表人是否实际参与单位犯罪活动进行分析。单位意志的形成,往往会涉及单位决策机构按照决策程序作出决定的过程,对于这个过程,法定代表人是否知晓,有无参与,对决策事项持何种态度,都需要予以考量。案例 4 中,法院并未对公司的法定代表人进行追究,就是因为对于项目负责人的违法占地行为,法定代表人并不知晓,也未参与决策,而是由项目负责人直接依据自身职权决定,并以公司名义实施违法占地行为。此种情形下,法定代表人未实际参与单位犯罪活动,则不应以单位的直接主管人员身份追究责任。在实践中,还有很多情形会导致法定代表人并不实际参与单位犯罪活动的决策,其中较为典型的是挂名法定代表人的情形。

企业发展形态多样，不同类型的企业在法定代表人的选用上有着不同的考量，传统的法定代表人即为公司的实际控制人的企业生态已经发生了较大的变化。挂名法定代表人，是指法定代表人不参与公司的实际经营决策，仅是挂名作为公司法定代表人的情形，这种情况目前在市场中较为普遍。这一类挂名法定代表人由于不参与公司决策，不享受公司的收益，也并未参与公司决策的执行，因此不符合单位犯罪对责任主体的要求，不应追究其相应责任。

另一方面，可以从主观方面进行评价和分析。行为人有非法占用农用地的违法行为，同时需要具有主观方面的犯罪故意，才能对其行为苛以刑罚。法定代表人即使知悉了违法占地行为的存在，也需要其主观上明知有此情况，仍然积极追求，或者放任犯罪结果的产生。在一些非法占用农用地的案件中，法定代表人作为公司的管理人员，对生产经营的具体流程并不了解，对土地占用是否违法并不清晰，对决策的作出不具有主观的犯罪故意，此种情形下，则不应认定其为单位犯罪的责任主体。较为典型的是，在一些用地审批手续较为复杂的案件中，基于职权划分或者对行政机关的信赖等各种因素，法定代表人对占地的违法性并不明知，则此种情况下，不应认定其为单位犯罪的责任人员。

案例 7 | 李某刚、万某合伙开办弯勇采石场，在国土部门办理采矿许可证后，方才开始采石作业。在李某刚申请采矿许可证时，国土部门未向李某刚、万某告知应办理占用林地审批手续，因此在新设采矿权许可证的审批材料中，并不包含占用林地审批手续。此后，国土部门核发了采矿许可证，原隆林各族自治县国土资源局还与李某刚签订了土地复垦合同书，李某刚依照规定缴纳了矿山地质环境恢复保证金、矿山临时用地复垦保证金等费用，表明了积极履行复垦义务的意思。后因李某刚未办理占用林地许可手续，导致案发。

法院裁判认为，在案证据不能证实李某刚、万某明知需办理占用林地手续而未办理。李某刚、万某基于对行政许可审批部门的信赖，在不知道需办理占用林地审批手续的情况下，按照采矿许可证核定的范围采石，主观上没有非法占用林地的故意，客观上也没有实施非法占用耕地、林地等农用地采矿的行为。综上所述，上诉人李某刚、万某不构成非法占用农用地罪。[1]

---

〔1〕 参见广西壮族自治区百色市中级人民法院刑事判决书，(2017)桂10刑终16号。

上述案例可以进一步说明,基于合理的原因,公司的管理人员主观上并不清楚实施了占用土地的违法行为时,便不具有主观的犯罪故意,不足以认定其犯本罪。单位犯罪也是如此,法定代表人即便参与了单位犯罪,但如果无法证明其具有犯罪的主观故意,也不能据此认定其属于单位犯罪的责任人员。

后　记

本书的六位作者都是刑事律师，多年来我们深耕在刑事领域，亲身办理了多起案件。而且，许多案件的办理过程异常艰辛，案件结果更是值得长久回味，个别案件甚至让我们强烈感觉到理想与现实之间的落差。正是这种冲击与失落，构筑成了本书写作的初始动因。而我们能够聚合在一起写作，则是多年来因缘际会的结果。

我依稀记得，2019 年 7 月，陈国庆律师攀登昆仑山脉的慕士塔格峰归来，我们在深圳聚首为其庆贺。在当时，有勇气且有能力登上海拔 7500 多米的雪山，已被我们认为是壮举。自此，我们逐渐形成了每个月聚首一次的惯例，觥筹交错之余，都免不了谈到案件和刑事法律专业问题。可能是基于我们彼此熟识多年的情谊，更由于我们都处在完全相同的执业领域，共享"尚法为先、权利至上"的法治理念。后经非正式磋商，我们决定把已成惯例的每月聚首调整为围绕一个刑事法律问题的研讨。每个月的月初确定一个刑事实体法或刑事诉讼法主题，各自充分准备后，于月底展开研讨。由于我们每一次研讨的主题都不是大而化之的问题，而是深度契合司法实践的难题，同时也是触及理论争议的问题，所以每一次研讨都颇感收获满满。当然，几乎每一次研讨都无法在预定时间内结束。直到今天，这样的内部研讨举行了多少场，我已经记不清了。或许更为重要的是，它在持续。

生活中最开心的事，莫过于有志同道合的人同行。律师工作可以深度观察社会的某些面向，刑辩律师则可更多也更深刻地体察人性，这是职业特点所致，也是执业优势所在。知识、经验是律师工作的两块基石，良好的沟通技巧、妥当的平衡能力也同样重要。我所言的平衡，固然包含办理的具体个案在内,但我更想强调的是刑事律师对自身角色定位、路径选择等方面的调适。尤其是对于常年身处办案一线的刑事律师,达致平衡状态就显得更加重要。就此而言,发轫于毛姆的小说的“月亮和六便士”的暗喻,可谓十分契合刑事律师经久面对的生活现状、社会现实和心中向往的理想法治、公平正义。

“月亮和六便士”,对应的是理想和现实。正视无奈乃至残酷的现实并解决现实中的种种问题,同时保持对理想的热情和追逐,是我们努力追求的,也是我们一直在坚持的。也正因如此,我们很喜欢“六辩士”这个称谓,不仅因为“六辩士”与“六便士”有着同样的发音,更肇因于二者在精神层面的呼应与暗合。

写作本书是我最早提议的,随即得到了大家的积极响应。2023 年 1 月,我们经过数次深入磋商,最终把刑法谦抑性定为写作主题。之后,由我拟定了写作的提纲、风格、体例,最后也是由我对全书进行统稿与修改。刑法谦抑性既是立法问题也是司法问题,既关乎刑法基础理论,也密切关联刑法解释、刑法适用、刑法论证等细分领域。对刑法谦抑性的聚焦,还起因于我们看到了刑事司法实践中一些个案对谦抑性的背离,这致使我们产生了深深的忧虑。因而,我们希望通过对刑法谦抑性的系统叙述、强调,检视司法适用的纰缪,同时进行力所能及的纠偏。

本书的具体写作分工如下。

本书序 真正的珠峰在生活日常(陈国庆)
第一章 理论基础:刑法谦抑性的司法坚守(赖佳文)
第二章 “口袋”限缩:非法经营罪的解释性检讨(赖佳文)
第三章 刑民界限:合同诈骗罪的可罚性探寻(张自柱)
第四章 目的统摄:骗取贷款罪的构成要件解释(卢方)
第五章 法益回归:非法吸收公众存款罪的适用反思(李亚兵)
第六章 要素还原:虚开增值税专用发票罪目的犯本质及其展开(温久远)
第七章 正本清源:以危险方法危害公共安全罪的同质性恪守(卢方)
第八章 家长主义:危险驾驶罪在预防刑法视角下的适度宽容(温久远)
第九章 权利边界:敲诈勒索罪的教义学透视(陈国庆)
第十章 泛化省思:寻衅滋事罪的规范性理解(陈国庆)
第十一章 兜底过度:帮助信息网络犯罪活动罪的司法纠偏(张自柱)

第十二章　全景解构：非法占用农用地罪的出罪路径研讨（李亚兵）

著书并非易事，需要投入大量的专注时间。更何况，繁重的工作、琐细但重要的家庭事务都不会因为写作而暂停，必然需要同时兼顾。这的确是劳累乃至痛苦的过程，在此，诚挚感谢每一位作者：陈国庆、张自柱、温久远、卢方、李亚兵，当然也包括我自己。

2022 年 9 月，我完全停止工作，告别深圳，来到海口，开启了在海南大学攻读全日制刑法学博士学位的学习旅程。对我而言，这是无比奢侈的人生时光。经过两年时间的校园苦读，特别是在我的博士生导师阎二鹏教授的悉心指导下，我重新融入刑法研究的话语体系，同时，还逐渐培养出了止水般的平和心境。这在当下充满压力、焦虑与浮躁的社会氛围中，是令人何其欢喜的状态！可以说，若缺乏了这种心境的加持，恐怕本书将完全呈现另类的风格、迥异的样貌，乃至于能否写出本书都未可知。就此而言，我们六位作者，至少都在某个或长或短的时间段里，告别了喧嚣，静坐在案头，通过本书的写作独享了一份别样的宁静。而我同时希望，这份宁静能长久下去。

张晨律师对书稿进行了整体校对，在此诚挚表示感谢。张律师是毕业于华东师范大学的刑法学硕士，受过很好的学术训练，也具有很强的刑事实务能力。当然，我个人更希望她能在兼顾各种事务之余，早日攻博，从而获得更大的专业提升。

感谢深圳市律师协会把略偏理论性的本书纳入“深圳律师实务丛书”系列并提供出版支持，感谢法律出版社对本书的认可。特别感谢本书的责任编辑朱轶佳老师，正是朱老师细致的编校工作保障了本书的质量并使本书获得了一种格式美。而与朱老师的交流，同样是十分愉快的过程。最后，我要特别感谢母校汕头大学为我提供了崭新的科研平台，使我得以在可预期的未来继续坚持专业研究。

“六辩士”的每一位都有自己的特色、特长，在诸多方面可实现优势互补，因而相互间的对话显得尤为重要。在此，期待我们的深度交流一直持续下去，也期待我们在因缘具足时共同完成下一部作品。生活多艰，道阻且长，让我们继续在同一片星空下砥砺前行、共话人生。

赖佳文

2024 年 6 月 20 日